DROEMER

Roman Deininger
Uwe Ritzer

Markus Söder

Politik und Provokation

DROEMER

Besuchen Sie uns im Internet:
www.droemer.de

FSC
www.fsc.org
MIX
Papier aus verantwortungsvollen Quellen
FSC® C083411

Originalausgabe April 2018

Ein Imprint der Verlagsgruppe
Droemer Knaur GmbH & Co. KG, München

Covergestaltung: Büro Jorge Schmidt, München
Coverabbildung: © Johannes Simon
Satz: Adobe InDesign im Verlag
Druck und Bindung: CPI books GmbH, Leck
ISBN 978-3-426-27726-3

5 4 3 2 1

Inhalt

Prolog

In der Leberkäs-Etage

Markus Söder faltet sich aus seiner schwarzen Dienstlimousine, er ist 1,94 Meter groß und damit – darauf legt er Wert – einen satten Zentimeter größer als ein gewisser Horst Seehofer. Er ist ein Mann, den man kaum übersehen kann. Aber kann man ihn durchschauen?

Ein Sommerabend im Juni 2016, Eitensheim bei Ingolstadt. Es ist die Zeit, als Söder sich nicht einfach nur warm läuft für das Amt des bayerischen Ministerpräsidenten. Er läuft heiß. Seine Mitarbeiter haben das mal ausgerechnet: mehr als 1000 Termine im Jahr, mehr als 100 000 gefahrene Kilometer.

Jetzt warten 800 Menschen im Bierzelt, der Sportverein Eitensheim wird 70 Jahre alt, und Söder ist zum Gratulieren gekommen. Wenn irgendwer in Bayern einen einigermaßen runden Geburtstag hat und sich nicht schnell genug ins Ausland absetzt, dann schaut der reisefreudige Finanzminister Söder vorbei, auf einen kurzen Glückwunsch und einen längeren Bericht zur Lage des Landes.

Den Sog der Macht spürt man bereits am roten Teppich vor dem Zelt und an der besonderen Unterwürfigkeit der örtlichen Honoratioren. Die Parteifreundin aus dem Landtag zum Beispiel, die von ihm schwärmt, als wäre sie hoffnungslos verknallt. Markus Söder sei »mehr als ein Politiker, mehr als ein Minister, mehr als ein Mann«. Söder hat große Routine in der Entgegennahme von Huldigungen, auch eine große Offenheit dafür, aber das hier wird selbst ihm fast zu viel.

Söder, beiger Trachtenjanker, blaue Krawatte, geht vor seiner Rede noch auf die Toilette, das ist relevant. Vor dem Toilettenwagen kramt er so lange in seiner Hosentasche, bis auch der letzte Beobachter mitbekommt, dass der Minister der Klofrau Trinkgeld gibt. Schon hat man einiges über das Prinzip Söder gelernt: Er tut viel Gutes, wirklich. Er will aber auch gesehen werden dabei.

Das Bierzelt ist für Söder so etwas wie ein zweites Wohnzimmer, »ein Politiktempel«, wie er sagen würde. Das hat auch deshalb Bedeutung, weil das Bierzelt für viele seiner Konkurrenten in der ausgenüchterten Gegenwarts-CSU ja nur noch so was wie das Treppenhaus ist: Da müssen sie halt durch.

Die Blaskapelle prustet los, Söder marschiert ins Zelt, Servus hier, Grüß Gott da. Man sagt ja, sein Gang sei so breit wie der von Cristiano Ronaldo, das stimmt aber nicht; im Vergleich mit Söder ist dieser Ronaldo ein Pimpf, dem ein bisschen die Körperspannung fehlt. Söder, der seine knapp zwei Meter immer leicht nach vorn beugt, als könne er die Zukunft gar nicht erwarten, packt sich mit beiden Händen das Pult, er hält Reden, wie andere Leute Ringkämpfe führen.

Das Bierzelt ist eine Prüfung für jeden Politiker. Hier stellt er sich dem Volk, und entweder wird er angenommen oder abgelehnt. Es ist auch im Internet-Zeitalter immer noch der Ort, an dem in Bayern die politische Wahrheit liegt. Wenn Edmund Stoiber, der ehemalige Ministerpräsident, über Markus Söder schwärmt, der Ziehvater über den Ziehsohn, dann kommt er meistens auf das Bierzelt zu sprechen.

Die Leute, die vorn im Zelt sitzen, sagt Stoiber, das seien ja jene, die eh schon politisch interessiert sind. Die Honoratioren und die eigenen Parteifreunde – die erreiche ein ordentlicher Redner immer, die klatschen in jedem Fall. Aber das sei nicht genug, nicht für den Anspruch der CSU. »Sie müssen auch die Leute in den hinteren Reihen überzeugen können.« Die Leberkäs-Etage, die »normalen« Leute, die einfach mal reinhören wollen bei einer Maß Bier und einem halben Hendl. Reinhören, was der da vorne zu sagen hat, und dann erst entscheiden, ob sie Beifall spenden oder nicht. Stoiber sagt: »Die ebenfalls zu erreichen, das macht eine Volkspartei aus. Und das kann Markus Söder.«

In Eitensheim ist Söder vom Bundestagsabgeordneten der Region überschwänglich begrüßt worden. Nun sagt Söder: »Herzlichen Dank für die lobenden Worte. Sie waren angemessen.« Eine einzige Bierzelt-Rede verrät ziemlich viel über den Politiker Markus Söder. Zunächst mal, dass es ihm an Selbstbewusstsein keinesfalls mangelt. Und an Witz auch nicht. Bei Söder ist es sogar so: Der Witz nimmt dem Selbstbewusstsein die scharfe Kante. Das Publikum schneidet sich nicht daran.

Söder sagt: »Es ist mir eine Freude und Ehre, heute bei vernünftigen Leuten zu sein.« Eitensheim ist eine kleine Gemeinde, 3000 Einwohner. Unvernünftige Leute, so darf man Söder wohl interpretieren, sind dagegen in den Großstädten zu finden, in München, Berlin und Brüssel, und dort vor allem in den Parlamenten und Kabinetten. Auch das ist eine Botschaft, die der Politikprofi Söder gern sendet: Ich bin einer von euch. Nicht einer von denen.

Weiter im Repertoire. Maßlose Bayern-Liebe: »Der Freistaat ist das schönste und stärkste Land der Welt.« Hemmungsloser Berlin-Spott: »Wir wissen ja, dass die keine Flughäfen bauen können.« Populistische Logik: »Bayerisches Geld ist am besten in Bayern aufgehoben und nicht in Berlin.« Der Redner Söder unterhält seine Zuhörer, er schmeichelt ihnen und wiegelt sie auf. Er verlangt ihnen nichts ab. Er bedient sie nur. Und die Leute sind begeistert. Auch die hinten im Zelt.

So ein Bierzelt ist ja im Grunde nichts anderes als ein riesiger Stammtisch, hier verbinden sich der alkoholische und der politische Rausch. Das Bierzelt reduziert automatisch die Komplexität, hier gibt es nur schwarz oder weiß, falsch oder richtig. Diese Bereitschaft zur Vereinfachung, die muss man erst mal haben. Söder hat sie: »In Bayern gilt das Grundgesetz und nicht die Scharia!« Er klingt, als stünden die ersten öffentlichen Steinigungen hier auf dem Eitensheimer Festplatz unmittelbar bevor.

Zwischendrin macht Söder Sachen, die deutsche Politiker kaum machen. Er redet über seinen Vater, den fleißigen Maurermeister Max Söder, und über seine Kindheit in der nicht gerade glamourösen Nürnberger Weststadt. Söder erzählt eine beinahe amerikanische Aufstiegsgeschichte. Das Private wird politisch: »Sparen muss sich wieder lohnen«, sagt er, das ist ein Leitsatz, den sein Vater unterschrieben hätte.

Und wenn man genau aufpasst, hört man sogar heraus, was diesen Söder so antreibt. »Ich habe meinen Doktor gemacht«, sagte er. Pause. »Und bis heute behalten.« Der CSU-Mann, der seinen Doktor verloren hat, Karl-Theodor zu Guttenberg, ist während einiger Jahre Söders ärgster Rivale gewesen. Vielleicht, weil er mit einer Weltläufigkeit gesegnet ist, die Söder erst inszenieren muss. Söder ist ein Freund des Wettbewerbs, er braucht immer einen Gegner, und den hatte er in Guttenberg. Jetzt ist er weg. Aber in Söders Reden ist er noch da.

In einem Moment verdichtet sich im Bierzelt von Eitensheim alles, was den Politiker Markus Söder ausmacht. Kurz nachdem er auf der Bühne seine Rede begonnen hat, kommt ein netter älterer Herr vom SV Eitensheim und bringt ihm ein Kaltgetränk. Hier kurze Unterbrechung, denn wenn man diesen Söder länger begleitet, weiß man: Er trinkt keinen Alkohol, fast keinen. Er trinkt Wasser, bevorzugt still, oder vielleicht mal Cola, gerne light. Er trinkt Wasser und Cola nicht etwa, weil er muss, sondern weil er mag. Wenn seine Mitarbeiter bei einer Veranstaltung gefragt werden, was ihr Chef trinken will, sagen sie: Wasser.

Der Kellner stellt nun ein Wasser aufs Pult. Söder hält inne, drei Sekunden, vier, er starrt den Kellner an, dann das Wasser, er lächelt wie ein Räuberhauptmann im Spessart, der nächtens die Kutsche nahen hört. Er ruft: »Habt ihr nicht was Anständiges zu trinken?« Das Publikum, das sein eigenes Bekenntnis zum Alkohol schon längst abgelegt hat, johlt vor Begeisterung. Ein besonderer Bekenner sagt später: »Stell'n de Deppn eam a Wasser hi!« Söder kriegt dann eine Mass Bier, er prostet ins Zelt, das er mit einem Schlag erobert hat. Er führt die Mass Richtung Mund, vielleicht befeuchtet er sogar die Lippen mit Schaum. Dann stellt er die Mass wieder hin und rührt sie nicht mehr an.

Es ist eine Demonstration. Eine Demonstration von Schamlosigkeit, und eine Demonstration von Cleverness. Es gibt in der Politik ja eigentlich diese Regel, eine Übung in Demut: Das Amt kommt zum Mann. Markus Söder sagt mit jedem Atemzug: Bitte keine Mühe, ich bin schon unterwegs.

Einleitung

Schamlos und clever

Anruf bei Renate Blank. Ein paar Fragen zu Markus Söder? »Nein«, sagt sie höflich, aber mit schneidender Stimme. »Ganz sicher nicht.« Kein Treffen, nicht einmal ein Telefongespräch, überhaupt kein Wort mehr. »Meine Lebenszeit ist zu kostbar, als dass ich auch nur noch eine Minute an den verschwende.« Renate Blank reichen aber auch wenige Sekunden, um in ein paar Halbsätzen alles zu sagen. »Egomane«, »hat sich nicht im Griff«, »machtgierig«, »denkt nur an sich«. Selbst als Renate Blank einen Atemzug lang schweigt, hört man Verachtung. »Fragen Sie doch den Beckstein, warum er so blöd war, den Söder zu unterstützen.« Dann ist das Gespräch vorbei.

Markus Söder ist ein Mann mit vielen Feinden. Die ehemalige CSU-Bundestagsabgeordnete Renate Blank, die wie Söder aus Nürnberg kommt, ist kein Einzelfall. Blank und Söder haben sich jahrelang ignoriert und bekämpft, offen und verdeckt. Nun ist Renate Blank im politischen Ruhestand und Markus Söder bayerischer Ministerpräsident.

Markus Söder ist schamlos, und er ist clever, er ist schamlos clever. Diese furchterregende Kombination hat ihn weit gebracht, Söder kennt man in Herne und in Husum, auch wenn man ihn nicht unbedingt mag. Er war schon als kleiner Landesminister eine große Provokation, er hat Feinde fast mit Lust gesammelt. Jetzt ist er endgültig ein neuer Hauptdarsteller im bayerischen Welttheater, das in ganz Deutschland die Zuschauer fesselt.

Söder. Mit wem man auch redet, der Name provoziert. Er provoziert Abscheu und Bewunderung. Für die einen ist er ein eiskalter Machtmensch und ein heißblütiger Populist – die Verkörperung all dessen, was ihnen nicht geheuer ist an der Politik.

Für die anderen ist er ein leidenschaftlicher Konservativer, der sich nicht hat glatt feilen lassen von den Gesetzen der politischen Korrektheit, einer, der aufweckt, statt einzuschläfern – die Verkörperung all dessen, was Politik für sie ausmacht.

Auf jeden Fall verkörpert Söder die CSU, deren Faszination sich von jeher auf aufreizende Selbstgewissheit und unverhohlene Rauflust gründet. Er verkörpert sie mit Haut und Haar, gerade ihren bayerischen Exzeptionalismus. Er ist Kind und Produkt dieser Partei, er hat ihre Geschichte eingesogen und angenommen. Wie sie ist Söder zugleich selbstgewiss und nervös, stolz und verletzlich. Die CSU schaut vom Gipfel der absoluten Mehrheit auf die Welt, aber sie weiß auch, dass der kleinste Fehltritt den Absturz bedeuten kann.

In gewisser Weise rückt Söder die CSU sogar ins Extreme, er merkelt nicht lange umeinander, er will sich einen Wahlsieg nicht mühsam von Demoskopen herbeikonstruieren lassen. Er bemüht sich gar nicht erst um rote oder grüne Wähler. Er will schlicht: die bürgerlich-konservative Mehrheit. Er steht für die CSU, die ihre Anhänger von Herzen lieben; er steht für die CSU, die ihre Gegner von Herzen hassen.

Er hat ja sogar seine eigene Partei gespalten, in einem episch langen Machtkampf mit Horst Seehofer, der selbst vor dem Hintergrund der CSU-Geschichte als hässlich gelten muss. Noch vor wenigen Monaten haben viele Christsoziale gewarnt, dem Polarisierer Söder dürfe man die CSU nicht anvertrauen, er würde sie zerreißen. Diese Leute können jetzt nur hoffen, dass sie sich gründlich getäuscht haben.

Die Christlich-Soziale Union ist eine Partei mit Hang zur Anarchie, aber sie kann die Reihen hinter ihrem Anführer auch schließen wie keine andere. Nachdem im Dezember 2017 feststand, dass Söder Ministerpräsident werden würde, machte sie die Schotten dicht. Wir haben das bei der Recherche für dieses Buch gemerkt – und waren froh, dass wir schon mehr als zwei Jahre zuvor begonnen hatten, uns mit Markus Söder zu beschäftigen. Söder-Skeptiker sprachen plötzlich nicht mehr, aus Parteiräson oder aus einer Sorge, die sie nicht näher bestimmen wollten. Es meldeten sich alte Gesprächspartner, um uns wortreich zu erklären, dass sie den Markus nun doch nicht mehr so kritisch sähen wie noch vor einem halben Jahr. Oder dass man sie damals einfach nur komplett falsch verstanden habe. So schlimm sei er nämlich gar nicht, der Markus.

Markus Söder hat diese Biografie nicht autorisiert und vor ihrem Erscheinen auch nicht gelesen. Er stand uns aber für mehrere lange Gespräche zur Verfügung, bei denen er seine Sicht der Dinge darstellen und zu etwaigen Vorwürfen Stellung nehmen konnte. Für den Bildteil dieses Buches hat er zudem einige Privatfotos zur Verfügung gestellt.

Und mit Bildern muss man sich befassen, wenn man Söder verstehen will. Denn er macht mit Bildern Politik, er wirft mit ihnen um sich in den sozialen Netzwerken. Söder mit großem Hund, Söder mit kleinem Hund, aber auch Söder mit ernstem Gesicht und einem Statement zur Flüchtlingspolitik. Schon bei der Jungen Union in Nürnberg hat er gelernt, dass er mit einem netten Foto mehr Menschen erreicht als mit einer langen Pressemitteilung. Söder hat Facebook-Politik gemacht, als es Facebook noch gar nicht gab. Er ist ganz alte Schule, nur halt bei Instagram. Man fragt sich ständig, ob mit ihm eine politische Traditionslinie endet – oder ob eine beginnt.

Altmodisch ist sein unbändiger Fleiß. Er betreibt an 365 Tagen im Jahr Politik, von morgens halb sechs bis Mitternacht. Den »Immer-da-Söder« nannten sie ihn schon in JU-Tagen, er war immer da, selbst bei der kleinsten Veranstaltung – wenn sie seinem Fortkommen diente. In Nürnberg erzählen sie diese Geschichte: Der junge Wahlkämpfer Söder rief bei einem Kleingartenverein an, er habe da von einem Grillfest gehört. Ob er da nicht das Fass anstechen könne? Die Kleingärtner meinten, das sei ein nettes Angebot, aber man habe beim Grillfest kein Fass. Söder sagte, er werde das Fass mitbringen.

Söder hat sich seiner Partei und dem Land regelrecht aufgezwungen. Mit 16 Jahren trat er in die CSU ein, über seinem Bett hing ein Strauß-Plakat. Mit 27 Jahren zog er als damals jüngster Abgeordneter in den Bayerischen Landtag ein. Mit 36 wurde er

Generalsekretär, mit 40 Landesminister, erst für Europa und den Bund, dann für Umwelt und Gesundheit, schließlich für Finanzen und Heimat. Und mit 51 Jahren ist er am Ziel, Ministerpräsident, der jüngste in Bayern.

Söder hat zwar nie – wie der Sozialdemokrat Gerhard Schröder am Zaun des Kanzleramtes – am Tor der Bayerischen Staatskanzlei gerüttelt und gebrüllt: »Ich will da rein.« Aber im Grunde war seine ganze Karriere ein einziges Rütteln und Brüllen. Er ist fast immer gegen das Establishment der CSU aufgestiegen, das war schon bei der Jungen Union in Nürnberg so, da gab Söder den Rebellen in Cowboystiefeln. Er ist bis heute ein Politiker, der den Konflikt sucht und Gegner braucht. Und er hat die Entschlossenheit und die Robustheit, sich am Ende durchzusetzen. Man wird eines Tages dem Politikrentner Söder kaum nachsagen können, dass er an dieser oder jener Wegscheide zu weich war.

»Blöd, blöder, Söder«, spotten die Verbitterten. Aber gar so blöd kann er ja nicht sein angesichts dieser Laufbahn. »Er hat den Schuss Brutalität, der es leichter macht«, sagt ein erfahrener CSU-Mann über Söder. Er hat aber auch enormes politisches Geschick. Er hat immer und überall seine Netze geknüpft und Hausmachten gebildet, Alliierte für sich gewonnen und Abhängigkeiten geschaffen. Er hat sich in alle seine Ämter schnell eingearbeitet, sich bei den relevanten Themen sattelfest gemacht und sich bei der täglichen Arbeit kaum eine Blöße gegeben. Er kann gut reden, und er hat in all den Jahren weiter an sich gearbeitet. Er hat sich etwa Charme angeeignet, der ihm nicht in die Wiege gelegt war.

Markus Söder erkennt und bedient die Bedürfnisse der Wähler oft früher als andere – Bedürfnisse, aber auch Ressentiments. Er hat die Gabe, seine Standpunkte in einprägsamen Formeln zu verdichten. Er schaut stets auf den eigenen Nutzen, aber er bemüht sich um einen Kollateralnutzen fürs ganze Land. Er ist schmerzfrei, wenn es um billige PR geht und um krasse inhaltliche Vereinfachung, was gewiss keine Tugend ist, aber in der politischen Debatte ein Vorteil. Er differenziert selbst da kaum, wo Differenzierung dringend nötig wäre, zum Beispiel in der Flüchtlingspolitik.

Markus Söder ist hochintelligent, aber kein Intellektueller. Er spricht konsequent die sogenannten kleinen Leute an und schert sich um die großen einfach nicht. Er macht Politik für jene und nur für jene, die ihn wählen. Er macht Beute für Bayern und für niemanden sonst. So ist er der Unverhinderbare geworden in der CSU. Nicht einmal der vergleichbar wehrhafte Seehofer hat ihn aufhalten können, obwohl er es jahrelang fieberhaft versucht hat. Markus Söder hat die Macht bekommen, weil er sie mehr wollte als jeder seiner Konkurrenten.

Söder ist nicht wirklich beliebt, er ist eher geachtet und bisweilen gefürchtet. Er befriedigt die Sehnsucht der CSU nach einem, der auch dann stehen bleibt, wenn es scharfen Gegenwind gibt. Der berechenbar ist, wenn auch auf seine ganz eigene Art. Wie hat das ein niederbayerischer Delegierter kurz vor Weihnachten 2017 auf Söders Nürnberger Krönungsparteitag gesagt? Söder bekomme seine Stimme, »weil es endlich aufhören muss, dass wir am Abend bei CSU-Versammlungen im Wirtshaus den Leuten unsere Positionen mühsam erklären, und am nächsten Morgen hören sie im Radio, dass wieder alles anders ist, weil Seehofer es sich wieder anders überlegt hat«.

Horst Seehofer ist noch da, als Bundesinnenminister in Berlin, aber Markus Söder ist das neue Gesicht der CSU. In Talkshows ist er das schon lange, er wird dort für seinen »konservativen Klartext« eingeladen, so nennt das ein Talkshow-Redakteur. Nicht zuletzt seine Fernsehpräsenz hat es Söder erlaubt, in eine Lücke im konservativen Lager vorzustoßen, die Roland Koch und Friedrich Merz hinterlassen hatten, als sie sich von Angela Merkel aus dem Spiel drängen ließen. Söder, sagen Weggefährten, wolle nicht unbedingt Kanzler werden. Aber er wäre schon sehr gern der große Konservative in Deutschland.

Nur, wie konservativ ist er eigentlich? Wenn man seine Positionen zu einem Weltbild zusammennagelt, hat man am Ende ein schiefes Gebilde. Söder war auch schon einmal der grüne Schwarze, der Eisbären rettete und nach langen Jahren als Kernkraft-Cheerleader plötzlich befand, dass Fukushima alles ändere. Praktisch über Nacht ließ er 2011 den Atommeiler Isar I abschalten. Wieder etwas später war vom Öko-Markus nicht mehr viel übrig, im Landtagswahlkampf 2018 wird der Hauptvorwurf der Opposition wohl sein, dass der ehemalige Heimatminister Söder die Heimat mit Gewerbegebieten zubetoniere. In Sachen sexueller Toleranz wiederum ist der vierfache Vater für CSU-Verhältnisse fast ein Freigeist: »Ich finde, jeder sollte sein Leben leben dürfen.«

Seine Anhänger halten das für pragmatisch, seine Gegner für opportunistisch. Im Zweifel hat, wie immer bei Söder, der Gottvater Strauß das Wort: »Man muss die Grundsätze so hoch hängen, dass man bequem unten durchkann.« Auf keinen Fall ist Söder bisher als Visionär aufgefallen, der tiefe Gedanken wälzt, wie man die Welt besser machen könnte. Für Söder ist Politik zuvorderst Management. Ein Problem? Her mit den Lösungsvorschlägen, entscheiden, durchziehen. So hat er das von Edmund Stoiber gelernt, der ihn einst zum CSU-Generalsekretär machte und dann zu seinem politischen Ziehsohn.

Als Generalsekretär war Söder ein Spaß- und Brachialpolitiker, seit mehr als einem Jahrzehnt schult er um auf Staatsmann. Es ist ein quälend langer Prozess, anderseits hat sich Söder immer behände seinen Ämtern angepasst. Um nicht zu sagen: sich ganz neu erfunden. »Der Markus lässt sich gerade wieder einen neuen Anzug schneidern«, sagt einer aus der CSU, der selbst schon höchste Ämter innehatte. »Er wird bald als Landesvater auf die Bühne spazieren.« Die Verwandlung hat schon begonnen.

Die Opposition hält den Ministerpräsidenten Söder für ein Geschenk. »Söder verhindern«, damit hat der Wahlkampf der in Bayern oft irrlichternden Roten und Grünen plötzlich eine klare Richtung. Es sollte aber auch keiner glauben, dass es das Bedürfnis nach klarer, kraftvoller Führung nur unter CSU-Mitgliedern gibt.

Fakt ist: Die absolute Mehrheit, der Fetisch der CSU, war in den Umfragen selten zuvor so weit weg wie in dem Moment, in dem Söder als Spitzenkandidat antritt. Er hat viel zu tun. Rechts außen muss er die AfD einfangen und zugleich in der CSU die misstrauischen Liberalen von sich überzeugen. Der Spagat zwischen den Milieus war schon immer die Pflichtübung dieser Partei, Söder muss Grenzzaunfans und Flüchtlingshelfer unter ein Dach bringen. Er muss die CSU einen und wiederbeleben, diesen vom Machtkampf zwischen ihm und Seehofer zerstrittenen und erschöpften schwarzen Haufen. Und wenn er die absolute Mehrheit verpasst, muss er in einer Koalition regieren.

Viele trauen das einem Mann nicht zu, der sich nicht gerade aufdrängt, wenn ein Sachverständiger für Integration und Ausgleich gesucht wird. Einem Mann, der sich lange nur um sich selbst drehte und das Wort »Kompromiss« erst spät und widerwillig lernte. Über dessen persönliche Abgründe viel geraunt wird in der CSU und der bayerischen Verwaltung, etwa über die unangemessene Art, wie er Mitarbeiterinnen und Mitarbeiter behandelt haben soll.

Aber die CSU hat nun mal ein sehr pragmatisches Verhältnis zu den persönlichen Defiziten ihrer Anführer. Sie honoriert Stärke, und manchmal verwechselt sie Stärke auch mit Härte. Söder ist jemand, dem man viel zutraut. Quasi alles, und das finden manche unheimlich. Was wird die Würde des Amtes machen mit diesem Mann? Und was dieser Mann mit der Würde des Amtes?

Söder ist Fan des 1. FC Nürnberg, aber er vergleicht die CSU gerne mit dem FC Bayern München. Auch der sei zum Siegen verdammt, Platz zwei ist da kein Betriebsunfall, sondern ein Scheitern. Und mit den Anführern der CSU ist es wie mit den Trainern beim FC Bayern: Wenn sie nicht liefern, fliegen sie. Und zwar schnell.

Die CSU ist eine bayerische Dynastie, ihr Erbe ist die Macht. Sie vertraut sich stets dem Anführer an, dem sie die Sicherung dieser Macht zutraut. Das ist jetzt Söder. Zumindest bis zur Landtagswahl im Herbst.

Der Freistaat Bayern wird seit dem 16. März 2018 geführt von einem Mann mit fulminanten Stärken und verstörenden

Schwächen. Wenn man über den Erfolgsweg des Markus Söder nachdenkt, denkt man auch über die CSU nach und über Bayern. Und fast automatisch am Ende über die Frage, ob das alles dem großen Ego Söders nicht doch irgendwann zu klein werden könnte.

»Ich bin der Markus, und da bin ich daheim«, das sagt er gern auf bayerischem Boden. Aber wenn er eines fernen Tages doch nach Berlin gerufen werden sollte von der ganzen Union? Oder wenn er sich irgendwann selbst berufen fühlt wie vor ihm Strauß und Stoiber? Er wird den verehrten CSU-Ahnen viel nachmachen wollen, nur eines eher nicht: eine Kanzlerwahl verlieren.

Aber das ist alles weit weg und Spekulation. Um zu ermessen, wie weit dieser Mann noch kommen kann, muss man erst einmal verstehen, wie er überhaupt so weit kommen konnte.

I. Teil

Lehrjahre eines politisch Halbstarken

1. Der Cowboy aus dem braven Westen

Eine Aufstiegserzählung

Nach und nach trudeln sie ein, die meisten huschen erst im letzten Moment in den Bernhardsaal. In den ungemütlichen Ecken von Nürnberg hält man sich nicht länger auf als nötig. Muggenhof ist ein einfaches Viertel, manche sagen auch: eines zum Durchfahren. Der Bernhardsaal, der hübscher klingt, als er aussieht, liegt in einem Hinterhof, in dem sich der Lärm der vierspurigen Fürther Straße fängt. An ihr entlang reihten sich einst die großen Namen des deutschen Wirtschaftswunders wie Perlen an einer Schnur: AEG, Quelle, Triumph-Adler, die Mopedwerke von Zündapp und Hercules.

Jahrzehntelang war Nürnberg ein industrielles Zentrum Süddeutschlands, und im Südwesten der Halbmillionenstadt stand eine Fabrik neben der anderen. Und mitten rein nach Muggenhof setzten Zisterzienser-Mönche in den Fünfzigerjahren den Bernhardsaal, einen schmucklosen, eingeschossigen Zweckbau mit Flachdach, für die katholische Jugendarbeit in der Pfarrei Zum Heiligen Schutzengel. Mit einer großen Fensterfront seitlich und einem mächtigen Kruzifix vorne an der Wand. Das ist der Ort, an dem eine streitbare, aber unbestreitbar große politische Karriere beginnt.

Es ist der 12. Oktober 1993, ein Dienstag. Die 77 Männer und Frauen, die sich an jenem Abend im Bernhardsaal versammeln, ahnen nicht, dass man sich einmal ihrer Zusammenkunft erinnern wird. Als Delegierte ihrer CSU-Ortsverbände sollen sie den Direktkandidaten der Partei für die Landtagswahl 1994 im Stimmkreis Nürnberg-West nominieren. Der bisherige Amtsinhaber Heinz Leschanowsky ist im Alter von 59 Jahren gestorben. Nun stehen drei Bewerbernamen für seine Nachfolge auf den Stimmzetteln: Karin Goller, 50 Jahre alt und aktiv in der

Frauen-Union. Ihr wird nicht der Hauch einer Chance eingeräumt. Ganz im Gegensatz zu Franz Gebhardt, ebenfalls 50 Jahre alt, seit 15 Jahren Mitglied des Nürnberger Stadtrates und ein profilierter Kommunalpolitiker. Gebhardt ist der klare Favorit, er weiß das ganze Nürnberger CSU-Establishment hinter sich. Und dann ist da noch ein weiterer Außenseiter: Markus Söder, 27 Jahre alt, Fernsehjournalist. Er hat in der Jungen Union, der CSU-Nachwuchsorganisation, schon für einigen Wirbel gesorgt. Er gilt als ehrgeizig und fleißig, aber auch als etwas unangenehm.

Ein forscher Typ, dieser junge Söder. Ein paar Jahre zuvor, im Frühjahr 1986, hatte die Nürnberger »Abendzeitung« Abiturienten gefragt, was sie denn anfangen wollen mit ihrem Leben. Sechs junge Leute kamen zu Wort. Fünf davon sagten, was man von Menschen um die 20 erwartet. Dass sie erst einmal reisen oder jobben wollen, dass sie hoffen, einen Studienplatz oder eine Lehrstelle zu bekommen.

Nur einer fällt aus dem Rahmen. Denn er redet nicht nur von sich, sondern gleich vom großen Ganzen. Als fühle er sich irgendwie dafür zuständig. Es ist ein Teenager, für den beides untrennbar zusammengehört, der eigene Lebenslauf und der Lauf der Welt. Also diktiert der Abiturient »Markus Söder, 19 Jahre« der Reporterin in den Block: »Zuerst einmal ruft die Bundeswehr. Anschließend werde ich Jura und Geschichte studieren. Mein Berufswunsch ist es, Staatsanwalt oder Angestellter der NATO zu werden. Ich bin der Meinung, dass aufgrund unseres Gesellschaftssystems das Problem der Arbeitslosigkeit in den Griff zu bekommen ist. Man muss nur genügend Engagement für seinen Beruf mitbringen.«

Da spricht einer, der es gar nicht erwarten kann, hineinzuwachsen ins System. 1986 ist das Jahr des Reaktorunglücks in Tschernobyl, europaweit fürchten die Menschen die nukleare Katastrophe. Bei Wackersdorf, nur 100 Kilometer von Nürnberg entfernt, protestieren gleich zweimal binnen weniger Monate mehr als 100 000 Menschen gegen die geplante atomare Wiederaufbereitungsanlage. Zeitweise kommt es an fast jedem

Wochenende zu gewalttätigen Auseinandersetzungen zwischen meist jungen Kernkraftgegnern und der Polizei. Ökologie und Frieden sind die großen Themen, Friedensdemos sind Massenevents.

All das markiert den Mainstream unter politisch interessierten Jugendlichen Mitte der Achtzigerjahre. Wer sich politisch engagiert, tut das eher links. Jedenfalls definitiv links von der NATO und der bayerischen Justiz, wo Markus Söder seine Zukunft sieht, der Abiturient vom Albrecht-Dürer-Gymnasium in Nürnberg. Acht Jahre später wird der Journalist Jan Engelhardt im linksalternativen Nürnberger Stadtmagazin »Plärrer« im ersten nennenswerten Söder-Porträt bei dem Jungpolitiker »einen Hang zur Biederkeit« feststellen und von ihm Argumente hören »wie von einem Siebzigjährigen, dem nach einem entbehrungsreichen Leben die Welt gedanklich mehr und mehr aus dem Ruder läuft«.

Baustellen

Markus Thomas Theodor Söder wird am 5. Januar 1967 in Nürnberg geboren. Als Sohn von Max, Jahrgang 1930, und seiner acht Jahre jüngeren Frau Renate Söder. Die Familie lebt im Stadtteil Sündersbühl unweit der Stadtgrenze zu Fürth in einer Doppelhaushälfte, die sie gekauft und erweitert hat. Für Max Söder kein Problem, schließlich ist er vom Fach. Dem Maurermeister gehört eine kleine Baufirma in der Adam-Klein-Straße im Nachbarviertel Gostenhof. Fünf bis zehn Arbeiter beschäftigt er, je nach Auftragslage, und ist spezialisiert auf Abbruch- und Renovierungsarbeiten. Nach Sündersbühl war die Familie aus der Nürnberger Südstadt gezogen, nachdem Heike geboren und die vorherige Wohnung zu klein geworden war. Heike Söder, das ist Markus' jüngere Schwester.

Das Wohngebiet, in dem die Söders nun leben, ist damals ein Kleine-Leute-Viertel. Kleine Leute allerdings, die es schon zu etwas gebracht haben und darauf stolz sind. Sie haben es nicht ganz nach oben geschafft, aber sie sind die soziale Leiter doch ein, zwei Sprossen hochgestiegen. Sie müssen nicht mehr zur Miete leben, sie haben ihr eigenes Häuschen, das sich die meisten von ihnen vom Mund abgespart haben.

Das ist das Milieu, das den Politiker Markus Söder sein Leben lang prägen wird. Das er auch dann weder vergisst noch abschüttelt, als er längst in Dienstlimousinen chauffiert und von Leibwächtern begleitet wird. Als er mit einer reichen Frau aus bestem Nürnberger Industrieadel in einem großen, schönen Haus lebt, im Osten der Stadt, in einem der sprichwörtlich besseren Viertel. Der Politiker Markus Söder macht nicht viel Aufheben um seinen sozialen Aufstieg, er protzt nicht, nicht mit Kleidung, nicht mit teuren Hobbys, nicht mit fetten Autos.

Es heißt, er gehe akribisch mit Abrechnungsbelegen um, trenne selbst bei kleinsten Beträgen penibel zwischen Ausgaben für Privates, Ministeramt und Partei. Er zahle im Zweifel lieber etwas aus eigener Tasche, als sich angreifbar zu machen. Nichts würde er sich weniger verzeihen, als über so einen Fehler zu stolpern. Und er leidet auch nicht erkennbar daran, dass die feine Gesellschaft der vormaligen Reichs- und Kaiserstadt Nürnberg lange mit ihm fremdelt. Die Arrivierten sehen in ihm den Emporkömmling und Straßenkämpfer. Aber um materiellen und sozialen Aufstieg geht es Markus Söder nicht, das ist für ihn nur ein angenehmer Nebeneffekt. Es geht ihm immer um Macht.

Dazu gehört auch die Macht über seine eigene Geschichte. Die Geschichte, die der Politiker Söder mit viel erzählerischer Freiheit Stück für Stück zusammenpuzzelt, ist die vom wundersamen Aufstieg eines Maurersohns aus Nürnberg-West. Wenn man ein wenig Zeit mit ihm verbringt, hört man von ihm vermutlich den Satz: »Der kleine Markus aus der Westvorstadt, und jetzt sitze ich hier als Finanzminister.« Mittlerweile kann man »Finanzminister« streichen und »Ministerpräsident« einfügen. »Dafür bin ich dankbar«, sagt Söder. »Das war nicht vorgesehen.« Seinen Weg in die Münchner Staatskanzlei will er besonders gewürdigt sehen, weil er im biederen Sündersbühl begann: »Hier kriegt man nichts geschenkt. Hier gibt es keinen billigen Schnaps.«

Söder tut im Wahlkampfjahr 2018 alles, um seine Version seiner Geschichte unter die Leute zu bringen. Er will sein Image als Machtmensch und Urheber von »Schmutzeleien« korrigieren, deshalb erlaubt er mehr private Einblicke als die meisten anderen deutschen Politiker. Seine Kinder hält er zwar strikt vor der Öffentlichkeit verborgen, aber er spricht über seine Eltern und seine Frau, seinen Glauben und seinen Hund. Selbst in der CSU schütteln da viele den Kopf, »infantil« sei das, er solle sich »auf Sachthemen konzentrieren«. Doch Söder hat sich sogar ein eigenes Veranstaltungsformat für seine selbstbezüglichen Plaudereien ausgedacht, »Söder persönlich«. Die CSU lädt dazu in Kinosäle zu Popcorn und Cola. Schon auf dem Plakat wird Söder inszeniert wie ein Hollywoodstar. Und der Abend folgt dann natürlich einem sehr genauen Drehbuch. Umso interessanter ist es, Söders Geschichte mal sehr nüchtern zu erzählen.

Mit Politik hat man im Hause Söder in der Manteuffelstraße wenig am Hut. Sich engagieren und einmischen bringe nur Ärger, predigt der Großvater, ein Autohändler. Geradezu demonstrativ unpolitisch ist die Familie. Es wird nicht groß debattiert, dennoch ist völlig klar, dass ein Söder niemals Sozialdemokrat oder – Gott bewahre – Kommunist sein könnte. Markus Söder erzählt die Geschichte, wie er als Bub vom Spielen einen roten Aufkleber heimbrachte, »Willy wählen« stand darauf, es lief der Bundestagswahlkampf 1972. Sein Vater, sagt Söder, habe ihn so richtig ins Gebet genommen: »Seitdem weiß ich: SPD bedeutet Ärger.« Max Söder ist überzeugter CSU-Wähler, Ehefrau Renate ist sogar Mitglied der Partei, wenn auch rein passiv. Sie wird den Aufstieg ihres Sohnes bis zu ihrem frühen Tod mit mehr Euphorie und Stolz begleiten als der Vater.

Wenn Markus Söder seine Kindheit und Jugend schildert, dann überzieht er die kleinbürgerliche Welt mit weichen Farben. »Ich wuchs sehr behütet auf«, sagt er. Seine Mutter sei eine fürsorgliche und liebevolle Frau gewesen. Der Vater habe ihm immerhin seine ersten »Fix und Foxi«-Comics geschenkt und ihn die ersten beiden Male ins Fußballstadion »zum Club« mitgenommen, zum 1. FC Nürnberg. Beides, Fan von Comics und vom 1. FC Nürnberg, ist Söder bis heute. Beim »Club« saß er sogar einige Jahre im Aufsichtsrat. Seinen Vater, sagt er, habe er aber »eigentlich immer arbeitend erlebt«.

Wer Söders Erzählungen mit den Erinnerungen alter Bekannter, Freunde und Nachbarn abgleicht, erhält ein vielschichtiges, härteres Bild vom Leben im Hause Söder. Dort sind demnach die Rollen klar verteilt, wie bei vielen deutschen Kleinfamilien in den Siebzigerjahren. Gesellschaftliche Umwälzungen machen vor der Haustür halt. Die Studentenbewegung und die Hippies, überhaupt die neue gesellschaftliche Liberalität, sind auch gedanklich weit, sehr weit weg von Nürnberg-Sündersbühl. Renate Söder, eine gelernte Bankkauffrau, kümmert sich um die Familie und den Haushalt. Max Söder verlässt frühmorgens nach Kaffee und der Lektüre der Lokalzeitung das Heim in Richtung Betrieb oder Baustelle. Abends kommt er selten vor 19 Uhr nach Hause.

Der Vater ist der Patriarch. »Chef« soll ihn die Mutter sogar genannt haben, wenn er nicht dabei war und sie vor den Kindern über ihn sprach. Es heißt, Max Söder wäre am liebsten Lateinlehrer geworden. Er war selbst Schüler am Dürer-Gymnasium wie später sein Sohn, doch auf ihn warteten – wie auf viele junge Menschen seiner Zeit – unmittelbar nach dem Zweiten Weltkrieg andere Aufgaben. Nürnberg war zerbombt, was reichlich Aufbauarbeit für den elterlichen Maurerbetrieb bedeutete. Also stieg Max Söder nach der Schule in das Geschäft ein und übernahm es später.

»Markus stammt nicht aus so kleinen Verhältnissen, wie er immer behauptet«, sagt einer, der ihn lange kennt. Der Familienbetrieb sei im Wirtschaftswunder ziemlich gut gelaufen. Nürnbergern sagt man nach, ihre Pelzkragen in protestantischer Bescheidenheit nach innen zu tragen, um nur ja nicht zu zeigen, wie gut es ihnen geht. Auch die Söders führen ihren Wohlstand nicht vor. Unter der Woche wird gearbeitet, und am Sonntag geht es hinaus ins Umland. Zum Spazierengehen in die Wälder bei Heroldsberg und zum Abendessen im Gasthof »Rotes Ross«, bevorzugt fränkischen Sauerbraten oder Stadtwurst. Oder zu Verwandten nach Wilhermsdorf im heutigen Landkreis Fürth. Und einmal im Jahr steht Familienurlaub an, in Aschau im Chiemgau und selbstverständlich immer im selben Hotel.

Markus Söder erzählt viel und gerne davon, wie es so mit 16, 17 Jahren bei ihm zuging – über seine Kindheit erzählt er fast nichts. Auch Jugendfreunde und Bekannte der Familie wissen kaum etwas – oder geben sich verschlossen. Manche sagen, der kleine Markus sei ein Einzelgänger gewesen, ein Außenseiter gar, pummelig, unsicher, mit nur wenigen Freunden, verhätschelt von der gütigen Mutter und streng angefasst vom rauen Vater. Viele Jahre später wird »Die Zeit« frühere Nachbarn zitieren, der kleine Markus sei als ganz kleiner Junge schon auffallend zappelig gewesen, habe sich nie dreckig gemacht, selten mit anderen Kindern gespielt und sich überhaupt um Spielkameraden bemühen müssen.

Ein Rätsel ist bis heute das Verhältnis zu seiner jüngeren Schwester Heike. Lange schon ist sie aus Nürnberg fortgezogen und lebt heute mehrere Hundert Kilometer entfernt. Selbst bei gründlicher Recherche findet man kein Foto der Geschwister, nicht einmal einen Schnappschuss, kein Bild, auf dem beispielsweise die stolze Schwester mit dem erfolgreichen Bruder einen Wahlsieg feiert. Nichts deutet darauf hin, dass sie Anteil nahm oder nimmt an seiner Karriere.

Umgekehrt wird Markus Söder – der gern redet und am liebsten über sich selbst – einsilbig, wenn er auf seine Schwester angesprochen wird. Sie habe mit seiner politischen Arbeit nichts zu tun, wolle Privatperson bleiben, und das solle man respektieren. Jede Nachfrage, jeden Versuch einer gesprächsweisen oder tatsächlichen Annäherung an die Schwester blockt er kategorisch ab. Es gibt alte politische Freunde, die sich nicht daran erinnern, Heike Söder jemals gesprochen zu haben. Andere versichern, sie wüssten nicht, was aus ihr geworden sei. »Er tut manchmal so, als gäbe es Heike gar nicht«, sagt einer.

Weit komplizierter noch als das Verhältnis unter Geschwistern ist bekanntlich jenes zwischen Vätern und Söhnen. Psychologen kennen unzählige Beispiele bedeutender Männer, die als Kinder unter ihren dominanten Vätern litten oder ehrfurchtsvoll zu ihnen aufblickten. Für sie waren die Väter Hassobjekte oder Helden, gegen die sie aufbegehrten oder denen sie es einfach beweisen wollten. Oft mussten diese Söhne hart um die Anerkennung der Alten ringen und litten darunter, dass genug in ihrem Fall nicht genug war, und gut nie gut genug. Es geht da auch um verletzten Stolz, um wechselseitig unerfüllte Erwartungen. Und oft tun sich gerade dominante Väter schwer damit, dass da an ihrer Seite einer heranwächst, der selbst einmal führen will. Vater-Sohn-Beziehungen sind nicht selten von Rivalität bestimmt und konfliktreich.

»Söder definiert sich nicht über seine Herkunft oder seine Familie, sondern ausschließlich aus sich selbst heraus«, sagt jemand aus Nürnberg, der ihn näher kennt. Doch auch bei Markus Söder ist in seinem Verhältnis zum Vater ein Schlüsselthema seines Lebens zu sehen, das naturgemäß in die politische Karriere abstrahlt. Und das zum Teil seinen unbändigen Ehrgeiz und Fleiß, seine Ungeduld und Umtriebigkeit erklären könnte, die ihm keine Ruhe gelassen haben, bis er zum Ministerpräsidenten aufstieg. So lassen sich auch viele Aussagen von Markus Söder selbst deuten. Er hat das Bild seines Vaters immer wieder auf Facebook oder Instagram gepostet, er hat ihn in Reden und Interviews erwähnt, ungewöhnlich oft für die Sitten der deutschen Politik, die das Private weitgehend aus dem öffentlichen Raum verbannen.

Für eine besondere Rolle des Vaters sprechen auch Söders Empfindlichkeiten. Er kann sich zwar über negative Medienberichte kolossal aufregen, aber als einer, der gern austeilt, ist er schon auch hart im Nehmen. Er muss ja praktisch pausenlos Unfreundliches über sich lesen, sehen und hören. Söder beteuert, er wandle Angriffe in positive Energie für sich um. Er wolle sich mediale Kritik wirklich nicht auf den Buckel laden, denn dann würde er irgendwann ja gebeugt durchs Leben gehen, sagt er oft. Mit einer Ausnahme.

Das »SZ-Magazin« karikierte im Januar 2005 in einem scharfen Beitrag am Beispiel des damaligen Stoiber-Adlaten Söder, »wie man in der bayerischen Staatspartei ganz nach oben kommt«. Die entsprechende »Anleitung in zehn Schritten« war satirisch und ernst zugleich, und sie enthielt eine Passage, die Söder bis heute nicht abhaken kann. Er entrüstet sich immer noch furchtbar darüber. Und es geht ihm da nicht um den boshaften Hinweis auf seine karrierefördernde Heirat mit einer Frau aus bestem Hause – geschenkt. Es geht ihm um einen Halbsatz, sechs Worte, die ihn bis heute auf die Palme treiben: »Ihr Vater nannte Sie einen Taugenichts«, stand da, auf Markus Söder gemünzt. Bodenlos, eine Unverschämtheit, unter Gürtellinie und Geschmacksgrenze, überhaupt das Übelste, was jemals über ihn verbreitet wurde, wütet Söder, wenn das Gespräch darauf kommt. Niemals habe ihn sein Vater für einen Taugenichts gehalten.

Nun gibt es aber Menschen in Nürnberg, die behaupten, der Vater habe im handwerklich unbegabten Sohn zumindest ein Weichei gesehen. Und der Sohn wiederum wolle deshalb sein ganzes Leben schon dem dominanten Vater das Gegenteil beweisen, sogar posthum noch. Max Söder ist 2002 gestorben, ein Jahr, bevor sein Sohn CSU-Generalsekretär wurde und damit vom kleinen Abgeordneten zum Spitzenpolitiker aufstieg. War der Vater womöglich der Grund dafür, dass der Junge irgendwann in der Pubertät den Ehrgeizturbo anwarf und seither Unmengen an Kraft für etwas freisetzt, das dem Vater suspekt war?

Richtig näher kommen sich Vater und Sohn wohl erst in der letzten Lebensphase von Max Söder, als er bettlägerig war. Auf einer Reha hätten er und sein Vater die ersten tiefgründigen Gespräche geführt, sagt Markus Söder. Freunde aus Junger Union und CSU, die den Halbwüchsigen besuchten und Kontakt zu seiner Familie fanden, beschreiben Max Söder als einen »toughen, handfesten Handwerker vom alten Schlag«. Was in dieser Zeit hieß: Leistung zeigen, etwas erreichen wollen, etwas Sichtbares schaffen und aus sich etwas machen – das seien Werte gewesen, die im Hause Söder ungeheuer präsent gewesen seien, erzählt einer. Der Vater ist keiner, der lachend mit den Kindern im Garten spielt oder viel mit ihnen unternimmt. Kein Kumpel-Daddy also, sondern einer dieser Väter, die, als der Fernseher noch keine Fernbedienung hat, den Söhnen vom Wohnzimmersessel aus befehlen, aufzustehen und das Programm umzuschalten. Keiner, der seine Kinder mit seinen Gefühlen wärmt. Sondern eben: der Chef.

Viele aus dem Umfeld des Sohnes sagen heute, das sei für den Jungen prägend gewesen. Vielleicht wünscht sich der Patriarch insgeheim tatsächlich, dass der Sohn ins Baugeschäft einsteigt und die Firma übernimmt. Doch in handwerklichen Dingen zeigt Stammhalter Markus weder Neigung noch Talent. Das Baugeschäft wird vom erstrebenswerten Ziel sogar zum Druckmittel degradiert, als die Schulnoten des Sohnes in der achten, neunten Klasse pubertätsbedingt schwanken. »Entweder du schaffst die Schule, oder du gehst auf den Bau«, soll der Vater gesagt haben.

»Er hat mir letztlich beruflich keine Vorgaben gemacht oder gesagt, was ich werden soll. Aber Leistung war ihm wichtig«, sagt Markus Söder. Der elterliche Betrieb war nie ernsthaft ein Thema für ihn. Er ist schnell im Kopf und nicht flink mit den Händen. Max Söder raunzte dann mehr oder weniger liebevoll, Markus könne ja mal Pfarrer werden. Oder Politiker, denn die reden ja auch dauernd. Als der Sohn älter wird, so mit 17, 18 Jahren, und das Nachfolgethema erledigt ist, darf Markus bei Familienfeiern schon mal anstelle des wortkargen Vaters kurze Ansprachen halten. Sogar bei der Trauerfeier für den verstorbenen Großvater.

Zwischen Knast und Brauerei

Abseits der Familie stolziert der junge Söder in Jeans, Cowboystiefeln und weiten Hemden durch die Nürnberger Weststadt. Fotos seines damaligen Styles hat der Politiker Söder inzwischen gewohnt freigiebig bei Instagram geteilt – gleichermaßen zu Begeisterung und Entsetzen des Publikums. Die Cowboystiefel, sagt ein alter Bekannter, habe Söder noch lange getragen, was nicht zwingend nur modische Hintergedanken gehabt haben muss: »Er hat bei der Jungen Union sicher auch Stimmen gekriegt, weil er cooler rüberkam als die anderen.«

Am Wochenende hängt Teenager Söder im »Dröhnland« ab oder im »Boot«, einem Discoschiff mit ausrangierten Kinosesseln und hölzernen Barhockern, das im Nürnberger Binnenhafen vor Anker liegt. Söder ist ein Rockabilly-Typ, der gern alte Rockmusik hört und Neue Deutsche Welle. Mit seinen knapp zwei Metern fällt er auf im »Boot«. Ein Vorteil, den Söder später auch in der Politik zu schätzen weiß: »Ich bin groß gewachsen, mit 1,94 Meter und über 100 Kilogramm erkennt man mich sofort.«

Daneben spielt er als Jugendlicher Tennis, damals der Sport der bürgerlichen Aufsteiger. Fußball soll der Mutter zu gefährlich gewesen sein, zu dreckig vielleicht und womöglich sogar zu proletarisch. Wie Schwester Heike schwingt Markus Söder den Schläger beim ATV Nürnberg, gibt zeitweise sogar Tennisstunden und bringt es immerhin bis in die vierthöchste Liga in Bayern. Natürlich wird Boris Becker einer seiner Helden, der 17-jährige Wimbledon-Sieger des Jahres 1985. Und er hat etwas für den Amerikaner Brad Gilbert übrig, der bekannt dafür ist, seine Gegner zu zermürben. Gilbert wird nach seiner Karriere ein Buch schreiben, es heißt: »Winning Ugly«, hässlich gewinnen.

Ein anderer Held ist Lothar Matthäus, der im Nachbarort Herzogenaurach geborene Mittelfeldmotor der deutschen Fußball-Nationalmannschaft, der auf dem Spielfeld mehr mit Willen und Strategie erreicht als mit Technik und Eleganz. Und dann ist da Michael Groß, der vielfache Weltmeister und Olympiasieger im Schwimmen, bewundernd »Albatros« genannt. Kein Idol aber ist so groß wie jenes, dessen Poster sich der Teenager Markus Söder an die Dachschräge über sein Bett hängt: Franz Josef Strauß.

Markus Söder wird später selbst zu Protokoll geben, eine Kundgebung von Franz Josef Strauß am Nürnberger Hauptmarkt sei sein persönlicher politischer Urknall gewesen. Der ihn direkt in die Politik katapultiert, aus seinem Schülerleben heraus, in dem er es nie zum Klassensprecher bringt und erst recht nicht zu einem der Schülersprecher des Dürer-Gymnasiums. Dafür ist er einfach zu unbeliebt und zu sehr politischer Außenseiter.

1833 als Gewerbeschule gegründet, liegt das Gymnasium eingebettet zwischen einer Justizvollzugsanstalt, einer Brauerei und dem Pegnitzufer. Das Sagen unter den politisierten Schülerinnen und Schülern haben zu Söders Schulzeit jene mit Palästinensertuch um den Hals, die zu Friedensdemos oder zum Protestieren nach Wackersdorf fahren oder zumindest mit den Demonstranten dort sympathisieren. Nicht selten argumentativ und intellektuell unterstützt von ihren Lehrern.

Linke Lehrer gehen Markus Söder auf die Nerven, mehr noch als seine Mitschüler. Aber er sieht in den Lehrern auch eine Herausforderung, sieht sie als altersmäßig überlegene Kontrahenten, die es in der Diskussion niederzuringen gilt. Sie zwingen ihn, präzise zu argumentieren, seine Positionen klar zu fassen und auch gegen Widerstände zu verteidigen. Gegenwind drückt ihn nicht nieder, Gegenwind richtet ihn auf. Da kämpft einer um Anerkennung, indem er seine Außenseiterrolle pflegt. Da lebt einer am liebsten im Konflikt.

In den letzten Schuljahren bis zum Abitur 1986 findet er sich in einem dauernden ideologischen Wettstreit mit dem linken Mainstream wieder, obwohl »das Dürer« in Nürnberg sicher kein radikalisierter Ort ist. Den Noten nach ist Söder ein Musterschüler. Der »Zeit«-Journalist Henning Sußebach wird drei Jahrzehnte später für ein ausführliches Söder-Porträt einen seiner alten Lehrer besuchen, der dessen »hohes intellektuelles Potenzial« und seine exzellenten schulischen Leistungen über den grünen Klee lobt. Der Söder aber auch »einen Mangel an Empathie« bescheinigt. Am meisten habe sich der Schüler Söder gefreut, wenn zwischen seinem Einser und den Noten der anderen ein möglichst großer Abstand war. Die Mitschüler hätten ihn auch nie um Hilfe gebeten, womöglich weil sie gar nicht erwarteten, dass er ihnen hilft. Von Sußebach darauf angesprochen, sagt Söder, die Darstellung des Lehrers sei Quatsch.

Das Dürer-Gymnasium selbst scheint die Ära der Schülers Markus Söder aus seinen Annalen gestrichen zu haben. Nein, lässt die Schulleitung auf Anfrage mitteilen, es gebe nichts im Archiv, was das Schülerleben des prominenten Absolventen etwas transparenter machen würde. Kein Jahresbericht, keine Abiturzeitung, nichts. Der Direktor lässt sich gar nicht erst sprechen, und die Reaktionen seiner Mitarbeiter erwecken den Eindruck, dass die Schule sich nicht wirklich damit schmücken möchte, einen späteren Ministerpräsidenten zum Abitur geführt zu haben.

2. Strauß überm Bett

Ein Teenager wird aufgesaugt von der Politik

Franz Josef Strauß kommt, und Markus Söder ist elektrisiert. Sein Held wird leibhaftig am Hauptmarkt sprechen, dort, wo wenige Wochen zuvor noch die Buden des Nürnberger Christkindlesmarktes standen. Andere in seinem Alter hängen Poster von Popstars, Fußballspielern oder dem Revolutionär Che Guevara in ihr Jugendzimmer. Bei Markus Söder hängt Strauß überm Bett. Jahre später wird er Aufsehen erregen, als er ein Foto aus jener Zeit ins Internet stellt. Im Hintergrund zeigt es Strauß, der vom Poster an der Dachschräge lächelt, und davor den jungen, sauber frisierten Söder in blauem Sakko, weißem Hemd und mit akkurat gebundener Krawatte. Mit einem Finger deutet er auf Strauß, den Daumen der anderen Hand reckt er für die Kamera nach oben.

An jenem Tag Anfang 1983 kommt Strauß als Wahlkämpfer nach Nürnberg. Er wirbt um Stimmen für die vorgezogene Bundestagswahl am 6. März. Sie ist nötig geworden, weil im Herbst zuvor vier FDP-Minister die sozialliberale Bundesregierung verlassen und sich mit ihrer Partei auf die Seite der Union geschlagen haben. Anschließend hat die neue konservativ-liberale Mehrheit im Deutschen Bundestag mit einem konstruktiven Misstrauensvotum den SPD-Kanzler Helmut Schmidt gestürzt und durch CDU-Chef Helmut Kohl ersetzt. Nun sollen die neuen Machtverhältnisse in einer vorgezogenen Bundestagswahl legitimiert oder korrigiert werden.

Markus Söder steht gleich in der ersten Reihe hinter dem Absperrgitter am Hauptmarkt. Schon Stunden bevor die CSU-Kundgebung beginnt, ist er gekommen, um sein Idol aus größtmöglicher Nähe zu erleben. Das Wetter ist schlecht, aber das stört ihn nicht. Er ist hibbelig, voller Vorfreude. Wie fast überall, wo der CSU-Chef, bayerische Ministerpräsident und gescheiterte Kanzlerkandidat des Jahres 1980 auftritt, erwarten Strauß allerdings auch in Nürnberg nicht nur glühende Verehrer, sondern viele Gegner, die seinen Auftritt mit Pfeifen, Buhs und Zwischenrufen begleiten. Strauß stachelt das an. Es gehört zum Inventar jeder Strauß-Rede, demonstrierende Gegner als Chaoten, Anarchisten, Linksradikale, Idioten oder Gesindel zu beschimpfen. Ein Ritual, das die Gegner in Rage und die eigenen Leute noch enger zusammenbringt.

Auch der Teenager in der ersten Reihe jubelt ihm frenetisch zu. Noch Jahre später wird Markus Söder von der »fulminanten Rede« schwärmen, die er an jenem Januartag am Nürnberger Hauptmarkt gehört haben will. Sie hat ihn angefixt, sie lieferte ihm Stichworte für den Kampf gegen Sozis, Grüne und alle anderen Linken: Ja zur NATO, zur deutschen Wiedervereinigung und zum Bündnispartner USA, nein zur unfähigen Sozialdemokratie und zu Krawallmachern. Die übliche Strauß-Palette. Wenige Wochen später holt die CSU bei der Bundestagswahl 59,5 Prozent der Stimmen in Bayern. Die Union wird stärkste Partei im Bundestag, regiert weiter mit der FDP, und Helmut Kohl bleibt Kanzler.

Man kann, wie bei Söders Beziehung zum Vater, auch hier spekulieren, weshalb ein Teenager ausgerechnet einen Mann von bald 70 Lebensjahren als Vorbild anhimmelt, noch dazu in den friedens- und ökologiebewegten Achtzigerjahren. Gewiss, Strauß ist seit Jahrzehnten ein Großkaliber der deutschen Politik, das Idol aller Konservativen, autoritär, rücksichtslos, hochgebildet, rhetorisch brillant. Er lässt niemanden gleichgültig, und er kennt beim Durchsetzen seiner Ziele und auch eigener Interessen keine Schranken, wie man heute weiß und damals schon wissen konnte. Mag sein, dass es genau das war, was den jungen Markus Söder beeindruckt hat. Dass da einer war, der allen Anfeindungen zum Trotz stehen blieb. Der sich von Gegnern und Medien nicht umwerfen ließ.

Wenige Tage vor der Kundgebung ist Markus Söder 16 Jahre alt geworden. Er ist jetzt alt genug, um nicht nur in die Junge Union (JU), sondern auch die CSU einzutreten. Also geht er ins »Meisterlein«, ein Nürnberger Gasthaus, das auch die JU-Geschäftsstelle beherbergt, und wird Doppelmitglied. In den folgenden Jahren wird er innerhalb der Jungen Union und der Nürnberger CSU einen Aufstieg hinlegen, der sich als Blaupause für seinen späteren Weg an die Spitze des Freistaats erweisen wird. Wie er sich in München nach oben boxt, das wird dem gleichen Drehbuch folgen wie einst in Nürnberg. Unbändiger Fleiß und bedingungsloser Einsatz, ein unglaublich geschicktes Knüpfen von Netzwerken und Seilschaften, ein uneingeschränkter Wille zur Macht und die fast völlige Abwesenheit von Skrupeln: Das sind die Zutaten der Ursuppe, in welcher der Politiker Markus Söder gedeiht.

Und dann ist da noch etwas, eine ganz eigene Spielart von Rebellentum. Söder gehört weder in Nürnberg noch in München zum Establishment seiner Partei. Er reibt sich an bestehenden Strukturen, er ist immer der stürmische Junge, der die Alten so lange nervt, bis sie endlich den Weg frei machen. Er zieht sein Ding durch, ohne Rücksicht auf Verluste.

Nur ein einziges Mal in seiner Karriere wird Markus Söder ein politisches Amt erhalten, weil er protegiert wird – von CSU-Chef Edmund Stoiber nämlich, der ihn 2003 zum CSU-Generalsekretär beruft. Stoiber leistet zwar auch bei späteren Karrieresprüngen Hilfe, aber da nährt sich Söder schon von seiner eigenen Stärke. Die CSU kommt nicht mehr an ihm vorbei. Seine persönliche Hausmacht ist schon so groß, dass man ihn nicht mehr loswird. Es ist immer die Parteibasis, die ihn trägt, die er auch lange genug beackert hat dafür. In diese Einsicht wird sich 34 Jahre nach dem Parteieintritt des Markus Söder auch Horst Seehofer fügen, als er 2017 nach einem schier ewigen Machtkampf kapituliert und Söder das Amt des Ministerpräsidenten überlässt. Im CSU-Vorstand sitzen viele, die Söder nicht mögen und seinen Politikstil ablehnen. Aber sie kommen nicht an ihm vorbei.

Im Juni 1983 besucht das Neumitglied Markus Söder erstmals eine Hauptversammlung des JU-Ortsverbandes Gostenhof-Schweinau im Kulturladen an der Rothenburger Straße. Der Neuling setzt sich nach hinten – und landet gleich vorne. Als noch Beisitzer für den Vorstand gesucht werden, fragt einer den schlaksigen Neuen, ob er nicht Lust hätte. Natürlich hat er – und wird gewählt. Man ist schließlich froh um jeden Mann.

JU-Ortsvorsitzender ist damals Peter Dilling, sieben Jahre älter als Markus Söder. Er wird bis heute häufig als dessen »Mentor« bezeichnet, was Dilling mit gemischten Gefühlen hört. »Irgendwie stimmt das schon«, sagt er dreieinhalb Jahrzehnte später. Aber er sei es leid, »ständig auch von CSU-Mitgliedern angesprochen zu werden und den Vorwurf zu hören: Du hast uns den eingebrockt.« Denn Peter Dilling, ein gestandener Mann mit großem politischem Wissen und Interesse, der klar und pointiert zu argumentieren weiß, hat längst mit Markus Söder gebrochen. »Ich halte ihn für einen skrupellosen Machtmenschen, Intriganten und Opportunisten«, sagt Dilling. Und dieser Eindruck gründe sich wesentlich auf Erfahrungen mit Söder in den Untiefen der Jungen Union Nürnbergs in den Achtziger- und Neunzigerjahren.

Der JU-Ortsverband Gostenhof-Schweinau und der JU-Kreisverband Nürnberg-West werden die Spielwiese, auf der Markus Söder sich all das antrainiert, was auch später als Spitzenpolitiker seinen Instrumentenkasten füllen wird. Dass er schon als Teenager eine politische Karriere fest geplant hatte, glauben Weggefährten von damals indes nicht. Die Entscheidung, Berufspolitiker zu werden, war wohl vielmehr ein Prozess über einige Jahre hinweg. Und für Söder doch ein logischer Schritt. Ihn nerven die Friedensbewegten und die Ökos, er findet ihr Nein zum NATO-Doppelbeschluss und ihre Angst vor der Kernkraft schlicht naiv. Sein CSU-Beitritt ist auch ein Schritt der persönlichen Abgrenzung. Auch in der Schule, wo er als Strauß-Fan auf einsamem Posten steht.

Im politischen Sandkasten

Max Söder reagiert reserviert, als er vom Eintritt des Sohnes in JU und CSU erfährt, aber er lässt ihn gewähren. Er hätte es lieber gesehen, wenn sich der Sohn mehr um die Schule kümmern würde. Stattdessen hackt Markus nun in seinem Mansardenzimmer bevorzugt abends politische Texte, Briefe, Pressemitteilungen oder Anträge in eine mechanische Schreibmaschine. Oder er hängt am Telefon. Mobile Apparate gibt es damals noch nicht, aber immerhin verfügt man im Hause Söder über zwei feste Telefone, eines im Büro des Vaters und eines im elterlichen Schlafzimmer. An einem davon hängt nun ständig der Sohn, um Gespräche über Politik zu führen.

»Die Junge Union war der politische Sandkasten, in dem wir alle übten«, sagt Roland Fleck. Er ist nur wenige Jahre älter als Markus Söder, auch er hat aus der JU heraus Karriere gemacht. Fleck wird später städtischer Wirtschaftsreferent in Nürnberg und anschließend Chef der örtlichen Messegesellschaft. Söder fiel ihm schon in JU-Zeiten als umtriebig und fleißig auf. »Markus hat schnell einen Plan für sich entwickelt, wie er in JU und CSU etwas werden kann. Schon damals hat er sich auf die Landesebene konzentriert.«

»Er war bald der Immer-da-Söder«, erinnert sich Peter Dilling. Präsent bei jeder Sitzung, beim JU-Bowlingwettbewerb und auch beim JU-Minigolfturnier. Selbst bei bestem Freibadwetter – auf Söder ist Verlass. Und wenn niemand anderer die Würste für das Grillfest besorgen will, dann macht er das eben. Papiere schreiben, Veranstaltungen organisieren – der Maurersohn ist stets bereit. »Solche Leute waren bei der JU wie in jeder Organisation dünn gesät«, sagt Dilling. Er war froh über den eifrigen Neuling, der einige Male auch seine Schwester Heike mitbringt und sie sogar zur Mitgliedschaft überredet.

Wenige Monate nach Söders Eintritt organisiert sich die Nürnberger JU neu, die Ortsverbände gehen in Kreisverbänden auf. Peter Dilling wird Kreisvorsitzender. Und er ist bereits Schatzmeister der nächsthöheren JU-Ebene, des Stadtverbandes Nürnberg, zu dem fünf Kreisverbände gehören. Da dort die Mitgliedsbeiträge und alle anderen Finanzen verwaltet werden, ist das ein einigermaßen einflussreiches Amt, bei dem viele Stränge zusammenlaufen. In den folgenden Jahren wird Markus Söder in beiden Positionen Peter Dilling beerben, im Kreisvorsitz und als Schatzmeister. Jeweils auf Vorschlag von Dilling selbst. Persönliche Freunde seien sie allein schon des Altersunterschiedes von sieben Jahren wegen nicht gewesen, sagt Dilling. »Wir hatten aber ein Vertrauensverhältnis aufgebaut, und ich war überzeugt, dass er ein loyaler Mitstreiter ist. Sonst hätte ich ihn nicht nachgezogen.«

Und fleißig ist dieser Söder ja. Schreibt und verschickt Pressemitteilungen, ruft in der Redaktion der Stadtteilzeitung »Stadtanzeiger« an, um auf Themen und natürlich auch auf sich aufmerksam zu machen. Mit der Zeit erwirbt er sich in der Redaktion den Ruf, nahe an den Menschen im Nürnberger Westen und ihren Problemen zu sein. Auch in der CSU bringt er sich zunehmend ein, und nicht einmal sein erster Abend im Ortsverband St. Leonhard-Schweinau kann ihm den Enthusiasmus rauben.

Die Versammlung findet im »Schloss Egg« statt, einer Arbeiterkneipe an der Schweinauer Straße im Stadtteil St. Leonhard, den die alten Nürnberger nur »Loonhard« aussprechen. Die CSU tagt dort in einem verrauchten Hinterzimmer, und Söder erlebt zu seinem Entsetzen, wie eine Gruppe fast ausschließlich alter Männer, die laut Tagesordnung die Kindergartensituation in Schweinau diskutieren soll, ziemlich schnell zum Ergebnis kommt, dass der Gaddafi an allem schuld ist, der libysche Diktator. Woraufhin das Neumitglied Söder für sich nur eine Alternative sieht: Sein lassen – oder selber machen. Also legt er los.

Zunächst aber steht noch das Abitur an. Eine lästige Angelegenheit, denn Politik ist jetzt sein großes Hobby. Also hält er im Sozialkunde- und Geschichtsunterricht immer hartnäckiger dagegen, legt sich mit allen an, die links von ihm stehen – also den meisten. Der Diskutant tritt schneidig auf, argumentiert klar, polemisiert aber auch, stichelt und provoziert ohne jede

Zurückhaltung. Ob in der Schule, bei JU oder CSU – Söder hat am meisten Spaß, wenn er Sozis und Grüne ärgern kann. Je lauter sie aufschreien, desto besser. Für die letzten beiden Jahre am Gymnasium wählt er Mathematik und Geschichte als Leistungskursfächer. Sein Abitur legt er mit Notendurchschnitt 1,3 ab. »Das war harte Arbeit«, sagt er, »in der Mittelstufe sah es noch schlechter aus.« Am Ende der achten Klasse etwa standen am Jahresende vier Vierer (in Mathe, Englisch, Latein und Sport) und kein einziger Einser im Zeugnis. »Verhalten: lobenswert, Mitarbeit: anerkennenswert«.

Die Abifeier schwänzt er, weil gleichzeitig der Arbeitskreis Entwicklungspolitik der Jungen Union tagt. Ausgerechnet im KOMM, im links-alternativen, selbst verwalteten Jugendzentrum Nürnbergs gleich gegenüber dem Hauptbahnhof, dessen bloße Namensnennung dem Bürgertum Stresspickel ins Gesicht treibt. Hier tummeln sich normalerweise solche Jugendliche, die Söder politisch ablehnt oder verachtet. Ausgerechnet dort eine JU-Veranstaltung – das war an sich schon die Provokation schlechthin, Ärger mit linken Gruppen war vorprogrammiert. Also geht er lieber ins KOMM, als mit den Abiturienten zu feiern. Bis ein anderer JUler eine Ohrfeige von einem Linken kassiert und die Polizei anrückt. Der junge Söder verbucht die Sache trotzdem als Erfolg. Die Provokation war ja gelungen.

Nach dem Abitur schlägt Söder den Weg ein, den er bei der Umfrage der Nürnberger »Abendzeitung« skizziert hatte. Er tritt seinen Wehrdienst an, den er hauptsächlich beim Transportbataillon 270 in Nürnberg absolviert. Er tauscht Benzinfilter bei schweren Lastwagen und sorgt sich, dass ihm beim Kuppeln eines Zehn-Tonners das Knie wegspringt. Im Nachhinein muss er die Bundeswehr als verlorene Zeit empfunden haben, denn 1989, als er für die Nürnberger CSU-Parteizeitung den damaligen Bundesverteidigungsminister Rupert Scholz (CDU) interviewt, hält er diesem vor, »als Wehrpflichtiger am eigenen Leib erfahren« zu haben, was bei der Armee falsch laufe: »Mängel in der Inneren Führung, in der Ausbildung der Rekruten führen oft zu einer distanzierteren Haltung gegenüber der Bundeswehr, als dies eigentlich der Grundüberzeugung vieler junger Soldaten entspricht.« Selbstbewusst mahnt Söder in dem Interview »Verbesserungsbedarf« beim Minister an.

Nach dem Wehrdienst schreibt er sich an der juristischen Fakultät der Friedrich-Alexander-Universität in Erlangen ein und erhält ein Stipendium der CDU-nahen Konrad-Adenauer-Stiftung. Seine Eltern hatten ihm nur vorgegeben, dass es kein Studium sein dürfe, das in die Arbeitslosigkeit führt. Jura passt. Umso entsetzter wird Renate Söder später reagieren, als Sohn Markus nach dem ersten Staatsexamen 1992 und einem halben Jahr als wissenschaftlicher Mitarbeiter am Erlanger Lehrstuhl für Staats-, Verwaltungs- und Kirchenrecht auf Journalismus umsattelt. Am 1. November 1992 beginnt er ein Volontariat, eine Ausbildung zum Rundfunk- und Fernsehredakteur beim Bayerischen Rundfunk (BR).

Es ist aber nicht der Journalismus, nicht die Bundeswehr und nicht die Juristerei, was Markus Söder fasziniert. Es ist nach wie vor die Politik. Er lernt schnell und viel in den Jahren, er verlässt sich nicht auf Parteiführer und -apparat. Markus Söder verlässt sich immer nur auf sich selbst. Und er schlägt erst dann zu, wenn der Moment gekommen ist. Mentor Dilling muss das am eigenen Leib erfahren.

Dilling sagt heute, Söder würde sich niemals in eine politische Schlacht stürzen, wenn er sich nicht sicher sei, diese auch zu gewinnen. Er komme erst aus der Deckung, wenn er keine Niederlage mehr fürchten muss – ganz so wie viele Jahre später im Machtkampf mit Horst Seehofer. Er setze auch nicht auf Beliebtheit und Sympathie, sondern auf Abhängigkeiten und Bündnisse. Und auf öffentliche Aufmerksamkeit. Gute oder schlechte Presse? Egal, Hauptsache, er wird wahrgenommen.

Es geht darum, als unentbehrlich dazustehen und als einer, den man nicht verhindern kann. So funktioniert auch sein Aufstieg in der JU und der CSU Nürnbergs. Präsent sein wie kein anderer. Fleißig sein. Die eigenen Leute beeindrucken, motivieren und mitreißen. Verbündete suchen. Netzwerke knüpfen und Koalitionen schmieden. Loyalitäten und Abhängigkeiten schaffen. Mögliche Gegner kaltstellen, sobald sie einen Moment der Schwäche zeigen. Öffentlich um jeden Preis auffallen. Den Populisten geben, Themen hochziehen nur für die PR. Ungeniert Provokationen wagen und so Bewunderer gewinnen. Und auch Feinde sind in diesem Kosmos wichtig, denn viel Feind bedeutet bekanntlich viel Ehr. Feinde hat Söder immer in seiner Karriere. Aber was ist mit Freunden? Kann er so was überhaupt: Freundschaft?

Gute Freunde kann niemand trennen – oder doch?

Die Suche nach Menschen, die sich ohne jeden Vorbehalt als Freunde von Markus Söder bezeichnen, gerät für dieses Buch schwierig. Die Zahl ist klein, sehr klein. Söder widerspricht und verweist auf seltene, aber regelmäßige Treffen mit alten Freunden aus JU oder Bundeswehr, die heute teilweise weit weg wohnen. Auch sein Schwiegervater, der 2017 gestorbene Unternehmer Günter Baumüller, sei ein väterlicher Freund gewesen. Er nennt auf Nachfrage auch Namen, doch nicht jeder der Betreffenden mag sich über den vermeintlich engen Kumpel äußern, und schon gar nicht öffentlich.

Einer, der im Gespräch hin- und hergerissen wirkt, ist Michael Frieser. Ja, sagt er, Markus und er seien sich seit anfänglichen Rivalitäten in gemeinsamen JU-Zeiten »freundschaftlich verbunden«. Sie spielen ab und zu Tennis miteinander, wobei die Stimmung hernach eindeutig besser sei, wenn Söder als Sieger vom Platz gehe. Sie reden über private und persönliche Dinge, sie mögen die gleichen Filme: »Star Trek«, »Star Wars«, »Herr der Ringe«. Söder nennt Frieser einen »sehr verlässlichen Freund« und »sehr ehrlichen Ratgeber«.

Politisch kamen sich die beiden nur einmal in die Quere, als es in jungen Jahren um den JU-Bezirksvorsitz in Nürnberg ging. Anschließend brachte es Frieser über den Nürnberger Stadtrat in den Deutschen Bundestag. Söder wiederum strebte nie nach bundes- oder kommunalpolitischen Ämtern, ihn zog es von Anfang an in die Landespolitik. Was es den beiden prinzipiell leichter macht, Konkurrenzsituationen zu vermeiden und einen entspannten Umgang zu pflegen.

»Markus hat seine Freundschaften innerhalb der Politik gesucht«, sagt Frieser. Was er am Menschen Söder schätze? Loyalität, Verlässlichkeit und Vertraulichkeit, sagt Frieser. Und dass er ehrlicherweise nie einen Hehl aus seinem Ehrgeiz und seinen Zielen gemacht habe. Negative Eigenschaften? »Er kann unbeherrscht sein und abgehen wie ein Tsunami, wenn ihm etwas nicht passt. Dann will er auch mal mit dem Kopf durch die Wand.«

»Richtige Freunde hat er nur ganz wenige«, sagt einer, der Söder seit JU-Zeiten kennt und so manchen Abend mit ihm verbracht hat. Freundschaften seien für Söder schon damals stets auch Bündnisse gewesen. »Die Partei und der parteinahe Bereich waren schon immer auch sein persönliches Umfeld.« Gut, sein Fimmel für »Star Trek« und überhaupt Science-Fiction, auch seine Begeisterung für den 1. FC Nürnberg – das sei schon echt. Im Grunde aber, sagt der alte Gefährte, verfolge Markus Söder »seinen Plan nicht sechs, sondern sieben Tage die Woche, rund um die Uhr, das ganze Jahr über. Er lebt das.« Da bleibe nun einmal wenig Zeit und Kapazität für Freundschaften. Aber interessiert er sich überhaupt für andere Menschen? Oder sieht er in ihnen wirklich nur Mittel zum eigenen Zweck? Der Kumpel überlegt lange. Dann weicht er aus. »Wenn er sich mit jemandem umgibt, ist die Frage, ob der ihm nutzen kann, schon ein wesentliches Kriterium.«

So vermischt sich, wie in der Freundschaft mit Frieser, Politik und Privates. Nun wird der Begriff »Freundschaft« in der Politik, in öffentlichen Reden zumal, inflationär gebraucht. Oder zumindest großzügiger verwendet als im wirklichen Leben. Bisweilen sind scharfe Abgrenzungen schwierig, ja: unmöglich.

Ludwig Spaenle etwa, im Entscheidungsjahr 2017 Bayerns Kultusminister und Chef der Münchner CSU, steht Markus Söder tatsächlich auch persönlich sehr nahe, er ist sogar Taufpate eines seiner Kinder. Günther Beckstein und Markus Söder treffen sich ab und an privat mit ihren Frauen. Auch die Familien Stoiber und Söder kennen sich gut. Doch, in gewisser Weise sind das zweifellos auch Freundschaften, meist solche, die sich auf die lange gewachsenen politischen Beziehungen und damit verbundenes Vertrauen gründen. Frage an Edmund Stoiber: Was wäre, wenn Sie mit einem persönlichen Problem auf Markus Söder zukämen und ihn um Rat fragen würden? Antwort Stoiber: »Er wäre überrascht, weil er meint, ich habe keine Probleme.«

Womöglich ist es so, dass Markus Söder bei seinem Aufstieg Freunde in großer Zahl nicht brauchte. Unterstützer, ja. Aber Freunde? Was er tatsächlich immer brauchte, sagt ein kenntnisreicher Söder-Deuter, sind Gegner. »Er wächst an Widerständen«, sagt der Mann. »Wenn alles butterweich läuft, dann wird er nervös oder langweilt sich.«

Michael Frieser sagt, ganz abgesehen vom Thema Freundschaft sei der Markus schon als junger Kerl ein »unglaublicher Generator für politische Themen« gewesen. Einer, der in Bildern denkt. Der einen politischen Inhalt, ein Thema, eine Idee, darauf abklopft, welche Reaktionen er damit bei möglichst vielen Menschen provozieren kann. Ein Freund von früher erzählt, er habe einmal einen Vortrag über öffentlichen Personennahverkehr gehalten und sei über die mangelnde Resonanz enttäuscht gewesen. Söder habe ihm daraufhin erklärt: »Inhaltlich war alles top, aber du hast die Menschen gefühlsmäßig nicht erreicht. Du brauchst ein Gefühl, wie sie ticken.« Ihm taugt nur, was auch die Menschen erreicht. So erzählen das viele, Bewunderer wie Gegner, die mit dem jungen Markus Söder in seinen Nürnberger Jahren zu tun hatten.

Die Nürnberger Mauer

Ein wunderbares Beispiel liefert der 13. August 1995, der Jahrestag des Mauerbaus. Obwohl zu diesem Zeitpunkt die Berliner Mauer schon fast sechs Jahre gefallen und Deutschland wiedervereinigt war, stapeln JU-Aktivisten um ihren Anführer Markus Söder in der Nürnberger Fußgängerzone 20 Kartons zu einer »Mauer« und kleistern sie mit Tapetenleim zusammen. Zur symbolischen Erinnerung an den Baubeginn der Mauer vor 34 Jahren. Die Bilder des Tages zeigen den jüngsten bayerischen Landtagsabgeordneten und JU-Landesvorsitzenden Markus Söder, wie er im Stile eines Graffiti-Künstlers mit einer Spraydose »Nie wieder PDS« auf die Karton-Mauer schreibt. Parallel zu der Aktion werden Unterschriften gegen die SED-Nachfolgepartei PDS gesammelt, die spätere Linke. 200 solcher Unterschriften stehen am Ende dieses heißen Augusttages 1995 auf den Listen, völlig überflüssige Unterschriften natürlich, denn was sollen sie wo bewirken? Egal, die Jungunionisten sind begeistert, im Zweifel einfach von sich selbst.

Vor allem aber bleiben die Bilder von Söder hängen, der die Pappdeckelmauer besprüht. Und nebenher kann er auch ein paar Parolen unter die Leute bringen. »Die PDS könnte zu einer Dreh- und Kontaktscheibe für den Terrorismus in Deutschland werden, zum verlängerten Arm von Terrorgruppen wie der PKK«, warnt Söder in einem Zeitungsinterview am Rande der Aktion.

Nicht nur die linke politische Konkurrenz schäumt, auch in Kirchenkreisen schüttelt man über Söder den Kopf. Völlig überzogen, die Aktion, das ist das ziemlich einhellige Urteil. Markus Söder aber hat sein Ziel erreicht: Schlagzeilen, Fotos und eine JU-Truppe, die ihren Coup feiert. »Wir dachten an die Inhalte, die wir zum Anlass des Mauertages vermitteln wollte«, sagt ein JU-Gefährte von damals. »Der Markus dachte von Anfang an in Bildern, wie wir das inszenieren und umsetzen können. Das hat er dann auch perfekt gemacht, während wir anderen noch mühsam an komplizierten Papieren formulierten.«

Söder habe die große Gabe, zu erkennen, wer die Empfänger seiner Botschaften sind, sagt auch Michael Frieser, der sich selbst im Bundestag einen Namen als Sachpolitiker gemacht hat, mit Themen wie Demografie, Innenpolitik und Justizfragen. Nur schafft man es mit fundierter Sacharbeit allein weder in die Schlagzeilen noch auf Pressefotos und erst recht nicht in Fernseh-Talkshows. Diese Plätze hat sich Markus Söder erobert, weil er »weiß, wie er Menschen in ihrem Fühlen und Denken ansprechen muss, um sie zu erreichen und bestenfalls zu seiner Klientel zu machen«, sagt Frieser durchaus bewundernd. Söder habe »ein untrügliches Gespür dafür, wo und wie er die Menschen abholen muss, und hinterlegt das auch mit entsprechenden Handlungen. Es gibt kaum einen Politiker, der so vom Kunden her denkt, wie ihn.«

Die Nürnberger JU ist Söders politische Schule, und die Mauer-Aktion das Modell für einen PR-Erfolg. Nach diesem Muster wird er auch zwei Jahrzehnte später noch agieren. Er hat gelernt, dass es die Bilder sind, die bleiben. So manche Sachinformation, die er sich anliest, hat ja selbst er bald wieder vergessen. Seine Mitarbeiter heute attestieren ihm zwar eine superschnelle Auffassungsgabe, aber richtig nachhaltig sei das nicht immer. Fachwissen zu einem speziellen Thema halte oft nicht lang, wenn eine Rede oder ein Talkshowauftritt erst mal rum sind. Wenn es schon Söder so geht, wie soll es dann Zuhörern gehen? Deshalb: Lieber Bilder als eine umständliche Pressemitteilung oder ein 300 Zeilen langes Zeitungsinterview.

Markus Söder ist gnadenlos in seiner Selbstvermarktung. »Er wäre ein erfolgreicher Chef einer Werbeagentur geworden«, sagt einer, der ihn lange aus der Nähe beobachten konnte. Söder weiß, wie man Bilder erzeugt. Etwa mit Tieren, die er dann bis zum Abwinken streichelt oder herzt. Als Minister ist er fast Stammgast auf dem Berchinger Rossmarkt, auch beim Schäferfest im Altmühltal schaut er gern vorbei. Er denkt dann vorher schon durch, welche Situation er schaffen muss, damit es die schönen Bilder gibt. Also setzt er einen Schäferhut auf, wirft einen Schäfermantel über und trägt Lämmer durch die Gegend.

Oder er packt zwei Rösser, eines links, das andere rechts, fest am Zaum, was dem Betrachter der Fotos später Tierliebe und Entschlossenheit gleichermaßen suggeriert. Andere Politiker verschicken lange Erklärungen und wundern sich, warum keiner ihre Aussendungen nachdruckt.

Innerhalb von JU und CSU lernt er früh, wie man die Dinge so in die Hand nimmt, dass sie einem nicht mehr entgleiten. Auch da gibt es Muster, die sich in der späteren Karriere wiederholen. In einem neuen Amt strebt er als Erstes Kontrolle an, weil ihn nichts mehr verunsichert und beängstigt als die Vorstellung von Kontrollverlust. Also macht er schnellstmöglich und unmissverständlich klar, wer die neue Nummer eins ist. »Mir war es immer lieber, die Hand am Steuer zu haben, als nur Beifahrer zu sein«, sagt Söder. »Lieber Captain Kirk als Mister Spock.« Wobei Letzterer ja eigentlich der Schlauere ist.

Der schwarze Jungaktivist Söder erklimmt in Nürnberg in rasantem Tempo eine Karrierestufe nach der anderen, er ist überall zehn Jahre früher dran als die meisten anderen. Im April 1985 wird er Schatzmeister im Nürnberger JU-Stadtverband, ein Jahr später Dillings Stellvertreter als Kreischef der JU Nürnberg-West und im Januar 1989 – mit 22 Jahren – Vorsitzender der CSU St. Leonhard-Schweinau. Jenes Ortsverbandes also, bei dem er angesichts der Gaddafi-geplagten alten Männer im Hinterzimmer beschlossen hat, die Dinge selbst in die Hand zu nehmen. Diese Posten, ein jeder für sich genommen von bescheidener Tragweite, werden das Fundament bilden, auf dem Markus Söder den Sprung zum Berufspolitiker vorbereitet.

Zunächst einmal scheut er wieder nicht die Kärrnerarbeit an der Basis. Über seine Wahl zum CSU-Ortsvorsitzenden schreibt er persönlich eine Pressemitteilung, was seinem Kontrollbedürfnis sehr entgegenkommt. Er kann sich selbst zitieren und dagegen wettern, dass der Nürnberger Westen von Industrie- und Gewerbebebauungen zugepflastert werde. Das, schreibt Söder, verschlechtere die Lebensqualität der Menschen und sei allein der SPD-geführten Stadtregierung anzulasten. Söder ist fleißig, aber auch unkompliziert, ein Jungpolitiker von nebenan, den man zu fast jeder Tages- und Nachtzeit ansprechen kann. Jedes Anliegen eines Bürgers hört er sich genau an. Es könnte ja ein brauchbares Thema dahinterstecken.

Er zieht von Grillfest zu Grillfest, macht Station beim Kleingartenverein »Stiller Winkel«, bei katholischen Pfarrfesten, evangelischen Diskussionsrunden und den Veranstaltungen aller nur erdenklichen Vereine und Organisationen im Nürnberger Südwesten. Er saugt alles auf, was er hört, und münzt das in politische Aktivitäten um. Dann ruft er beim Nürnberger »Stadtanzeiger« an, um die Redaktion auf dieses oder jenes Thema aufmerksam zu machen. Ob »Tempo 30 für Großreuth«, ein umstrittenes Schlachthof-Projekt oder die Angst vieler Anwohner, von wachsenden Gewerbegebieten an den Rand gedrückt zu werden. »Er hatte die Nase im Wind und war sehr nah dran an den Themen, welche die Menschen in diesen Stadtvierteln gerade bewegten«, erinnert sich Reinhard Schmolzi, der viele Jahre Redakteur beim »Stadtanzeiger« war. »Wir bekamen von ihm sehr oft sehr gute Tipps für interessante und lesernahe Geschichten. Aber er war auch ein Populist, der genau wusste, wie er welches Thema setzen und spielen musste, damit auch er etwas davon hatte.«

Söder lässt sich auch nicht davon abschrecken, dass die sozialdemokratisch ausgerichteten »Nürnberger Nachrichten« (»NN«), das Mutterblatt des »Stadtanzeigers«, seine Pressemitteilungen weitgehend ignorieren. Bestenfalls die kleinere und konservativere »Nürnberger Zeitung« übernimmt einige, wenige Zeilen, wenn überhaupt. Das gespannte Verhältnis zu den »NN«, der mit Abstand größten Tageszeitung in Nürnberg, wird sich durch Söders weitere Karriere ziehen. Wenn er als Minister über »Widerstände« spricht, die er auf seinem Weg nach oben überwinden musste, meint er auch die Skepsis seiner Heimatzeitung. »Selbst als der Markus schon lange Abgeordneter war«, sagt ein Nürnberger CSU-Mann, »hat schon viel passieren müssen, dass die ›NN‹ ein Foto von ihm drucken.«

Wenn die Presse ihm nicht hilft, hilft er sich eben selbst. Mit Basisarbeit. Weggefährten vermuten, dass der Jurastudent Markus Söder in dieser Zeit Ende der Achtziger- und Anfang der Neunzigerjahre endgültig einen Plan entwickelt, in der Partei und über die Partei Karriere zu machen. Und doch nicht Staatsanwalt zu werden. Als »völlig zerfressen vom Ehrgeiz« haben ihn die einen in Erinnerung, ein Eindruck, den viel später auch sein großer Rivale Seehofer teilen wird. Andere sagen, er sei »motiviert bis in die Haarspitzen« gewesen und habe förmlich »gebrannt für das, was er politisch tat«. Vielleicht geht ja beides zusammen.

Söder erhöht die Schlagzahl. Kaum eine Woche vergeht, in der sich der CSU-Ortschef und JU-Kreisvorsitzende nicht zu irgendeinem Thema zu Wort meldet, mit einer Forderung oder einem Hinweis auf einen angeblichen oder tatsächlichen Missstand irgendwo im Nürnberger Südwesten. Es ist wie Jahrzehnte später in seinen Ministerämtern: Söder rennt voraus, die anderen hecheln hinterher. Er organisiert Umfragen in der Nachbarschaft des Westparks, einer von der Stadt vernachlässigten und entsprechend vergammelten Grünanlage, und macht die Forderungen der Anwohner anschließend plakativ zu seinen Forderungen: mehr Bänke und Mülleimer, Hecken pflanzen, überhaupt mehr Sauberkeit.

In Briefen und Pressemitteilungen fordert er eine Lärmschutzwand entlang der viel befahrenen, vierspurigen Von-der-Tann-Straße und legt sich mit Begeisterung mit dem städtischen SPD-Baureferenten an, der sie lange ablehnt. Am Ende kommt die Lärmschutzwand doch. Wenn der Minister Söder heute Journalisten sein Nürnberg zeigt, dann ist die Lärmschutzwand ein fester Punkt auf der Sightseeing-Tour.

Als es eines Winters besonders viel schneit, verteilt Söder mithilfe der wachsenden Schar seiner Getreuen Flugblätter, auf denen sie alten Leuten anbieten, den Schnee vor der Haustür wegzuräumen. Ein Anruf genüge. Peter Dilling lacht kurz auf, als er ein Vierteljahrhundert später auf die Aktion angesprochen wird. Nein, sagt er, erinnern könne er sich nicht, »aber ich bin überzeugt davon, dass Markus Söder damals nirgendwo Schnee weggeräumt hat«. Im Rückblick hätten viele der plakativen Forderungen und Aktionen zwar ihren Zweck erfüllt, nämlich Menschen auf die CSU und vor allem auf Markus Söder aufmerksam zu machen. Bei genauerer Betrachtung sei davon aber auch »eine Menge heiße Luft« gewesen. Denn oft sei es bei Forderungen geblieben. Aber auch das ist in der ganz kleinen Nürnberger Politik nicht anders als in der ganz großen: Was genau am Ende rauskommt, bekommen ja viele schon gar nicht mehr mit.

Man muss sich den Nürnberger CSU-Nachwuchs damals als einen ziemlich zerstrittenen Haufen vorstellen. Es wird ähnlich verbittert und mit allen Tricks um Posten gekämpft wie bisweilen in der großen CSU. Als 1989 die JU-Kandidaten für die Stadtratswahl ein Jahr später bestimmt werden sollen, kommt es zum offenen Konflikt zwischen dem Nürnberger Stadtverband und dem übergeordneten Bezirksverband. Dilling und seine Leute, darunter auch Markus Söder, boykottieren die Nominierungsversammlung. Als in den Nürnberger Zeitungen plötzlich von Ränkespielen und Boykottdrohungen die Rede ist und die CSU ernsthaft um ihre Geschlossenheit fürchtet, müssen Schneider und Beckstein eingreifen und für Ruhe sorgen.

In der Regel rivalisierten die christsozialen Nachwuchspolitiker aus dem wohlhabenderen Osten der Halbmillionenstadt mit denen in Söders Westen. Die Lager waren klar geteilt, der Ton wenig zimperlich und noch weniger die Methoden. Söder galt als einer, der bei den Gegnern im Osten mit seinen rüden Sprüchen ziemlich aneckte. Den eigenen Leuten jedoch gefiel es, »weil er, wenn er den Mund aufgemacht hat, nicht herumgedruckst, sondern sich klar geäußert hat«, sagt ein Mitstreiter von damals. Söder, das wurde Freund und Feind in allen JU-Lagern immer klarer, war kein Mann für die zweite Reihe – und würde sich auch niemals auf Dauer damit zufriedengeben.

Während Söder als Dillings Nachfolger im JU-Kreisvorsitz Nürnberg-West zugange war, wählten die Delegierten der Jungen Union in Nürnberg, Fürth und Schwabach Dilling zu ihrem Bezirksvorsitzenden. Gemeinhin ist das im CSU-Kosmos des Städtedreiecks nicht nur ein Amt, sondern in vielen Fällen auch eine Eintrittskarte zumindest in den Vorhof der größeren Politik. So gehörten zu Dillings Vorgängern im JU-Bezirksvorsitz der spätere Bundeswohnungsbauminister Oscar Schneider sowie der spätere bayerische Ministerpräsident Günther Beckstein. Und womöglich hätte auch Peter Dilling politische Karriere gemacht, wäre da nicht ein tiefes Zerwürfnis zwischen ihm und Söder gewesen.

3. Der Unverhinderbare

Wie Söder sich der CSU aufzwingt

Auch von Warnschüssen lässt sich Markus Söder nicht mehr bremsen. Als sein JU-Kreisverband ihn 1990 im Pfarrzentrum St. Wolfgang wieder zum Vorsitzenden wählt, erhält er 21 von 27 Stimmen. Es ist das schlechteste Ergebnis aller elf an diesem Tag gewählten Vorstände. Ihm allerdings ist das egal; Vorsitz ist Vorsitz. Außerdem arbeitet er längst daran, seine Position auszubauen und zu festigen. Für den amtierenden JU-Stadtverbandschef Roland Fleck übernimmt Söder die Pressearbeit. Die spielt sich vorwiegend in der Nürnberg-Fürther CSU-Postille »nürnberger« ab, bei der Söder auf diese Weise einen Fuß in die Tür bringt.

Immer häufiger gerät Söder nun auch in das Blickfeld der Nürnberger Parteioberen, die sich ansonsten vom Geplärre des Nachwuchses ziemlich unbeeindruckt zeigen. Günther Beckstein, der selbst gerade erst zum Innen-Staatssekretär aufgestiegen war, erinnert sich daran, »dass mir Markus etwa um 1989/1990 zum ersten Mal wirklich auffiel«. Mit seinem Eifer, aber auch deshalb, weil andere in JU und CSU immer häufiger über den omnipräsenten Jurastudenten redeten. »Die JU war damals klar aufgeteilt, für oder gegen Söder, dazwischen gab es nix«, sagt Beckstein. »Er polarisierte bereits als junger Kerl.« Aber in einer Partei wie der CSU seien andere Eigenschaften für eine Karriere entscheidender, sagt Beckstein und zählt auf: Einsatz, Präsenz und vor allem Eigeninitiative. »Und die hat er schon damals gezeigt.«

Der »Immer-da-Söder« mag den einen oder anderen in den eigenen Reihen mit seinem Eifer und seinem ungezügelten Ehrgeiz gewaltig nerven – er ist aber auch ein strammer und vor allem zuverlässiger Fußsoldat. Auf Leute wie ihn ist eine Partei angewiesen. Mit seiner JU-Truppe chartert er im Wahlkampf für die Europawahl 1989 ein Partyschiff und organisiert eine »südeuropäische Nacht« mit Jazzmusik und Magier-Auftritt. CSU-Spitzenkandidat Fritz Pirkl, 64, war dankbar: Ohne die Bühne, die Söder ihm bot, hätte er niemals 400 junge Partygänger erreicht.

Erstmals vermischen sich in dieser Zeit bei Markus Söder politische Aktivitäten und journalistisches Interesse. Er schreibt für die Jugendzeitung »E.F.N.«, was in Anlehnung an ein Hamburger Nachrichtenmagazin »Ein Fränkisches Nachrichtenmagazin« heißen soll. So wie früher beim »Spiegel« sind auch in »E.F.N.« die Artikel nicht mit Autorennamen versehen. Herausgeber der Postille ist ein »Jugend-Press e.V.«, wobei das Impressum hauptsächlich aktive JUler aufführt, darunter Söder.

Mit Jugend- oder gar Subkultur hat die Redaktionsmannschaft offenbar nichts am Hut. Kneipentipps gibt es nur am Rande, die Veranstaltungshinweise richten sich eher ans klassische Bürgertum. Die Themen sind politisch getränkt: der mögliche Weg zur europäischen Währungsunion, die Müllproblematik am Nürnberger Messegelände, die Geschichte der Französischen Revolution. Das Heft wird an Schulen und Studentenwohnheime verschickt und dort ausgelegt, »wo man abends hingeht«, heißt es im Impressum.

Neun Monate nach der Europawahl stehen in Bayern am 18. März 1990 die Kommunalwahlen an. Diesmal nutzt Markus Söder den Wahlkampf, um auf sich aufmerksam zu machen und sich für höhere Aufgaben zu empfehlen, obwohl er selbst nicht für den Stadtrat kandidiert. Wieder zündet er ein schier pausenloses Themenfeuerwerk, fordert den Ausbau des Westparks »zur grünen Lunge des Nürnberger Westens«, äußert Bedauern über die Schließung des Fernsehturmes im Stadtteil Schweinau und verlangt eine stärkere Vertretung der Nürnberger Protestanten im Nürnberger Stadtrat.

Doch sosehr sich Markus Söder abstrampelt – das allein wird ihm bei seinen Karriereambitionen nicht helfen. Die wirklich interessanten Ämter und Posten werden nicht im JU- und auch nicht im CSU-Ortsverband vergeben. Wer etwas werden will, muss sich höheren Orts profilieren, braucht einen Posten, der ein Sprungbrett sein kann. Bei Söder sollte dies der Posten des JU-Bezirksvorsitzenden für Nürnberg, Fürth und Schwabach werden.

Doch das wird nicht einfach. Söder hat zwar den Nürnberger JU-Westen hinter sich, nicht aber den zahlenmäßig starken JU-Osten. Und dort schickt sich ebenfalls ein ehrgeiziger und ambitionierter Nachwuchspolitiker an, Bezirkschef zu werden, nämlich Michael Frieser. Das größte Hindernis jedoch ist der Amtsinhaber: Peter Dilling, Söders JU-Mentor. Was nun geschieht, beschreibt Dilling rückblickend als »die größte menschliche Enttäuschung überhaupt«. Damals sei ihm »klar geworden, dass der Aufstieg Söders nicht zu verhindern sein wird und dass das nicht mehr meine politische Welt ist«. Also hat er später Schluss gemacht mit der Politik, 1995 trat er sogar aus der CSU aus.

Was war geschehen? Peter Dilling beschreibt seinen Bruch mit Markus Söder und seinen Sturz als JU-Bezirksvorsitzender als ein Zündeln hinter seinem Rücken über Monate hinweg. Er selbst hatte gerade beruflich bei der Bundesagentur für Arbeit angeheuert und musste in seinem ersten Jahr dort immer wieder längere Lehrgänge besuchen, teilweise weit entfernt von Franken. Was bedeutete, dass er oft einige Wochen am Stück nicht vor Ort war. Aber er hatte ja Söder, den er nach seiner Wahl zum JU-Bezirksvorsitzenden als Bezirksgeschäftsführer durchgedrückt und damit auf eine Schlüsselposition gesetzt hatte. »Ich habe ihm vertraut, dass er während meiner Abwesenheit loyal zu mir ist«, sagt Dilling.

Tatsächlich aber habe Söder bald damit begonnen, hinter seinem Rücken Stimmung gegen ihn zu machen. Söder habe gezielt gestreut: Der Dilling ist doch nie da, da kann ja von dem nichts kommen. Lange Zeit habe er davon nichts geahnt, erzählt Dilling, und als es die ersten vagen Hinweise gab, »habe ich sie falsch eingeschätzt. Ich hatte mich auf seine Loyalität verlassen und muss heute sagen: Er ist ein hemmungsloser Intrigant, wenn er etwas werden will.« Als er, Dilling, endlich gemerkt habe, was da hinter seinem Rücken alles lief, sei es zu spät gewesen. Er trat nicht mehr zur Wahl an, um einer drohenden Niederlage zuvorzukommen.

Söders Freunde sagen bis heute, dass Söder eben die Härte habe, im politischen Wettbewerb zu bestehen. »Bei einer Wahl gewinnt der, der die Mehrheit der Leute hinter sich hat«, sagt einer. »So einfach ist das.« Markus Söder selbst nennt Dillings Aussagen »völligen Quatsch«. Er erzählt die Geschichte anders. Dilling sei ein kluger Kopf gewesen, der seine Stellung bei den eigenen Leuten aber selbst geschwächt habe: durch mangelnde Präsenz und durch eine desaströse Kandidatennominierung für die Nürnberger Stadtratswahl, bei der Dilling auf der CSU-Liste weit nach hinten durchgereicht wurde. Eine Intrige gegen Dilling, so darf man Söders Version wohl deuten, sei gar nicht nötig gewesen.

1991 gab Peter Dilling jedenfalls den Posten als JU-Bezirkschef ab. »Ich hatte resigniert, mich hatten diese Intrigenspiele mürbegemacht«, sagt er. Natürlich habe er Söder vorher darauf angesprochen, ihm vorgeworfen, hinterrücks seinen Sturz zu betreiben. Doch der habe alles abgestritten und treuherzig versichert, er stünde nach wie vor hundertprozentig hinter ihm. Seit damals hat Söder den Ruf eines skrupellosen Machtmenschen. In der Gegenwarts-CSU heißt es, Söder habe einen alten Sinnspruch der Politik tief inhaliert: Stützen oder Stürzen, nur diese beiden Optionen gibt es unter Mächtigen. Von seinen Gegnern wird Söder auch mit einem noch krasseren Lehrsatz zitiert: »Wenn dir jemand gefährlich werden kann, musst du ihn sofort töten.« Natürlich im politischen Sinn.

Mit Dillings Rückzug ist das erste Hindernis für Söder auf der politischen Karriereleiter weg. Allerdings steht nun noch ein zweiter Gegner im Weg, Michael Frieser, der mit der starken Hausmacht im Nürnberger Osten. Es läuft auf einen Showdown zwischen den beiden hinaus, die damals noch vieles sind, aber ganz sicher keine Freunde. Nicht einmal politische. Zwei unversöhnliche Lager haben sich um die beiden Protagonisten gebildet, und es ist klar: Sollte es zu einer Kampfabstimmung kommen, wird es ein knappes Ergebnis geben. Denn Söder hatte außer den Jungunionisten im Nürnberger Westen auch jene in Fürth-Stadt und Fürth-Land hinter sich gebracht. Typisch für ihn, hatte er sie längst als Unterstützer gewonnen, als Michael Frieser seinerseits das erste Mal dort anklopfte.

Markus Söder hatte sich also in eine Position manövriert, in der an ihm kein Weg vorbeiführen würde, außer um den Preis eines gespaltenen JU-Bezirksverbands. Eine frappierende Parallele zur CSU des Jahres 2017, in der Kampfabstimmungen um die Spitzenämter zwischen Söder und einem seiner Gegner aus dem Seehofer-Lager drohten. Mit der möglichen Folge einer zerrissenen Partei. Und wie Ende 2017 Seehofer und Söder, einigen sich auch 1991 die JU-Streithähne dann doch im Vorfeld der Wahl.

Frieser geht auf Söder zu: Wir müssen mal reden. Das tun sie dann auch, und Söder macht klar, dass er langfristig seine Zukunft in der Landespolitik sieht. Anders als Frieser, der in Richtung Rathaus schielt und später im Bundestag landen wird. »Beiden wurde klar, es geht am besten miteinander«, sagt einer, der damals in die Entscheidung involviert war. Denn nur wenn die JU geschlossen ist, hat sie Chancen, ihre Interessen und vor allem auch Kandidaten innerhalb der CSU durchzusetzen. Also schließen die beiden Burgfrieden und vereinbaren: Markus Söder wird JU-Bezirksvorsitzender, Frieser sein Stellvertreter. Sie würden sich jeweils gegenseitig zur Wahl vorschlagen und unterstützen.

»Letztlich war es damals so, dass Markus den Posten in letzter Konsequenz mehr gewollt hat als ich«, sagt Frieser heute. Ein Satz, den im Herbst 2017 auch Joachim Herrmann sagen könnte – der Innenminister, der bis zur letzten Minute als Söders Gegenkandidat gehandelt wird und dann auf eine Bewerbung verzichtet. 1991 ist die Wahl des neuen JU-Spitzenduos nur noch Formsache. Eine JU-Bezirkskonferenz in der Gaststätte »Meisterlein« kürt Markus Söder als Nachfolger von

Peter Dilling zum Bezirksvorsitzenden und Michael Frieser zu seinem Stellvertreter. »Freunde waren wir damit noch lange nicht, das hat sich erst später geändert«, sagt Frieser.

Zwei Jahre später, im März 1993, konsolidiert Markus Söder seine Macht. Der JU-Bezirksverband bestätigt ihn mit 37 Ja- zu zwei Nein-Stimmen im Amt. Natürlich schreibt er hernach umgehend eine Pressemitteilung und freut sich darin über das angeblich »beste Ergebnis eines Nürnberger JU-Bezirksvorsitzenden seit den 1960er-Jahren«. Das freilich reicht einem wie ihm nicht, er hat jetzt sein Sprungbrett, aber er muss erst noch springen. Zu diesem Zeitpunkt hat er längst ein Amt im Blick, das den Einstieg in eine hauptberufliche politische Karriere bedeuten würde. Er will Abgeordneter im Bayerischen Landtag werden. Und wie es der bittere Zufall will, tut sich dafür am 22. Mai 1992 eine Chance auf. An dem Tag stirbt der Abgeordnete Heinz Leschanowsky.

Sensation im Bernhardsaal

Die Fronten scheinen klar zu sein, an jenem Abend des 12. Oktober 1993 im schmucklosen katholischen Bernhardsaal in Muggenhof. Die 77 stimmberechtigten Delegierten der CSU-Ortsverbände im Landtags-Stimmkreis Nürnberg-West sollen den Kandidaten der Partei für die Wahl knapp ein Jahr später am 25. September 1994 nominieren. Die Delegierten haben die Wahl unter drei Bewerbern: dem haushohen Favoriten Franz Gebhardt und den beiden Außenseitern Karin Goller und Markus Söder. Jeder von ihnen stellt sich den Delegierten kurz vor, eine Aussprache über die Kandidaten gibt es nicht. Dann wird abgestimmt.

Lange Zeit waren drei der vier Landtags-Stimmkreise in der Arbeiterstadt Nürnberg fest in sozialdemokratischer Hand. Nur im bürgerlich-konservativen Osten der Stadt gewann die CSU das Direktmandat. Dann aber kamen in den Achtzigerjahren die Grünen auf und stellten eigene Kandidaten zur Wahl.

Die Vertreter der Ökopartei nahmen vor allem den roten Bewerbern Stimmen weg, davon profitierte die CSU. Auch im Stimmkreis West, wo Heinz Leschanowsky 1986 das Direktmandat für die CSU eroberte. In den zwölf Jahren zuvor war er jeweils nur über die mittelfränkische CSU-Liste in den Landtag geschlüpft.

Würde er an jenem Oktoberabend 1993 noch leben, wäre Leschanowskys Wiederwahl zum Kandidaten vermutlich eine Formsache. Als Abgeordneter hatte sich der gelernte Metallfacharbeiter nie etwas zuschulden kommen lassen. Leschanowsky galt als solider und seriöser Parlamentarier, allerdings auch als unauffälliger Hinterbänkler ohne politische Strahlkraft. Was in den letzten Jahren womöglich auch seiner Krankheit geschuldet war, die ihn zunehmend zeichnete. Nach Leschanowskys Tod im Alter von 59 Jahren rückte mit dem Ansbacher Autohändler Klaus Dieter Breitschwert ein anderer CSU-Mann von der mittelfränkischen Warteliste in das Maximilianeum nach. Bei der Wahl 1994 aber würde der Stimmkreis Nürnberg-West wieder einen direkt gewählten, eigenen Abgeordneten erhalten.

Für Markus Söder ist 1992 ein einschneidendes Jahr. Dem ersten juristischen Staatsexamen lässt er ein halbes Jahr als wissenschaftlicher Mitarbeiter am Lehrstuhl für Staats-, Verwaltungs- und Kirchenrecht folgen. Kein Job, der ihn elektrisiert. Überhaupt erweist sich die Juristerei zunehmend als falscher Weg für ihn. Den Plan, Staatsanwalt zu werden, hat er längst verworfen. Umso bemerkenswerter, dass Söder noch eine rechtswissenschaftliche Dissertation schreiben und sechs Jahre später zum Dr. jur. promoviert werden wird, wobei von den besonderen Umständen noch eigens die Rede sein wird.

1992 reift in ihm – wohl auch durch die Pressearbeit für sich und die CSU – die Idee, Journalist zu werden. Und für einen Jungunionisten, der Journalist werden will, liegt damals in Bayern kaum etwas näher, als sich beim Bayerischen Rundfunk zu bewerben. Denn anders als heute, wo auch viele unabhängige, kritische Journalisten und Sendeformate beim BR-Hörfunk und -Fernsehen ihren Platz haben, ist in jenen Jahren vor allem die TV-Sparte des öffentlich-rechtlichen Senders eine Abspielstation der CSU. Meist folgen die TV-Beiträge damals einem festen Muster: Ein Problem wird beschrieben – und am Ende taucht mit Sicherheit ein Minister oder Staatssekretär auf, der die Lösung verkündet und versichert, dass die Bayerische Staatsregierung selbstverständlich alles im Griff habe.

Söder bewirbt sich beim BR um ein Volontariat. Das wollen viele, und nur zwölf Bewerber erhalten schließlich einen der begehrten Ausbildungsplätze zum Redakteur. Söder ist einer davon. Drei Jahre zuvor hatte er als JU-Funktionär noch »mehr fränkische Themen im BR-Hörfunk« verlangt; den wackeren Franken-Lobbyisten wird er auch in reiferen Jahren noch geben und unter anderem einen Nürnberger »Tatort« fordern. Nun beginnt er beim BR sein Volontariat und zieht dafür nach München. In Giesing hat er ein kleines Zimmer; Dusche und WC am Gang. Die Arbeit gefällt ihm augenscheinlich, zumindest besser als am Ende das leidige Jura-Studium. »Kurzzeitig dachte ich darüber nach, ganz mit der Politik aufzuhören und eine Zukunft als Journalist anzupeilen«, sagt er rückblickend.

Ausbildung und Redakteursjob beim BR geht Markus Söder mit dem ihm eigenen Selbstvertrauen an. Als Ende 1993 die Volontäre des BR bei den Münchner Medientagen zum Zwecke der Übung ein eigenes, dreißigminütiges Fernsehmagazin mit dem Titel »Nah! Dran« produzieren, ist selbstredend er der Moderator. Im dunklen Pulli und hellen Sakko moderiert der Schlaks, der seine Gesprächspartner mindestens um Hauptes-länge überragt, nicht nur die ganze Sendung, sondern auch ein Podiumsgespräch, bei dem es um die Zukunft des Fernsehens an sich geht. Söders Körpersprache ist für einen Fernseh-Rookie verblüffend selbstsicher; als Moderator ist er unbestritten der Chef am Pult. Seine Fragen kommen schnell auf den Punkt, sie sind kurz und von angenehmer Forschheit. Nervosität vor der Kamera scheint der souveräne Jungmoderator mit dem weichen, fränkischen Zungenschlag nicht zu kennen.

Eines aber ist auch klar: Kehrt er Nürnberg dauerhaft den

Rücken, um beim BR in München eine berufliche Laufbahn einzuschlagen, wird er seine JU- und CSU-Posten wohl nicht mehr lange behalten. Denn in politischen Rudeln lauern viele nur darauf, dass ihnen der Leitwolf die Chance gibt, ihm seine Führungsrolle streitig zu machen. Wer wüsste das besser als Söder selbst. Er treibt unweigerlich auf die Entscheidung zu: Politik in Nürnberg oder Fernsehen in München.

Leschanowskys Tod verändert die Situation über Nacht. Ausgerechnet im Nürnberger Westen, von Söder jahrelang politisch durchpflügt, ergibt sich eine Karrieremöglichkeit. CSU-intern wurde der Juli 1993 als Deadline verkündet, bis dahin müssen alle Interessenten an der Landtagskandidatur dort ihre Ansprüche anmelden. Markus Söder trifft sich zu einem kurzen Gespräch mit Günther Beckstein, dem CSU-Bezirksvorsitzenden und mächtigsten Mann der Partei im Städtedreieck Nürnberg-Fürth-Schwabach. Der bringt auch eine Bundestagskandidatur ins Spiel, doch Söder lehnt ab. Berlin interessiert ihn als Arbeitsplatz nicht. Also kündigt er kurz vor Ende der Frist seine Bewerbung für den Landtag an.

Sonderlich ernst scheint Franz Gebhardt das nicht genommen zu haben. Im Rückblick weist er das allerdings weit von sich und behauptet sogar, seine Favoritenrolle habe ihm von Anfang an nicht gepasst. Das allerdings ist unglaubwürdig, denn Gebhardt ist damals eine wichtige Figur in der Nürnberger CSU. Ein anerkannter Stadtrat im besten Alter und mit viel politischer Erfahrung, wie ihn die Partei gerne belohnt, wenn sie höhere politische Weihen verteilt. Gebhardt hat auch die volle Unterstützung des CSU-Stadtrats-Fraktionschefs Ludwig Scholz, der aus demselben CSU-Ortsverein Eibach kommt und später der erste schwarze Oberbürgermeister Nürnbergs werden wird.

Franz Gebhardt versichert, er habe Söder schon länger als »sehr engagiert und zielorientiert« erlebt gehabt. Registriert als ernsthaften Konkurrenten. Und nein, ganz bestimmt sei er, Gebhardt, im Nachhinein nicht böse gewesen, dass es für ihn am Ende nicht gereicht habe.

Zeugen des Schauspiels zeichnen jedoch ein anderes Bild. Gebhardt sei selbstbewusst in die Abstimmung am 12. Oktober 1993 im Bernhardsaal gegangen, erzählen sie. »Er hatte nicht den Hauch eines Zweifels, dass er Landtagskandidat werden würde«, erinnert sich ein Parteifreund. Niemals habe er damit gerechnet, dass ihm der Jungspund Söder gefährlich werden könnte. Und noch weniger Karin Goller, die dritte Bewerberin des Abends, die aus seinem eigenen Ortsverband kam. Vielleicht hätte Gebhardt da stutzig werden müssen. Es war klar, dass die Frau ihm zwar nicht viele, aber am Ende womöglich entscheidende Delegierten-Stimmen aus Eibach wegnehmen würde. Und das würde nur einem nutzen: Söder.

Dieser startete – BR-Volontariat in München hin oder her – vor der Delegiertenkonferenz eine monatelange Charmeoffensive. Er besuchte CSU-Ortsverbände, knüpfte Netzwerke, sprach mit Delegierten und einfachen Mitgliedern, machte sich beliebt und baute sich vor allem unter den jüngeren Parteigängern eine Gefolgschaft auf. Im Gesamtgebilde der Nürnberger CSU war dieser Söder aber immer noch eine ganz kleine Nummer. Er fiel als fleißig und hungrig auf, das ja, aber bei großen Personal-Entscheidungen hatten ihn die Mächtigen noch nicht auf dem Schirm. Sie waren auch überzeugt davon, dass die Botschaft nicht verfangen würde, mit der Söder um Unterstützung warb. Denn es war die Platte, die Jungpolitiker immer auflegen: dass doch mal ein Junger zum Zug kommen müsse, der die Dinge anders sehe und frischer.

»Das war neu in der Nürnberger CSU, dass jemand so strategisch gezielt an die Sache rangeht und klar definiert: Wo muss ich hin, mit wem muss ich reden, damit er am Ende meinen Namen ankreuzt?«, sagt ein christsozialer Söder-Zeitgenosse. Gebhardt habe auf sein Renommee, seine Arbeit im Stadtrat gesetzt und die Unterstützung des Parteiestablishments. Auch er absolvierte eine Tour durch die Ortsverbände im Nürnberger Westen, aber das sei eher pflichtschuldig gewesen. »Söder dagegen zog das rigoros und mit äußerster Perfektion durch.« Und überhaupt sei dieser Mix aus Zielstrebigkeit und dem unbedingten Willen zur Macht »bis heute eine der hervorstechendsten Eigenschaften von Markus Söder«.

Es ist eine Art innerparteilicher Guerillakrieg, wie Söder ihn an den Nahtstellen seiner politischen Laufbahn immer wieder führen wird. Er legt sein Schicksal nicht in die Hände der Partei-Eliten, sondern sammelt Unterstützung an der Basis. So viel Unterstützung, dass seinen verblüfften Gegnern nur die Kapitulation bleibt. Auch Franz Gebhardt unterschätzt die Wirkung, die der Jungspund in der Partei mit seinem wuseligen, penetranten Aktionismus entfaltet. Gebhardts Unterstützern geht es genauso. Ludwig Scholz etwa wird sich hernach bittere Vorwürfe machen, dass er im Bernhardsaal nicht persönlich für seinen Eibacher Parteifreund Gebhardt in die Bütt gegangen ist.

Also kommt es so, wie es nach Söders Kalkül kommen muss. Er, der Ungeliebte, ist plötzlich der Unverhinderbare. Als am Abend des 12. Oktober 1993 Wahlleiter Engelbert Heider das Ergebnis der geheimen Abstimmung über den CSU-Landtagskandidaten im Stimmkreis Nürnberg-West vorliest, ist das nicht weniger als eine Sensation: Von 77 abgegebenen Stimmen sind drei ungültig. Auf Karin Goller entfallen acht Stimmen. Auf Franz Gebhardt 28. Auf Markus Söder 42. Er muss nicht einmal in die Stichwahl. Er hat es im ersten Durchgang geschafft.

4. Ein Kopf größer

Der erste Wahlkampf des Markus Söder

Einige Tage nach der Sensation im Bernhardsaal veröffentlicht die Nürnberger CSU-Mitgliederpostille ein Foto aller vier Landtagskandidaten der Partei. Söder sticht hervor, allein der Größe und seiner Jugendlichkeit wegen. Die anderen drei – Beckstein, Christl Schweder und Karl Freller – lächeln professionell-routiniert in die Kamera. Söders Blick verrät gleichermaßen Genugtuung und Angriffslust.

Dabei bedeutet seine Nominierung keineswegs, dass die Landtagswahl am 25. September 1994 für ihn eine Formsache wird. Zumal die CSU landesweit gerade von einer schweren Krise erschüttert wird. Am 27. Mai 1993 war Ministerpräsident Max Streibl, der Nachfolger von Franz Josef Strauß, zurückgetreten. Er stolperte darüber, dass er sich von einem Flugzeugbau-Unternehmer zu zwei Privaturlauben nach Brasilien und Kenia hatte einladen lassen, dem er wiederum auf politischer Ebene bei öffentlichen Aufträgen und Fördermitteln geholfen hatte. Den öffentlichen Unmut über die »Amigo-Affäre« trieb Streibl selbst auf die Spitze, als er beim politischen Aschermittwoch der CSU im Februar 1993 das Publikum in der Passauer Nibelungenhalle mit »Saludos Amigos« begrüßte. Was von ihm augenzwinkernd gemeint war, kam großkotzig, provokant und arrogant rüber, selbst in den eigenen Reihen. In den Wochen danach stürzten Streibl und die CSU in den Umfragen ab.

Also tauschte die absolute CSU-Mehrheit im Landtag Streibl gegen Edmund Stoiber aus, der nun 1994 erstmals als Spitzenkandidat in die Landtagswahl ging. So ein Sturz kann bei Bedarf rasant gehen in der CSU. Nichts macht diese Partei schneller und heftiger nervös als Anzeichen, dass ihre Vorherrschaft in Gefahr ist. Das gilt vor allem für die Landtagsfraktion, die sich selbst als »Herzkammer der CSU« fühlt und deren Abgeordnete rigoros handeln, wenn ihre eigenen Wahlchancen von einem angeschlagenen Frontmann getrübt werden. Machterhalt steht über allem in der Partei. Außer von Streibls Amigo-Affäre wird die CSU in den frühen Neunzigerjahren auch davon geplagt, dass mit den Republikanern eine rechtspopulistische Partei erstmals am nationalkonservativen Fleisch der Christsozialen nagt. Die Warnung von Franz Josef Strauß, dass es rechts von der CSU keine Partei geben darf, nimmt sehr konkrete Bedeutung an.

Und als wäre dies alles nicht schon schwierig genug, kommt für die Nürnberger CSU hinzu, dass aufseiten der SPD die 50-jährige Renate Schmidt als Spitzenkandidatin in den Wahlkampf zieht. Die in der Bevölkerung beliebte, volksnahe, kluge und eloquente Sozialdemokratin aus dem Nürnberger Norden wechselt dafür vom Amt der Bundestagsvizepräsidentin in die bayerische Landespolitik. Meinungsforscher machen einen Renate-Schmidt-Effekt aus, nicht nur in ihrer Heimatstadt. Alles scheint gegen die CSU zu laufen, die bei einer Umfrage im Frühjahr 1994 bei trostlosen 38 Prozent landet. In diesem Moment sprießt in der CSU die Angst, bei den Wahlen im Herbst ein Debakel zu erleiden.

Im Rückblick sagt Markus Söder, er habe 1994 seine »Chancen, in den Landtag zu kommen, auf bestenfalls 50:50 geschätzt«. Tatsächlich trauen ihm auch in seiner Partei nur wenige zu, den Stimmkreis Nürnberg-West zu gewinnen. Gewiss, in den beiden Wahlen zuvor hatte mit Heinz Leschanowsky ein CSU-Mann das Direktmandat geholt. Doch die SPD nominiert diesmal mit dem bodenständigen Manfred Scholz einen schon von seiner Biografie her für Söder schwierigen Gegenkandidaten. Scholz ist ein Facharbeiter, der sich auf dem zweiten Bildungsweg Diplome als Volkswirt und Wirtschaftsingenieur erarbeitet hat, er ist tief verankert in SPD, IG Metall, Arbeiterwohlfahrt sowie in zahlreichen Vereinen im Nürnberger Westen.

Manfred Scholz sagt, er sei auf Söder erst aufmerksam geworden, als der sich um die Stimmkreis-Kandidatur bei der CSU bewarb. »Ich kannte Gebhardt und stufte ihn, wie eigentlich alle im politischen Nürnberg, als klaren Favoriten ein«, erinnert sich der Sozialdemokrat. »Aber es war im Vorfeld schon auch erkennbar, wie zielstrebig Söder ans Werk ging. Gebhardt hat das unterschätzt.« Schon damals nahm Scholz Söder als extrem ehrgeizig war. »Er strebte erkennbar nach Höherem«, erinnert er sich 24 Jahre später.

Doch zunächst muss Söder die Wahl gegen Scholz gewinnen. Selbstverständlich setzt er sich unmittelbar nach seiner Nominierung hin und schreibt eine Pressemitteilung, die von seinem Triumph über den Nürnberger CSU-Adel handelt. »Die CSU hat eine große Chance genutzt«, attestiert Söder seiner Partei, denn sie habe »ein Zeichen für Erneuerung und Verjüngung« gesetzt. Die folgenden Passagen sind wenig schmeichelhaft für die örtliche CSU, eher eine kaum verklausulierte Abrechnung mit der Partei und ihren Verantwortlichen. Die Christsozialen bräuchten »wieder Mut zur Ehrlichkeit, neue Ideen«, zudem »Glaubwürdigkeit« und »die Bereitschaft und Freude, den Menschen zuzuhören und nicht von vorneherein alles besser wissen zu wollen«, heißt es da. Was den Umkehrschluss zulässt, dass die Partei bis dahin unehrlich, ideenlos, unglaubwürdig und zu arrogant war, den Menschen zuzuhören. Nun, schreibt Söder weiter, sei »ein neuer oder eigentlich wieder der klassische Abgeordnetentyp gefragt«. Einer, der die Menschen ernst nehme und für sie kämpfe. Soll wohl heißen: einer wie er.

Der Egoshooter verlässt sich wieder ganz auf sich selbst. Und auf einen Trupp von zwei bis drei Dutzend Anhängern aus der Jungen Union, die ihm mit erstaunlicher Motivation und Arbeitseifer folgen. Für den CSU-Nachwuchs ist sein 27 Jahre alter Bezirkschef eine Leitfigur. Mit Erstaunen registriert Jan Engelhardt, Reporter des Nürnberger Stadtmagazins »Plärrer«, dass Söder nur eine Order ausgeben müsse, wie viele Leute er wann wo brauche, »dann folgen seine Anhänger ohne Murren«.

Unter dem Titel »Becksteins Wunderwaffe« schreibt Engelhardt 1994 ein kluges und weitsichtiges Porträt, das über weite Strecken auch 2017 entstanden sein könnte. Er begleitet den damals jüngsten Direktkandidaten für die bayerische Landtagswahl auf seiner Wahlkampftour durch den Nürnberger Westen und legt filigran das Prinzip Söder frei. Etwa, als dieser bei einer Podiumsdiskussion über Familienpolitik mit Freundin Diana im Schlepptau zwar gescheit daherredet, mangels einschlägiger Lebenserfahrung aber in Wahrheit nur wortgetreu wiederkäut, was Bundesarbeitsminister Norbert Blüm (CDU) tags zuvor auf einer Wahlveranstaltung in Nürnberg zum Thema vom Stapel gelassen hat. Offenkundig hatte der Jungspund gut vom Altmeister abgeschaut. Nur dass das bei Söder alles doch etwas hölzern klingt.

»Die große Stärke von Markus Söder zeigt sich aber erst nach der Diskussion«, notiert Engelhardt. Dann nämlich, als sein SPD-Kontrahent Scholz und die anderen Direktkandidaten gleich nach dem offiziellen Teil auf der Lichtenhofener Kirchweih weiterziehen. »Während für sie der Wahlkampf-Auftritt beendet ist, fängt er für Markus Söder erst an«, schreibt der Journalist. »Seine lächelnde Freundin Diana an der Seite arbeitet er sich von Biertisch zu Biertisch.« Söder quatscht die Kirchweihbesucher freundlich an, verteilt Visitenkarten, macht ein bisschen Small Talk und vor allem – Werbung für sich.

Freundin Diana, eine attraktive Sächsin, hat offenbar ihren eigenen Spaß am Wahlkampf – auch wenn sie dem Vernehmen nach ein Mal fallen lässt, sie finde die PDS eigentlich auch nicht so schlecht. Für das Wahlkampf-Flugblatt posiert sie aber mit ihrem Freund Markus; verliebt blicken beide durch einen Rettungsring. »Sie halten zusammen, sie verstehen sich«, steht als Text dabei. Gleich daneben teilt der Kandidat dem Wahlvolk mit, dass es für ihn kein politisches Feld gebe, wo der Handlungsbedarf größer sei als bei der Förderung der Familie. Von einer solchen ist er selbst gerade weit entfernt. Unter Altersgenossen und in JU-Kreisen gilt Markus Söder damals als Frauenheld.

Monatelang wahlkämpft er sich, mal mit, mal ohne Diana,

von Biertisch zu Biertisch. Seine Strategie ist der Häuser- und Straßenkampf. Dabei inszeniert er sich geschickt als »Anwalt der Zukurzgekommenen«, wie es im »Plärrer«-Porträt heißt. »Die Mühe, in zähen Verhandlungen politische Kompromisse durchzusetzen, macht sich Söder nicht. Seine Lösungsvorschläge folgen einem anderen Gesetz: Einfach müssen sie sein und dem ermittelten Bürgerwillen entsprechen.«

Im Kampf um Wählerstimmen schreckt er vor keinem Thema zurück, das seinen Zwecken dient. Auch nicht vor solchen, die von einem demokratischen Politiker besondere Sensibilität erfordern. Der »hoch aufgeschossene Schwarm aller Schwiegermütter mit der nach hinten geföhnten Tolle« (so der »Stadtanzeiger«) kämpft keineswegs nur mit jugendlichem Charme, sondern reitet auch wild und haarscharf an der rechten politischen Kante.

Ein Asylbewerberheim in Nürnberg

Im Januar 1994 wird bekannt, dass die Bezirksregierung von Mittelfranken in der Nürnberger Kundigundenstraße, im ehemaligen Verwaltungsgebäude der Firma Triumph-Adler, 260 Asylbewerber einquartieren will. Markus Söder erkennt das als Steilvorlage für seinen Wahlkampf. Binnen weniger Tage organisiert er mit dem von ihm geführten CSU-Ortsverband St. Leonhard eine Informationsversammlung, die in Wahrheit eine Protestveranstaltung ist. Söder will sich die Sorgen der Bürger zunutze machen. Was man unter anderem daran sieht, dass der Kandidat zur Versammlung schon vorbereitete Unterschriftslisten gegen das Asylbewerberheim mitbringt und an dem Abend sogleich eine Bürgerinitiative gegründet wird. »Nicht zuletzt auf Betreiben des CSU-Ortsverbandschefs Markus Söder«, wie ein »NN«-Reporter notiert. Ein Sozialdemokrat aus dem Viertel, der an der Versammlung teilnimmt, sagt hernach, Söder selbst habe nicht gegen die Asylbewerber gewettert. Wohl aber habe ein anderes CSU-Mitglied dort den Einpeitscher gegeben, und der Kandidat habe nichts dagegen unternommen.

Rein zahlenmäßig ist die Versammlung ein großer Erfolg. Im überfüllten Wirtshaus »Brauner Hirsch« drängen sich 120 Besucher, zusätzliche Stühle müssen herangeschafft werden, um den Andrang auffangen zu können. Die Mehrheit der Besucher ist gegen die Flüchtlingsunterkunft, viele sind aufgebracht und die Stimmung zeitweise hitzig. Es gibt zahlreiche Wortmeldungen, die weniger von Sachlich-, als von Fremdenfeindlichkeit geprägt sind. Markus Söder gibt den Kümmerer. All seinen Einfluss werde er nutzen, verspricht er, um das Asylbewerberheim zu verhindern, das er »sozial unverträglich« nennt, allein deshalb, weil in dem Stadtteil auch viele ältere Menschen leben. Im Übrigen seien doch an allem die SPD und die Grünen schuld mit ihrer »schlechten Asylpolitik«.

Solche Töne bringen ihm Zustimmung und Beifall, sie können in aufgeregten Situationen aber auch von den Falschen als Ermutigung verstanden werden. Diese Erfahrung macht Söder an jenem Abend. Die Stimmung droht so umzuschlagen, wie es einem CSU-Mann mit Karriereambitionen nun auch wieder nicht recht sein kann. Als im »Braunen Hirsch« immer schärfere, rechte Töne laut werden, warnt selbst Söder einige Redner: »Fremdenfeindlichkeit bringt Ihnen gar nichts.« Lieber sollen sie ganz ihm vertrauen, dem CSU-Kandidaten mit dem guten Draht nach oben. Kein Geringerer als der bayerische Innenminister Günther Beckstein habe ihm gegenüber »große Zuversicht vermittelt, dass das Ding da nicht hinkommt«, sagt Söder.

Das Ding. Leserbriefschreiber empören sich in den Tagen danach allein solcher Wortwahl wegen über »Rassismus« und »dumpfes Gedankengut«, wobei der Vorwurf vor allem auf Söder zielt. Von Nürnberger Medien dazu befragt, schwört Beckstein Stein und Bein, niemals von einem »Ding« gesprochen zu haben. Nun steht Söder auch noch als unglaubwürdig da und als einer, der sich wichtiger macht, als er wirklich ist.

Die ganze Debatte ist in mehrfacher Hinsicht heikel für die CSU. Denn sie sieht sich weit über Nürnberg hinaus der Konkurrenz der Republikaner (REP) ausgesetzt und weiß nicht recht, wie sie damit umgehen soll. Bei der Europawahl 1989 hatten die vom früheren BR-Fernsehjournalisten Franz Schönhuber angeführten REP mit sieben Prozent der Stimmen überraschend klar den Einzug in das Europaparlament geschafft. Die Republikaner sind aus einer Abspaltung mehrerer CSU-Mitglieder hervorgegangen. Nun ist die Frage: Wie können die Christsozialen an die Republikaner verlorene Mitglieder und Wähler zurückgewinnen?

Es sind Überlegungen, denen die CSU sich auch etwa 25 Jahre später stellen muss, als die AfD in die deutsche Parteienlandschaft einbricht. Soll die CSU ihr konservatives Profil schärfen, vielleicht sogar insgesamt nach rechts rücken und den neuen Gegner durch Umarmung in die Knie zwingen? Oder soll sie sich mit aller Deutlichkeit abgrenzen und die Scharfmacher hart bekämpfen? Die Angelegenheit verlangt Sensibilität, schließlich stuft der Verfassungsschutz die Republikaner als rechtsextreme Partei ein.

Was den gerade zurückgetretenen Ministerpräsidenten Max Streibl allerdings nicht daran hindert, in seiner verbliebenen Eigenschaft als Vorsitzender des größten und mächtigsten CSU-Bezirksverbands Oberbayern besagten Franz Schönhuber zu einem mehrstündigen Gespräch in sein Privathaus einzuladen.

Streibl plädiert für die Umarmungsstrategie, gegen die sich intern aber sein Nachfolger als Ministerpräsident, Edmund Stoiber, und Parteichef Theo Waigel gleichermaßen energisch wehren. Das Treffen zwischen Streibl und Schönhuber sorgt für Aufsehen und Empörung. Es findet im November 1993 statt, doch die Öffentlichkeit erfährt davon erst im Februar 1994, mitten in den aufgeheizten Nürnberger Debatten um das Flüchtlingsheim an der Kunigundenstraße.

Markus Söder, gerade noch rechts außen auf Stimmenfang unterwegs und deswegen mit immer neuen Rassismus-Vorwürfen konfrontiert, nutzt nun ebenso schnell wie geschickt die öffentliche Aufregung um das Streibl-Schönhuber-Treffen zur Imagekorrektur. Als ein gestandener Konservativer und Interessenvertreter der »einheimischen Bevölkerung« will er schon wahrgenommen werden, aber keineswegs als ein Rechtsaußen oder Rassist.

Es ist der gleiche Spagat, den er nach 2015 in der Flüchtlingsdebatte versucht. Er klingt 1994, als rede er schon von Flüchtlingen und der AfD: »Es geht darum, die Sorgen der Anwohner ernst zu nehmen, verträgliche Lösungen für alle zu finden. Deshalb driften doch viele Bürger zu extremen Parteien ab, weil sie überhaupt nicht mehr angesprochen werden.«

Streibl wirft er dann die »Torheit eines älteren Mannes« vor und rät dem Altvorderen, sich aus der Politik am besten ganz zurückzuziehen. Angetrieben vom erstaunlich wendigen Söder, startet die JU wenige Wochen nach der Versammlung im »Braunen Hirsch« eine Kampagne gegen Fremdenhass und warnt plötzlich: »Erst sind Asylbewerber betroffen, dann generell Ausländer, schließlich Juden und am Ende der politische Gegner.« So nützlich sein Vorstoß zur Mobilisierung rechter Wähler auch sein mag, so gefährlich ist andererseits der Rassismus-Vorwurf für Söder. Denn vor allem wertkonservative und christliche CSU-Wähler wollen mit Rechtsextremen nichts zu tun haben. Zugleich erlebt Söder erstmals massiven Widerstand politischer Gegner und erntet heftige Kritik der Medien.

Beides ist von völlig anderer Kraft als die vergleichsweise harmlosen Kabbeleien mit linken oder grünen Mitschülern und Lehrern im Klassenzimmer des Dürer-Gymnasiums. Oder mit den Jusos auf irgendwelchen Nachwuchspolitiker-Podien, die außer den Teilnehmern selbst niemand wahrnimmt. Nun muss er als offizieller CSU-Kandidat für ein Parlament die Balance in Verhalten und Wortwahl finden, damit er im Kampf um rechte Stimmen bürgerlich-liberale Schichten nicht verschreckt. Und gleichzeitig darf und vor allem will er nicht als Umfaller dastehen, der keinen Widerspruch aushält.

Also legt Markus Söder eine erstaunliche Wendigkeit an den Tag. Anfang Februar war er noch klarer Gegner des Flüchtlingsheimes, Anwalt besorgter Bürger und Angler in trüben Gewässern. Mitte Februar ist er scharfer Kritiker von Streibls politischen Schmusereien mit den Republikanern und aufrechter Kämpfer gegen Fremdenfeindlichkeit in jeder Form.

Markus Söder selbst wird später sagen, er habe durch seine Aufklärungsversammlung in Sachen Kunigundenstraße »den Zorn der Bürger deutlich abgeschwächt und die Lage im Stadtteil deeskaliert«. Seine Gegner jedoch werfen ihm vor, das Flüchtlingsthema schamlos für seinen Wahlkampf genutzt zu haben. Und Söder macht erstmals, wenn auch nur sehr subtil, die Erfahrung, dass es in stürmischen Zeiten nicht weit her ist mit der Unterstützung durch die eigenen Parteioberen. Als der Nürnberger SPD-Abgeordnete Ralf Langenberger das Verhalten des CSU-Kandidaten Söder im Landtag zum Thema macht und ihm vorwirft, eine »Antistimmung zu stimulieren und anzuspornen«, widerspricht ihm kein CSU-Parlamentarier explizit.

Im Gegenteil. Söders immer wieder in Nürnberg geäußerten Vorschlag, die Flüchtlinge doch in einer ehemaligen Kaserne und damit abgeschirmt von der Außenwelt unterzubringen, schmettert die zuständige Staatssekretärin Barbara Stamm, ebenfalls CSU, im Landtag als zu teuer und zu aufwendig ab. Stamm wird in den folgenden zwanzig Jahren so etwas wie das soziale Gewissen ihrer Partei werden und 2017 im Machtkampf der CSU keinen Finger für ihren fränkischen Parteifreund Söder rühren.

Der Schwarzfunker

Als 1994 der Gegenwind für den Kandidaten Söder beim Thema Flüchtlingsunterkunft Kunigundenstraße immer heftiger wird und sich sogar eine neue Bürgerinitiative gründet, die sich für gute Nachbarschaft und Integration der Flüchtlinge einsetzt, reagiert er so, wie viele Politiker das gerne tun: Er erklärt sich zum Missverstandenen und zum Opfer einer Medienkampagne. Letzteres ist insofern bemerkenswert, als er ja selbst in den Medien arbeitet.

In seinem Elan bremsen lässt er sich von den Widerständen aber keineswegs, im Gegenteil. So etwas stachelt ihn an. Und ganz besonders tut das eine Kolumne in den »Nürnberger Nachrichten«. Dort knöpft sich Walter Schatz, bekennender Sozialdemokrat und damals mächtiger Chef der Lokalredaktion des Blattes, den »Tausendsassa« und »gewieften Jungpolitiker« persönlich vor. Bei seinem »vermeintlich unaufhaltsamen Aufstieg« sei Söder nicht nur »nicht zimperlich«, sondern auch hemmungslos, schreibt er. Mit einer Flut selbst verfasster Mitteilungen auch über vollkommen aberwitzige Nichtigkeiten wie seine Berufung in den Fachausschuss für junge atlantische Politiker stilisiere er sich zum Jung-Politstar hoch, so Schatz. Was den Journalisten aber am meisten empört: dass der Bayerische Rundfunk so tut, als wäre da nichts.

Der BR hat Söder am 1. Januar 1994 als festen freien Mitarbeiter und dann am 1. Mai 1994 als Redakteur für sein Fernsehmagazin »Zeitspiegel« übernommen, quasi mitten im Landtagswahlkampf. Die »NN« und andere Medien wittern versteckte Wahlkampfhilfe des öffentlich-rechtlichen Senders für die CSU und Söder. Der Journalist Söder, schreibt »NN«-Kolumnist Schatz, komme sich offenbar »nicht komisch vor, wenn er über Politik, Wirtschaft und Aktualitäten aus einem Raum berichtet, in dem er gleichzeitig an seiner politischen Karriere strickt«. Und auch seine Vorgesetzten »haben gegen diese Doppelrolle beim weißblauen, öffentlich-rechtlichen Sender nichts einzuwenden«, wundert sich Schatz. Immerhin gehe es nicht so weit, dass der Journalist Söder auch noch über den Wahlkampf des Kandidaten Söder berichten dürfe.

So weit kommt es nicht, aber der Kandidat berichtet als Journalist durchaus weiter auch über politische Themen. Etwa über die Folgen des Abzuges der US-Armee aus Bad Tölz, über die nächtlichen Jagden bayerischer Grenzpolizisten auf serbische Rechtsextremisten, die über die österreichisch-deutsche Grenze ins Land kommen, oder über den damals ernsthaft diskutierten Einsatz von Wehrpflichtigen beim Bundesgrenzschutz. Wogegen übrigens ein Gewerkschaftsvertreter im Interview massive

Bedenken äußert, während der CSU-Innenpolitiker Johannes Gerster dem Zuschauer über das Mikrofon seines Parteifreundes Söder erklärt, man wolle doch nur Polizei und Grenzschutz vom Schreibkram entlasten »und die Sorgen der Bürger ernst nehmen und endlich mehr Polizeipräsenz schaffen«.

Manches, was der BR-Reporter Söder berichtet, trägt sogar Spurenelemente von investigativem Journalismus in sich. Etwa ein Beitrag über germanische »Wotansjünger«, die mit einem dubiosen und rechtsextrem getränkten Germanenkult rund um den Starnberger See ihr Unwesen treiben. Neben anderen Demonstranten spricht auch der dort wohnhafte Vicco von Bülow, besser bekannt als Loriot, seinen Unmut in die Kamera des Söder'schen BR-Teams. In einem anderen »Zeitspiegel«-Stück stellt Söder die Praxis des Max-von-Pettenkofer-Instituts infrage, Zehntausende Blutproben ohne Wissen und Einwilligung der betroffenen Patienten auf Aids-Viren hin zu untersuchen. Es sind kurzweilig gemachte, nach den üblichen journalistischen Kriterien ausbalancierte und kritische TV-Berichte. Parteipolitische Färbung schimmert höchstens bei einem Beitrag über die FDP durch, deren Lack nach Ansicht des Reporters Söders ab sei und die gerade zwischen »liberalem Gewissen und machthungrigem Wendeverein« changiere.

Doch da sind auch Beiträge, für die der BR-Reporter Söder tief in dem ideologischen Becken fischt, in dem der CSU-Kandidat Söder zu Hause ist. Zum Beispiel, wenn er Lauschangriffe im Kampf gegen organisierte Kriminalität ziemlich gut findet – oder Forderungen einiger SPD-Politiker nach Schließung der Stasi-Akten ziemlich schlecht. Beides ist ganz im Sinne seiner Partei. Richtig peinlich gerät jedoch ein knapp drei Minuten langer Beitrag, den Söder für den »Zeitspiegel« vom 19. Dezember 1993 dreht. Es geht um Kritik an der EU, und der Kronzeuge heißt Edmund Stoiber.

Mit triefender Häme fällt Reporter Söder über die europäischen Regierungschefs und speziell Bundeskanzler Helmut Kohl von der CDU her. Der träume mit seinen Kollegen von Europa, während die Brüsseler Bürokraten ungehemmt »ständig neue Richtlinien und Verordnungen« erlassen. »An der Spitze der Bewegung« (Söder) offenkundig entrückter Staatsmänner stehe Kohl. »Er marschiert, marschiert und marschiert.« Aber Gott sei Dank nähert sich Rettung – in Gestalt von Edmund Stoiber. Der bayerische Ministerpräsident und spätere Ziehvater des Politikers Söder schimpft dem Reporter Söder angesichts des Kohl'schen Europaeifers in die Kamera: Man könne doch nicht »mit der Dampfwalze illusionäre Visionen« durchsetzen wollen, die untauglich seien, »um ein Europa der Bürgerinnen und Bürger zu bauen«. Auch Euro-Kritiker Peter Gauweiler (CSU) kommt in dem Beitrag zu Wort, jedoch kein einziger Befürworter der Staatengemeinschaft. Während der Herzenseuropäer Kohl als träumerisch, ja geradezu naiv dargestellt wird, freut sich der Reporter Söder in seinem Fazit am Ende des knapp dreiminütigen Films über »mehr Realität« bei seiner Partei. »Die CSU will nicht mehr alle Europa-Illusionen mitmachen«, stellt er erleichtert fest.

Gut möglich, dass Markus Söder, wäre er nicht Berufspolitiker geworden, Karriere im Bayerischen Rundfunk gemacht hätte. Nicht nur wegen seiner klaren politischen Ausrichtung, die ihm bei einer Laufbahn im Sender damals zweifellos geholfen hätte. Sondern auch, weil seine Vorgesetzten mit ihm zufrieden sind. Sein Volontariat wird um vier Monate verkürzt. Kurz darauf erhält er bereits eine Redakteursstelle, auf die altgediente BR-Haudegen oft lange warten mussten und müssen. »Eine besondere Stärke von Herrn Söder liegt in der Moderation«, steht unter Hinweis auf seine gekonnte Präsentation der Volontärssendung »Nah! Ran« im Arbeitszeugnis zum Ende des Volontariats. Weiter heißt es: »Herr Söder erwies sich als flexibler, selbstständiger, zuverlässiger, ideenreicher, schneller und belastbarer Journalist, der sowohl über einen bemerkenswerten politischen Sachverstand als auch enormes Geschick bei der Herstellung von Magazinbeiträgen verfügt.«

Doch zunächst einmal musste Reporter Markus Söder kurzzeitig dem Bildschirm entsagen. Entsprechend dem BR-Verhaltenskodex darf vor dem Wahltag sechs Wochen lang nicht selbst auf dem Bildschirm erscheinen oder am Mikrofon auftreten, wer für ein politisches Amt kandidiert. Also wurde Markus Söder für die letzten Wahlkampfwochen von August bis Ende September 1994 vom BR freigestellt. Nach seiner Wahl in den Landtag stellte sich die Frage nach einer Rückkehr zum BR für Söder nicht mehr.

Fahrradwahlkampf

Seine Energie lenkt Markus Söder fortan ausschließlich in die Politik. Zunächst heißt das: ganz in den Kampf um den Stimmkreis. Dabei setzt er fort, was er beim innerparteilichen Duell um die Nominierung gegen Gebhardt bereits erfolgreich erprobt hat. Nur hat er diesmal nicht die CSU-Delegierten im Visier, sondern die wahlberechtigte Bevölkerung. Er stürzt sich von früh bis spät in den Wahlkampf, nicht im übertragenen Sinne, sondern im tatsächlichen.

Unterwegs ist er bevorzugt mit dem Fahrrad – den Fahrradwahlkampf wird er als Markenzeichen pflegen, selbst als Finanzminister noch. Für das Rad hat er sich ein kleines Wägelchen als Anhänger zugelegt, auf dem nun unübersehbar sein Name steht und der Aufruf, ihn in den Landtag zu wählen. Freunde, Unterstützer, neutrale Beobachter, politische Gegner von damals – sie alle erzählen dieselben Geschichten vom Wahlkampf 1994 im Nürnberger Westen.

Die Geschichten handeln vom fröhlichen Radler Markus, der immer stehen bleibt, wenn er an einer Menschengruppe vorbeikommt oder wenn ihn jemand anspricht. Der dann vom Rad absteigt, ein wenig plaudert, auch mal kontrovers diskutiert und immer seine Visitenkärtchen und Wahlkampfflyer an Frau und Mann bringt. Der Passanten zum kostenlosen Gulaschessen einlädt, in Friseurläden Rosen an Frauen verteilt oder frühmorgens an U-Bahn-Haltestellen frische Croissants an Pendler. Samstags baut er sich mit seinem Wahlkampfstand auf den Parkplätzen vor Supermärkten, Einkaufszentren und Heimwerkermärkten auf. Und nachts zieht er, der selbst fast nie Alkohol trinkt, durch die Kneipen der Süd- und der Weststadt und quatscht auch den letzten Bierdimpfl an. Und rund um die Uhr lächelt er von unzähligen Plakaten. Drei Tage lang hat er mit zwei JU-Kumpels bei Söders in der Manteuffelstraße aus Holzlatten und Pressspanplatten zusätzliche Plakatständer gezimmert, weil ihm die vorhandenen nicht ausreichten.

Söder, überall Söder. Und zwar nur Söder. Wenn er redet, erweckt er den Eindruck, »als habe die Partei in den letzten Jahren alles falsch gemacht«, wie eine Stadtteilzeitung schreibt. Die Parteifreunde scheinen die Kritik zu überhören, oder aber sie nehmen sie ihm nicht krumm. In der CSU sind es vor allem die jüngeren Mitglieder, die sich von Söder mitreißen lassen. Den älteren nötigt es zumindest Respekt ab, dass er dahin geht, wo es weh tut. Bei aller verbalen Schärfe in der Auseinandersetzung hat er keine Berührungsängste bei Gruppen, die der CSU skeptisch gegenüberstehen. Übrigens eine Eigenschaft, die er sich bis in seine Ministerämter hinein bewahren wird.

1994 taucht er mit seinen Leuten sogar beim Südstadtfest auf und wagt es, einen CSU-Stand aufzustellen. Allein das sorgt für enorme Aufmerksamkeit, denn die Nürnberger Südstadt war zumindest damals ein politisch tiefrot eingefärbtes Gebiet und das Fest ganz in der Hand von Sozialdemokraten, Grünen, aber auch der DKP und marxistischer und leninistischer Gruppierungen. Nun kommt da plötzlich dieser Schnösel von der CSU daher und stellt sich wie selbstverständlich dazu. Und hat dann noch nicht einmal Hemmungen, auf Menschen zuzugehen, selbst wenn er mal dumm angeredet wird oder abblitzt. »Er kann in solchen Situationen gewaltig einstecken«, hat »Plärrer«-Reporter Engelhardt beobachtet.

»Sein Einsatz ging weit über das übliche Maß hinaus«, erinnert sich sein damaliger SPD-Gegenkandidat im Stimmkreis Nürnberg-West, Manfred Scholz. »Er hat einen furiosen Wahlkampf betrieben«, sagt sein damaliger CSU-Bezirkschef Günther Beckstein. »Er hatte ständig Ideen und konnte aus Fliegen Elefanten machen, um aufzufallen.« Er gestaltet nicht nur seinen eigenen Flyer, sondern auch den von Beckstein, der im Stimmkreis Nürnberg-Nord in einem direkten Duell mit SPD-Spitzenkandidatin Renate Schmidt antritt. Je mehr Söder sich einbringt, desto mehr wird innerhalb der Nürnberger CSU über den außergewöhnlich aktiven Jungkandidaten gesprochen. Spätestens der Trubel um das Flüchtlingsheim hat den 27-Jährigen auch über seinen Kiez hinaus einer breiteren Öffentlichkeit bekannt gemacht. Und nicht wenige im Nürnberger CSU-Parteivolk loben seine konservative Grundhaltung, die Tatsache, dass sich der junge Kerl traut, auch unbequeme Dinge auszusprechen. Diplomatie ist dem jungen Söder ziemlich fremd, und er lernt sie erst sehr spät in seinem Politikerleben. Für manche in der Nürnberger CSU avanciert Markus Söder zum neuen Hoffnungsträger. Die Partei befördert ihn sogar hinter ihrer großen Galionsfigur Beckstein zum stellvertretenden Bezirksvorsitzenden.

Es gibt aber weiterhin auch andere Stimmen in der Partei. Sie gehören Leuten, denen der Söder'sche Aktionismus zu viel wird. Die beklagen, da sei einer mehr auf einem Egotrip als am politischen Gesamterfolg der Partei interessiert. Geschichten über die schlechten Manieren und üblen Methoden des Polit-Yuppies machen die Runde. Das Magazin »Plärrer« schreibt, Söder fahre »gegen missliebige, interne Gegner einen knallharten Kurs«. Ein CSU-Ortsvorsitzender habe seinem Anhang angeblich sogar empfohlen, ihn bei der Landtagswahl nicht zu wählen.

»Ich habe ihn zum ersten Mal wahrgenommen als er durch den Stimmkreis radelte«, sagt einer aus der Partei, der später selbst dort Karriere machte und heute »mit ihm gut auskommt«. Mit seinem Namen will er dennoch nicht zitiert werden, wenn es um Söder geht. »Andere in der Partei haben ihn damals für seinen Einsatz belächelt, wieder andere haben ihn schon wegen seiner gelegentlich rüde dahingeworfenen Positionen etwa zur Ausländerpolitik als tumb, holzschnittartig und brachial verachtet. Und wieder andere erkannten in ihm das große politische Talent.« Kurzum: Markus Söder hat schon als 27-Jähriger das politische Nürnberg polarisiert wie später ein Millionenpublikum in TV-Talkshows.

Fakt ist: Da macht ein politischer Jungspund ohne nennenswerte Hilfe des Parteiestablishments einen Wahlkampf zwischen Unbedarftheit und Kalkül, nassforsch einerseits und hochprofessionell andererseits. Getragen von seinem Netzwerk und über viele Widerstände hinweg. Den Wahlkämpfer Markus Söder treibt in diesem Entscheidungsjahr 1994 vor allem der unerschütterliche Glaube an sein Durchsetzungsvermögen. Dieses schier grenzenlose Selbstbewusstsein mischt sich mit einer alarmierenden Rücksichtslosigkeit, die Bedenkenträger in den eigenen Reihen oder Gegner aller Art zu spüren bekommen. Söder ist angriffslustig und machtbesessen, aber er ist auch verletzlich. »Er versucht seine Schwächen mit Härte zuzudecken«, so hat das ein alter Söder-Gefährte für sich analysiert. Viel wird sich an alledem im Laufe der Jahrzehnte nicht ändern, auch wenn er an politischer Routine und Schlachtenerfahrung zulegt.

Eine Aktion aus dem Wahlkampf 1994 gibt es, die allein deshalb erwähnt werden muss, weil sie so kreativ, schlau und dreist zugleich ist. Sie spielt im Stadtteil Reichelsdorf, dem Wohnort des SPD-Kandidaten Manfred Scholz. Dieser organisiert dort schon seit vielen Jahren im Spätsommer zur Stadtteilkirchweih einen Umzug. Scholz hat eine Gewohnheit dabei: Vor dem Start inspiziert er immer persönlich jeden teilnehmenden Motivwagen. 1994, noch dazu wenige Wochen vor der Landtagswahl, tut er dies scheinbar besonders gründlich. Schließlich hat sich auch sein Kontrahent von der CSU angekündigt. Söder mischt irgendwie bei einem neuen Bürgerverein mit, der auch einen Motivwagen stellen soll, fast am Ende des Umzuges. Scholz schaut vorbei, entdeckt nichts Beanstandungswertes – und geht wieder nach vorne, um mit den anderen Festveranstaltern und Honoratioren den Zug anzuführen.

Doch kaum setzt sich der Zug in Bewegung, zieht an dessen Ende jemand eine Plane von einem zusätzlich herangeschafften Wagen des Bürgervereins. Unter der Plane steht in großen

Lettern: »Markus Söder für Reichelsdorf«. Oder so ähnlich: An den genauen Wortlaut erinnern sich Beteiligte unterschiedlich. Wie dem auch sei: Ausgerechnet der vom Sozialdemokraten Scholz organisierte Umzug wird zur Werbeplattform für seinen Gegenkandidaten Söder, der sich zu allem Überfluss auch noch per Megafon an die Menschen am Straßenrand wendet.

Manfred Scholz schäumt. Überhaupt ist das Verhältnis der beiden Kandidaten über die natürliche politische Konkurrenz hinaus jahrelang alles andere als gut. Sie treffen oft aufeinander, bei Veranstaltungen von Vereinen, Kirchengemeinden oder auch bei Podiumsdiskussionen. »Er war sehr präsent«, erinnert sich Scholz; ihm gegenüber sei Söder bei den Debatten »angriffslustig und frech gewesen«. Und: »Er war immer auf Angriff gebürstet.« Einmal habe Youngster Söder über ihn, den fast 30 Jahre älteren Konkurrenten, öffentlich gelästert: »Scholz bildet sich ein, Grundig gerettet zu haben – gerettet hat der aber vielleicht die Reichelsdorfer Kirchweih.« Ein anderes Mal habe Söder ihn bei einer Podiumsdiskussion persönlich angegangen. »Sie brauchen gar keinen so roten Kopf kriegen«, habe er geraunzt. Das fiel Scholz wieder ein, als Söder viele Jahre später bei einer TV-Talkshow denselben Satz einem anderen Roten entgegenschleuderte. »Ich meine mich zu erinnern, dass es Oskar Lafontaine war«, sagt Scholz.

Manfred Scholz hat Markus Söder als »draufgängerisch und selbstbewusst« in Erinnerung. Scholz versucht 1994, seinen Rad fahrenden CSU-Gegenkandidaten samt Anhängerchen damit zu kontern, dass er sich von seinem Sohn ein auffälliges Liegerad ausleiht, irgendetwas mit »Franken« draufklebt und seinerseits durch den Stimmkreis radelt. Doch wo immer Scholz und seine Genossen auch hinkommen – Söder ist schon da.

Er unterläuft Scholz' Auftritte ganz einfach. Wenn der Sozialdemokrat einen Stadtteilspaziergang ankündigt, dabei öffentliche, kirchliche oder soziale Einrichtungen besuchen und das Gespräch mit Bürgern suchen will, kommt es vor, dass Söder schon am Tag zuvor in dem Viertel Fragebögen verteilt. Mit eher rhetorischen, populistischen Fragen dieser Art: »Sind Sie dafür, dass Obdachlose Parks säubern sollen, ja oder nein?« Die Jusos halten dagegen, dass die Menschen, die da angeblich in den Parks herumlungern, keine Obdachlosen sind, sondern arme, arbeitslose Mitbürger aus dem Viertel. Söder solle ihnen lieber helfen, anstatt sie zu diffamieren. Doch der CSU-Mann, so erinnert sich Manfred Scholz, hatte sich ins Gespräch gebracht und sein Thema gesetzt, dem sich auch Scholz nicht entziehen konnte, wenn er am nächsten Tag dort aufkreuzte. Alle redeten nur noch über Obdachlose.

Auf diese Weise läuft der schwarze Newcomer der SPD und ihrem Kandidaten Scholz den Rang ab. Womöglich machen die Sozialdemokraten denselben Fehler wie Söders innerparteilicher Rivale Franz Gebhardt, nämlich die Wirkung des Trommelfeuers an Söder-Aktivitäten zu unterschätzen. So wird es auch mehr als zwanzig Jahre später sein: Wie stark Söders Position als erster unter Seehofers Kronprinzen wirklich ist, können und wollen gerade externe Beobachter gar nicht glauben. Sie wissen ja nicht, wie gründlich Söder das Feld draußen in der Partei bestellt hat. 1994 sind auch in der CSU anfangs nur wenige von Söders Aussichten in seinem Stimmkreis überzeugt. Er habe daraus gelernt, sagt ein CSU-Mandatsträger heute, »dass es nicht reicht, nur eine Idee, Inhalte oder Ziele zu haben. Man muss auch bereit sein, sich 150-prozentig dahinterzustellen.«

Ein anderer Christsozialer, der damals Mitglied in der JU war und sich heute »überzeugter Söderianer« nennt, räumt ein, Söder damals »unmöglich« gefunden zu haben. Weniger seines verrückten Wahlkampfes wegen, sondern weil er rigoros »alles auf sich ausgerichtet« habe und dabei »sehr bestimmend« aufgetreten sei. Wenn Söder mal nicht dabei war, schimpften andere JUler über den eitlen Spinner und eingebildeten Fatzken. In seiner eigenen Erinnerung kommt Söder besser weg. »Ich bin immer den Weg über die Basis gegangen«, sagt er. Noch heute sei der Applaus etwa bei Parteitagen für ihn in den ersten Reihen mit den Partei-Honoratioren weniger stark als hinten im Saal bei den einfachen Delegierten. Doch die seien wichtig, denn: »One man, one vote«, eine Person, eine Stimme.

Der Sozialdemokrat Manfred Scholz ist inzwischen 80 Jahre alt. Im Rückblick attestiert er seinem damals oft verfluchten Gegner einen »tollen Wahlkampf«. Mit dem langen zeitlichen Abstand gibt Scholz sogar zu, dass er seinen Gegner heimlich für seinen Einsatz und seine Chuzpe bewundert habe. Scholz zog dann über die Liste in den Landtag ein, wo Söder und er zeitweise im Wirtschaftsausschuss nebeneinandersaßen. »Auch da war sein Ton aggressiv und angriffslustig«, erinnert sich der SPD-Mann. Was Söder jedoch weiterhin gewesen sei: ungeheuer präsent in seinem Stimmkreis.

Die Rivalität zwischen den beiden Politikern wich später einer menschlichen Annäherung. Manfred Scholz war bereits lange politischer Pensionär, als er einen schlimmen Schlaganfall erlitt und kurz darauf noch ein enger Angehöriger plötzlich und unerwartet verstarb. Als Markus Söder davon erfuhr, schickte er ihm ein Buch mit Texten von Pater Anselm Grün mit persönlicher Widmung: »Alles Gute und bitte bald wieder mitmischen. Ihr alter Kollege.«

Scholz sagt, er sei menschlich sehr gerührt gewesen über die Geste. Sie hat sicher dazu beigetragen, dass der alte Sozialdemokrat seinen Frieden gemacht hat mit dem Gegner von einst. »Ich verfolge seine Karriere sehr genau. Besonders bewundernswert finde ich, dass er als Finanzminister keine der Angriffsflächen bietet, die dieses Amt normalerweise mit sich bringt. Er ist immer noch fleißig und zielstrebig und macht seine Sache nicht schlecht.« Letzte Frage an Manfred Scholz von der SPD, gestellt kurz vor der Entscheidung im CSU-Machtkampf des Jahres 2017: Kann dieser Söder auch Ministerpräsident? »Ja.«

Auch Markus Söder muss mit einem schweren Schicksalsschlag leben, und das kurz vor seiner ersten Landtagswahl. Überraschend stirbt seine Mutter Renate im Alter von nur 56 Jahren. Viele Jahre war sie schwer zuckerkrank gewesen, in der letzten Phase ihres Lebens musste sie drei Mal wöchentlich zur Dialyse. Eine Spenderniere fand sich nicht. Als Markus Söder Gesundheitsminister wird, erzählt er oft davon und sagt, er habe ihr eine Niere spenden wollen, was sie aber abgelehnt habe. Ihr Tod kommt dennoch überraschend, wie der Wahlkämpfer Söder wenige Tage danach der »Abendzeitung« sagt. »Die Todesnachricht traf uns völlig unvorbereitet«, zitiert ihn das Blatt.

Markus Söder berichtet später, das Krankenzimmer seiner Mutter sei so etwas wie sein Wahlkampfbüro gewesen, so viel Zeit wie möglich habe er schließlich bei ihr verbringen wollen. An der Wand habe ein Plakat von ihm gehangen, Renate Söder habe das so gewollt. Als sie gestorben war, holte der Sohn ihre persönlichen Sachen ab. »Ich kam ins Zimmer, und da war dann all ihr Hab und Gut in zwei Taschen gepackt. Ein ganzes Leben in zwei Taschen. Das hat mich tief berührt, das habe ich lange nicht verdaut. Mein Plakat stand eingerollt daneben.«

Den Wahlkampf setzt er dennoch ungebremst fort. Seine Mutter hätte es so gewollt, sagt er dem »Abendzeitung«-Reporter. »Es war ihr größtes Ziel, dass ich in den Landtag komme.«

5. Sturm und Drang

Landtagsabgeordneter und Chef der Jungen Union

Als 15-Jähriger war er schon mal hier. Mit einer Abordnung seines Nürnberger Tennisvereins saß er da auf der Besuchertribüne. Unten debattierte eine überschaubare Zahl von Abgeordneten über Laichmöglichkeiten für Bayerische Frösche. Was für ein Schmarrn, dachte sich Markus Söder da. Und nun sitzt er selbst dort unten. Im Plenarsaal des Bayerischen Landtags in München, gewählt als einer von 120 Abgeordneten der CSU. Markus Söder ist am Ziel. Und doch nur einer von vielen. Vorerst.

In der konstituierenden Sitzung des 13. Bayerischen Landtags am 20. Oktober 1994 spielen Neulinge wie er keine nennenswerte Rolle. Natürlich schon gar nicht, als der im Amt bestätigte Ministerpräsident Edmund Stoiber sein Kabinett bastelt. Immerhin: Im zurückliegenden Wahlkampf hat Stoiber diesen Markus Söder zum ersten Mal bewusst wahrgenommen. Unter anderem hatte der Kandidat Söder den Ministerpräsidenten bei einer Veranstaltung interviewen dürfen. Auch bei JU-Landesversammlungen war man sich schon über den Weg gelaufen. Vom späteren Mentor-Mentee-Verhältnis ist man jedoch noch weit entfernt.

Am Wahlabend hatte die Nürnberger CSU sich in einem Innenstadtlokal versammelt. Die Stimmung war gut, schließlich gewann die Partei drei der vier Nürnberger Direktmandate. Und landesweit hatte die noch wenige Monate vorher totgesagte Partei mit 52,8 Prozent die absolute Mehrheit verteidigt, ein Comeback, das Söder im Lauf seiner Karriere immer gern erwähnt, wenn er seiner Partei Mut machen will. Die SPD kam auf 30 Prozent, die Grünen auf 6,1 Prozent. Sowohl die FDP als auch die von der CSU gefürchteten Republikaner schafften es nicht in den Landtag. Einen Schönheitsfehler hatte das Resultat allerdings aus der Sicht der Nürnberger CSU: Ihr mächtigster Mann, Bezirkschef und Landesinnenminister Günther Beckstein, hatte im Stimmkreis Nürnberg-Nord gegen SPD-Spitzenfrau Renate Schmidt verloren.

Dafür hatte sich der Neuling durchgesetzt. 27780 Wählerinnen und Wähler wählten im Stimmkreis Nürnberg-West Markus Söder, 26679 den SPD-Kandidaten Manfred Scholz. Macht 1101 Stimmen Vorsprung für den Sieger und damit direkt gewählten Stimmkreisabgeordneten Söder. Bei der Stimmenauszählung der einzelnen Wahlbezirke lag Scholz lange vorne, ehe Söder bei der Auswertung der Briefwähler doch noch an ihm vorbeizog. Söders Vater Max soll seinem Sohn in fränkischem Understatement so gratuliert haben: »War ja knapp, aber bassd scho.«

Vier Wochen später ist Markus Söder damit beschäftigt, sich in München und in seinem neuen Job einzurichten. Einen Spitznamen hat er unter seinen Fraktionskollegen bald weg: »Staatssekretär« nennen sie ihn hinter seinem Rücken, seines schneidigen Auftretens wegen. Daheim in Nürnberg teilt er vom ersten Tag an gegen vermeintliche politische Gegner aus, die ruhig spüren sollen, dass er jetzt wichtig ist. Als Stephan Doll, heute DGB-Chef in Mittelfranken und auch damals schon überzeugter Gewerkschafter, in seiner Eigenschaft als Vorsitzender des Nürnberger Kreisjugendrings den Abgeordneten Söder um Unterstützung gegen Einsparungen bei der Jugendarbeit bittet, erhält er »eine rotzige Antwort«. Auch ein Friedensgespräch bringt keine Annäherung. Der Jungparlamentarier Söder misst dem KJR keine Bedeutung bei; die JU ist in dem Zusammenschluss von Nürnberger Jugendorganisationen schließlich kein Mitglied.

So gibt sich der Anfänger nach außen auch wichtiger, als er im Landtag tatsächlich ist. Er wolle »a weng Schwung in den ganzen Laden bringen«, sagt er in schönstem Fränkisch der »Abendzeitung«. Doch das Sagen haben in München andere. Also landet der jüngste Landtagsabgeordnete dort, wo viele Anfänger sich ihre ersten Meriten verdienen müssen, im Petitionsausschuss. Dieser ist ein parlamentarisches Gremium, an das sich jeder Bürger und jede Bürgerin mit Eingaben wenden darf. Unter Abgeordneten ist der Petitionsausschuss nicht beliebt, allein schon deshalb nicht, weil man sich dort kaum medial profilieren und für höhere Weihen empfehlen kann. Anders sieht es mit dem Landtags-Ausschuss für Wirtschaft, Verkehr und Grenzland aus, dem Söder ebenfalls zugeteilt wird.

Anfang Februar 1995, nach etwa 100 Tagen im Landtag, wird der Parlamentsnovize nach seinen ersten Erfahrungen gefragt. »Unglaublich schwer« sei der Job, erzählt Söder der »Nürnberger Zeitung«. Die richtige Mischung aus der Arbeit im Parlament und der Präsenz im Stimmkreis wolle ihm noch nicht gelingen. Der Novize rudert offenkundig noch etwas orientierungslos durch die neuen politischen Gewässer. Damit ist er nicht allein. Vielleicht, sagt er, werde er einfach eine Umfrage unter seinen Wählerinnen und Wählern daheim starten. Thema: Was erwarten Sie von Ihrem Abgeordneten?

Der »Süddeutschen Zeitung« verrät Söder, dass er mit seiner ersten Rede im Landtag noch warte, vorher müsse er »noch a bisserl was lernen«. Und überhaupt sei der Redebedarf der anderen 119 CSU-Abgeordneten so groß, dass da keiner seinem Debüt entgegenfiebere. Völlig unerwartet lässt er Sympathie für die Grünen erkennen. »Ich finde es gut, dass sie wieder im Landtag sind. Bei denen sehe ich einige Gemeinsamkeiten zu unserer Politik; aber da stehe ich womöglich in meiner Fraktion alleine da.« Falls irgendwann alle Stricke reißen, gibt Markus Söder noch zu Protokoll, wolle er wieder beim BR-Fernsehen arbeiten. Schließlich sei der Journalismus für ihn »das Schönste, was es gibt«.

Das ist Koketterie. Schließlich hat er wie ein Berserker gearbeitet, um in der Berufspolitik anzukommen. Er wolle sich nicht von einer politischen Karriere abhängig machen, beteuert er. Aber einfach nur Abgeordneter sein, also harte Sacharbeit verrichten und ansonsten das Stimmvieh für die Mächtigen zu spielen, ist auf Dauer auch nicht seins. Markus Söder hat nicht vor, sich mit einer Rolle als Mitläufer abzufinden und zu warten, bis irgendwann ein höherer Parteikader ihn befördert. Einer wie er baut sich seine eigenen Startrampen. Bei Markus Söder ist dies der Landesvorsitz der Jungen Union. Max Streibl, Theo Waigel, Otto Wiesheu, Gerd Müller – fast jeder bayerische JU-Landeschef stieg später politisch auf.

Söder arbeitet vorher allerdings noch zielstrebig daran, sich in den Reihen der Nürnberger CSU eine politische Feindin für den Rest beider Leben zu schaffen. Renate Blank will CSU-Kreisvorsitzende im Nürnberger Westen werden. Blank ist seit vier Jahren Abgeordnete im Deutschen Bundestag. Zuvor war sie sechs Jahre lang Nürnberger Stadträtin. Sie und Markus Söder können sich nicht ausstehen, woran sich bis in die Gegenwart hinein nichts geändert hat. Nun will ausgerechnet sie Kreischefin im Westen werden, also im Söderland. Er reagiert prompt und drastisch. Über Nürnberger Zeitungen lässt Söder Blank wissen, dass er sie mit ihren 53 Jahren schlicht für zu alt hält für den Posten. Eine Frau zwischen 25 und 40 Jahren wäre viel geeigneter. »Ob dieser Posten aber für ein politisches Auslaufmodell geeignet ist, bezweifle ich«, ätzt er. Blank keilt zurück, Söder wolle den Posten nur für sich selber haben. So geht das hin und her, mit einem winzigen Makel: Den Amtsinhaber Engelbert Heider hat niemand gefragt. Er will eigentlich weitermachen.

Blank und Söder tragen ihre Rivalität fortan offen aus. Bei jeder Gelegenheit meckert die Bundestagsabgeordnete über den forschen Landespolitiker. Sachpolitische Differenzen liefern bloß die Vorlagen. Blank hält es für einen historischen Fehler, ja eine grenzenlose Dummheit des Nürnberger CSU-Chefs Beckstein, dass er Söder protegiert, ihn zu seinem Stellvertreter im Bezirksvorstand gemacht hat und ihm später sogar noch den Vorsitz überlässt. Blank und Söder verbindet nicht mehr als gegenseitige Verachtung. Beckstein begründet seine Unterstützung für Söder damit, dass eine Volkspartei wie die CSU breit aufgestellt sein und alle Strömungen, Altersgruppen und politischen Charaktere repräsentieren müsse. Und dass Markus Söder ein großes politisches Talent sei, das müssten ja wohl selbst seine Gegner einräumen.

Breitbeinig

Kaum dass Söder 1994 in den Landtag gewählt war, keimt in der Nürnberger CSU Kritik auf, der Jungabgeordnete käme – spektakulärer Wahlerfolg hin oder her – nun doch etwas zu breitbeinig daher. Politische Gegner wissen schon länger um das exorbitante Selbstvertrauen des Maurersohnes aus der Weststadt und haben ihre eigenen Erfahrungen mit ihm. Bei einer echten Größe der Nürnberger Kommunalpolitik taucht der junge Söder eines Tages unangemeldet im Büro auf. »Söder war damals noch gar nichts, nicht im Landtag, nicht JU-Landeschef«, erinnert sich der Mann. »Aber er hat sich bei mir in den Stuhl gefläzt und gesagt, ich wolle doch sicher den kommenden Mann der Nürnberger CSU kennenlernen.«

Was Parteifreunde gut finden, solange es der politische Gegner abbekommt, löst alles andere als Begeisterung aus, sobald es die eigenen Leute trifft. Söder kostet seine gewachsene Bedeutung und neue Stellung in der Partei zu sehr aus, auch Leute aus der JU beschweren sich über seine Überheblichkeit. Die Quittung folgt. Erntete er bei den beiden bisherigen Wahlen zum JU-Bezirkschef jeweils hohe Zustimmung, fällt das Resultat Anfang 1995 schlecht aus: Ohne Gegenkandidaten stehen 23 Ja-17 Nein-Stimmen gegenüber. Einige Mitglieder fechten die Wahl hernach sogar an, was allerdings im Sande verläuft. Als wenige Wochen später auch der CSU-Bezirksverband seine Spitze neu wählt und den Vorsitzenden Günther Beckstein etwa mit 100 von 106 Delegiertenstimmen im Amt bestätigt, fährt Markus Söder mit nur 67 Stimmen das schlechteste Ergebnis aller Vorstandsmitglieder ein. Ist sein politischer Stern womöglich bereits nach kurzer Zeit am Verglühen?

Natürlich nicht. Der junge Abgeordnete Söder hat einen Plan, wie er außerhalb Nürnbergs ein zweites, ein überregionales Karrierefundament legen kann. 1995 will er JU-Landesvorsitzender werden. Bald hat er – zumindest hinter den Kulissen – Ministerpräsident Stoiber auf seiner Seite. Söder hat sich bei ihm beliebt gemacht, indem er in Fraktionssitzungen Stoibers Redebeiträge ziemlich wortgenau wiederholt und dann noch für genial erklärt. »Ich gebe zu, dass ich ihn ziemlich klasse finde«, solche Dinge sagt Söder über Stoiber. Andere Abgeordnete halten das für peinliche Anbiederung, aber das ficht Söder nicht an. Er hat sich entschieden, mit wem er in den Aufzug steigt, und das ist Stoiber. Das wiederum macht CSU-Chef und Bundesfinanzminister Theo Waigel misstrauisch, der sich mit Stoiber ein Machtgerangel liefert, das sich bis zu Waigels Abschied nach der Bundestagswahl 1998 ziehen wird. Waigel, heißt es heute in der CSU, habe 1995 im Rennen um den bayerischen JU-Vorsitz diskret für Söders Mitbewerber Bernd Edelmann aus Hof getrommelt.

Am 14. Juli 1995 setzt sich Söder bei der Landesversammlung der CSU-Nachwuchsorganisation in Aschaffenburg mit 141 Delegiertenstimmen gegen Edelmann durch, der auf 110 Stimmen kommt. Wieder einmal funktioniert das System Söder. Noch ehe sein Gegenkandidat sich versieht, hat Söder im Hintergrund ein Netz an Unterstützern geknüpft und fünf von zehn bayerischen JU-Bezirksverbänden für sich gewonnen. Darunter auch den mitgliederstärksten, Oberbayern. Angeführt wird dieser in jenen Jahren von einer Frau, die eigentlich seine Konkurrentin ist und es noch lange bleiben wird: Ilse Aigner. Obwohl Aigner bereits stellvertretende JU-Landesvorsitzende ist, traut sie sich nicht, gegen Söder anzutreten. So wie 2017, als es um die Seehofer-Nachfolge geht. 1995 lässt sie sich in den Zeitungen damit zitieren, dass dieser Markus Söder aus Nürnberg schon der Richtige sei für den JU-Landesvorsitz, dank seiner »starken Persönlichkeit«. Söder bereitet es bis heute höchsten Genuss, zu erzählen, dass Aigner ihn damals in Aschaffenburg ja persönlich zur Wahl vorgeschlagen habe.

Stoiber ist auch im Saal, als Söder gewählt wird. »Markus hielt damals eine leidenschaftliche Rede und hatte erkennbar das Talent, die Mitglieder zu erreichen und mitzunehmen«, sagt der Altministerpräsident heute. Und zwar vor allem emotional. Ohne Emotionen gebe es keine Politik, findet Stoiber. Und Emotionen zu bedienen sei auch nicht zwingend Populismus. Stoiber gefällt besonders, dass Söder sich nicht mit dem Für und Wider einer Sache aufhält, sondern klar Position bezieht: »Er war immer ein Mann der Hauptsätze.«

Auch in der Landes-CSU hat nicht jeder so einen Narren am JU-Chef Söder gefressen wie Stoiber. Söder ist schnell bekannt für seinen ruppigen Umgang mit Parteifreunden, die ihm im Weg stehen oder mit denen er einfach nichts anfangen kann.

Markus Sackmann ist so einer, sein Vorgänger als JU-Vorsitzender, der später Staatssekretär wird und zeit seiner Karriere als kundiger und integrer Sachpolitiker gilt. Söder verabschiedet Sackmann 1995 mit kaum verhohlenen Beschimpfungen: Der JU-Landesverband habe »manches verschlafen« und müsse unter neuer Führung sein lädiertes Image aufpolieren. Gemeinsame Wegbegleiter berichten von der »unglaublichen Penetranz«, mit der sich Söder auch später über den Fraktions- und Kabinettskollegen Sackmann lustig macht, nur weil der halt eher nicht der Cowboystiefel-Typ ist. »Das grenzte an Mobbing«, sagt ein CSU-Mann. »Ich habe Markus Sackmann dafür bewundert, wie souverän er das wegsteckt.« Große Freunde wurden sie freilich nie. Leider kann man Markus Sackmann zu alldem nicht mehr befragen; er ist 2015 im Alter von 54 Jahren gestorben.

Nürnberger Verhältnisse

In Nürnberg gibt Söder nach der Wahl zum Landeschef seinen JU-Bezirksvorsitz ab – an seinen alten Rivalen und neuen Kumpel Michael Frieser. Ein kleines Dankeschön dafür, dass Frieser einige Jahre zuvor zu seinen Gunsten auf den Job verzichtet hatte. Söders Nürnberger Hausmacht ist nun einigermaßen gefestigt. Doch das Verhältnis der örtlichen CSU zu ihrem Spitzenmann – das bleibt bis in die Gegenwart schwer durchschaubar. Sicher, er steigt langsam und doch unaufhaltsam auf. »Irgendwann hatte man das Gefühl, es gibt nur noch ihn«, sagt jemand aus dem Führungskreis des Bezirksverbandes. Die Nürnberger CSU ist heute eine Söder-Partei. Und trotzdem, das Breitbeinige, das Überhebliche, das Rücksichtslose – das stört viele noch immer. In Sitzungen, berichten sie, vermittelt Söder das Gefühl, man diskutiere gerade sehr ernsthaft, es gehe ans Eingemachte. Dabei hat er die Dinge meist längst entschieden. Und lenkt nur noch den Rest der Truppe zum gewünschten Ergebnis.

Aber warum bekommt Söder dann im Juli 2017 bei seiner Wiederwahl zum Bezirkschef 100 Prozent der Stimmen, 90 von 90? Es ist ein bisschen Rückendeckung im Dauer-Zoff mit Seehofer, aber wohl auch Dankbarkeit und Anerkennung dafür, dass Söder in all seinen politischen Ämtern und vor allem als Finanzminister sehr viel für seine Heimatstadt getan hat. Im Übrigen: Welcher Bezirksverband hätte nicht gern den künftigen Regierungschef in seinen Reihen? Kein Zweifel, die Nürnberger CSU ist froh, dass sie von diesem Alphatier geführt wird. Und zugleich leidet sie unter ihm.

Deshalb redet mancher, der gerade noch mit seiner Stimme zum nordkoreanisch anmutenden Ergebnis beigetragen hat, hinter vorgehaltener Hand kritisch. Von zwei Söders wird erzählt, dem gescheiten, hochtalentierten Politiker mit blitzschneller Auffassungsgabe. Aber auch dem, der sich selbst treuen Parteifreunden gegenüber schroff, abweisend, mitunter ja cholerisch verhält. Der einerseits ungeheuer fleißig sei und sich nicht zu schade, eigens aus München die 170 Kilometer nach Nürnberg zu fahren, um vor wenigen Mitgliedern eines Ortsverbandes zu sprechen. Und der anderseits in Sitzungen auch mal in Wuttiraden ausbreche, »dass man fürchtet, er haut gleich alles kurz und klein«. Die Dinge müssen so laufen, wie er das will, dafür sorgt er.

Söder, sagen die Kritiker, sei brillant und unbeherrscht. Er belohne oder schüchtere ein. Mit Blicken, Worten und seinen gefürchteten SMS, die er selbst während Sitzungen massenweise versendet. »Du musst durchhalten, ihm in die Augen schauen, sonst bist du verloren«, sagt ein Nürnberger CSU-Vorständler. »Nur nicht einschüchtern lassen, sonst macht er dich fertig.« Jemand vergleicht Söder gar mit einem »nicht domestizierten Tier, das wie wild um sich schlägt und beißt, wenn es sich in die Ecke getrieben fühlt«. Markus Söder und Kritik – »er kann schwer damit umgehen. Er wertet sie erst einmal als persönlichen Angriff und geht bisweilen in die Luft – um drei Tage später wieder anzurufen, weil er sich beruhigt hat.« Entweder sehe er die Sache dann wirklich differenzierter. Oder er tue einfach so, als sei nichts gewesen.

»Bei uns hängen fast alle an Söders Tropf«, sagt 2017 einer aus der Nürnberger CSU, ein halbes Jahr, bevor Söder in die Staatskanzlei umzieht. »Er hat fast alle eingefangen. Ganz am Anfang hätte es noch die Chance gegeben, ihn wegzudrücken. Aber den Mut hatte keiner.« Und einen Ministerpräsidenten drückt natürlich keiner mehr weg.

In gewisser Weise hängt ja sogar ganz Nürnberg an Söders Tropf. Seit sein Karrieresprung in die Staatskanzlei feststeht, geht in der Stadt die Sorge um, Söder könne sich als bayerischer Regent nicht mehr so für Nürnberg ins Zeug legen wie noch in seinen Ministerämtern. Weil er das ganze Land im Auge haben müsse und nicht nur seine Heimat.

Söder ist Nürnberger aus Überzeugung. Gut, mal im Winter unter arabischer Sonne urlauben, das tut er gern. Aber woanders leben, das kann Söder sich nicht vorstellen. Als er in Nürnberg sein Heimatministerium beziehen durfte, war er ganz ergriffen, nicht zuletzt von sich selbst. München, nur eine ICE-Fahrstunde entfernt, ist für ihn kaum mehr als ein Arbeitsplatz. Nur wenn es sein muss, übernachtet er in seiner kleinen Stadtwohnung. Sein Sozialleben in der Landeshauptstadt beschränkt sich auf Restaurantbesuche und gelegentliche Cola lights mit jüngeren Abgeordneten im »Schumann's«.

Obwohl er selbst nie in die Niederungen der Kommunalpolitik hinabstieg, wollte und will er in Nürnberg aber doch mitreden. Fuchsteufelswild sei er schon geworden, erzählt einer aus der Rathaus-CSU, wenn man seinen Vorstellungen von einer harten Opposition gegen den populären SPD-Oberbürgermeister Ulrich Maly nicht gefolgt sei. Mit dem roten Nürnberg im Allgemeinen und dem roten Maly im Besonderen hat Söder eh lange gehadert.

Eine Weile war der eloquente, charmante Maly für Söder sogar so etwas wie ein zweiter Guttenberg: Maly führte ihm vor Augen, was ihm selbst fehlte, Leichtigkeit und Lässigkeit. Was Söder erst lernen musste, war bei Maly einfach da. Aber: Söder hat es gelernt. Heute pflegt er wie Maly einen ironischen, hintersinnigen Witz. Größere Veranstaltungen in Nürnberg lohnen schon allein deshalb den Besuch, weil Söder und Maly ihre Grußworte als satirischen Wettkampf verstehen.

Zum Wohl der Stadt arbeiten die beiden jetzt meistens gut zusammen. Wobei Söder neben dem Wohl der Stadt schon auch immer seinen persönlichen Ruhm im Auge hat. Den Nürnberger Flughafen nach Albrecht Dürer zu benennen – seine Idee. Einen Ableger des Deutschen Museums in Nürnberg anzusiedeln – seine Idee. Den dahindümpelnden Wöhrder See zu renaturieren und zum Naherholungsgebiet mit Badestrand (»Norikusbucht«) zu entwickeln – seine Idee. Für die Kameras hat er dort sogar persönlich das Schilf gepflanzt. Als Finanzminister und damit Chef der staatlichen Schlösser- und Seenverwaltung ließ er auch die mächtige Kaiserburg hoch über Nürnberg touristisch aufhübschen. Dass er dafür ziemlich dreist staatliche Mittel in seine Heimatstadt lenkte: na ja. Wer in Nürnberg sollte etwas gegen die gute Sache haben?

Stahlbürste und Greisenkammer

Der neue JU-Landeschef Söder legt im Sommer 1995 sofort los. Der Posten ist ein Karrieresegen für ihn, denn er garantiert ihm eine Beachtung durch die Presse, die er als einfacher Landtagsabgeordneter selbst bei größtem Fleiß und höchstem Geschick nie und nimmer hätte. Wenn man sich Söders Pressemitteilungen von damals so anschaut, meint man, da habe einer seine Sätze vor Versand mit der Stahlbürste von allem gereinigt, was nach Max Weber einen guten Politiker ausmacht: Sachlichkeit, Verantwortungsgefühl, Augenmaß. Ein typischer Söder ist die Forderung, den neuen Bundesländern den Solidaritätszuschlag zu streichen, wenn sie bei der Stimmabgabe von seinen persönlichen Parteipräferenzen abweichen: »Wer die PDS wählt, braucht keine D-Mark.«

Innerhalb der CSU wird dem Chef des Nachwuchses ebenso traditionell wie zähneknirschend zugestanden, eine vorlaute Nervensäge sein zu dürfen – ein Gewohnheitsrecht, das Söder entgegenkommt. Ab und an findet er zum Nerven auch mal ein Thema von Relevanz: Die CSU müsse grüner werden, ökologischer, sagt er, denn Umweltpolitik sei für junge Menschen ein absolutes Zukunftsthema. Das bringt ihm allerhand Schlagzeilen ein – und vom damaligen CSU-Generalsekretär Bernd Protzner einen Rüffel. »Kurzfristige Effekthascherei« sei das, mehr nicht, schimpft Protzner. Söder weicht keinen Millimeter zurück, wobei man nicht recht weiß, ob das an grünen Einsichten oder taktischen Erwägungen liegt. Wieder einmal gewinnt er im Konflikt mit einem Parteioberen an Profil. Er beweist Stehvermögen und, wie er das selber sagen würde, »eine gewisse Respektlosigkeit vor den Thronen«. Zumindest für die, auf denen er nicht selbst sitzt.

Söder überrumpelt Protzner mit der öffentlichen Forderung nach einem Stellvertreter für den CSU-Generalsekretär, da dieser unbedingt »entlastet« werden müsse. Ein keineswegs besorgter, gut gemeinter Vorschlag, sondern ein vergifteter Pfeil, eine Spezialität aus der Politikmanufaktur Söder. Der neu zu installierende Vize-General, so Söder, müsse »für die Jugend« da sein – der Rest der CSU braucht also auch nicht lange zu rätseln, wen Söder da für einen qualifizierten Kandidaten hält. Während dieser Wunsch noch nicht gleich in Erfüllung geht, trägt Stoiber-Jünger Söder doch sein Scherflein zum schleichenden Autoritätsverlust des Waigel-Mannes Protzner bei. Protzner wird als Generalsekretär nicht mehr glücklich, nach einer privaten Steueraffäre scheidet er ganz aus der Politik aus. Er ist einer von denen, die Markus Söder von seiner unangenehmen Seite erlebt haben, aber auch er ist des Redens müde. »Ich kann mich an all das nicht mehr erinnern«, sagt er knapp am Telefon. Söder, die alten Zeiten, alles vorbei. Politik kann ein brutales Geschäft sein, und nicht jeder fühlt sich darin so wohl wie Markus Söder.

Er steht gern im Wind, und zwei Themen geben ihm reichlich Gelegenheit dazu. Beim ersten Thema legt er sich wieder mal mit dem Establishment an, auch dem der eigenen Partei: Er zählt zu den schärfsten Stimmen, die die Abschaffung des bayerischen Senats verlangen, der zweiten Volksvertreterkammer neben dem Landtag, einer Art Berufsstände-Vertretung. Der Senat spiegele nicht mehr die moderne Gesellschaft wider, argumentiert Söder, was auch viele in der Opposition teilen. Dass er den Senat als »Greisenkammer« verhöhnt, empört all jene in der CSU, denen an Anstand und Stil gelegen ist. So mancher wird noch gut 20 Jahre später sagen, dass der Greisen-Spruch der Punkt war, an dem Söder sich in ihren Augen dauerhaft diskreditiert hat. Andere ließen mehr Milde walten: »Lasst ihn nur, der ist doch noch jung.«

Noch heftiger geraten allerdings die Reaktionen auf ein JU-Plakat, das der Landeschef Söder im Januar 1996 veröffentlicht. »Die rote Kolonne marschiert wieder« ist es überschrieben und zeigt die auf schreitende Strichmännchen montierten Köpfe des damaligen SPD-Vorsitzenden Oskar Lafontaine und der bayerischen SPD-Chefin Renate Schmidt in einer Reihe mit Josef Stalin und Erich Honecker.

Was Söder als »reine Satire« verteidigt und als »überzeichnet und pointiert« rechtfertigt, erregt bundesweites Aufsehen und provoziert wütende Proteste. Renate Schmidt fühlt sich massiv verunglimpft und schreibt in einem Brief an CSU-Chef Theo Waigel von einem »infamen Hetzplakat« in schlimmster »Nazi- und Stürmer-Mentalität«. Selbst in konservativen Medien fallen die Kommentare kritisch aus.

Ausgerechnet Söders Nürnberger JU-Heimatverband weigert sich, das Plakat aufzuhängen. Ein örtlicher JU-Funktionär sagt: »Das ist eine billige Retourkutsche des JU-Landeschefs Markus Söder auf eine ähnlich dümmliche Aktion der Jusos im Landtagswahlkampf 1994.« Damals hatte der SPD-Nachwuchs Söders Widerstand gegen die Flüchtlingsunterkunft in der Kunigundenstraße aufgegriffen und in einem Plakat mit der Überschrift »Rassismus hat viele Gesichter« auch Söders Konterfei gezeigt sowie jene von Stoiber und Waigel. Söder empfand dies damals keineswegs als Satire, sondern als ungeheuerliche Entgleisung und warf den Jusos »Stasi-Methoden« vor. Das »Rote Kolonne«-Plakat einige Monate später findet er hingegen völlig in Ordnung. Der Vergleich führender Sozialdemokraten mit Stalin sei schon »ein bisschen hart«, räumt er ein. Aber: »Ich will eine klare Antwort von Oskar Lafontaine und von Renate Schmidt, wie die SPD es mit der PDS hält.« Stattdessen aber rüffeln ihn nun selbst die ansonsten nicht dünnhäutigen CSU-Granden. »Ich gehe davon aus, dass das Plakat nicht weiter verbreitet wird«, sagt CSU-Landtagsfraktionschef Alois Glück, der Söder ohnehin schon mit wachsendem Argwohn beobachtet.

Spätestens nach dieser Aktion ist Söder in der gesamten CSU ein Begriff. Bei aller Kritik am »Rote Kolonne«-Plakat imponiert vielen auch, dass Söder der öffentlichen Kritik weitgehend standhält. Dass er nicht sofort kleinlaut einknickt, sondern die Sache verteidigt, so fragwürdig sie auch sein mag. Bei Angriffen von außen schließt die CSU reflexhaft ihre Reihen und schützt die eigenen Leute: Das ist ein Phänomen, von dem Söder noch oft profitieren wird.

Wiederholungssieger

1998 radelt der Wahlkämpfer Markus Söder wieder eifrig durch den Nürnberger Westen, diesmal, um ihn zu verteidigen. Am 13. September ist Landtagswahl. Sein knapper Vorsprung von 1101 Stimmen gegenüber SPD-Gegenkandidat Manfred Scholz vier Jahre zuvor ist kein sicheres Polster, das sich quasi nebenbei verteidigen ließe. Als im Stimmkreis 504 direkt gewählter Abgeordneter ist er zwar der Favorit, doch er will kein Risiko eingehen: Er setzt die »zielgruppenorientierte Ansprache« fort, wie er das nennt – er sitzt von morgens bis abends auf dem Rad. Für die »Süddeutsche Zeitung« hat ihn damals der Landtagskorrespondent Alexander Gorkow auf so einer Tour begleitet und eine Reportage geschrieben, der man hier etwas Raum geben muss, weil sie ein sehr unmittelbares Bild des Jungpolitikers Söder zeichnet. »Markus Söder findet sich selbst gut«, liest man da. »Man muss sogar sehr lange suchen, um Leute zu treffen, die sich selbst für so wunderbar halten.« Söder wird mit dem schwer zu schlagenden Satz zitiert: »Ich weiß, dass ich gut bin.« Gorkow schreibt: »Ausgestattet mit diesem sensationellen Selbstbewusstsein, einem forschen Lächeln und einer dunkel bollernden Stimme radelt Söder durch seinen Stimmkreis von einem Termin zum anderen, beschwatzt die Leute und lässt sich beschwatzen.«

Der Terminkalender des Wahlkämpfers Söder nimmt sein ziemlich irres Pensum in späteren Ämtern vorweg: »Zehn Termine pro Tag im Stundentakt: Bieranstich beim Sportfest, Bieranstich bei der Kirchweih, Bieranstich im Kleingartenverein, Grillfest der Banater Schwaben, Pfarrfest St. Bonifaz, Pfarrfest St. Konrad, Diskussion im Gehörlosenzentrum und so weiter.« Vor allem Frauen haben es Söder beim Stimmenfang angetan. »Sie reden viel und ziehen dadurch mehr Wähler mit als andere Zielgruppen«, erklärt er dem »SZ«-Reporter und präzisiert: »Bei Frauen zwischen 25 und 40 stehe ich hervorragend da.« Also verrenkt er sich mit der Damen-Jazztanzgruppe des TV Eibach zur Musik. Was nicht bedeutet, dass Söder nicht auch beim »Tag der älteren Generation« großes Stehvermögen beweist und so lange durch das brütend heiße Festzelt wahlkämpft, bis er 600 seiner kleinen Faltblätter plus Bonbons an die Senioren verteilt und dabei mindestens genauso viele Hände geschüttelt hat. Dass Linke und Journalisten ihn für einen durchgeknallten Yuppie halten, störe ihn gar nicht, verrät Söder dem Reporter. »Solang es richtig scheppert, ist alles im Lot, da ist man Stadtgespräch. Hauptsache, der Name ist richtig geschrieben.«

Die Landtagswahl 1998 wird für Söder ein dreifacher Erfolg. Er gewinnt wieder das Direktmandat im Nürnberger Westen und kann seinen Vorsprung zu SPD-Herausforderer Manfred Scholz mit 2700 Stimmen mehr als verdoppeln. Landesweit verbessert die CSU ihr Ergebnis von 1994 leicht und kommt auf 52,9 Prozent, eine kraftvolle Bestätigung für Söders persönlichen Helden Stoiber. Gleichzeitig mit der Landtagswahl schaffen die bayerischen Wähler in einem Volksentscheid mit einer Mehrheit von 69,2 Prozent den Senat ab. Markus Söder darf sich als der Mann fühlen, der das Ende des Senats mit eingeleitet hat. Bei der Nürnberger CSU herrscht kollektive Glückseligkeit, sie hat drei der vier Direktmandate in der Stadt gewonnen. Nur Bezirkschef und Innenminister Günther Beckstein ist wieder SPD-Frau Renate Schmidt unterlegen, doch Beckstein ist eh über die Liste abgesichert. Die Schwarzen haben einen Lauf, zwei Jahre zuvor haben sie das rote Nürnberg in den Grundfesten erschüttert: Mit Ludwig Scholz wurde erstmals in der Geschichte ein Christsozialer Oberbürgermeister.

Und bei Söder stellt sich immer akuter die Frage, was er noch werden kann. Er wird als Nachfolger von CSU-Generalsekretär Bernd Protzner gehandelt, der 1998 abtritt. Der Job geht dann aber an Thomas Goppel, den Sohn des früheren Ministerpräsidenten Alfons Goppel. Immerhin werden Söders Posten im Parlament einflussreicher. Er muss sich nicht mehr im Petitionsausschuss mit Bürgereingaben herumplagen. Nach der Wahl 1998 wird er Mitglied in den wichtigen Parlamentsausschüssen für Wirtschaft, Verkehr und Infrastruktur sowie für

Hochschule und Forschung. Die CSU-Fraktion entsendet ihn auch in die Enquete-Kommission mit dem klangvollen Titel »Mit neuer Energie in das neue Jahrtausend«. Söders Beitrag dort wird auch von Vertretern anderer Parteien als konstruktiv gelobt. Er hat den Nachweis erbracht, dass er auch zu politischer Tätigkeit ohne Kamerabegleitung fähig ist.

Der Herr Doktor: Zweifel an Söders Titel

Der junge Abgeordnete Söder ist mit der Landtagsarbeit und seinem zeitraubenden Job als JU-Landeschef ziemlich ausgelastet. Dennoch findet er offenbar noch Zeit für ein echtes Großprojekt. Obwohl er sich von der Juristerei bereits 1992 nach dem ersten Staatsexamen verabschiedet hat, lieber Journalist geworden ist und dann Berufspolitiker, wird Söder 1998 an der Universität Erlangen-Nürnberg in Jura promoviert. Doch ging dabei alles mit rechten Dingen zu? Seit Jahren kursieren in der CSU und darüber hinaus Gerüchte, Söder habe seinen Doktortitel nicht auf korrektem Weg erworben.

Der »Doktor« galt in Deutschland lange als Adelstitel des Bürgertums, und auch wenn er nach allerlei Plagiats-Affären an Strahlkraft eingebüßt hat, schmücken sich Politiker immer noch gern mit ihm. Es gibt einfach Menschen, die blicken ehrfürchtig auf, wenn ihr Gegenüber ein »Dr.« ist. Und tatsächlich bedeutet eine Promotion ja den Nachweis besonderer wissenschaftlicher Expertise, sie zeigt die Kompetenz an, sich in komplizierte Materien tief und schnell einzuarbeiten und die richtigen Schlüsse zu ziehen. Wer es sich bei seinem »Doktor« zu leicht gemacht hat, läuft heute allerdings mehr denn je Gefahr, mit einem Schwindel aufzufliegen – was für Politiker natürlich besonders misslich ist, wie Karl-Theodor zu Guttenberg bezeugen kann. Der damalige Verteidigungsminister musste 2011 wegen zahlreicher abgeschriebener Passagen in seiner Dissertation zurücktreten.

Insofern ist die schriftliche parlamentarische Anfrage, welche die fraktionslose bayerische Landtagsabgeordnete Dr. Gabriele Pauli am 15. November 2012 an das Staatsministerium für Wissenschaft, Forschung und Kunst richtet, durchaus heikel für den Staatsminister Dr. Markus Söder. Vorausgesetzt, die ihr zugrunde liegenden Vermutungen erweisen sich als richtig. Pauli, die ehemalige Landrätin von Fürth, und Söder kennen sich lange und gut aus der fränkischen CSU. Ihr Verhältnis gilt aber als zerrüttet, seit Pauli mit ihrem Bespitzelungsvorwurf das politische Ende von Edmund Stoiber 2007 einleitete.

Fünf Jahre Jahre später sitzt Pauli im Landtag, gewählt als Abgeordnete der Freien Wähler, mit denen sie sich aber auch schon wieder überworfen hat wie vorher mit der CSU. Also führt sie im Landtag das isolierte Dasein einer Einzelkämpferin. In der CSU, wo sie groß geworden ist, ist Pauli eine Persona non grata; umgekehrt gibt es in der Partei einige, mit denen sie wohl noch eine Rechnung offen hat. Einer davon dürfte Söder sein, der als Generalsekretär für seinen Chef Stoiber in eine hässliche Schlacht gegen Pauli gezogen war. Auf ihn zielt die parlamentarische Anfrage vom November 2012, der bis Juni 2013 noch drei weitere, ähnliche folgen werden. Pauli will eine Bestätigung dafür erhalten, dass Markus Söder seinen Doktortitel zu Unrecht trägt. Weil er nach ihrer Ansicht nie zur Promotion hätte zugelassen werden dürfen.

Es ist ein sensibles Thema, auch noch Jahre danach, als dieses Buch entsteht. Auf Nachfragen bewegen sich die ersten Reaktionen aus dem Söder-Lager zwischen Genervt- und Gereiztheit. Warum, so heißt es, solle Söder eigentlich nachweisen, dass bei seiner Dissertation und dem Promotionsverfahren alles korrekt gelaufen sei? Das sei doch eine nach deutschem Rechtsverständnis völlig inakzeptable Umkehr der Beweislast. Wenn, dann müssten ja wohl seine Gegner ihre Behauptungen belegen.

Die Sache ist lästig für Söder, denn Gerüchte, dass mit seiner Dissertation etwas nicht stimmen soll, wabern schon sehr lange durch das politische Bayern. 1992 hat Söder sein Jurastudium an der Friedrich-Alexander-Universität Erlangen-Nürnberg mit dem ersten Staatsexamen beendet, um nach einem halbjährigen Intermezzo als Assistent an der Juristischen Fakultät schließlich Volontär und Redakteur beim BR zu werden. Erklärtermaßen aus der Erkenntnis, dass die Juristerei doch nicht so sein Ding sei. Journalismus und Politik finde er viel spannender. 1994 wurde Markus Söder in den Landtag gewählt und kurz darauf zum Landeschef der Jungen Union.

Pauli und andere Söder-Zweifler stellen sich die Frage: Wie kann einer mit solch anstrengenden Jobs noch Zeit haben, eine Dissertation mit 263 Seiten Umfang zu schreiben? Eine rechtshistorische Arbeit, deren Titel allein nach komplizierter und enorm zeitaufwendiger Archiv- und Quellenarbeit klingt: »Von altdeutschen Rechtstraditionen zu einem modernen Gemeindeedikt: die Entwicklung der Kommunalgesetzgebung im rechtsrheinischen Bayern zwischen 1802 und 1818«. Die Dissertation wirkt formal korrekt und liest sich ordentlich. Über weite Strecken ist die Arbeit ein Referat von historischen Dokumenten, der Analyse-Anteil ist sehr überschaubar.

Söder reicht die Arbeit am 1. September 1997 ein, fünf Jahre nach dem ersten Staatsexamen, dem er kein zweites folgen ließ. Söders Doktorvater ist Prof. Dr. Christoph Link, Jahrgang 1933, ein anerkannter Experte für Verfassungs-, Staats- und Kirchenrecht. Erst im Nachhinein, am 7. Januar 1998, acht Tage vor der mündlichen Prüfung, bestätigt Prof. Dr. Harald Siems, Dekan der Juristischen Fakultät, Markus Söder schriftlich, dass dieser entsprechend der geltenden Promotionsordnung mit seiner Dissertation »ordnungsgemäß zur Promotion zugelassen ist«.

Genau das wird Gabriele Pauli gut 15 Jahre später anzweifeln. Ihren Anfragen an das für Bayerns Hochschulen zuständige Wissenschaftsministerium liegt die Annahme zugrunde, dass Markus Söder bei seinem ersten Staatsexamen 1992 nicht die notwendige Note hatte, um eine Doktorarbeit überhaupt schreiben zu dürfen. Er habe von einer Sondergenehmigung profitiert, glaubt Pauli, einer Art Lex Söder, einem Gemauschel also. Die Abgeordnete will in ihren vier Anfragen vor allem wissen: Hatte Söder die für eine anschließende Promotion erforderliche Note im ersten Examen, ein »vollbefriedigend« nämlich? Oder hat er von einer Sondergenehmigung profitiert? Und überhaupt: Wie oft gebe es denn solche Sondergenehmigungen für Promotionen an bayerischen Universitäten?

Das Wissenschaftsministerium mit Ressortchef Wolfgang Heubisch (FDP) an der Spitze braucht zweieinhalb Monate, um die an sich einfachen Fragen Paulis zu beantworten. »In den letzten zehn Jahren« habe es an bayerischen staatlichen Universitäten keine einzige Sondergenehmigung zur Erlangung einer Dissertation gegeben, antwortet Heubisch. Allein deshalb nicht, weil sie in den dort geltenden Promotionsordnungen gar nicht vorgesehen seien. Entsprechend habe auch Markus Söder keine Sondergenehmigung erhalten. »Die Voraussetzungen der Promotionsordnung der Juristischen Fakultät sind ordnungsgemäß erfüllt worden«, schreibt der Wissenschaftsminister. Welche Note Söder in seinem ersten Examen hatte, ob es tatsächlich ein »vollbefriedigend« war, beantwortet Heubisch nicht. Aus Gründen des Datenschutzes. Heubisch, sagen heute Personen mit Kenntnis der Vorgänge, sei damals ehrlich darum bemüht gewesen, die Sache »nach bestem Wissen und Gewissen« aufzuklären.

Auch bei den weiteren schriftlichen Anfragen Paulis in den folgenden Monaten bleiben der Minister und seine Beamten dabei: Söder habe alle Anforderungen erfüllt, er seit mithin zu Recht zur Promotion zugelassen worden. Zu seiner Examensnote schweigt man sich aus. Die Antwort Heubischs vom 22. März 2013 liefert jedoch erstmals einen Hinweis darauf, dass Markus Söder zumindest das erforderliche »vollbefriedigend« nicht erreicht hatte. Zum ersten Mal räumt das Ministerium gegenüber Pauli ein, dass es auch eine zweite Möglichkeit gegeben habe, um zur Promotion zu gelangen, die jedoch keineswegs eine Sondergenehmigung darstelle. Demnach könne laut der damals in Erlangen geltenden Promotionsordnung der Dekan auch einen Bewerber zur Promotion zulassen, der nur die um eine Stufe schlechtere Examensnote »befriedigend« mitbringt. Vorausgesetzt, der Bewerber habe zusätzlich zwei Seminare erfolgreich absolviert, die mit der Note »gut« bewertet worden seien. Das wiederum sei kein Erlanger Spezifikum, sondern sei auch an anderen bayerischen Universitäten möglich, so Heubisch.

Söder-Gegnerin Pauli sieht darin dennoch einen Beleg, dass Söder eben doch von einer Sonderregelung profitiert habe. Noch einmal hakt sie nach: Welche Note hatte Söder denn nun? Diesmal schaltet das Wissenschaftsministerium jenes für Justiz ein und lässt die Abgeordnete endgültig abblitzen: Eine Beantwortung der Frage nach der Examensnote würde »berechtigte Geheimhaltungsinteressen und Grundrechte von Staatsminister Dr. Söder, zu deren Wahrung die Bayerische Staatsregierung unmittelbar kraft Verfassung verpflichtet ist, verletzen«. Ein Beweis dafür, dass bei Söders Zulassung zur Promotion politisch getrickst wurde, gelingt Gabriele Pauli nicht. Ihre Zweifel sind jedoch auch nicht ausgeräumt.

Die Recherche für dieses Buch ergibt, dass die damals geltende Promotionsordnung der Juristischen Fakultät der Uni Erlangen von 1991 für die Zulassung tatsächlich »mindestens die Gesamtnote vollbefriedigend« im ersten oder zweiten Staatsexamen verlangt. »Ausnahmsweise«, heißt es in Paragraf 3 der Promotionsordnung weiter, könne der zuständige Dekan »einen Bewerber zur Promotion zulassen«, wenn dieser die Examensnote »befriedigend« vorweise und zwei Seminare bei zur Promotionsabnahme befugten Professoren mit jeweils »gut« abgeschlossen habe.

Genau so ist es bei Markus Söder gelaufen, wie die Recherchen für dieses Buch ergaben. Auf Anfrage nannte Söder erstmals seine Gesamtnote im ersten juristischen Staatsexamen: 7,41 Punkte. Mit anderen Worten »befriedigend«, worunter Ergebnisse zwischen 6,5 und 8,99 Punkten fallen. »Befriedigend« bedeutet per Definition »eine Leistung, die in jeder Hinsicht durchschnittlichen Anforderungen entspricht«. Ein bayerischer Jurist ordnet Söders Leistung so ein: »Nicht herausragend, aber gut. Mit der Note dürfte er am unteren Rand des obersten Drittels der Absolventen gelegen haben.« Für die Zulassung zur

Promotion würde die Note allein aber nicht reichen. Markus Söder kann aber offenkundig jene zwei mit »gut« bewerteten Seminare nachweisen, weshalb Dekan Siems ihn als Ausnahmefall gemäß Paragraf 3 der Promotionsordnung zulässt. Also reicht Markus Söder seine rechtshistorische Dissertation ein, die mit »satis bene« bewertet wird, mit befriedigend. Er hat also tatsächlich von einer Ausnahmeregelung profitiert, jedoch nicht von einer eigens für ihn geschaffenen Lex Söder.

Doch – hat Markus Söder seine Dissertation überhaupt selbst geschrieben?

Auch darüber wird seit Jahren eifrig spekuliert, gerade in CSU-Kreisen. Nun ist Söder ein Politiker, der stark polarisiert und Gegner teilweise heftig provoziert. Einer, dem manche alles zutrauen. Die Gerüchte – Söder würde vermutlich sagen: üblen Nachreden – gründen sich im Detail auf den Umstand, dass Söders historisches Dissertationsthema es dem Autor abverlangte, Hunderte handgeschriebene Akten aus dem frühen 19. Jahrhundert zu wälzen. Akten, die noch dazu in schwer zu entziffernder Deutscher Kanzleischrift verfasst sind, wie sie vom 15. bis ins 19. Jahrhundert bei amtlichen Dokumenten üblich war. Kann Markus Söder, der viel beschäftigte Jungpolitiker, das geschafft haben?

Martin Heidingsfelder hat seine Zweifel. Heidingsfelder ist Gründer und war Aktivist von Vroniplag Wiki. Die Internetplattform untersucht Dissertationen auf Manipulationen und speziell auf Plagiate. Sie ertappte beispielsweise Edmund Stoibers Tochter Veronica, der daraufhin ihr Doktortitel aberkannt wurde. Auch bei der ergiebigen Überprüfung von Guttenbergs Arbeit war Heidingsfelder mit am Werk. Etwa um dieselbe Zeit begann er, sich auch mit Söders Dissertation kritisch zu beschäftigen. Damit ist er nicht allein. Bis heute haben Aktivisten auf Vroniplag Wiki 23 »verdächtige Fragmente« aus der Doktorarbeit hinterlegt. Kleine Fundstellen, die bei neutraler Betrachtung allerdings bei Weitem nicht ausreichen, um ein großes Plagiat zu entlarven.

Im November 2017 fährt Heidingsfelder gemeinsam mit einer Münchner Journalistin ins bayerische Hauptstaatsarchiv. Sie wollen einem weiteren, von Heidingsfelder schon bei früheren Archivbesuchen entwickelten Verdacht nachgehen. Dem nämlich, dass Söder für seine Doktorarbeit gar nicht selbst recherchiert und überhaupt kein Quellenstudium betrieben habe – was wiederum ein Indiz dafür wäre, dass er sie nicht selbst verfasst hat. Im Hauptstaatsarchiv liegen die wichtigsten Akten, aus denen Söder in seiner Dissertation laut Quellenverzeichnis zitiert. Insgesamt 14 Aktenbündel, zwischen zwei und 15 Zentimeter dick, die per Hand mit Feder und Tinte verfasste Dokumente aus den ersten Jahren des 19. Jahrhunderts enthalten. Anträge, Protokolle, Urkunden, Rechnungen oder Korrespondenz aus dem damaligen Innenministerium und Staatsrat. Eng beschriebenes, hauchdünnes Papier, mit dem man vorsichtig umgehen muss, damit es beim Blättern nicht zwischen den Händen zerfällt. Schriften mit Siegel und Originalunterschriften, sogar von Maximilian Graf von Montgelas, dem bedeutendsten Minister des bayerischen Königs Maximilian I. und Vordenker in Sachen kommunaler Selbstverwaltung.

Vor allem aber sind die 200 Jahre alten Fundstücke eben in Deutscher Kanzleischrift verfasst, einer Handschrift, die für ungeschulte Augen nur schwer zu entziffern ist. Schon vor Generationen wurde sie zugunsten der lateinischen Schreibschrift unserer Tage abgeschafft. Heute beherrschen sie nur noch wenige Menschen. Etwa auch Markus Söder? Konnte er tatsächlich aus Hunderten unzusammenhängenden Dokumenten die Fundstellen für seine Arbeit herausfiltern? Oder hatte er Helfer, die er dann in seiner Dissertation hätte nennen müssen, was aber nicht der Fall ist? Die Journalistin befragt einen Historiker und Schriftenexperten, der es für »ziemlich ausgeschlossen« hält, dass jemand, der nicht vor 1941 zur Schule gegangen ist, die Schrift entziffern könne. 1941 nämlich wurde an deutschen Schulen die der Kanzleischrift eng verwandte Kurrentschrift zugunsten der bis heute gültigen lateinischen Schrift abgeschafft.

Markus Söder lässt auf Nachfrage offen, ob er die Deutsche Kanzleischrift und damit die alten Akten aus Montgelas' Zeiten tatsächlich entziffern und lesen konnte. Aus seinem Umfeld heißt es, dass auch hier eine Umkehr der Beweislast unangebracht wäre. Söder habe sich die Schrift selbst beigebracht, zumindest in ausreichendem Maße. Heidingsfelder und seine Co-Rechercheurin hegen dennoch Zweifel, zumal sie ein zufällig ausgewähltes Zitat aus Söders Arbeit, das laut seiner Fußnote in einer Akte des Innenministeriums zu finden sein sollte, dort nicht finden.

Definitiv als falsch erweist sich der ebenfalls seit Jahren hartnäckig verbreitete Verdacht, Söder habe die ausschließlich im Hauptstaatsarchiv in München aufbewahrten Originaldokumente niemals gesichtet. Die Besucherlisten weisen aus, dass er zwischen April und September 1992 fünf Mal dort war. Ein handschriftlicher Brief Söders belegt obendrein, dass er Einsicht in die fraglichen Dokumente genommen hat. Mehr noch: Er hat aus den fraglichen Akten mehr als 1100 Kopien fertigen lassen, für insgesamt 966,15 D-Mark.

Die Kopien belegen seine Recherche, jedoch nicht, dass er die Dissertation selbst geschrieben hat. Also spekulieren Gegner, er habe sie schreiben lassen. Von einem Ghostwriter, was natürlich ein schwerer Verstoß wäre, der im Falle eines Nachweises zur Aberkennung des Doktortitels führen würde.

Söder selbst weist genervt und empört jeden Vorwurf der Unregelmäßigkeit weit von sich. Warum er überhaupt ein »Herr Doktor« werden wollte, immerhin sechs Jahre nach seinem Staatsexamen? »Das hatte ich meiner Mutter versprochen«, sagt er auf Nachfrage. »Sie wollte eigentlich, dass ich Arzt werde, und ich sagte ihr, man kann auch in anderen Fächern promovieren.« Renate Söder starb 1994, wenige Tage vor der ersten Wahl ihres Sohnes in den Landtag. Söder sagt, er habe ihr zuliebe an der Dissertation gearbeitet, erst als Assistent am Erlanger Lehrstuhl für Staatsverwaltungs- und Kirchenrecht, später als Journalist in seiner Freizeit und schließlich als Abgeordneter in sitzungsfreien Wochen und Parlamentsferien.

Vom Beweis des Gegenteils sind alle Zweifler und Gegner weit entfernt. Zwar kursieren einige Namen mutmaßlicher Ghostwriter und werden auch immer wieder neu gestreut. Doch die Spuren führen ins Nichts. Eine häufig genannte Person ist vor einigen Jahren verstorben. Ein anderer »Verdächtiger« ist zwar glühender Söder-Fan, tippt sich aber bei der Nachfrage recht überzeugend an die Stirn. Und einer, dessen Name immer wieder als angeblicher Ghostwriter fällt, war zu dem Zeitpunkt, als Markus Söder seine Dissertation in Erlangen einreichte, selbst noch Schüler.

EXKURS Söder privat

Frauentyp und Familienmensch

Die frühen Neunzigerjahre sind die Zeit der Weichenstellungen für Markus Söder, auch privat. Er steht im Ruf eines jungen Mannes, dessen breites Interesse an Frauen durchaus erwidert wird. An einem heißen Sommertag 1992 lernt er in einem Nürnberger Naturgartenbad die Frau kennen, die er sieben Jahre später heiraten wird. Über das Thema Sonnenbrand sei er damals mit Karin Baumüller ins Gespräch gekommen, sagt Söder.
Beim Politischen Aschermittwoch in Passau im Februar 2018 erlebt Karin Baumüller-Söder, 45, eine Premiere. Sie steht – den obligatorischen Blumenstrauß in der Hand – oben auf der Bühne vor knapp 5000 Menschen, die ihren Mann nach seiner Rede bejubeln, den designierten Ministerpräsidenten des Freistaats. Und auf einmal bejubeln sie auch sie: »Karin, Karin«, rufen die Leute in der Dreiländerhalle, nicht alle, aber genug, damit man sie hören kann. Wenn man die Karin-Fans hinterher im Foyer fragt, was sie so gut finden an Karin Baumüller-Söder, sagen sie: ihre »bescheidene Art« und schon auch die Tatsache, dass sie im Gegensatz zu Marga Beckstein offenbar gern mal ein Dirndl anziehe.
Die Gattin von Günther Beckstein hatte 2008 das sogenannte Dirndl-Gate ausgelöst, als sie sich weigerte, zum Wiesn-Anstich ein solches zu tragen. Die Traditionalisten in der CSU sind sich heute

noch sicher, dass die pikante Angelegenheit wesentlich zu Becksteins Untergang beitrug. Viele andere zollten Marga Beckstein Respekt dafür, dass sie sich nicht in eine Rolle zwängen ließ. Auch sonst nicht: Sie arbeitete weiter als Lehrerin und wollte nicht nur als Anhängsel ihres Mannes wahrgenommen werden.
Bei Karin Baumüller-Söder dürfte sich das ähnlich verhalten, auch wenn sie Dirndl einfach mag, was ihrem repräsentationsbewussten Gatten durchaus entgegenkommt. Sie macht gute Figur auf dem roten Teppich bei den Bayreuther Festspielen und jeden Schmäh mit, den ihr Mann sich kostümmäßig für die Fernsehfastnacht in Veitshöchheim ausdenkt. Sie war die Marge zu seinem Homer Simpson, und sie war die Karin zu seinem Edmund Stoiber.
Die echte Karin Stoiber leistete ja sogar einen konkreten Beitrag zum politischen Erfolg ihres Mannes, indem sie die Herzenswärme beisteuerte, die ihrem Edmund fehlte. Strahlend im Auftreten und herzlich im Umgang ist Baumüller-Söder auch, aber sie wahrt etwa im Umgang mit Journalisten gern Distanz. Sie drängt nicht ins Rampenlicht, macht nicht alle Termine mit und verrät im Vorfeld auch nichts über ihre etwaigen Pläne als bayerische First Lady. Bei Veranstaltungen kommt es vor, dass sie deutlich früher heimgeht als ihr Mann, der ja auch schon zu den Frühheimgehern gehört.
»Die Karin macht ihr eigenes Ding«, sagt jemand, der das Ehepaar gut kennt, »die beiden sind absolut auf Augenhöhe.« Baumüller-Söder ist Unternehmerin, ihre Aufgabe ist das 1930 als Reparaturfirma für Elektromotoren gegründete Familienunternehmen der Baumüllers. Ihr Vater Günter, der im Oktober 2017 im Alter von 77 Jahren starb, hatte die überschaubare Nürnberger Firma zur Unternehmensgruppe mit 1800 Mitarbeitern an 40 Standorten ausgebaut. Baumüller-Söder und ihr Bruder Andreas sind Gesellschafter, wobei Letzterer seit 2009 auch die operativen Geschäfte führt. Sie konzentriert sich halbtags auf Personalfragen. Die Baumüller-Gruppe wird weiterhin von Nürnberg aus gesteuert, sie entwickelt und produziert Antriebs- und Automatisierungstechnik vorwiegend für den Maschinenbau, aber auch für E-Mobilität.
Daneben kümmert sich Karin Baumüller-Söder um ihre drei noch schulpflichtigen Kinder, als Hobby gilt der Pferdesport, bis vor ein

paar Jahren hat sie auch noch Turniere geritten. Die wenigen Anekdoten über das Ehepaar stammen alle von Markus Söder selbst und sind gewiss sorgfältig ausgewählt. Eine erzählt er besonders gern, vielleicht, weil sie neben der Liebe zu seiner Frau auch seine Liebe zu Hunden ausleuchtet. Als Söder das erste Mal bei seinen künftigen Schwiegereltern klingelte, habe Günter Baumüller die Tür geöffnet und dabei den scharfen Familien-Dalmatiner Cliff an seiner Seite gehabt. Vater Baumüller, so Söder, habe wohl darauf gehofft, dass Cliff dem Bewerber ein bisschen Angst mache. Aber Cliff und Markus hätten sich sofort bestens verstanden: »So fand ich wahrscheinlich auch den Weg ins Herz meiner Frau. Seit dieser Zeit bin ich absoluter Hunde-Fan.« Zwei Stück hat die Familie Söder momentan, Fanny und Bella, sie sind gut beschäftigt mit ihren Auftritten als Ministerhunde auf Söders Social-Media-Seiten.

Einmal hat Söders Privatleben politische Bedeutung bekommen, und zwar in einer Weise, die ihm nicht angenehm war. Am 24. Mai 2007 titelte die Zeitschrift »Bunte«: »Markus Söder – Der CSU-Politiker und seine zwei Familien«. Auf vier Seiten beklagt sich eine ehemalige Freundin des CSU-Generalsekretärs, dass dieser sich nicht um die gemeinsame, inzwischen fast neunjährige Tochter kümmere. Das Mädchen sei nach einer jahrelangen, aber nie festen Beziehung 1998 auf die Welt gekommen. Im Dezember 1999 heiratete Markus Söder Karin Baumüller.

In Söders Umfeld hält man das Timing des Artikels für keinen Zufall; nach zwei Kindern in den Jahren 2000 und 2004 ist Söders Frau im Frühjahr 2007 mit dem dritten gemeinsamen Kind schwanger. Und wenige Monate zuvor hatte die »Bild«-Zeitung enthüllt, dass Horst Seehofer ein Kind mit einer Geliebten in Berlin gezeugt habe. »Privat ist privat«, hatte Söder das kommentiert; »Privat ist privat«, sagt nun seinerseits Seehofer. Und doch gibt es wilde Gerüchte darüber, wie welche Information wo gelandet ist.

Die Gerüchte werden befeuert von der moralischen Scheinheiligkeit, die schon öfter im Spiel war, wenn in der CSU um Posten gerungen wurde. Beim Machtkampf zwischen Edmund Stoiber und Theo Waigel in den Neunzigerjahren etwa: Da wurde die Beziehung des verheirateten Waigel zu seiner späteren zweiten Ehefrau, der Ex-Ski-

rennläuferin Irene Epple, zweifellos öffentlich gemacht, um ihm zu schaden.
Doch was gesellschaftliche Konventionen angeht, ist auch das christsoziale Parteivolk entspannter als damals. Und während der Boulevard und vereinzelt sogar ernst zu nehmende Zeitungen sich noch über Söders uneheliche Tochter und die Klagen ihrer Mutter erregen, zeigt sich eine Person zumindest nach außen völlig unbeeindruckt: Karin Baumüller-Söder. Heute sagen gute Bekannte des Ehepaars Söder, die inzwischen erwachsene, außereheliche Tochter gehöre längst zur Familie und gehe in deren Haus in Nürnberg-Mögeldorf ein und aus. Söder erfülle alle seine Pflichten als Vater, und mehr. Wenn Markus Söder von seiner Familie spricht, nennt er explizit und demonstrativ immer »meine vier Kinder«.

Auf dem Sprung

Die Jahre nach 1998 sind die ersten, in denen Markus Söder immer wieder bayern- und manchmal sogar bundesweit auffällt. Nach herkömmlichen Standards der Politik ist das keine besonders gute Nachricht, weil er sich meistens mit Dingen hervortut, die zu einer seriösen Reputation nichts beitragen. Im Bundestagswahlkampf 2002 etwa sieht man ihn, inzwischen 35 Jahre alt, wie er in Sandalen, mit fetter Sonnenbrille und außergewöhnlich viel Gel im Haar arglose Urlauber am Strand von Rimini oder am Gardasee stalkt. Er und seine Mitstreiter von der »Jugend für Stoiber« haben einen »Stoibertruck« über die Alpen gelenkt, um die Stimmen deutscher Sommertouristen in Italien für die Union zu sichern. An mehreren Orten lädt die JU-Truppe zur »Wechselparty«. Zum Unterhaltungsprogramm gehört stets die Wahl einer »Miss Wechselparty«, was laut Söder die »lockere Kompetenz« der CSU veranschaulichen soll.

Einigen in der CSU ist das entscheiden zu viel der Lockerheit und zu wenig der Kompetenz. Sie schreiben Söder als Spaßpolitiker ab. Stoiber jedoch, der im Herbst als Kanzlerkandidat nur knapp scheitert, weiß Söders Einsatz zu schätzen. Die beiden sind sich inzwischen nähergekommen. Als sich Waigel und Stoiber über die Einführung des Euro stritten, hat sich Söder natürlich auf die Seite des D-Mark-Fetischisten Stoiber geschlagen, und das, obwohl Söder im kleinen Kreis nicht zu den bayerischen Separatisten gehört, die in der EU nur ein Bürokratiemonster sehen. Im Gegenzug hat der Ministerpräsident seinem Schützling zwei attraktive Podien gebaut: Söder ist zum Chef der CSU-Medienkommission ernannt und in den ZDF-Verwaltungsrat entsandt worden, Letzteres immerhin als Nachfolger des »Bayernkurier«-Chefredakteurs und Strauß-Alter-Egos Wilfried Scharnagl.

Die Doppelzuständigkeit für Medienthemen garantiert Söder eigene Medienpräsenz: Mal will er (vergeblich) den Wechsel des ARD-Mannes Claus Kleber zum »Heute-Journal« verhindern; mal versucht er (vergeblich), die Vertragsverlängerung des ZDF-Chefredakteurs Nikolaus Brender zu stoppen. Mal muss er sich ärgern, weil in Beiträgen von ARD und ZDF zur Eröffnung der Münchner Pinakothek der Moderne der Ministerpräsident nicht ausreichend vorkommt; dann muss er sich darüber echauffieren, dass der fränkische Kommissar im Münchner »Tatort« ein Riesen-Dödel ist. Der Höhepunkt seines Wirkens im Fachgebiet Fernsehen ist jedoch das viel beachtete Angebot, dem Sandmännchen, das der Rundfunk Berlin-Brandenburg aus dem Programm nehmen will, in Bayern Asyl zu gewähren. Söder wird in diesen Jahren bestärkt in seiner Art, Politik zu machen. Er kann das jetzt ja einfach messen: Zwei Jahre in der Enquetekommission Energie hinterlassen draußen beim Bürger weniger Spuren als zwei Sätze zur Rettung des Sandmännchens.

Es gibt eine kleine Szene aus dieser Zeit, die viel erzählt über den Effektpolitiker Söder und über das Verhältnis von Schein und Sein. Die Szene spielt in Ingolstadt, wo der JU-Landeschef bei den örtlichen Nachwuchskollegen zu Gast ist. Fragerunde in einem großen Saal, Söder sagt: Schüttet euer Herz aus, ich bin offen für Hinweise, Vorschläge, Kritik! Die Ingolstädter Jungunionisten sind dankbar, sie haben einiges zu sagen. Jeden kleinen Zuruf notiert Söder mit großer Geste auf einem weißen

Zettel. Kümmere mich, rede mit dem Edmund, hochinteressant! Irgendwann faltet er den Zettel, er redet weiter dabei. Dann reißt er ihn sorgsam in zwei Stücke, dann in vier. Die vier Stücke zerrupft er in winzige Fitzel. Als er irgendwann aufsteht, bleibt auf dem Tisch ein Häuflein aus Papier zurück. Aber irgendwie schafft es dieser Söder bis heute, für viele nicht der Mann zu sein, der den Notizzettel zerreißt. Sondern der Mann, der sich offenbar alles merken kann.

Der 21. September 2003 ist ein Tag des Triumphs für die CSU, der Tag, an dem sie – mit 60,7 Prozent der Stimmen – die Zweitdrittelmehrheit der Mandate im Bayerischen Landtag erringt. Stoiber steht auf dem Gipfel seiner Karriere. Die Partei kann vor Kraft kaum mehr laufen, und niemand ahnt in diesem Moment, dass sie deshalb bei der Landtagswahl 2008 böse stolpern wird. Söder darf auch ganz persönlich feiern: Er holt in seinem Wahlkreis im Nürnberger Westen mit 54,8 Prozent das Direktmandat, im Vergleich zu 1998 hat er 9,4 Prozent zugelegt. Sein Gegenkandidat von der SPD, der Berufsfeuerwehrmann Stefan Schuster, hat nicht den Hauch einer Chance gegen die inzwischen gut geölte Wahlkampfmaschine Söder.

Bald ein Jahrzehnt ist er nun im Bayerischen Landtag, im Sommer hat er den JU-Vorsitz an Manfred Weber abgegeben. Er ist jetzt politisch erwachsen. Ein Minister, der Söders Entwicklung in der ganzen Zeit genau beobachtet hat, sagt: »Er hat mich an den jungen Gauweiler erinnert, brillant, aber schon voller Hybris. Für einen wie ihn gibt es nur zwei Möglichkeiten: Entweder er schafft es ganz nach oben. Oder er schießt sich selber ab.«

II. Teil

Häutungen auf dem Weg zur Macht

1. Der Mann fürs Grobe

Stoibers General

Ihm ist gesagt worden, dass alles klappen werde, Wochen vor der Wahl schon. Ihm ist gesagt worden, dass er nur warten muss. Und mal eine Weile tun, was seinem Naturell so gar nicht entspricht: die Klappe halten. Aber hat er nicht schon lang genug gewartet? Könnte jetzt nicht endlich mal der Anruf kommen? Die Zeit der Prüfung hat für Markus Söder am 21. September 2003 begonnen, dem Tag, als die CSU zwei Drittel der Sitze im Bayerischen Landtag erobert. Es war eigentlich klar, dass es Mitte Oktober werden würde mit den Personalien, aber er wartet schon an jedem einzelnen Septembertag auf den einen Anruf. Der Abgeordnete Söder, erzählen Menschen, die damals in seiner Nähe waren, sei beinahe mit jeder Stunde, die verging, nervöser geworden, gereizter. Es war Günther Beckstein, sein Bezirkschef aus Nürnberg, der ihm eröffnet hat, dass es an diesem Wochenende so weit sein würde. Edmund Stoiber werde alle persönlich informieren, die bei den Personalrochaden in der Staatsregierung und in der CSU eine Rolle spielen. Doch es kam kein Anruf am Samstag. Auch am Sonntag nicht. Und der Montag ist nun auch schon wieder bald vorbei. Söder sitzt zu Hause in Nürnberg – zumindest in den Phasen, in denen er es fertigbringt, zu sitzen – und denkt: »Das wird nichts mehr.«

Markus Söder ist der bekannteste, wahrscheinlich ehrgeizigste und vielleicht talentierteste CSU-Politiker in der Generation der Dreißigjährigen. Ein hochbegabter politischer Verkäufer, smart, gerissen, ein bisschen verschlagen. Und genau da fängt das Problem an. Was verkauft der junge Mann eigentlich? Der Markus ist liberal, sagen die einen in der Partei. Der Markus ist konservativ, sagen die anderen. Die einen finden, er glänzt. Die anderen finden, er schillert. Die »Süddeutsche Zeitung« nennt ihn eine »Kreuzung aus Gerhard Schröder und Jürgen Möllemann«. Die einen meinen, das ist ein Kompliment. Die anderen meinen, das ist eine Beleidigung.

In der CSU-Fraktion ist Söder gerade bei den Älteren nicht beliebt, sie halten ihn für einen respektlosen Sonnyboy. Söder provoziert sie auch unablässig, nennt den Radiosender Bayern 1 eine »Gruftiewelle« und vergleicht den Fraktionsvorstand mit einem »Elferrat« aus dem Fasching. Als der Sonnyboy dann den Schutz von Embryonen zu einem Wettbewerbshindernis für bayerische Unternehmen erklärt, faltet ihn Alois Glück öffentlich zusammen, der wertkonservative, nachdenkliche Fraktionschef, der Söders weiteren Weg mit maximalem Misstrauen begleiten wird. Ein Kabinettsmitglied sagt sehr bestimmt: »Bei uns wird der nix.« Selbst Beckstein hadert mit seinem forschen Schützling: »Er ist ein großes Talent, aber er muss sich noch ändern.«

Söder ficht das alles nicht an, es ist seine alte Nummer: hier der Rebell, dort das Establishment. Ihm gefällt der Titel, den ihm Journalisten verliehen haben, »Teflon-Mann der CSU«. Ihm kann keiner was. Zwei Dinge geben ihm Sicherheit: sein wirklich ganz enormes Selbstbewusstsein – und die Unterstützung durch Edmund Stoiber. Jahre später wird der designierte Ministerpräsident Söder sagen: »Er war derjenige, der mich immer gefördert hat, gegen viele Bedenken. Ohne ihn wäre mein Weg wohl anders verlaufen.« Den Vorsitz der CSU-Medienkommission hatte ihm Stoiber ja zugeschanzt, den Sitz im ZDF-Fernsehrat, jedes Mal gegen den ausdrücklichen Protest von Alois Glück im Namen der Fraktion. Und jetzt gibt es eine weitere, noch viel attraktivere Position, über die Stoiber als Parteichef praktischerweise allein entscheiden kann.

Söder braucht eine neue Bühne, der Jungen Union ist er entwachsen. Und die Rolle als Generalsekretär, als Chefprovokateur der CSU, ist wie für ihn geschaffen. Mal ganz abgesehen davon, dass sie als Karrierefahrstuhl nach oben gilt. Heute sagt Söder: »Das Amt des Generalsekretärs war das Einzige, das ich mir wirklich gewünscht habe. Die Grundsatzbeschreibung passte damals zu meiner bisherigen JU-Arbeit: schneidig und mutig in der medialen Auseinandersetzung. Es war naheliegend, das zu machen.«

Er weiß, dass die Sache auf ihn zuläuft. Stoiber will Wissenschaftsminister Hans Zehetmair möglichst elegant aufs Altenteil verabschieden, der schöngeistige Generalsekretär Thomas Goppel drängt sich als Nachfolger auf. Die meisten in der CSU fügen sich langsam in die Einsicht, dass Stoiber ihnen diesen Söder vor die Nase setzen wird. »Es hat ja Sinn gemacht«, erinnert sich einer, der skeptisch war. »Wir haben ein junges Gesicht gebraucht.« Grünen-Fraktionschef Sepp Dürr hat den Abgeordneten Söder im Landtag ohnehin schon als »Stoibers Minenhund« ausgemacht, es fehlt also nur noch die offizielle Beförderung.

Söder aber wartet und wartet. Es ist Montag, der 13. Oktober, spät am Abend. Stoibers Wankelmut ist berüchtigt. »Hat der Glück doch was gedreht?«, mit solchen Fragen haben sich Söder und seine Leute übers Wochenende gequält. Es ist 22 Uhr, als Söders Telefon klingelt. Eine hochrangige Beamtin aus der Staatskanzlei meldet sich: Er solle sich bereithalten, in fünf Minuten rufe der Ministerpräsident an. Die fünf Minuten verstreichen, zehn, fünfzehn. Die Nerven sind zum Zerreißen gespannt. Söder ist niemand, der nach innen leidet. Von wegen Teflon-Mann. Eine geschlagene Stunde sei noch einmal vergangen, das erzählt Söder 15 Jahre später, dann habe er endlich Stoiber am Apparat gehabt. Der Ministerpräsident berichtet umfangreich von einem Telefonat mit dem französischen Staatspräsidenten Jacques Chirac, wälzt auch noch ein paar weiterführende außenpolitische Gedanken – und legt wieder auf. Noch während Söder dabei war, sich wieder zu fassen, klingelte das Telefon noch einmal. Stoiber sagt, er habe da was vergessen: Generalsekretär gehe natürlich klar.

Knapp vier Jahre wird Söder Generalsekretär sein. In dieser Zeit wird man ihn in ganz Deutschland kennenlernen, als bayerisches Großmaul zwar, aber immerhin. Er wird sein Netz in der CSU weiterspinnen, nach dem JU-Chef hat er das zweite ideale Amt dafür. Er wird sich Edmund Stoiber als Ziehvater an den Hals werfen, und der wird ihn als Ziehsohn annehmen. Am Ende wird es trotzdem heißen, der Sohn habe den Vater verraten. Und auch in der CSU werden viele finden, dass er ruhig zusammen mit ihm verschwinden könnte.

Fachbereich Attacke

Die Planstelle des Generalsekretärs hat nicht nur bei der CSU, sondern auch bei CDU, SPD und FDP Tradition. Die Stelleninhaber bilden den Fachbereich Attacke der deutschen Politik. Sie müssen ständig reden, selbst dann, wenn sie nichts zu sagen haben. Sie müssen immer irgendwen beschimpfen, selbst wenn es gerade mal keiner verdient. Für Generalsekretäre ist jeder Tag Politischer Aschermittwoch. Das kommt Söder natürlich entgegen. Er ist gern Stoibers oberster Parteisoldat, der Mann fürs Grobe. Wenn ihn jemand als dessen »Bauchredner« oder als »Schuhputzer« beschimpft, dann nimmt er das als Auszeichnung.

In der CSU haben der Parteireformer Gerold Tandler und das »blonde Fallbeil« Stoiber den Posten des Generalsekretärs geprägt. »Gott vergibt«, raunte man, »Stoiber nie.« Die Generalsekretäre sind die Schaukämpfer der Politik, sie teilen aus und stecken ein. Nach außen ist der Generalsekretär der zweite Mann einer Partei, der sich viel mehr erlauben kann als der erste; nach innen ist er auch Verwaltungschef und Wahlkampfleiter, Seelenstreichler und Zuchtmeister. Und im besten Fall auch Vordenker. In der FDP hat einst Karl-Hermann Flach die sozialliberale Koalition vorgedacht, in der SPD verströmten Egon Bahr oder Peter Glotz programmatische Kraft. Die CDU hatte in Kurt Biedenkopf und Heiner Geißler Generäle von natürlicher Autorität. Söder muss sich überlegen, welche Funktion er betonen will. Die des Vordenkers wird es nicht sein, doch das wird auch nicht von ihm erwartet.

Am 15. Oktober 2003, einem Mittwoch, ist Markus Söder endgültig in der großen Politik angekommen. Stoiber stellt ihn in den Räumen der Hanns-Seidel-Stiftung als neuen CSU-Generalsekretär vor. Söder ist 36 Jahre alt, laut Personalausweis ein junger Mann, an politischer Erfahrung aber schon ein Veteran. Genau das gefällt Stoiber, der, wie er damals schon behauptet, in Söder sich selbst als jungen Politiker erkennt. Besonders imponiere ihm Söders »Bereitschaft anzuecken« und seine »mutigen Einlassungen in den neun Jahren als Chef der Jungen Union«. Außerdem sei Söder einer, »der sich für die kleinen Leute einsetzt«, was die CSU schließlich auszeichne. Söder gibt sich angemessen gerührt: »Für mich ist das ein ganz großer Tag.« So bescheiden wie in diesem Moment wird man ihn in seiner ganzen Amtszeit kaum mehr erleben: Er trete in »gewaltige Fußstapfen, die meine Vorgänger hinterlassen haben, angefangen beim Parteivorsitzenden«. Vier Jahre lang wird Söder Stoiber folgen wie ein zweiter Schatten.

Stoiber hat ihm erzählt, dass er selbst 1978 ja lieber ins Kabinett gewechselt wäre, als Generalsekretär zu werden, aber dass ihn Franz Josef Strauß mit simpler Mathematik lockte: »Staatssekretäre gibt es zum Saufuttern, Generalsekretär nur einen.« Söder hat die Sache aber schon selbst begriffen. »Ich spiele im Sturm, ich gehe in die Zweikämpfe«, verkündet er in seinen ersten Interviews. Er ist der jüngste Generalsekretär aller Parteien, die im Bundestag vertreten sind, was er in jeder Rede und bei jedem Interview einzustreuen versteht.

Im vierten Stock der CSU-Landesleitung in der Nymphenburger Straße in München, einem grauen Kasten aus Beton, geht Söder in seinen ersten Tagen sein erstes Großprojekt an: die zeitgemäße Einrichtung seines Büros. Sein Vorgänger Goppel hatte ein Faible für schwere Sofas und Ölgemälde, Söder lässt hippere Büromöbel kommen und hängt – winziger Stilbruch – alte Strauß-Plakate auf. Auch anderswo im Haus lässt er Pressspan-Möbel und muffige Teppichböden entfernen, es wird heller und freundlicher in der Parteizentrale. Damit seine Mitarbeiter nicht Angst haben, der Neue werfe jetzt alles über den Haufen, versichert Söder, ein »lernender Generalsekretär« sein zu wollen.

Ein Team für den Einzelkämpfer

Als Erstes muss Söder lernen, dass er einen Chauffeur braucht. Weil es in der CSU-Landesleitung eh gerade an Fahrern mangelt, kommt Söder auf die Idee, zu Terminen draußen im Land selbst zu fahren. Er mache eben am liebsten alles selbst, sagen Vertraute von damals, er lasse sich ja auch ungern die Tasche tragen. Aber es könne natürlich schon auch sein, dass er damit den Parteifreunden in Memmelsdorf oder Marquartstein seine Bodenständigkeit demonstrieren wollte. Er sieht dann allerdings schnell ein, dass ihn die langen Strecken am Steuer zu sehr rädern.

Sein Vorgänger Goppel hat nie zu Stoibers engerem Kreis gehört, nun hat der CSU-Chef zumindest einen bekennenden Bewunderer seiner Person in die Landesleitung geholt. In den ersten Monaten hat Söder dort noch den Stoiber-Getreuen Michael Höhenberger an seiner Seite, bei Goppel eine Art Aufpasser. Zusätzlich muss Söder sich noch mit diversen Pressesprechern herumschlagen, die aus der Staatskanzlei herüberschauen und ihm dringende Empfehlungen geben. So was ist der Polit-Desperado nicht gewohnt. »Ganz am Anfang hat man mir irgendwelche Formulierungen aufgeschrieben, die ich dann wiedergeben sollte wie ein Automat«, sagt Söder heute. »Das hat nicht funktioniert, die ersten Auftritte in Talkshows waren gar nicht gut.« Man einigt sich auf einen Kompromiss: Söder lässt sich maßvoll beraten, und die Berater lassen ihn dafür von der Leine.

Warm wird Söder aber nicht mit Stoibers Beamten. Auch beim wöchentlichen Jour fixe in der CSU-Landesleitung ist immer irgendwer aus der Staatskanzlei dabei, »Stoibers Gasthörer« werden sie in der Nymphenburger Straße genannt. Söder kann die Besucher nicht ab und lässt sie das spüren. Teilnehmer der Runden erinnern sich, dass er einmal, als er besonders genervt ist, ziemlich anlasslos sagt, bei einem Atomschlag würden ja übrigens nur zwei Lebewesen überleben: »Kakerlaken und Ministerialbeamte.« Söder, in Nürnberg als Einzelkämpfer sozialisiert, tut sich schwer mit dem, was er für das Berufsbild des

Beamten hält: Nur einer von vielen Männern in grauen Anzügen zu sein, das könnte er nicht. Stoibers Leute verachtet er dafür, dass sie eine eigene Meinung nur so lange haben, bis Stoiber eine andere äußert. Beim Besuch eines Medizintechnik-Unternehmens gibt der Generalsekretär seinen Begleitern aus der Staatskanzlei sogar öffentlich eine mit. Er inspiziert gerade ein Skelett, mit dem künstliche Hüftgelenke und Wirbelprothesen veranschaulicht werden, da dreht er sich zu ihnen um und sagt: »Das sollten Sie sich auch überlegen, sich etwas einsetzen zu lassen, damit Sie endlich mal ein stabiles Rückgrat bekommen.«

Dass Stoiber Höhenberger schon Mitte 2004 in die Staatskanzlei abzieht und das Intensivconsulting aufhört, interpretieren Söders Unterstützer als ersten großen Vertrauensbeweis. Seine Gegner sagen: Stoiber hat schnell gesehen, dass Söder alle Anweisungen aus der Staatskanzlei ohne Murren umsetzt. Fast beamtenmäßig. Der Ministerpräsident lässt ihm aber auch viel Freiraum, was freilich daran liegen mag, dass Stoiber alle wichtigen Entscheidungen bei sich in der Staatskanzlei konzentriert. Es fällt jedenfalls auf in der CSU, dass Stoiber seinen Söder vor anderen nie hart angeht und ihn zu Fernsehauftritten und Veranstaltungen schickt, die er Goppel nicht überlassen hätte. Stoiber ist froh, dass er in Söder jemanden hat, der wie er selbst zwischen Tag und Nacht nicht unterscheidet, wenn es etwas zu erledigen gibt. Froh sind auch die Mitarbeiter in der Landesleitung, weil der kalte Krieg zwischen Höhenberger und Goppel vorbei ist. Es ist eines der sehr wenigen Male in Söders Laufbahn, dass er von irgendwem dafür gelobt wird, eine gute Arbeitsatmosphäre zu schaffen.

Das erste Jahr im Amt ist aus heutiger Perspektive auch deshalb interessant, weil Söder in der CSU eine ähnliche Gemengelage vorfindet wie 2018 nach dem Sieg im Machtkampf gegen Seehofer. Er weiß um die außerordentlichen Vorbehalte gegen ihn und ist bereit, an deren Überwindung zu arbeiten. »Es gab praktisch keine Terminanfrage, die er abgesagt hat«, sagt einer, der dabei war. »Zwei Dutzend Leute eines Ortsverbands im Nebenzimmer eines Gasthofs – und der Generalsekretär kommt.« Söder sei ein »verrücktes Tempo« gegangen, natürlich schon auch im Wissen, dass er mit jedem Basiskontakt das Fundament seiner künftigen Karriere legt. In der Führungsetage weiß er seinen Einsatz auch gut zu vermarkten, wobei eine Episode überliefert ist, der zufolge er immer noch mehr Verkäufer als Macher ist. Nach einem Jahr als Generalsekretär soll Söder in einer CSU-Führungsrunde vor Stoiber von seinem heldenhaften Einsatz berichtet haben: »Herr Ministerpräsident«, ein Jahr sei rum, er habe fast 80 CSU-Kreisverbände besucht, »das muss mir mal jemand nachmachen«. Stoiber soll sich an Thomas Goppel gewandt haben: »80, das ist toll. Thomas, wie viele hattest du denn in einem Jahr?« Goppel soll geantwortet haben: »105.«

Die verlorene Seele der Mainzelmännchen

Bei seiner Vorstellung als Generalsekretär hatte Söder noch gelobt, dass »bei aller Erotik der Verpackung« stets der Inhalt Vorrang haben müsse – im Nachhinein könnte man diesen Satz für einen frühen Ausflug in die Welt des Kabaretts halten. Mehr als jeder andere Generalsekretär vor und nach ihm wird er zur Windmaschine der CSU, und natürlich produziert er bevorzugt heiße Luft. Er schlägt vor, schlechten Eltern das Kindergeld zu streichen und Tram-Schwarzfahrer an einen Internet-Pranger zu stellen. Und vielleicht am allerschönsten: Nach seinen Verdiensten um das Sandmännchen kämpft er nun für die Mainzelmännchen, weil das ZDF seine Zeichentrick-Maskottchen einem Facelifting unterzogen hat. Sie laufen jetzt etwas dünner und mit Handy am Ohr durch die Gegend. Söder ist damit ganz und gar nicht einverstanden: »Die Mainzelmännchen haben ihre Seele verloren.«

Wenn es nach Söder ginge, müsste Kanzler Schröder praktisch täglich und aus wechselnden Gründen sofort zurücktreten. Das Risiko bei Söders publizistischem Dauerfeuer ist natürlich, dass es Rohrkrepierer gibt. Er überreizt manchmal seine Gags, aber selten so spektakulär wie im Juni 2004. Da lässt Söder ausgewählten Berliner Journalistinnen ein Geschenkpaket zustellen. Neben Sonnenbrillen und Badelatschen befinden sich darin auch weiß-blaue Bikinis, die den Normalbürger im CSU-Shop satte 21,50 Euro kosten würden. Auf der beiliegenden Karte wünscht Söder den Journalistinnen eine »perfekte Performance bei Badewetter«.

Hinterher erläutert er zwar, dass die Aktion eine nette Geste sein sollte, weil er mit den Paket-Empfängerinnen zuvor über kühle, verregnete Hauptstadt-Sommer gesprochen hatte. In der Staatskanzlei soll Edmund Stoiber dennoch nicht gerade erfreut darüber sein, dass er sich zu den Wäschesendungen äußern soll. An Söder ergeht dem Vernehmen nach die ausdrückliche Bitte, der einen oder anderen lustigen Eingebung nicht sofort zu folgen.

Das wäre auch ganz im Sinne von Söders direkten Mitarbeitern in der Landesleitung, die wesentlich damit beschäftigt sind, ihren Chef zu bremsen. »Er wollte jeden Tag eine Idee raushauen«, sagt einer, »es war eine Herausforderung, ihm klarzumachen, dass zu viel Wahrnehmung ihm auch schaden kann.« Söder muss als Generals-Azubi auch zur Kenntnis nehmen, dass er nicht der einzige Hecht im Teich ist. Wer mit den Medien spielt, wird selbst leicht zum Spielball. Als Söder etwa relativ sachlich dafür plädiert, dass der Staat eingreifen müsse, wenn Kinder in die Kriminalität abrutschen und die Eltern nichts dagegen tun, destilliert der Boulevard daraus die Schlagzeile: »Söder fordert Ausgehverbot für Jugendliche«. Das ist zwar nicht völlig falsch, aber noch weniger völlig richtig. Das wird ein Strukturproblem des Politikers Markus Söders auf allen Karrierestationen bleiben: Wer viel Mist macht, dem wird noch viel mehr Mist zugetraut.

Der CSU-Generalsekretär ist phasenweise eine Witzfigur in den Medien, in den überregionalen zumal. Wenn Stoiber das »Fallbeil« war, schreibt der »Spiegel«, sei Markus Söder höchstens ein »Fallbeilchen«. Söder gibt wieder den Teflon-Mann, aber das schafft er nur nach außen. »Die können mich alle mal«, brüllt er durch die Gänge der Landesleitung, wenn sich Ohrenzeugen nicht täuschen.

Und es geht ja nicht immer nur um Harmlosigkeiten. Je ernster die Themen sind, desto gefährlicher ist Söders Strategie von Provokation und Tabubruch. Einmal unterstellt er dem Bundeskanzler »indirekt« eine Mitschuld an einem Kindermord in München, weil Schröder die gesetzlichen Regelungen gegen Wiederholungstäter nicht verschärft habe. SPD-Generalsekretär Franz Müntefering diagnostiziert beim CSU-Kollegen daraufhin »moralische Verkommenheit«. Söders Äußerungen seien eine »Mischung aus blanker Lüge und Hass«.

Frage an Söder 24 Jahre danach: Ist Ihnen so was inzwischen peinlich? »Als Generalsekretär ist man nicht für den Salon zuständig, sondern fürs Hofbräuhaus«, sagt er. »Das war natürlich vom Kausalzusammenhang weit hergeholt. Das hätte man nicht machen müssen.« In der CSU, fügt er an, habe es ihm jedoch sicher nicht geschadet.

Sicher nicht geholfen hat es ihm bei den bekannten Söder-Lästerern in der CSU-Landtagsfraktion. Ihre Urteile triefen vor Gift und werden sehr lange an ihm haften: »Mann ohne Werte«, »intellektuell blamabel«. Im Jahr 2005 ist noch unvorstellbar, dass die Fraktion zwölf Jahre später im Machtkampf mit Seehofer Söders wichtigste Bastion sein wird. Erst der Generalsekretärs-Job, sagt ein langjähriger CSU-Abgeordneter heute, habe Söder »das Gewicht gegeben, sich einen Fanclub aus jungen Abgeordneten aufzubauen«. Er habe das sehr geschickt angestellt: »Er ist hin zu den Einzelnen und hat gesagt: Du hast tolles Potenzial. Dann ist er ab und zu was mit ihnen trinken gegangen. Geredet hat dann natürlich nur er, weil ihn andere Menschen gar nicht interessieren. Aber funktioniert hat es trotzdem, alle waren dankbar für seine Aufmerksamkeit.« Mit jeder Landtagswahl, die nun folgt, werden die argwöhnischen Alten in der Fraktion weniger. Und die Jungen, die neu ins Maximilianeum einziehen, können gewiss sein, dass Söder sich um ihre Integration kümmert.

Stoibers Bodyguard

Das hübsche Städtchen Creußen bei Bayreuth ist – wenn überhaupt – für die Kunst seiner Krugmacher bekannt, im 18. Jahrhundert waren die Humpen aus Creußener Herstellung in ganz Europa begehrt. Söders Mitarbeiter geben ihrem Chef ein paar historische Notizen mit, als er im Februar 2004 zum CSU-Neujahrsempfang in Creußen aufbricht. Doch von ihren tollen Krügen wollen die Creußener ausnahmsweise nichts hören. »Das war der schlimmste Auftritt meines Lebens«, sagt Söder.

Eigentlich ist er dort ja unter Parteifreunden, aber mit der Freundschaft ist es schon bei der Begrüßung durch Bürgermeister Harald Mild vorbei. Mild sagt, dass er keine Straße mehr bauen könne in Creußen und keine Kita. Dass er kein Altstadthaus mehr sanieren könne und keinen Kanal. Und dass daran einzig und allein der sparfanatische Ministerpräsident Stoiber schuld sei, und natürlich sein Generalsekretär Söder, der jetzt übrigens hier sei und gern versuchen könne, das irgendwie zu erklären. Fast eine Stunde redet Söder dann, aber mit dem Erklären kommt er nicht recht weiter. »Am Ende«, erinnert sich Söder, »hatte ich keine zehn Sekunden Applaus.«

Die Zweidrittelmehrheit bei der Landtagswahl 2003 hat aus Stoiber einen tollwütigen Reformer gemacht. Er will den Freistaat zukunftsfest umkrempeln, schuldenfreier Haushalt, Komplettumbau der Verwaltung. Wozu das alles im Detail dienen soll, kann er den Bürgern dummerweise nie wirklich verständlich machen. Sie merken nur, dass er überall sparen will. Das Oberste Landesgericht soll weg, auch die staatliche Ernährungsberatung. Vielleicht hofft der selbst ernannte Klassensprecher der deutschen Ministerpräsidenten noch auf eine zweite Kanzlerkandidatur nach 2002; als er diese abschreiben muss, widmet er sich seinem bayerischen Großprojekt mit noch größerer Verve. Doch die Streichungsmitteilungen aus der Staatskanzlei bringen in allen Ecken Bayerns Menschen auf die Straße, es demonstrieren Gruppen, die bisher treu zur CSU standen: Polizisten, Lehrer, Förster.

Söders Aufgabe als Generalsekretär ist es, Stoibers späte Sturm-und-Drang-Phase auch innerhalb der CSU zu moderieren. Während Staatskanzleichef Erwin Huber gegenüber der Verwaltung als Vollstrecker des Ministerpräsidenten auftritt, versucht sich Söder auf Parteiveranstaltungen im ganzen Land als Seelsorger der Basis. So richtig gelingt ihm der Tonlagen-Wechsel nicht. »Eineinhalb Jahre lang habe ich den ganzen Ärger abbekommen«, sagt Söder heute, die Erfahrung habe ihn »abgehärtet«.

Söder muss nichts verteidigen, was er nicht selbst unterstützt. In der Rückschau sagt er: »Inhaltlich war ich überzeugt von der Stoiber-Linie. Die Reformen, Privatisierungen und Investitionen waren die Grundlage für den heutigen Erfolg Bayerns.« Diskutieren könne man natürlich darüber, »ob das alles nicht zu schnell ging. Wenn wir die Reformen langsamer angegangen wären, wäre die Akzeptanz vielleicht größer gewesen.« Er habe, sagt Söder, in dieser bewegten Zeit einiges gelernt: »In Bayern muss man die Menschen mitnehmen. Man muss ihnen den Überbau erklären, bevor man Einzelmaßnahmen macht.« Drei Gruppen seien dabei strategisch besonders wichtig: »die drei B«, Bauern, Beamte und Bürgermeister. Die müsse man auf seiner Seite haben.

Es schadet aber auch nicht, wenn man die eigene Partei und die eigene Landtagsfraktion auf seiner Seite hat. Stoiber hatte nach 2002 den Draht zu seinen Abgeordneten verloren. Auch seinem Generalsekretär gelingt es nicht, eine Brücke für ihn zu bauen. Söder nimmt sich allerdings fest vor, die Fraktion niemals zu vernachlässigen, sollte er eines Tages selbst mitregieren dürfen.

Von New York nach Passau

Vorerst ist Söder mit simpleren Dingen beschäftigt. An einem brütend heißen Augusttag 2004 sitzt er in New York in der letzten Reihe des gut klimatisierten Madison Square Garden, direkt unter dem Dach. »Adlernest« heißen die billigsten Plätze der Halle euphemistisch, man braucht jedenfalls Adleraugen, um unten den Präsidenten George W. Bush zu erkennen, der gerade auf den Schild des Kandidaten zur Wiederwahl im Herbst gehoben wird. Söder und die anderen ausländischen Gäste im Adlernest sind ziemlich beeindruckt vom Parteitag der Republikaner. Politik sei da ein Event, schwärmt Söder, aber behalte einen inhaltlichen Kern.

New York ist eine Studienreise für den CSU-Generalsekretär, er arbeitet zu Hause ja gerade an der Verjüngung des CSU-Images. Er hat das Parteilogo verschlankt, er will neben der bewährten Weißbier-CSU auch eine schicke Latte-CSU im öffentlichen Bewusstsein verankern. Aber von den Amerikanern kann natürlich selbst die CSU noch etwas lernen. Söder findet die Show der Republikaner »sehr inspirierend, auch wenn vieles natürlich nicht auf Deutschland übertragbar ist«.

Was er für übertragbar hält, ist dann im Februar 2005 beim Politischen Aschermittwoch in Passau zu bewundern. »Ich habe den Aschermittwoch revolutioniert«, erinnert sich Cheforganisator Söder gewohnt bescheiden, »die Neuerungen von damals sind heute alle selbstverständlich«: die Bühnenzunge, die in den Zuschauerraum hineinragt, die Kameraflüge über die Menge und den Hauptredner Stoiber ganz vorn am Pult. »Wir wollten das Politische oben auf dem Podium haben und das Bierhafte unten im Zuschauerraum.« Dass der unverstellte Seiten-Blick auf Stoiber vor allem den Ehrengästen vorbehalten ist, mindert Söders Begeisterung nicht. Um das Passauer Stammpublikum mit den modernen Zeiten nicht zu sehr zu verstören, verkündet er, dass selbstverständlich weiterhin Fischsemmel und nicht Sushi gereicht werde.

In einem winzigen, aber symbolisch bedeutenden Detail

übertreibt Söder die Inszenierung. Unter den zahlreichen Transparenten, die in der Dreiländerhalle in Passau aufgehängt sind, sticht eines heraus. »Söder statt Schröder«, steht darauf. Parteifreunde und Journalisten fragen sich: Wer hat das gemalt? Söder beteuert, nur leibhaftige CSU-Fans hätten die Plakate mitgebracht. Doch es hält sich beharrlich das Gerücht, dass eine Handvoll Motive, unter anderem das »Söder statt Schröder«-Poster, in Wahrheit Maßanfertigungen aus der CSU-Landesleitung sind. Herr Söder, 13 Jahre später, Gelegenheit zum Geständnis: Wie war das mit dem Plakat? »Ich weiß nicht mehr genau, wie es dort hinkam. Aber schlecht fand ich es nicht.«

Experimente mit Substanz

So progressiv sich der junge Söder in PR-Fragen gibt, so altmodisch wirkt sein politisches Ideengerüst. Wenn man heute tief ins Archiv steigt und die Berichte über seine Landbereisungen als Generalsekretär liest, sticht erst richtig ins Auge, wie stark ein nationales Motiv seine Reden durchzieht. Wenn Bundeskanzler Gerhard Schröder »tatenlos« zuschaut, wie ein deutscher Pharmakonzern von der ausländischen Konkurrenz übernommen wird, reicht das Söder, um den Kanzler als »vaterlandslosen Gesellen« zu schelten. Wird er dafür kritisiert, verweist er freundlich darauf, dass doch sogar der Sozialdemokrat Wolfgang Thierse den Begriff verwende, um Unternehmen für die Verlagerung von Arbeitsplätzen ins Ausland zu rügen.

Bei seinen Auftritten präsentiert er sich gern als dynamischer Konservativer, er redet viel über die neue Bedeutung alter Werte, über den »geistigen Aufbruch«, den das Land unbedingt brauche. Deutschland sei in der Krise, und schuld seien die »Alt-68er«, die sich vom christlich-abendländischen Weltbild abgewandt hätten. Söder beklagt mangelnden Patriotismus und schwindenden Glauben; zur Behebung dieser Missstände sei es wichtig, »die Nationalhymne, aber auch die Bayernhymne zu lernen und zu singen«. In den Schulen will er »Kruzifixe und keine Kopftücher« sehen und obendrein das Morgengebet wieder einführen, was ihm eine Belobigungsnachricht von Kardinal Joseph Ratzinger einbringt, aber sonst auch aus der katholischen Kirche viel Kritik. Vor CSU-Publikum sichert ihm all das verlässlich Beifall. Nur bei der Überwindung des Flachdenker-Images bringt es ihn nicht weiter.

Vielleicht tut er sich deshalb ein paar Jahre später mit drei anderen jungen Unionspolitikern für eine gemeinsame Tiefenbohrung zusammen. Der baden-württembergische CDU-Landtagsfraktionschef Stefan Mappus, der nordrhein-westfälische CDU-Generalsekretär Hendrik Wüst, JU-Chef Philipp Mißfelder und Söder nehmen sich vor, das konservative Profil der Union zu schärfen – oder dagegenzuhalten, falls CDU-Chefin Merkel die Modernisierung der Partei übertreibt. Das Ganze mutet ein wenig an wie eine etwas bemühte Neuauflage des Andenpakts, in dem sich eine andere Generation von Unions-Männern um Roland Koch und Günther Oettinger zusammengeschlossen hatte.

Dass die neue Combo nie so ganz ernst genommen wird, liegt auch an der Deutlichkeit, mit der weitere eingeladene CDU-Leute wie der niedersächsische Fraktionschef David McAllister darauf bestehen, nicht dazuzugehören. Dass Söder für das Quartett den Namen »Jedi-Ritter« in den Raum stellt, hilft auch nicht gerade. Das glanzlose Thesenpapier (»Moderner bürgerlicher Konservatismus«), das die Jedi irgendwann präsentieren, bleibt komplett wirkungslos. Interessant daran ist aus heutiger Sicht am ehesten, wie Söder und seine Mitstreiter sich klar als Sozialkonservative zeigen, die Gerechtigkeit und Schutz für die kleinen Leute versprechen: »Im Mittelpunkt unserer Wirtschaftspolitik stehen die Helden des Alltags, die hart arbeiten, um ihre Familie zu ernähren.« Das zumindest ist eine Schiene, auf der auch der Ministerpräsident Söder noch unterwegs ist.

Söder beharrt heute darauf, dass es das Aufwachsen im kleinbürgerlichen Nürnberger Westen war, das ihn zum Fürsprecher der kleinen Leute gemacht hat. Diese Prägung mag existieren, sie hat ihn aber nicht davon abgehalten, noch in der ersten Hälfte seiner Generalszeit eher neoliberale Wirtschaftsideen zu vertreten. Sein Lieblingsprojekt in dieser Periode ist es, den »erstarrten Arbeitsmarkt« wieder in Bewegung zu bringen. Die teilweise harschen Sozialreformen, die er zu diesem Zweck vorschlägt, führen zu einem Zusammenstoß mit dem führenden Sozial- und Gesundheitsexperten der CSU: Horst Seehofer.

Eigenständige Köpfe wie Seehofer haben es schwer auf dem Höhepunkt des Stoiberismus; umso ironischer ist es, dass Seehofer später selbst mit großer Lust den CSU-Alleinherrscher geben wird. Zunächst einmal führt Seehofers Weg ins Abseits: Im November 2004 tritt er als Vize-Chef der Unions-Bundestagsfraktion zurück, weil er den Gesundheitskompromiss von CDU und CSU nicht mittragen will – er hält ihn für nicht sozial genug. Von Stoiber fühlt sich Seehofer im Stich gelassen. Doch die CSU ist unter Stoiber nun mal eine Ein-Mann-Partei, er entscheidet über Kurs und Karriere, und etwa ein Jahr später wird es auch er sein, der Seehofer aus dem politischen Nirgendwo zurückholt. Söder hat sich derweil bequem eingerichtet in der Rolle des zweiten Mannes in der Parteiorganisation, der hauptberuflich den ersten bewundert. Über den Rebellen Seehofer sagt Söder, dieser habe sich »verrannt«.

Seehofer indes bezieht aus seinem Rückzug bis heute eine gewisse Glaubwürdigkeit, selbst noch in Zeiten, in denen er von vielen als Wendehals porträtiert wird – er hat immerhin einmal die Sache über die Person gestellt. So ein identitätsstiftender Moment fehlt Söder in seiner politischen Biografie. Während Seehofer deshalb das für die CSU zentrale Gleichgewicht von sozialer Verantwortung und ökonomischer Verpflichtung mühelos verkörpert, muss Söder darüber viele Worte machen. Die Notwendigkeit dafür erkennt er so richtig erst nach der Bundestagswahl 2005, wovon noch zu reden sein wird. Ein CSU-Mann, der Söders ganze Münchner Karriere begleitet hat, sagt: »Der Markus hat nie gefragt: Wofür stehen wir? Sondern immer nur: Was kommt an? Das ist bei ihm bis heute so: Er sagt nur das, was die Leute hören wollen. Das Unangenehme spricht er nicht an.

Echte Führung wäre, den Menschen das Notwendige verständlich zu machen. Das versucht der Markus nicht einmal.«

Söder und die Substanz, das ist keine Liebesgeschichte. Manche in der CSU halten es für vielsagend, dass der Generalsekretär Söder kurz nach Amtsantritt schon am unfallfreien Neudruck des alten CSU-Grundsatzprogramms von 1993 gescheitert war – ausgerechnet das Kapitel über das Selbstverständnis der CSU fehlte in dem Büchlein und musste als Blättersammlung nachgereicht werden. Mit den Jahren aber bemüht sich Söder zunehmend, die Aufmerksamkeit der Wähler auf die bunten Flicken auf seinem konservativ-schwarzen Mantel zu lenken. Es sind, ganz streng gezählt, zwei Flicken.

Der erste ist Söders immer wieder aufblitzende Sympathie für eine Auffrischung des christsozialen Gesellschaftsbilds. Aus seiner »Großstadterfahrung« heraus, erzählt Söder gern, finde er verschiedene Lebensmodelle außerhalb von Ehe und Familie völlig okay. »Auch eine alleinerziehende Mutter oder ein alleinerziehender Vater mit einem Kind fühlen sich als Familie«, sagt Söder im Februar 2006 im Interview mit der »Süddeutschen Zeitung«. »Das muss die Politik, auch die CSU, stärker anerkennen.« Er will die Vereinbarkeit von Familie und Beruf erleichtern, er ist für den Ausbau von Kitaplätzen und beitragsfreie Kindergärten. Er lässt auch immer wieder Toleranz für gleichgeschlechtliche Lebensgemeinschaften durchblicken – man müsse die gesellschaftliche Wirklichkeit annehmen. Söder ist in seinen privaten Ansichten sicher weiter als Teile seiner Partei. Und er ist zu dem Schluss gekommen, dass die CSU nur dann eine Volkspartei bleiben kann, wenn sich das Volk in seiner wachsenden Vielfalt in ihr wiederfindet. Aber die konservative Basis mit zu viel Liberalität vor den Kopf stoßen – das will er auch nicht.

Den zweiten Flicken hat er sich tatsächlich schon in der Jungen Union aufgenäht: Er erklärt die CSU zur eigentlichen Umweltschutz-Partei, weil sie sich ja der Bewahrung der Schöpfung verschrieben habe. Man müsse auf die »Lebensthemen« setzen, gute Luft, sauberes Wasser – und gesunde Ernährung zum Beispiel. Konkret spricht er sich gegen den Anbau gentechnisch veränderter Pflanzen aus und weicht damit von der offiziellen CSU-Linie ab. Instinktsicher liegt er damit aber auf einer Linie mit einer wachsenden Mehrheit der Bürger. Söder sagt, ihm sei das an den Freundinnen seiner Frau aufgefallen: Bio und Öko, das sei nicht mehr allein die Domäne grüner Latzhosenträger, »das bewegt die Mitte der Gesellschaft«. Inhaltliche Beliebigkeit? Söder findet: Lernfähigkeit. Edmund Stoiber fragt Söder anfangs noch, was das solle mit dem Nein zu Genmais. Nach einiger Zeit sagt Stoiber, er verstehe das jetzt: Seine Töchter hätten es ihm erklärt.

Umwelt, Toleranz, Solidarität: Journalisten und Parteifreunde fragen sich bei alldem, ob Söder da aus Überzeugung vorprescht oder aus Strategie. Bisher sei es ja immer Strategie gewesen, glauben die meisten. Und warum sollte das jetzt auf einmal anders sein?

Unter Schwestern

Markus Söder ist in den fetten Jahren der CSU Generalsekretär geworden. Die erste Kampagne, die er leitet, ist der Europawahlkampf 2004. Die CSU verliert einige Prozentpunkte und kommt trotzdem noch auf 57 Prozent, was sie mit der Routine des Seriensiegers zur Kenntnis nimmt. Gelegenheit, sich wirklich auszuzeichnen, hat Söder nur als Krisenmanager in der Affäre um die Münchner CSU, bei der interne Wahlen durch Mitglieder- und Stimmenkauf entschieden wurden. Bezirkschefin Monika Hohlmeier, Kultusministerin, Tochter von Franz Josef Strauß und dennoch keine Söder-Freundin, wird von dem Skandal erfasst, sie soll Konkurrenten gedroht haben, »Dossiers« gegen sie zu verwenden. Hohlmeier muss schließlich von allen Ämtern zurücktreten, und Söder wird allseits als Friedensstifter gelobt, was ihm in seinem Leben wohl noch nicht oft passiert ist. Praktischer Nebeneffekt für Söder: Die Zahl der CSU-Leute in seiner Alterskohorte, die man sich irgendwann einmal – und sei es mit großer Fantasie – als Ministerpräsident vorstellen kann, ist klein. Mit dem Abgang von Hohlmeier ist sie noch kleiner geworden.

Söder weiß das noch nicht, aber auch er wird bald ins Stolpern kommen, zum ersten Mal in seiner Karriere. Für den Moment ist er indes noch ganz gut ausgelastet damit, Stoiber zu helfen, der CDU-Chefin Angela Merkel auf die Nerven zu fallen. Erst wiederholt er ständig, dass Stoiber natürlich auch 2006 wieder ein formidabler Kanzlerkandidat der Union wäre. Söder ist es auch, der die Welt wissen lässt, dass sein Chef das Amt des EU-Kommissionspräsidenten abgelehnt habe: »Frau Merkel hat sich sicher auch gefreut, dass Edmund Stoiber der deutschen und der bayerischen Politik erhalten bleibt.«

Die CDU beschwert sich daraufhin, der CSU-Generalsekretär sei »wohl noch nicht trocken hinter den Ohren«. Dass Söders Beziehung zur Schwesterpartei – abgesehen von einigen persönlichen Kontakten aus JU-Tagen, etwa zu Ronald Pofalla und Norbert Röttgen – niemals mit gegenseitiger Zuneigung erfüllt wird, ist in diesen Tagen angelegt. Ohnehin hat Söder noch gut im Gedächtnis, wie kühl Stoiber und er Ende 2003 auf dem Leipziger CDU-Parteitag empfangen wurden. »Schon am Delegiertenabend wollte kaum einer bei uns sitzen«, sagt er, bei Stoibers Rede habe es Buhs gegeben, und wenn man Söder richtig deutet, hatten CDU-Generalsekretär Laurenz Meyer und er gar keinen guten Start in ihre Arbeitsbeziehung.

Am Abend des 23. Mai 2005 werden die entfremdeten Schwesterparteien aber wieder zusammengeführt, und zwar von der SPD. Nach der Niederlage von Rot-Grün bei der Landtagswahl in Nordrhein-Westfalen sieht Bundeskanzler Schröder die Grundlage seiner Reformpolitik gefährdet. SPD-Chef Franz Müntefering gibt bekannt, dass die Bundesregierung die Bundestagswahl von 2006 auf den Herbst 2005 vorziehen wolle. Söder sitzt in einem Berliner Studio des Bayerischen Rundfunks, als ihn die Neuwahl-Ankündigung erreicht. Das Erste, was er tut, als er das Studio verlässt: Er verhängt eine Urlaubssperre für die Mitarbeiter der CSU-Landesleitung.

Endlich kann er sich als Wahlkampfmanager beweisen. Angesichts der täglichen Koordination mit der CDU ist er nicht komplett unglücklich, dass Meyer als Generalsekretär inzwischen von Volker Kauder abgelöst wurde. Zeitweise wohnt Söder jetzt fast im »War Room« in der CSU-Zentrale. Er darf mitternächtliche Krisensitzungen leiten, bei denen darüber gegrübelt wird, wie man Journalisten entgleiste Stoiber-Sätze erklärt – etwa den, dass »die Frustrierten« im »Osten« nicht bestimmen dürften, »wer in Deutschland Kanzler wird«. Söder redet sich in diesem Fall darauf hinaus, dass Stoiber mit den Frustrierten nur die Herren Gysi und Lafontaine persönlich meinte.

Verpackungskünstler Söder hat sogar inhaltliche Verantwortlichkeiten. Zusammen mit Staatskanzleichef Erwin Huber und den CDU-Vertretern Kauder und Röttgen soll er ein Unions-Regierungsprogramm aufsetzen. Ein bis zwei Mal in der Woche trifft sich das Quartett im Berliner Konrad-Adenauer-Haus. In der Rückschau beansprucht Söder für sich, die Unions-Entscheider intern davor gewarnt zu haben, mit der Forderung nach Steuererhöhungen in den Wahlkampf zu ziehen: »Ich konnte mich leider nicht durchsetzen.« Fragt man andere Beteiligte, entsinnen sie sich dunkel, dass Söder etwas in dieser Richtung geäußert haben könnte: »Aber dafür gekämpft hat er sicher nicht.«

Stoiber, der 2002 so knapp am Kanzleramt vorbeischrammte, verbringt den Sommer 2005 zaudernd angesichts der Frage, ob er nach der Wahl ins Bundeskabinett eintreten soll. Er hält sich für so ziemlich alles geeignet, und er könnte nach einem Unions-Sieg auch so ziemlich alles werden, außer Kanzler. Merkel ist ungeduldig, Stoibers Unentschlossenheit verhindert aus ihrer Sicht die Aufstellung einer glaubwürdigen Mannschaft. Die Union führt einen Wirtschaftswahlkampf, ohne dem Thema Wirtschaft ein Gesicht geben zu können. Dass Großkaliber wie der hessische Ministerpräsident Roland Koch Merkel absagen, liegt auch daran, dass die CDU-Chefin ihren Leuten keinen bestimmten Posten verbindlich versprechen kann.

Stoiber findet hingegen, als Parteichef sei es sein gutes Recht, sich nicht in irgendein Team einzureihen. In der CSU-Spitze gibt es zwei Meinungen zur Berlin-Frage. Innenminister Günther Beckstein und Staatskanzleichef Huber ermutigen Stoiber zum Umzug in die Hauptstadt; neben dem Wohl von Land und Partei haben die beiden sicher auch den Stuhl des Ministerpräsidenten im Auge, den Stoiber räumen würde. Einige Stoiber-Mitarbeiter hoffen auch, dass Berlin ein Neustart für ihren Chef wäre, ein Ausweg aus der Münchner Reform-Druckkammer. Söder kann dem Argument wenig abgewinnen, er rät Stoiber zum Verbleib in München. »Was willst du in Berlin? In München hast du alles«, sagt er zu seinem Chef. Das ist eine sehr authentische Söder-Position, er selbst hat sich früh und klar auf die Landespolitik festgelegt.

Im Wahlkampf-Endspurt legt die SPD eine furiose Aufholjagd hin, am Wahltag, dem 18. September, rettet die Union gerade mal ein Prozentpunkt Vorsprung ins Ziel, 35,2 Prozent gegenüber den 34,2 Prozent der SPD. Die CSU bricht ebenfalls ein und erreicht nur noch 49,2 Prozent, neun Prozentpunkte weniger als bei Stoibers Kanzlerkandidatur 2002. Söder verbringt den Wahlabend in München in der Hanns-Seidel-Stiftung, und es läuft einiges schief. Bei seinem ersten Presse-Statement sagt er, man sei zufrieden – da liegt die CSU nämlich noch bei 52,8 Prozent. Und auch später redet er die gefühlte Niederlage klein: Die CSU habe in Bayern immer noch das beste Landesergebnis der Union. Am Telefon bietet er Stoiber, der in Berlin ist, an, die Verantwortung für die CSU-Verluste zu übernehmen und zurückzutreten. »Man gewinnt gemeinsam, man verliert gemeinsam«, soll Stoiber geantwortet haben.

Die nächsten Wochen werden ungemütlich für Söder, es ist die heikelste Phase seiner bisherigen Karriere. Plötzlich macht er freiwillig Bögen um Mikrofone und Kameras. Stoibers Unentschiedenheit gilt in der CSU als maßgebliche Ursache des Absturzes. Söder ist der Blitzableiter für seinen Chef, das Gewitter ist enorm. Aber auch Söders eigene Baustellen als Wahlkampfverantwortlicher rücken ins Blickfeld. »Wir haben keinen

Fehler ausgelassen«, giftet ein CSU-Mann. Die Kampagne sei zu wirtschaftslastig und kalt gewesen, analysieren die meisten. Die Bundestagsabgeordneten erkundigen sich, ob es wirklich so weise war, mit Huber und Söder zwei Landtagsabgeordnete das Programm schreiben zu lassen. Ex-Minister Alfred Sauter findet, es habe an den Plakaten gelegen. Jeder einzelne Punkt fällt auf den Generalsekretär zurück.

Zwei Vorwürfe treffen Söder wohl stärker, als er es zugibt. Erstens wird seine Schönfärberei des Ergebnisses am Wahlabend als plump gegeißelt. Ein Parteimann sagt, Söder klinge mehr nach Politbüro als nach CSU. Zum ersten Mal realisiert Söder, dass man es mit der politischen Lyrik auch übertreiben kann. Der zweite Vorwurf wiegt schwerer: Der Generalsekretär habe zu viel Zeit in Talkshows verbracht und zu wenig an den Stammtischen, er habe die Champagner- und nicht die Leberkäs-Etage bedient. Das geht bei Söder ans Eingemachte. Hat der Maurersohn Markus sich ein bisschen verführen lassen von all den Power-Playern, mit denen er als Generalsekretär verkehren darf? Dass er sich Jahre später auf dem Sprung in die Staatskanzlei den »vernünftigen Leuten« als Schutzpatron aufdrängt und flankierend das »Feuilleton« verspottet – das mag auch in der Erfahrung von 2005 begründet sein.

Knapp drei Wochen nach der Wahl probiert der Generalsekretär einen Befreiungsschlag: Er schreibt einen Brief an die CSU-Mitglieder. Er wirft sich zwar nicht in den Staub, aber für seine Verhältnisse lässt er Selbstkritik erkennen. In der CSU solle wieder mehr diskutiert werden, alle sollen sich einbringen können. Und, noch wichtiger: Bei den »notwendigen Reformen« in Deutschland müsse es natürlich »sozial gerecht zugehen«. Ob ihm das nicht vielleicht schon im Wahlkampf hätte einfallen können? Söder hat das Glück, dass die Diskussion um ihn abebbt, weil sich die Partei wichtigeren Personalfragen zuwendet.

Einmal Berlin und zurück

Während Stoiber in den Tagen nach der Wahl resultatfrei über einen Umzug nach Berlin nachdenkt, entbrennt zwischen Beckstein und Huber der Kampf um Stoibers Nachfolge. Der Innenminister ist 61, der Staatskanzleichef 59 Jahre alt: Sie können kaum mehr warten. Beckstein prescht in der Landtagsfraktion vor, er sagt, er wolle Ministerpräsident werden. Huber kontert sofort: Ich auch. Stoiber wird der Stuhl unterm Landesvaterhintern weggezogen, ohne dass er einen neuen Platz gefunden hat. Am 10. Oktober 2005 scheint Stoiber sich dann auf eine Berliner Sitzgelegenheit festgelegt zu haben, er soll ein Super-Wirtschaftsministerium führen, erweitert um Europa- und Forschungszuständigkeiten. Beckstein und Huber nehmen in München umgehend das Stimmensammeln unter den CSU-Landtagsabgeordneten auf.

Bei den Koalitionsverhandlungen mit der SPD spüren Söder und andere in der CSU-Gesandtschaft bald, dass Stoiber ein Unbehagen beschleicht. Er hat damit gerechnet, eine Sonderrolle in der Regierung zu spielen. Jetzt dämmert ihm, dass sie so besonders nicht sein wird. Er muss mit der Merkel-Vertrauten Annette Schavan, die das Bildungs- und Forschungsressort übernehmen soll, erbittert um Zuständigkeiten streiten. Eine bisher einfache Landesministerin aus Baden-Württemberg, er hält das für unter seiner Würde. Und er wundert sich, warum Merkel ihm nicht beispringt.

In einer Verhandlungsrunde legt Stoiber umfänglich dar, die Mitsprache der CSU in der Großen Koalition werde ja so stark sein, dass die Kanzlerin gar keine klassische Richtlinienkompetenz mehr besitze. Schavan habe sich das alles angehört, heißt es, kurz gewartet und dann in die Stille gesagt: Eins müsse ganz klar sein, Merkel allein bestimme. Stoiber ist das alles nicht mehr ganz geheuer, und am Sonntag, dem 30. Oktober, spricht der Ministerpräsident das in einem gar nicht so kleinen Kreis aus: »Ich weiß nicht mit Berlin.« Er wolle das eher doch nicht machen. Söder und andere sagen, es werde schwer, da rauszukommen. Da bräuchte es schon einen Anlass. Der Anlass ist am nächsten Tag plötzlich da.

Der SPD-Vorstand kommt in Berlin zusammen, um über die Nominierung eines neuen Generalsekretärs abzustimmen. Parteichef Franz Müntefering hatte Bundesgeschäftsführer Kajo Wasserhövel auserkoren, doch die Parteilinke Andrea Nahles hat eine Kampfkandidatur angekündigt. Nahles schlägt Wasserhövel mit 23 zu 14 Stimmen, ein Vorgang, der nicht nur die SPD ins Schlingern bringt, sondern auch die CSU. Die Unionsverhandler sitzen unter der Leitung von Merkel und Stoiber am Nachmittag im Konrad-Adenauer-Haus zusammen, als die Meldung von Nahles' Coup eintrifft.

Wenig später kommt ein CDU-Mitarbeiter in den Raum und sagt zu Merkel: »Ich habe hier den Herrn Müntefering am Telefon.« Merkel geht telefonieren, und als sie zurückkehrt, informiert sie die Runde darüber, dass Müntefering als SPD-Chef hinwirft. Sein Eintritt ins Kabinett – er soll Arbeitsminister und Vizekanzler werden – sei ungewiss. Alle, die Stoiber besser kennen, sagt Söder, hätten in diesem Moment gemerkt, es gehe was in ihm vor, es arbeite was in ihm. Im Aufbrechen, so Söder, habe er vor dem Besprechungssaal kurz mit Stoiber gesprochen. »Das ändert meine Überlegungen«, sagt Stoiber. »Jetzt nichts Unüberlegtes machen«, sagt Söder.

In diesen dramatischen Stunden wird anschaulich, dass Söder bei aller Nähe zu Stoiber nicht zu dessen allerengstem Beraterkreis zählt. Den bilden eine Handvoll Spitzenbeamte aus der Staatskanzlei, mit ihnen bespricht Stoiber auch, was nun zu tun ist. Als Ersten aus der CSU-Führungsriege informiert er dem Vernehmen nach Landesgruppenchef Michael Glos. Söder erfährt am späten Nachmittag durch eine Agenturmeldung, dass Stoiber seinen Wechsel nach Berlin auch öffentlich infrage stellt.

Es ist keineswegs so, dass Stoiber seinen Generalsekretär im Alltag gar nicht um Rat fragt. Er tut das sogar oft. Sie haben jeden Sonntag einen festen Telefontermin miteinander, sie sprechen meistens eine Stunde oder länger, wobei die erste halbe

Stunde eigentlich immer für Fußball draufgeht. Söder buhlt zwar um Stoibers Gunst, aber er ist, wie das ein Stoiber-Mann formuliert, »nicht so ein Arschkriecher, wie alle glauben«. Stoiber akzeptiert Widerspruch von Söder, vielleicht ja gerade weil er so ein frenetischer Stoiberianer ist.

»Stoiber hat sich immer angehört, was Söder gesagt hat«, berichtet ein anderer Szenekenner, »er war in den großen Fragen aber kein entscheidender Faktor.« Hoch gewichtet habe Stoiber Söders Meinung nur, wenn ihn explizit eine Generationenperspektive interessierte: »Markus, wie sieht man das bei den jungen Leuten?« Auch bei den Brainstorming-Runden, die Stoiber gern abends im Stüberl der Staatskanzlei abhielt, sei Söder nie dabei gewesen. Wenn es ernst wird, wendet sich der Ministerpräsident an seine Top-Beamten: Büroleiter Michael Höhenberger, Planungsstabchef Friedrich Wilhelm Rothenpieler, Amtschef Walter Schön und vor allem Sprecher Martin Neumeyer, den »Stoiber-Flüsterer«, über den Söder sich endlos aufregen kann. Er ist nicht der Einzige, der findet, dass Neumeyer den Turbo-Stoiber noch anstachelt statt bremst.

Am Morgen nach Münteferings Rückzugsankündigung gibt Stoiber in München offiziell bekannt: Er bleibe Ministerpräsident, man habe nun eine »veränderte Lage«. Müntefering sei »Eckpfeiler der Koalition« gewesen, durch seinen Ausfall habe man es mit einer anderen, linkeren SPD zu tun. Heute sagt Söder, er halte Stoibers Entscheidung immer noch für grundsätzlich richtig, die Geschwindigkeit des Prozesses sei aber ein Problem gewesen, nach außen habe das alles zu hektisch gewirkt.

In München herrscht nicht gerade Euphorie über die Heimkehr Stoibers, besonders schwer tun sich naturgemäß Beckstein und Huber. Zahlreiche Landtagsabgeordnete werfen Stoiber einsame Entscheidungen und eine Vernachlässigung der Landespolitik vor. Teile der Fraktion rächen sich jetzt für die Geringschätzung der vergangenen Jahre, Stoibers Macht gerät ins Wanken. In einer Sondersitzung der Fraktion muss der Ministerpräsident sich zu seiner Flucht aus Berlin erklären. Fünf

Stunden lang. Er liest allerdings nur Beschwichtigungsformeln vom Blatt ab, viele sind nicht mal neu, etwa die, dass er sich für Bayern zerrissen habe.

Als die Sitzung auf der Kippe steht, schiebt Söder Stoiber einen Zettel hinüber, darauf steht: »Entschuldige Dich!« Für eine echte Entschuldigung reicht es dann nicht, eher zu Bedauern. Ein Satz immerhin bleibt hängen: Er leide »wie ein Hund«, sagt Stoiber, weil das Ansehen der CSU Schaden genommen habe. Erwin Huber, der ausgebremste Nachfolge-Kandidat, spricht von einem »langen Weg«, den Stoiber gehen müsse, um den »Vertrauensschaden« zu reparieren. Stoiber darf nur auf Bewährung weitermachen, genau wie sein Generalsekretär.

Auf Regionalkonferenzen und an langen Tagen am Telefon bittet Söder die CSU-Basis um Geschlossenheit. Er habe aber schnell begriffen, sagt er in der Rückschau, dass manche sich nicht besänftigen lassen wollen: »Wenn jemand so lang regiert hat wie Edmund Stoiber, dann gibt es eben nicht nur Unterstützer.« Die Unzufriedenen und die Verletzten, jetzt kommen sie alle raus. Der Parteivorstand spricht Stoiber widerwillig noch mal das Vertrauen aus, ohne Gegenstimme. Es gibt allerdings eine Enthaltung, an die man in der CSU noch zurückdenken wird. Die Enthaltung wird abgegeben von Gabriele Pauli, der Landrätin von Fürth.

Söder, der Anfang 2006 39 Jahre alt wird, ist zum ersten Mal Teil eines Machtkampfes um die CSU-Spitze. Als Stoiber-Alliierter wird er diesen Kampf verlieren, aber er wird auch einige Lektionen lernen. Sie werden ihm ein gutes Jahrzehnt später nützlich sein, als er selbst mit Horst Seehofer um das Ministerpräsidentenamt ringt. Führungsanspruch, das realisiert Söder in dieser quälend langen Abstiegsphase an Stoibers Seite, muss man in der CSU durch Erfolg legitimieren. Die Partei ist eiskalt mit ihren Anführern, egal welche Gipfel der Beliebtheit sie vorher erklommen haben. Stoiber konzentriert sich jetzt notgedrungen auf Bayern, über den neuen Freiraum in der Hauptstadt freut sich in der CSU vor allem der Bundeslandwirtschaftsminister: Horst Seehofer.

Seit dem Herbst 2005 sind Stoiber und sein Adlatus Söder in der Defensive. Eine Umfrage Mitte November hat ergeben: Nur 27 Prozent der Befragten wollen, dass Stoiber bei der Landtagswahl 2008 wieder antritt. Selbst bei den CSU-Anhängern ist eine Mehrheit dagegen. Söder muss die CSU-Aufständischen in allen Ecken des Landes besuchen und ihnen eine zweite Chance für Stoiber abschwatzen. Von »intensiven, aber konstruktiven Gesprächen« berichtet Söder dann immer hinterher; in Wahrheit hätte er das »konstruktiv« manchmal weglassen müssen. Ein Söder-Gefährte sagt heute: »Das waren harte Gänge für ihn, die haben ihn gestählt. So leicht bringt ihn seitdem nichts mehr aus der Ruhe.«

Dem Generalsekretär gehen die Spaßtermine aus. Unter anderen Umständen hätte er den 60. Geburtstag der CSU gewiss zelebriert, da wären die Weißbierköniginnen im Dutzend aus riesigen Torten gesprungen. Angesichts der bluesigen Grundstimmung gibt es Anfang Dezember auf dem Münchner Nockherberg eine gemessen am üblichen CSU-Pomp bescheidene Feier, die Medien berichten in erster Linie über die hohe Zahl an Absagen. Die Grußbotschafterin von der CDU, die neue Bundeskanzlerin Angela Merkel, erhält freundlicheren Beifall als Gastgeber Stoiber.

Die Gabi

Im April 2006 teilt Stoiber mit, noch einmal bei der Landtagswahl antreten zu wollen. Söder assistiert, Stoiber sei »der geborene Spitzenkandidat für 2008«. In der CSU wispern manche, dass Söder Stoiber in erster Linie deshalb für den idealen Mann für 2008 halte, weil er sich selbst als idealen Mann für 2013 sehe. Zum ersten Mal wird Söder – wenn auch sehr vage und arg langfristig – als Ministerpräsident gehandelt. Er findet wahrscheinlich, dass er nicht alles falsch gemacht haben kann.

Der Sommer 2006 gewährt Söder und Stoiber ein längeres Durchschnaufen, das Land schwenkt fröhlich Fähnchen, erst bei der Fußball-Weltmeisterschaft in Deutschland, dann beim Heimatbesuch von Benedikt XVI., dem bayerischen Papst. Und doch merkt Söder an den kleinen Dingen, dass das Feuer in der CSU nicht gelöscht ist. Der treue Wirtschaftsminister Otto Wiesheu wird von Parteifreunden damit zitiert, ihn erinnere die Situation an die Abenddämmerung der Streibl-Ära. Einige CSU-Leute regen sich auf einmal darüber auf, dass Stoibers Familie Papst Benedikt persönlich treffen darf. Zu allem Überfluss erodiert Stoibers Autorität auch durch ein paar Internet-Videos, in denen Höhepunkte seines sprachlichen Strauchelns zusammengeschnitten sind, von der »gludernden Lot« über den Einstieg »in den Hauptbahnhof« und Stoibers kleine Bärenkunde (»sich normal verhaltende Bären«, »Schadbären«, »Problembären«).

Die sozialen Netzwerke stecken da noch in den Kinderschuhen, doch Söder erfährt die Macht des Netzes beinahe am eigenen, also an Stoibers Leibe. Dennoch, so schätzt Söder das im Nachhinein ein, hätte es für Stoiber reichen können. Wenn da nicht Gabriele Pauli gewesen wäre.

Söder und Pauli kennen sich gut aus der fränkischen CSU, die Städte Nürnberg und Fürth gehen ja fast nahtlos ineinander über. Als Pauli 1990 im Landkreis Fürth mit gerade mal 33 Jahren als Landrätin kandidiert, ist der 23-jährige Söder ihr Helfer. Er fährt mit ihr im Lautsprecherwagen über die Dörfer, es ist ein zähes Geschäft. Söder übernimmt oft die Durchsage: »Meine Damen und Herren, bald ist Landratswahl, und ich möchte Ihnen eine tolle Kandidatin vorstellen.« So richtig in Scharen zieht das die Leute natürlich nicht auf die Straße. Eines späten Samstagnachmittags kommen sie in den Weiler mit dem schönen Namen Loch, es gibt dort nur zwei Dutzend Häuser. Nach Söders Grußbotschaft tut sich gar nichts, eine Gardine könnte sich bewegt haben, aber so sicher sind sich die beiden da nicht. Söder probiert es noch einmal: »Liebe Locherinnen und Löcher!« Der Wahlkampftag wird wegen Lachkrämpfen vorzeitig beendet. Söder und Pauli haben gute Zeiten miteinander erlebt. »Das war echte Freundschaft zwischen uns«, sagt Pauli heute.

»Aber Freundschaft und Partei, das geht mit einem wie dem Markus nicht.«

Im Lauf des Jahres 2006 avanciert Pauli, als Landrätin im Kreis Fürth eine der wenigen jüngeren CSU-Frauen in einem nennenswerten Amt, zur inoffiziellen Wortführerin der Stoiber-Kritiker. Beim CSU-Parteitag in Augsburg scharen sich die Journalisten um sie. Stoiber müsse auf die Spitzenkandidatur 2008 verzichten, diktiert sie den Reportern in die Blöcke. Im Dezember bittet Pauli aus unbestimmtem Grund um einen Gesprächstermin bei Stoiber. Der lässt sie an seinen Generalsekretär verweisen. Söder bietet ihr einen Termin an. Doch was Pauli zu sagen hat, will sie Stoiber selbst sagen.

Und so kommt es an einem Montagmorgen im Dezember, bei der letzten CSU-Vorstandssitzung vor Weihnachten 2007, in der Münchner Landesleitung zu einem Showdown, der nicht nur die CSU erschüttern, sondern das politische Bayern aus den Angeln heben wird. Zunächst läuft alles wie gehabt. Stoiber monologisiert eine Dreiviertelstunde lang über den Freistaat und die Welt. Anschließend: gemischte Wortmeldungen der üblichen Verdächtigen. Dann hebt Gabriele Pauli die Hand. Wirklich auf der Rechnung hat sie niemand im Raum. Die Landrätin gilt vielen immer noch als politisches Leichtgewicht, »ein politisches Nullum«.

Nun aber reitet Pauli in der Sitzung eine Attacke, die den Ministerpräsidenten und Parteichef Stoiber ins Wanken bringen wird. Pauli sagt: »Ich finde es nicht akzeptabel, dass leitende Beamte aus dem Umfeld des Ministerpräsidenten meinen Freundeskreis abtelefonieren und nach Angriffspunkten gegen mich ausfragen.« Der Bespitzelungs-Vorwurf ist in der Welt. Die ersten Sitzungsteilnehmer tippen heimlich SMS an Journalisten, wenig später berichtet die »Abendzeitung« auf ihrer Internetseite über den schweren Vorwurf. In der Sitzung verpufft die Dramatik des Vorganges. »Keinem war klar, welche Dimension das annehmen wird«, sagt ein Teilnehmer. Doch Paulis Vorwurf trifft eine Gemengelage in der CSU, eine Gefühlsebene: Stoiber nervt, es wird zu viel, seine Zeit ist vorbei.

Stoiber nutzt seinen Sitznachbarn Söder als Small-Talk-Statisten, um seine Gleichgültigkeit zu demonstrieren. Nach einer Weile muss Stoiber sich äußern, er sagt, er könne sich das mit der Bespitzelung nicht vorstellen. An diesem Punkt klaffen die Darstellungen auseinander. Die einen sagen, Stoiber habe Pauli dann schroff abgekanzelt: »Sie sind nicht wichtig.« Die anderen, darunter Söder, insistieren, Stoiber habe nur gesagt, Paulis Sache sei »nicht wichtig genug« für einen Gesprächstermin.

Restlos verbindlich wird nie geklärt, warum Stoibers Büroleiter Höhenberger beim Wirtschaftsreferenten der Stadt Fürth anrief und sich über Pauli erkundigte – und ob es ihm um Paulis Angriffe auf Stoiber ging oder doch um nützliche Details aus ihrem Privatleben. Unabhängig davon, ob Stoiber von der Aktion wusste oder sie gar in Auftrag gab, leuchtet die Angelegenheit die Problemzone des Ministerpräsidenten aus: Abgehobenheit und Intransparenz.

Ein Stoiber-Mann sagt heute: »Wir haben das alle unterschätzt. Stoiber, Söder, das Umfeld, alle.« Manche werfen Söder vor, er habe die Dramatik der Lage durchaus erkannt, Stoiber aber aus Angst um die eigene Karriere nicht die Wahrheit gesagt. Pauli lässt in dieser Phase die Bemerkung fallen: »Ach ja, der Markus, der hat doch von allen am meisten zu verlieren.« Vielleicht hätte Stoiber die Angelegenheit da noch bereinigen können, indem er sichtbar auf Pauli zugeht. Stoiber sieht dafür keinen Grund, und er wird, hört man, darin nicht nur von seinem Sprecher Martin Neumeyer bestärkt, sondern auch von Söder.

Team Stoiber nimmt den Kampf an, und der Heilige Abend 2006 gerät bei den Söders deshalb nicht ganz so besinnlich. In der Festtagsausgabe der »Bild am Sonntag« greift Pauli – inzwischen zur boulevardtauglichen »schönen Landrätin« aufgestiegen und nicht ganz ungern das »Stoiber-Opfer« – mal wieder den CSU-Chef an. Dieser erteilt seinem Generalsekretär den etwas unheiligen Auftrag, sofort zurückzuschießen. Folgsam gibt Söder ein paar kräftige Sätze an die Agentur. Am Abend will seine Schwiegermutter ein Weihnachtskonzert im Radio hören, aber zuerst kommen die Nachrichten. Söder erzählt die Geschichte so: »Erste Meldung, Weihnachtssegen in Rom. Zweite Meldung, Weihnachtsfrieden in Bethlehem. Dritte Meldung, Krieg in der CSU, Söder attackiert Pauli. Meine Schwiegermutter hat mich strafend angeschaut und gesagt: Wie kannst du nur?«

Anfang Januar, auf seinem Neujahrsempfang in Nürnberg, gibt sich Söder gelassen: »Die Geschichte Pauli ist für mich auserzählt, die Sache wird ihr am Ende noch viel schaden.« Da glaubt er aber schon selbst nicht mehr daran.

Das Drama von Kreuth

Am 5. Januar 2007 wird Söder 40 Jahre alt. Kurz bevor seine Feier beginnt, liest er eine Vorabmeldung der »Leipziger Volkszeitung«: Landtagspräsident Alois Glück, Söders alter Gegenspieler, wünscht sich einen geordneten personellen Übergang »ohne Brüche«. Es ist so etwas wie ein Fanal. Im Söder-Lager wirft man Glück bis heute vor, die Putschisten Beckstein und Huber zusammengeführt und den Sturz Stoibers orchestriert zu haben. »Alois Glück war damals der Pate im Hintergrund«, sagt ein Söder-Getreuer. Glück bestreitet das vehement.

In Wildbad Kreuth, dem ehemaligen Kurort, berühmt für seine Heilerfolge bei Nervenleiden, trifft sich am Montag, den 15. Januar, die CSU-Landtagsfraktion zur Klausur. Im Tagungshaus der Hanns-Seidel-Stiftung mit seinem gelben Putz und den grünen Fensterläden wird die bombastische Solidaritätserklärung, die das CSU-Präsidium gerade erst verabschiedet hat, in den nächsten zwei Tagen pulverisiert werden: »Edmund Stoiber ist und bleibt die Nummer eins in unserer Partei und in Bayern.« Im Drama von Kreuth wird Markus Söder nur ein Nebendarsteller sein. Am Ende dieser denkwürdigen Woche allerdings wird er im Mittelpunkt stehen, in der ARD, zur besten Sendezeit.

Die große Aussprache der Fraktion zieht sich von Dienstagnachmittag bis weit nach Mitternacht. Stoiber zeigt sich moderat einsichtig, er werde ja jetzt mit Pauli reden. Aber er findet schon noch, dass die Stoiber-Krise am besten von Stoiber überwunden wird: »Wenn ihr glaubt, ihr könnt mich mürbemachen, habt ihr euch getäuscht.« Das ist die Vorwärtsverteidigung, die auch Söder empfohlen hat. Von den gut sechzig Wortmeldungen richtet sich etwa die Hälfte gegen Stoiber. Viele Abgeordnete berichten von der Unruhe daheim an der Basis. Beckstein und Huber gießen kein Öl ins Feuer, beide bekommen donnernden Applaus; bei Beckstein donnert es ein bisschen mehr, da ist den Abgeordneten klar, dass er Ministerpräsident werden wird.

Söder setzt sich mit einer warmen, aber nicht wie üblich glühenden Stellungnahme für Stoiber ein. Auch die jungen Abgeordneten Georg Eisenreich und Ernst Weidenbusch, beide Mitglieder in Söders wachsendem Fanclub, geben Rückendeckung. Aber hängen bleibt eher, was Alfred Sauter sagt, der einst von Stoiber als Justizminister gefeuert wurde. Sauter erklärt, ein Großer müsse Größe zeigen – und abtreten. »Es hatten sich damals viele klar gegen Stoiber positioniert. Auch ehemalige Kabinettsmitglieder waren dabei«, erinnert sich Söder gut zehn Jahre später. »Wenn so eine Welle dann kommt, kannst du am Ende wenig dagegen machen.« Zehn Jahre später wird Söder selbst auf so einer Welle in die Staatskanzlei reiten.

Um ein Uhr morgens tritt Fraktionschef Joachim Herrmann vor die Presse und teilt mit, man stehe zu Stoiber, die Spitzenkandidatur 2008 sei aber offen. Stoiber kommt eine gute halbe Stunde nach Herrmann und sagt, er freue sich über die »absolute Rückendeckung« für seine Politik. »Sie wissen, dass ich gern wieder antreten würde. Ich muss es aber nicht.« Söder spürt, dass die Dinge ins Rutschen kommen – die Frage, welche Konsequenzen er aus dieser Einsicht zieht, wird in der CSU noch lang diskutiert werden.

Mit Huber und Beckstein habe er in den Tagen von Kreuth nie direkt gesprochen, erzählt Söder, sie seien ihm auch aus dem

Weg gegangen. Er habe alles unternommen, um wenigstens die jungen Abgeordneten für Stoiber zusammenzuhalten – recht viel weiter reicht sein Arm in der Fraktion auch nicht, als Generalsekretär ist er im Landtag nicht so präsent. Am Mittwochvormittag seien er, Eisenreich und Weidenbusch mit Stoiber beieinandergesessen, ein Treffen »der letzten Getreuen«. Sie hätten zu Stoiber gesagt: »Durchhalten, durchhalten, durchhalten.«

Am Mittwochnachmittag fällt Söder und anderen auf, dass sich Beckstein und Huber zurückgezogen haben. Auch Alois Glück ist nicht mehr zu sehen. Stoiber hat Beckstein und Huber selbst empfohlen, zu schauen, ob sie sich auf eine Nachfolgelösung verständigen können – vielleicht im Glauben, dass sie das eben nicht schaffen würden. Aber sie schaffen es. Als Stoiber und Söder sich eher zufällig in einem Gang des Tagungshauses begegnen, vertraut der Parteichef seinem Generalsekretär die Nachricht von Beckstein und Huber an: »Edmund, wir beide würden das machen. Aber die Initiative liegt bei dir.«

Söder und Stoiber diskutieren an jenem Mittwochabend noch darüber, ob es Stoiber möglich wäre, ein Amt aufzugeben, Parteivorsitz oder Ministerpräsident, um das andere zu retten. Söder rät schließlich ab, das bringe nichts, Stoiber solle einfach stehen bleiben. Als er Stoiber im Foyer zum Abschied die Hand gab, sagt Söder heute, habe er jedoch gemerkt, »jetzt verändert sich alles«. Söder erinnert sich: »Edmund Stoiber war mit sich im Reinen. Es lag ein Hauch von Veränderung in der Luft.« Er, Söder, habe Tränen in den Augen gehabt.

An Tränen bei Söder können sich einige fränkische Abgeordnete zehn Jahre danach nicht erinnern, wenn sie an Kreuth denken. Ihnen ist eher aufgefallen, dass Söder allmählich die Spur wechselte, als sich Stoibers Sturz abzeichnete. Söder, sagen sie, habe von einem Moment auf den anderen auch intern die Attacken auf Pauli und den Nürnberger Stoiber-Kritiker Hermann Imhof eingestellt. Und das schon am Dienstag, also bevor die Würfel endgültig fielen. »Als wir uns in einer Gruppe zur Besprechung getroffen haben, kam der Stoiber bei Söder gar nicht mehr vor«, sagt ein Abgeordneter. Ein hochrangiger CSU-Mann, der nah dran war, bilanziert: »Söder hat sicher keinen heroischen Kampf für Stoiber geführt. Er hatte die Nase gut im Wind, schon vor Kreuth.« Wahr sei aber auch, dass Stoiber ihm das nicht übel genommen habe.

Auf dem Heimweg aus Kreuth am Donnerstagmorgen schreibt Söder auf der Rückbank seines Dienstwagens einige SMS, er ruft seinen Verbündeten Ludwig Spaenle an. Allen teilt er seine Einschätzung mit: »Ich glaube, das war es für mich.« Am Donnerstagvormittag macht die Meldung die Runde, dass Beckstein und Huber als Duo das Ruder übernehmen wollen, Beckstein als Ministerpräsident, Huber als Parteichef. Die beiden dementieren erst mal: Das Ganze ist zwar ein Putsch, soll aber nicht so aussehen. Um 14 Uhr dann beraumt Stoiber ein sehr spontanes Pressestatement an. Da ist klar, dass es vorbei ist. »Ich war ziemlich fertig«, sagt Söder, »ich dachte mir: Das ist alles so unfair.« Stoiber gibt bekannt, dass er zum 30. September 2007 als Ministerpräsident und CSU-Vorsitzender zurücktreten werde. Er sagt kein Wort zu viel, beim Abgang stolpert er über einen Stuhl. Die Erneuerungsprozesse und Stabwechsel in der der CSU sind eigentlich immer schmerzhaft. Aber so weh wie diesmal hat es noch nie getan.

Nur zu gern würden einige Parteigrößen nach Stoiber jetzt auch seinen Generalsekretär stürzen sehen. Noch in Kreuth, erzählen Söders Leute, sei ein wichtiger CSU-Mann auf Söder zugegangen und habe ihm eröffnet, seine Zeit sei vorbei. Er könne sich ja vielleicht in zehn Jahren eine neue politische Identität aufbauen. Und tatsächlich begehren nun sogar in Söders Nürnberger Heimatverband einige auf. Viele fanden seine Attacken auf Pauli zu hart. Renate Blank, die Bundestagsabgeordnete und Söder-Intimfeindin, lässt wissen, dass so einer wie Söder auf keinen Fall Nürnberger Bezirkschef werden dürfe, wenn Beckstein das Amt abgebe. Da brauche es einen Versöhner und keinen »Spalter«.

In der CSU wettet kaum noch jemand auf die Fortsetzung der politischen Karriere des Markus Söder. Am Sonntagabend ist er bei »Sabine Christiansen« in der ARD zu Gast, es wird der spektakuläre Schlusspunkt der Woche von Kreuth. Söder unternimmt den hoffnungslosen Versuch, den Tragödienstadl schönzureden. Er salbadert von einer souveränen und mutigen Entscheidung Stoibers und von der großen Geschlossenheit der Partei. 2017 wird es fast genauso klingen, als er – ähnlich aussichtslos – Seehofers Abgang zu einer »souveränen Entscheidung« umdeuten will.

Bei »Sabine Christiansen« sitzt auch der Fußball-Manager und Stoiber-Spezi Uli Hoeneß in der Runde, und dem platzt jetzt der Kragen: »Das glauben Sie doch selber nicht!« Hoeneß findet es skandalös, dass die CSU »einen Mann wie Stoiber« einfach so »gekillt« habe. Dann entfährt ihm ein Satz, der Söder noch lang verfolgen wird: »Wo waren Sie denn in den letzten 14 Tagen?« Viel gehört habe man vom CSU-General ja nicht gerade, als Stoiber Unterstützung gebraucht hätte. Bevor der schockgefrostete Söder sich überhaupt nur sammeln kann, geht auch noch Claus Strunz, Chefredakteur der »Bild am Sonntag«, Hoeneß zur Hand. »Sie haben sich nicht für Ihren Chef in die Bresche geworfen«, sagt Strunz. Söder erklärt bockig, er ist und bleibe »Stoiberianer«. Er ist wütend, auch lange nach der Sendung noch, wie der eine oder andere Empfänger seiner unverblümten SMS aus dieser Nacht bezeugen kann.

Das letztgültige Urteil, ob Markus Söder ein Stoiberianer ist, fällt Edmund Stoiber zu. Er wird nach einer Weile ein Friedensgespräch zwischen Söder und Hoeneß anbahnen; der Frieden wird dem Vernehmen nach dann leidlich halten, bis Hoeneß Steuer-Probleme bekommt. Edmund Stoiber sagt heute: »Markus Söder hat sich lange geärgert über die Bemerkung von Uli Hoeneß, und das habe ich verstanden. Uli Hoeneß wollte mich verteidigen, er hat das damals eben so gesehen, aber das ist zwischen beiden längst persönlich ausgeräumt.« Er habe seinem Generalsekretär nichts vorzuwerfen: »Markus Söder war damals an meiner Seite. Aber in den letzten Tagen und Stunden war das eine Angelegenheit, die ich selbst klären musste.«

Es klingt aber auch nicht so, als wolle Stoiber bestätigen, dass

Söder bis zur allerletzten Sekunde für ihn gekämpft habe »Dass Markus Söder sich da neu orientiert hat, als er merkte, dass ich zurücktreten werde, das ist normal. Das habe ich voll und ganz verstanden.« Söder sei 25 Jahre jünger gewesen, er habe »sein ganzes politisches Leben noch vor sich« gehabt. »Ein junger Mann braucht eine neue Aufgabe. Warum sollte er mit mir fallen? Das hätte ich nie verlangt. Das Gleiche galt für alle meine Mitarbeiter.« Ein CSU-Grande, der weder mit Stoiber noch mit Söder freiwillig Zeit verbringen würde, sagt: »Dass Söder das Ende von Stoiber gesehen und sich dann umorientiert hat, das kann man ihm nicht wirklich vorwerfen. Das ist Politik und in Ordnung so.«

Langer Abschied

Der Politische Aschermittwoch der CSU hat schon viele große Schauspiele erlebt, aber das, was im Februar 2007 in der Passauer Dreiländerhalle zur Aufführung gebracht wird, hat seinen festen Platz in der Parteigeschichte sofort sicher. Edmund Stoiber, der gerade erst wütend vom Hof gejagt wurde, wird nach seiner Rede mit zwölf Minuten Applaus gefeiert. Gabriele Pauli dagegen wird vom Parteivolk ausgebuht und als »Hexe« und »Schlampe« verunglimpft. Der persönliche Konflikt zwischen den alten Freunden Söder und Pauli eskaliert: Die Landrätin ist durch den Mittelgang in die Halle einmarschiert, Söder findet, das sei Parteichef und Ministerpräsident vorbehalten. Ihre Anwesenheit sei eine einzige Provokation an einem Tag, der Stoiber gehören soll.

Pauli wiederum ist zornig, weil Söder sie nicht nur bei der Begrüßung weglässt. Er habe auch mit rhythmischem Klatschen die »Pauli raus«-Rufe der Menge angeheizt und einmal sogar selbst »Pauli raus« geschrien. Söder nennt das alles »absurd« und lässt Pauli wissen: »Wer die Basis ruft, muss sie auch ertragen können.« Wem immer man im Detail glauben will: Dass der Generalsekretär als Cheforganisator des Aschermittwochs den

Volkszorn gegen Pauli überhaupt duldet, spricht nicht für ein gesundes Verständnis von innerparteilicher Demokratie. Als Pauli ein paar Wochen darauf für das Magazin »Park Avenue« mit Perücke und Latexhandschuhen posiert, nennt Söder sie die »Tatjana Gsell der CSU«. Tatjana Gsell, muss man wissen, ist ein Nürnberger Fotomodel mit Schmuddelimage, Haft- und RTL-Dschungelerfahrung.

So wie in Passau wird der scheidende Ministerpräsident von der CSU-Basis in ganz Bayern gefeiert. Die Mitglieder vermissen Stoiber jetzt schon, wollen ihn aber auch nicht behalten. Die trotzige Melancholie dieser Phase, heißt es, habe den Kitt zwischen Söder und Stoiber gestärkt. Die CSU kommt jedoch nicht zur Ruhe, die lange Übergangsphase fühlt sich bleiern an. Pauli gibt keine Ruhe, und Bundeslandwirtschaftsminister Seehofer will Huber den Parteivorsitz streitig machen. Seehofer gilt als Held der Basis, er ist unbefleckt von den Schmutzorgien von Kreuth und bekommt viel Beifall für seine Kritik am Erscheinungsbild der Partei.

Es ist eine Ausgangslage, die der des Machtkampfes von 2017 ähnelt: Das Parteiestablishment ist 2007 so gegen Seehofer wie 2017 gegen Söder; nur dass Seehofer da das Establishment anführt. Der Vorstand, die Fraktion, das Präsidium, alle favorisieren Huber. Doch Seehofer sagt: Es entscheiden nicht ein paar wenige Funktionäre, es entscheidet der Parteitag, es entscheiden die Delegierten. Söder sagt heute: »Das Argument habe ich damals genau registriert.«

Das Jahr 2007 ist ein erstes Schlüsseljahr im Verhältnis von Söder und Seehofer. Zu Beginn der Klausur von Kreuth hatte die »Bild« berichtet, dass Seehofer in Berlin eine Geliebte habe und diese ein Kind von ihm erwarte. Da die Information laut der Zeitung aus CSU-Kreisen stammt, wird allgemein angenommen, dass da jemand Seehofers sich abzeichnende Kandidatur gegen Huber torpedieren will. Das funktioniert auch ganz gut. »Wie will er denn Vorsitzender einer christlichen Partei werden? Wie weit sind wir eigentlich gekommen?«, fragt der Kölner Kardinal Joachim Meisner. Seehofer sieht sich als Opfer eines Anschlags: »Nach allem, was mir an Informationen vorliegt, wollen bestimmte Leute mich als Person und Politiker beschädigen. Das ist keine Medienkampagne, sondern sie wird von bestimmten Leuten gespeist.« Konkretere Vermutungen werden später noch große Bedeutung erlangen.

Zunächst einmal ist Seehofer aber sauer auf Söder, weil der als Generalsekretär eine gewisse Parteilichkeit im Streit um den CSU-Vorsitz nicht verhehlen kann. Es gebe zwar in der CSU nicht nur »Huber-Euphoriker«, hat Söder gesagt, aber im Gegensatz zu Huber habe Seehofer »echte Gegner«. Kurz: Seehofer hat die schlechteren Karten. Seehofer feuert beherzt zurück: »Markus Söder hat sich doch für einen fairen Wettbewerb ausgesprochen. Da sollte er als Generalsekretär mit gutem Beispiel vorangehen.« Söder gibt sich sehr verwundert und beteuert, er habe nur eine »ehrliche Bestandsaufnahme der Stimmung in der Partei vorgenommen«. Das Ganze kulminiert in einem Satz, der sehr, sehr lange Gültigkeit behalten wird: »Ich verstehe den Horst nicht.«

Für Söder geht es bis zum Stabwechsel in der CSU im Herbst 2007 darum, seinen Job als Generalsekretär ordentlich zu Ende zu bringen. Mit einer Weiterbeschäftigung unter einem Parteichef Huber – von einem Parteichef Seehofer ganz zu schweigen – rechnet er nicht. »Es wäre auch sehr schwer gewesen, nach den intensiven Jahren mit Stoiber noch einmal die persönliche Nähe zu entwickeln, die man braucht, um die Aufgabe gut zu erfüllen«, sagt er heute. Erst einmal steht plötzlich in Zweifel, ob Söder überhaupt bis zum Herbst im Amt bleiben kann.

Der Grund ist ein Zitat, das Söder zugeschrieben und von ihm nicht dementiert wird. Es stammt aus einem Hintergrund-Gespräch mit Journalisten, das nicht für die Öffentlichkeit bestimmt war. Sollte Bundespräsident Horst Köhler den ehemaligen RAF-Terroristen Christian Klar begnadigen, hat Söder angeblich gesagt, wäre das eine »schwere Hypothek« bei Köhlers Wiederwahl. Söder hätte also intern dem Staatsoberhaupt von der Schwesterpartei mit Abwahl gedroht – und den höchsten Mann im Staat in einen eher niederen Streit hineingezogen. Die Empörungsflut ist selbst für Söder gigantisch. Sogar Teile der CSU stellen sich offen gegen ihn.

Für einen Moment sieht es so aus, als könnte Söder wirklich weggespült werden. Auch Stoibers Einwurf, Generalsekretäre würden halt mal etwas kräftiger formulieren, gibt ihm keinen Halt. Es ist dann der designierte Ministerpräsident Beckstein, der Söder rettet. Auf dem CSU-Bezirksparteitag in Nürnberg nimmt er ihn in Schutz, die Partei versteht das als Signal und fährt die Kritik herunter. »An der CSU-Basis hat der Satz viel Zustimmung gefunden«, blickt Söder heute zurück, »aber viele Journalisten haben das ganz anders gesehen«. Er bedauere, dass die Episode sein Verhältnis zu Horst Köhler, den er sehr schätze, »etwas getrübt« habe.

Im Herbst 2007 wirft auch noch Pauli ihren Hut um den CSU-Vorsitz in den Ring. Beim Parteitag in München Ende September setzt sich Huber als neuer CSU-Chef durch. Er bekommt 58,2 Prozent der Stimmen, Seehofer erreicht 39,1 Prozent, Pauli nur 2,5 Prozent, das sind 24 Stimmen. Das Ergebnis ist sehr nach dem Geschmack der neuen CSU-Führung: Huber hat eine klare Mehrheit, Seehofer hat sein Gesicht gewahrt, und Pauli wird sehr deutlich der Weg zur Tür gewiesen. Die CSU vertraut sich den alten Recken Beckstein und Huber an, sie zieht keinen klaren Strich unter die Vergangenheit. Aber was heißt das alles für den Generalsekretär Söder?

Vater und Sohn

Der Nockherberg liegt in München am Hochufer der Isar, und in der Bierschwemme dort wird jährlich in der Starkbierzeit ein demokratisches Hochamt gefeiert. Politiker-Derblecken, das heißt im örtlichen Fachjargon, dass Politiker in einer Fastenpredigt und einem Singspiel veralbert werden. Es liegt Ernst in dieser Gaudi, der Nockherberg ist Machtbarometer und Orakel zugleich. Wer hier nicht als Sünder gegeißelt wird, ist politisch inexistent.

Im Februar 2007 ist »Staatszirkus« das durchaus wirklichkeitsnahe Motto des Singspiels, wenige Wochen sind erst vergangen, seit sich die CSU in Kreuth zerlegte und provisorisch neu zusammensetzte. Stoiber und Söder treten als Clowns auf; Stoiber ist ein Pierrot mit einem großzügigen Maß an Würde, Söder ist einfach nur ein dummer August. Der Schauspieler Stephan Zinner spielt ihn als Leibdiener Stoibers, der sich von ihm die Haare kraulen lässt und immer nur »Genau, Chef« sagt. Und plötzlich bettelt: »Hams ned noch schnell a klaans Ministerium für mich?« Da wendet sich Michael Lerchenberg als Stoiber an diesen undankbaren Bühnen-Söder und sagt: »Wer hat dich denn erst zu dem Clown gemacht, der du heute bist?«

Söder, der Clown. Bleibt das übrig nach vier Jahren als Generalsekretär? Der politische Gegner steigt sogar noch ein, zwei Nummern größer ein. »Dummschwätzer«, hat SPD-Bundestagsfraktionschef Peter Struck im Angebot, der bayerische SPD-Vize Florian Pronold greift gleich zum Superlativ: »größter Kotzbrocken der deutschen Politikszene«. Söder selbst führt zur Bilanz seiner Amtszeit einfach eine Zahl an: 72. In 72 große Talkshows sei er eingeladen gewesen. In wie vielen wohl Pronold war? Und waren es bei Struck wirklich mehr? Das ist die Währung, in der er rechnet. Er findet, er habe ziemlich gute Flegeljahre hinter sich.

Das sieht er auch noch mit dem Abstand von gut zehn Jahren so: »Die wenigsten Spitzenpolitiker starten als brave Musterschüler. Wer schon als Staatsmann anfängt, lernt nichts dazu. Und man lernt viel in politischen Konflikten. Damals war Politik auch noch leidenschaftlicher. Und wann soll man sich denn in politische Debatten schmeißen, wenn nicht in jungen Jahren?« Im Übrigen sei ein Generalsekretär in der Politik nun mal das, was der Innenverteidiger im Fußball ist: »Manchmal muss man für seinen Vorsitzenden auch eine Grätsche machen. Da ist man immer Rot-gefährdet.« Für die CSU gelte das noch mehr als für andere Parteien: »Es bringt einem CSU-Generalsekretär nichts, nur hochintellektuell aufzutreten. Unsere Wähler sind nun mal nicht nur die Champagner-, sondern vor allem die Leberkäs-Etage.«

Die Skeptiker in der eigenen Partei sind freilich immer noch skeptisch. Einer sagt, ebenfalls mit dem Abstand von gut zehn Jahren: »Markus Söder brachte alles mit für einen tollen Generalsekretär. Aber seine Interpretation des Amtes hat mir dann gar nicht gefallen. Klappern gehört zum Job, ich lege auch nicht jedes Wort auf die Goldwaage. Aber bei ihm war es immer eine Umdrehung zu viel. Und es ging nur um ihn selbst. Ein Generalsekretär muss der Partei dienen, und das hat er zu wenig gemacht. Wenn überhaupt, dann hat er seinem Parteivorsitzenden gedient.«

Der Parteivorsitzende gibt sich noch heute hochzufrieden. Edmund Stoiber sagt: »Markus Söder war ein exzellenter Generalsekretär, viel mehr General als Sekretär. Ich konnte mich immer auf ihn verlassen. Ein Generalsekretär muss sich in den Wind stellen, und er hat das vertragen. Er musste nie zum Jagen getragen werden, und ich musste ihn auch nie an die kurze Leine nehmen.« Stoiber hat an Söder besonders gefallen, dass er sich auch dort behauptet hat, wo es schwierig ist für einen Christsozialen: »Ob in Verhandlungen mit der CDU oder bei einer Debatte am Evangelischen Kirchentag, Markus Söder war nie feige.« Sein Ex-General und er, sagt Stoiber, seien sich in den zurückliegenden 15 Jahren immer nähergekommen: »Wir sind Freunde geworden. Er kennt mein Leben, er kennt meine Familie. Ich freue mich, wenn er mich um Rat fragt.« Grünes Licht, Söder darf Stoiber als Ziehvater für sich beanspruchen. Und das tut er auch: »Nachdem mein eigener Vater früh gestorben war, ist Stoiber eine zentrale Figur für mich geworden.«

Weggefährten sind in ihrer Beschreibung der Beziehung ein bisschen vorsichtiger. Zwar seien beide Politikwütige, aber eben auch sehr unterschiedlich in Temperament und Lebensart. Für ein Vater-Sohn-Verhältnis gehe das Emotionale ab. In den Generalsekretärs-Jahren, mutmaßen diese Interpreten, hätten die beiden in gegenseitiger Dankbarkeit zusammengefunden: Stoiber war dankbar, dass Söder ihm diente; Söder war dankbar, dass er Stoiber dienen durfte. Und auch heute gebe es ja bei aller Freundschaft auch noch den Aspekt, dass man was voneinander hat: Söder erhält durch Stoiber Legitimität als neuer starker Mann der CSU, und Stoiber wahrt durch den Ministerpräsidenten Söder seinen Einfluss in der Partei.

Söder, der politische Erzähler, hat den Ziehvater Stoiber längst eingefügt in seine Aufstiegs-Fabel, letzte Aktualisierung 2018: »Es ist bei der CSU ja wie bei Coca-Cola. Es gibt so eine geheime Formel, die wird nur im kleinsten Kreis weitergegeben von Generation zu Generation. Stoiber hat sie von Strauß bekommen, und Stoiber hat sie dann mir gegeben.« Im Herbst 2007 allerdings muss Söder noch ernsthaft bangen, dass sein politischer Weg mit dem seines Ziehvaters enden könnte. Ob Beckstein »a klaans Ministerium« für ihn hat? Sicher kann er nicht sein.

Markus Söder war dank Stoiber auf einer Welle, aber jede Welle – so hat das der Kabarettist Bruno Jonas als Bruder Barnabas auf dem Nockherberg formuliert – kommt irgendwann an den Strand. Er muss jetzt aufstehen und selber gehen.

EXKURS Maskenball

Söder in Veitshöchheim

Die Livesendung ist erst wenige Minuten vorbei, da ruft Frankens Fastnachtspräsident Bernhard Schlereth seine Gäste im kunterbunten Saal auf, endlich alle Masken fallen zu lassen. Wer nächster bayerischer Ministerpräsident werden wolle, solle sofort auf die Bühne kommen, sagt Schlereth. »Damit wir wissen, was auf uns zukommt.«

Horst Seehofer, der Amtsinhaber, steht schon oben. Und wartet. Nur einer dackelt sofort hinauf: Hubert Aiwanger, der Chef der Freien Wähler. Aiwanger ist als Indianerhäuptling verkleidet, Seehofer mustert ihn kurz, dann sagt er: »Das können wir schaffen.«

Viel gefährlicher für Seehofer sind die wahren Anwärter auf die Macht im Freistaat Bayern, die alle brav unten geblieben sind – und alle Seehofers eigener Partei angehören, der CSU. Ilse Aigner zum Beispiel, die bayerische Wirtschaftsministerin, die an diesem Abend als Hexe kostümiert ist. Und natürlich Markus Söder. Geduldig hat er sich von Maskenbildnern der Nürnberger Staatsoper stundenlang in Homer Simpson verwandeln lassen, die knallgelbe Comicfigur.

Die Szene spielt sich im Februar 2017 in Veitshöchheim ab, einem kleinen Ort am Ufer des Mains unweit von Würzburg. Seit 1988 überträgt das Bayerische Fernsehen von dort jedes Jahr live die »Fastnacht in Franken«, die Prunksitzung des Fastnachtverbands Franken. In den ersten Jahren interessierte die Show kaum jemand, weder am Bildschirm noch im Saal, wohin Gäste mit Freikarten gelockt wurden, damit die wenigen TV-Zuschauer keine leeren Stuhlreihen sehen. Politiker kamen auch kaum. Das sollte sich aber ändern.

Seit Jahren hat keine andere Sendung eines dritten Programmes in Deutschland mehr Zuschauer als die »Fastnacht in Franken«. 2017 schauten bundesweit im Durchschnitt 4,47 Millionen Menschen zu; in Bayern lag die Einschaltquote bei sagenhaften 52 Prozent. Es ist die erfolgreichste Sendung in der Geschichte des Senders. Freikarten gibt es nicht mehr, dafür jährlich etwa 10000 Bewerbungen für die 300 bis 400 Sitzplätze. Wer eine Karte kaufen darf, entscheidet sich im Losverfahren.

All das muss man wissen, um zu verstehen, weshalb bayerische Spitzenpolitiker seit Jahren scharenweise zur Fernsehfastnacht in Veitshöchheim kommen. Sie machen dort Werbung für sich – allein, indem sie im Publikum sitzen, mehr oder weniger originell kostümiert, und sich von den Narren auf der Bühne dreieinhalb Stunden lang verspotten lassen. Besonders ausgiebig lachen sie in die Kameras, wenn gerade ein Giftpfeil von der Bühne einschlägt. Man versteht ja Spaß. Vor allem, wenn einen so auf einen Schlag viel mehr Menschen sehen, als man den Rest des Jahres mit Parteikundgebungen erreichen könnte. Niemand hat diese Chance früher verstanden oder besser genutzt als Markus Söder.

Söder musste in Veitshöchheim schon allerhand einstecken. »Einmal möchte ich der Söder sein«, reimte 2016 der Musikkabarettist Matthias Walz, »ein fränkischer Darth Vader, / skrupellos und hundsgemein, / ein echter Übeltäter«. Ein anderes Mal dichtete Walz, Söder sei als »Vermesser der Welt das Maß aller Dinge«, nämlich »das ultimative Mittelmaß«. So etwas regt Söder nicht auf. Und wenn doch, erkennt man das nicht gleich, weil er ja meistens mehrlagig zugeschminkt ist.

PR-Profi Söder hat längst erkannt, wie er alleine mit seiner Maskerade eine fast unheimliche Aufmerksamkeit erhält. Inzwischen werden jedes Mal mutmaßlich Tausende Bilder des verkleideten Söder veröffentlicht, auf Internetportalen, in Tageszeitungen und sozialen Netzwerken. Schon Tage vor der Sendung wird eifrig spekuliert, »als wer« er denn dieses Jahr wohl kommen werde. In Veitshöchheim stehen mitunter Neugierige so lange am Eingang, bis er in voller Pracht aus dem Auto steigt.

Natürlich sitzt Söder immer ganz zentral, dort, wo sich die Kameras bewegen. Er verdankt seinen prominenten Platz nicht nur seiner politischen Bedeutung, sondern auch dem Umstand, dass er jedes Jahr eines der besten Kostüme trägt – über das dann in den nächsten Tagen an Stammtischen, in Familien und am Arbeitsplatz geredet wird. Söder in aller Munde, das ist das ganze Geheimnis seiner Faschingsbegeisterung.

Ein spannender Moment ist auch immer das Aufeinandertreffen von Söder und Horst Seehofer in Veitshöchheim. In den vergangenen Jahren stand Söder meist schon da, wenn Seehofer wenige Minuten vor Beginn der Livesendung zu den Klängen des bayerischen Defiliermarsches zu seinem Platz ging. Um Söder hatten sich immer schon Fotografen versammelt, die den Moment abpassen wollten, in dem Söder und Seehofer sich begrüßen mussten. Seehofer, dunkler Anzug und farbige Fliege, ließ sich stets aufreizend viel Zeit auf seinem Weg, winkte mal diesem und mal jenem Besucher. Zwei Meter vor Söder drehte er gern einfach noch mal ab, um einem Sozialdemokraten oder Freien Wähler die Hand zu schütteln, an dem er sonst achtlos vorbeigegangen wäre. Hier aber galt es allen zu zeigen: Der Söder kann warten. Er muss sogar warten. Und zwar auf mich. Erst wenn es unvermeidlich geworden war, kam es zu einem kurzen Händedruck der beiden samt angestrengtem Lächeln. Anschließend setzte sich Seehofer sofort hin.

In der Veitshöchheimer Popularitätsskala für Politiker lagen jahrelang die fränkischen CSU-Vertreter Günther Beckstein und Barbara Stamm weit vorn. Bei Stamm half, dass sie aus dem benachbarten Würzburg kommt und glaubhaften Spaß an der Fastnacht hat. Sie war schon da, als noch kaum ein anderer Politiker da war. Das Gleiche gilt für Beckstein, den Beliebtheitskönig der fränkischen Fastnachter. Seine Begeisterung drückt sich bis heute in einer stets perfekten Maskerade aus, ob als Madame Pompadour, zerzauster Albert Einstein, Albrecht Dürer oder kiffender Hippie im Che-Guevara-T-Shirt. Sogar in seinem einzigen Jahr als Ministerpräsident kam Beckstein – anders als sein Vorgänger Stoiber und sein Nachfolger Seehofer – nicht im dunklen Anzug, sondern verkleidet und geschminkt. Als goldige Bavaria, jene weibliche Symbolgestalt, die auf der Münchner Theresienwiese über das Oktoberfest und überhaupt ganz Bayern wacht. Beckstein ist der Spaß in Veitshöchheim richtig anzusehen, was man von Markus Söder nicht unbedingt behaupten kann. Der saß jahrelang mit desinteressierter Miene im Saal und tippte auf seinem Handy herum, wenn gerade keine Kamera auf ihn gerichtet war.

Irgendwann hat Söder dann angefangen, sich aufwendiger als alle anderen zu kostümieren und zu schminken. Vielleicht weil er sah, wie Beckstein dank seiner Verkleidungen die Sympathien zuflogen. Einem wie Söder, der immer vom Bild her denkt, konnte dieses Potenzial nicht lange verborgen bleiben. Also rüstete er auf.

Seit seiner Zeit als CSU-Generalsekretär spielt Markus Söder bei der Veitshöchheimer Fastnachtsshow kostümtechnisch in Becksteins Spitzenliga. Manchmal übertrifft er ihn sogar, wie 2012, als er es auf die Titelseite des »Wall Street Journal« schaffte. Söder kam da als Punk mit rotem Irokesenkamm auf dem sonst scheinbar kahl rasierten Schädel, mit Piercings in den Ohren und einem schwarzen Muskelshirt am Leib mit der Aufschrift »Hast du mal 'nen Euro«. So einen Finanzminister hatte die Welt noch nicht gesehen. Das »Wall Street Journal« druckte das Foto vom Minister-Punk großformatig über eine Eurokrisen-Geschichte. Markus Söder hat sich die Seite eingerahmt und in sein Büro im Nürnberger Heimatministerium gehängt.

Politiker behaupten in Veitshöchheim gern, ihre Kostüme hätten eine politische Botschaft. Innenminister Joachim Herrmann etwa kommt seit Jahren als Schwarzer Sheriff, eine solide Wahl. Markus Söder hingegen wechselt jährlich seine Rollen. Und hat jedes Mal ein Statement dazu parat. 2016 etwa kam er als Edmund Stoiber – eine Hommage an den politischen Ziehvater, dem er einst als Generalsekretär diente. Im Jahr zuvor hatte Söder Mahatma Gandhi gegeben, was ungefähr so dreist wirkte, als ginge Kim Jong-un als Mutter Teresa. Also lieferte Ex-Raufbold Söder eine fein kalibrierte Erklärung nach: »Ich bin friedlicher als früher, aber auf einem langen Weg.« Wohl wissend, dass jeder den Satz als Anspielung auf seinen langen Weg in die bayerische Staatskanzlei verstand, von dem damals noch niemand wusste, wann er enden würde.

»Karneval«, sagt der Kinder- und Jugendpsychotherapeut Wolfgang Oelsner von der Universität Köln, »ist der kontrollierte Ausbruch aus der Vernunft.« In der Fastnacht machten Erwachsene in ihrem Kostüm »Urlaub von der sozialen Rolle«, sagt Oelsner. »Alles ist unkomplizierter und unverkrampft.« Unverkrampft? Man steckt natürlich nicht drin in Markus Söder, aber bei ihm wirkt der Veitshöchheimer Rollenwechsel schon sehr kalkuliert. Er war der Nürnberger Eisbär Flocke (2009), der weise Zauberer Gandalf (2010), Marilyn Monroe (2013) und der große, grüne »Franken- und Horst-Seehofer-Shrek« (2014). Folgt man der Logik des Karnevalspsychologen Oelsner, dann ließen jedoch eher zwei andere seiner Maskeraden tief in sein Inneres blicken.

2005 gab Söder, damals noch CSU-Generalsekretär, einen kämpferischen römischen Zenturio samt Brustharnisch, Paradehelm und rotem Umhang. Damals ging in Veitshöchheim das Gerücht um, Zenturio Söder habe den Organisatoren mit einem schrecklichen Ende im Kolosseum gedroht, wenn er nicht in der Nähe seines Lieblingskaisers Stoiber sitze. Und ein Jahr später, noch in derselben Funktion, kam Söder als aufgeplusterter US-Football-Star mit mächtigem Schulterpanzer, wofür er in der Sendung vom fränkischen Komiker Volker Heißmann den Satz kassierte: »A groußer Helm macht nu lang ka groußes Hirn.«

Mit Kostümen dieser Art wollten Männer vor allem eines ausstrahlen, erklärt Psychologe Oelsner, nämlich Dominanz. Die erwartet man in Bayern natürlich auch von einem Ministerpräsidenten, weshalb Söder als robuster Footballspieler und schlagkräftiger Zenturio genau die richtigen Signale sandte. Aber kann man mit Stärke allein Landesvater werden? Da fehlte noch was in Söders Image-Puzzle: Güte zum Beispiel, Würde, Verbindlichkeit. 2018, kurz nach seiner Beförderung zum designierten Ministerpräsidenten, wählte er sein Kostüm also mit besonderem Bedacht: Er kam als Prinzregent Luitpold.

Der echte Luitpold war der Onkel des Märchenkönigs und Schloss-Neuschwanstein-Erbauers Ludwig II. und seines Bruders Otto I. Nachdem Ludwig im Starnberger See ertrunken war und sein Nachfolger Otto einer Geisteskrankheit wegen nicht regieren konnte, musste Prinzregent Luitpold das Wittelsbacher Bayernreich mehr als ein Vierteljahrhundert verwalten, von 1886 bis 1912. Er war ein Herrscher wider Willen, was ihn vom Markus Söder des Jahres 2018 unterscheidet. Gemein haben beide ihre fränkische Herkunft, Luitpold wurde 1821 in Würzburg geboren, Söder 1967 in Nürnberg. Und sonst? Obernarr Söder hatte vor der Kostümwahl natürlich noch tiefer recherchiert.

Luitpold ging als umsichtiger Monarch in die Geschichte ein. Das sei ihm sympathisch, sagte Söder in Veitshöchheim. »Er hat sich nicht in politische Abenteuer gestürzt, sondern um Land und Leute gekümmert und war nahe an den Bürgern.« Ein gelassener Monarch, nicht entrückt wie Ludwig II., sondern gemütlich, volksnah, »ein milder und guter Regent«. Söder fand wohl, das sei nun für ihn ein gutes Vorbild. Und tatsächlich: Mehr Luitpold als Markus, nahm sich Söder 2018 nach der Show wohl zum ersten Mal in Veitshöchheim richtig lange Zeit, um Hände zu schütteln und mit den Narren zu sprechen. In den Jahren zuvor war er immer gleich nach der Sendung verschwunden.

2. Resozialisierung

Der »bayerische Außenminister«

Wenige Wochen bevor Edmund Stoiber am 30. September 2007 die Bayerische Staatskanzlei für Günther Beckstein räumt, hat Markus Söder Reisepläne. Der CSU-Generalsekretär, der sein Amt bald aufgeben muss und noch eine Anschlussverwendung sucht, möchte einen Studientrip machen, vier Tage Kenia, das Land der Savannen und Seen. In der Hauptstadt Nairobi will er sich über das Umweltprogramm der Vereinten Nationen informieren, das dort seinen Hauptsitz hat. Als sich sein Vorhaben im politischen München herumspricht, hat Söder ein Problem: Kaum einer ist willens oder in der Lage, den Besuch in Kenia unabhängig von der anstehenden Kabinettsumbildung zu bewerten. Es riecht mal wieder alles sehr nach einer dieser berüchtigten Symbolaktionen Söders, der ja bekanntlich liebend gern Umweltminister werden würde. Nun scheint die Sache sogar Söder zu heiß zu werden, er sagt den Trip kurzfristig ab.

Als Stoiber abtritt, ruft ihm Söder nach, es gehe da »der letzte große Konservative der deutschen Politik«. Der Satz vermittelt durchaus eine Vorstellung davon, was Söder von den neuen starken Männern der CSU hält, von Ministerpräsident Beckstein und Parteichef Huber. Und gewiss darf man aus dem Satz auch herauslesen, wer sich da zutraut, selbst ein neuer großer Konservativer zu werden.

Wirtschaftsminister, das würde Söder auch reizen, aber konkret in Stellung gebracht hat er sich fürs Umweltressort. Schon als junger Abgeordneter hat er zur Verblüffung seiner Fraktionskollegen erklärt, er sei froh, dass die Grünen im Landtag seien. Als Generalsekretär hat er sich in der CSU mit behutsamen Begrünungsmaßnahmen hervorgetan, unter anderem einem Thesenpapier zum »ökologisch-bürgerlichen Profil« der Partei. Außerdem wäre das Portfolio Umwelt geradezu ideal, um sein irgendwo zwischen Reaktionär und Rowdy oszillierendes Image gegen den Strich zu bürsten.

Generalsekretäre landen nach dem ehrenhaften Ausscheiden aus dem politischen Wehrdienst mit einiger Wahrscheinlichkeit in einem netten Regierungsamt. Söders weiterer Weg liegt nun in der Hand von Günther Beckstein, was zunächst mal nach einer guten Nachricht für Söder klingt – der eigene Nürnberger Bezirkschef wird ihn ja wohl kaum fallen lassen. Oder?

Das Verhältnis zwischen Söder und Beckstein ist schwer durchschaubar. Man kann festhalten, dass Beckstein sich stets freundlich über Söder äußert; er ist loyal auch da, wo es anderen schwerfallen würde, loyal zu bleiben. Man hat sogar den Eindruck, dass Beckstein seine Mentorenrolle für Söder heute viel stärker betont als früher. Söder spricht umgekehrt auch gut über Beckstein, lässt aber zugleich keinen Zweifel daran, dass Beckstein für ihn kein Stoiber ist. Ein Weggefährte sagt: »Wirklich ernst genommen hat der Markus den Günther nie.«

Günther Beckstein wiederum hat sich an die präpotente Art des jungen Söder erst mal gewöhnen müssen, und viele sagen, so ganz sei ihm das nie gelungen. Kenner ihrer Beziehung sagen, dass die beiden eigentlich nichts verbindet außer fränkische Herkunft und evangelische Konfession. Söders Politikstil sei Beckstein suspekt. 2007 kommt dazu: Seit Kreuth legen Söder-Gegner aus der CSU Beckstein ausführlich dar, dass man diesen »rücksichtslosen Emporkömmling« jetzt ausbremsen müsse. Und würde Beckstein sich da nicht den größten Stoiber-Ultra von allen ins Boot holen?

Andererseits ist Söder für Beckstein im CSU-Bezirk Nürnberg unverzichtbar, er ist der einzige starke Mann, der ihm als Bezirkschef nachfolgen könnte. Und auch auf die ganze CSU gesehen ist Söder zum Gesicht der Generation der 40-Jährigen geworden, er ist eigentlich nicht loszuwerden. Unverhinderbar eben, wie immer schon. In diesem Sommer von Söders Ungewissheit hat Beckstein mal den Satz fallen lassen: »Söders politische Karriere endet gewiss nicht mit der Ära Stoiber.« Und dennoch zittert Söder. Wie sich herausstellt, nicht ganz zu Unrecht.

Die Bildung eines bayerischen Kabinetts ist ein höchst komplexer und durchaus absurder Prozess, weil der Ministerpräsident zwar auch die Sachkompetenz der Kandidaten, viel mehr aber ihre landsmannschaftliche Herkunft besonders beachten muss, neben den üblichen Faktoren wie Alter, Geschlecht und Konfession. Am Dienstag, den 9. Oktober 2007, wird Beckstein vom Landtag zum Ministerpräsidenten gewählt. Zwei Tage später ist Söder gerade auf dem Weg nach Berlin zu einem Treffen der Unions-Ministerpräsidenten, einem seiner letzten Termine als Generalsekretär. Da, so erzählt er selbst die Geschichte, ruft Günther Beckstein an und eröffnet ihm: »Ich will dich im Kabinett haben.« Über die Position, die Beckstein sich für Söder vorstellen kann, wollen sie am Abend in Berlin sprechen, am Rande des Unionstreffens in der nordrhein-westfälischen Landesvertretung.

Die beiden ziehen sich allein in das Büro von NRW-Ministerpräsident Jürgen Rüttgers zurück. Beckstein bietet Söder: die Leitung der Staatskanzlei im Rang eines Staatssekretärs. Söder ist geschockt. Eberhard Sinner, der amtierende Staatskanzleichef, ist doch Minister! In diesem Moment, erinnert sich Söder mit Mut zum Melodrama, habe er gedacht: »Das wollte ich nicht. Das hätte mir das politische Rückgrat gebrochen. Dann lieber gar nicht im Kabinett. Das hätte mir zwar das Herz gebrochen, aber es lebt sich mit gebrochenem Herzen leichter als mit gebrochenem Rückgrat.« Er lehnt ab.

So etwa hat auch Beckstein das Gespräch im Gedächtnis. Der Ministerpräsident ist nicht erfreut. Es gebe einfach nichts anderes, sagt er. Beckstein sagt zu Söder, er entscheide über sein Kabinett. Söder sagt zu Beckstein, er entscheide über sein Leben. Bald darauf steigt Söder ins Auto und lässt sich heimfahren nach Nürnberg. Unterwegs ruft er seine Frau an und sagt ihr, dass seine politische Karriere beendet ist.

Am Freitag meldet sich Beckstein wieder bei Söder und bittet ihn, es sich noch mal zu überlegen. Er wolle ihn halt gern in der

Staatskanzlei haben, in seiner Nähe. Söder sagt, er müsse nicht noch mal überlegen, er könne das nicht machen. Heute erzählt er, er habe zu diesem Zeitpunkt »die Dinge für mich schon neu sortiert gehabt«. Nach all den »Rückschlägen des zurückliegenden Jahres« sei er »mit sich im Reinen« gewesen. Das führt zu einer Frage, die unter den Söder-Deutern in der CSU immer wieder diskutiert werden wird: Was würde dieses politische Tier tun ohne die Politik? Geht so einer wirklich in die Wirtschaft und verdient ein bisschen mehr Geld? Die meisten sagen, das könnten sie sich nicht vorstellen: Söder sei es nie um Geld und stets um Macht gegangen. Söder beteuert, er sei damals so weit gewesen.

Am Samstagabend brüten Beckstein und Parteichef Huber in Becksteins Haus in Nürnberg-Langwasser sechs Stunden lang über der Postenverteilung. Huber hat sich das Finanzministerium gesichert, von dem er sich bundesweite Ausstrahlung erhofft; 2009 will er ganz in die Bundespolitik wechseln. Ein Würfel nach dem anderen fällt: Joachim Herrmann wird Innenminister, ein Wechsel, zu dem er erst überredet werden muss; der Schwabe Georg Schmid sein Nachfolger als Fraktionschef. Das Umweltministerium, auf das Söder ein bis zwei Augen geworfen hatte, geht an den Münchner CSU-Chef Otmar Bernhard. Emilia Müller, bisher Europaministerin, wird überraschend als Wirtschaftsministerin verplant. Söders favorisierte Karrierepfade sind alle blockiert.

Am Samstagabend bekommt Söder eine SMS von Erwin Huber: »Es bewegt sich noch was.« Wahrscheinlich ist es kein Zufall, dass die Nachricht von Huber kommt: Ihm soll stärker als Beckstein an einer Verjüngung des Kabinetts gelegen sein. Am Sonntagmorgen meldet sich Beckstein bei Söder, er möge bitte auf einen Kaffee rüberkommen nach Nürnberg-Langwasser. Im Auto, beteuert Söder heute, habe er nicht gewusst, was ihn erwartet.

Zu Hause bei den Becksteins wird Söder erst mal mit Schinkenbroten gefüttert. Beckstein hat sich etwas ausgedacht, er hat den gewünschten Titel für Söder. Und das in der Staatskanzlei, in seiner Nähe. Oder, wenn man es kritischer deuten will: ohne ihm ein klassisches Haus anvertrauen zu müssen. Beckstein eröffnet Söder: »Du kannst Europaminister werden.« Söder hört das Wort »Minister« und sagt sofort zu. »Mein erster Gedanke war: Das ist das Gegenteil von dem, was ich bisher gemacht habe«, erinnert sich Söder. »Das wird so eine Art Resozialisierung.« Der Raufbruder wechselt ins seriöse Fach. Er rechne es Beckstein hoch an, dass er ihm doch noch diese Tür geöffnet habe.

Wer Söders Version der Dinge hört, fragt sich, ob der Mann wirklich so ein eiskalter Pokerspieler ist. Oder ob er sich einfach darauf verlassen hat, dass Beckstein ihn nicht fallen lässt, weil er das Stoiber hatte versprechen müssen. Es ist jedenfalls noch mal glimpflich abgegangen für Söder. »Minister ist Minister«, das ist die Parole, die seine Unterstützer verbreiten. Aber es ist nicht der große Karrieresprung. Als Staatsminister für Bundes- und Europaangelegenheiten führt er eben kein eigenes Haus. Er sitzt in der Staatskanzlei und hat immer Beckstein vor der Nase.

Und wenn er offiziell den Freistaat in Berlin und Brüssel vertritt, ist er dort umgeben von Leuten, die nicht als seine Freunde bekannt sind: In Berlin ist das Peter Ramsauer, der die CSU-Landesgruppe führt, in Brüssel Markus Ferber, der den CSU-Abgeordneten im Europaparlament vorsteht. Und unter dem eigenen Dach wartet – neben all den lakaienhaften Beamten – ausgerechnet Martin Neumeyer auf ihn. Als Regierungssprecher war Neumeyer sein Konkurrent um Stoibers Ohr, jetzt ist er sein Verwaltungschef. Minister ist Minister? Söders Gegner in der CSU sagen: »Das ist eine Degradierung.«

Die ersten Meter im neuen Job sind tatsächlich steinig. Gleich nach der Vereidigung in München fliegt er mit Beckstein nach Brüssel, wo in der Bayerischen Vertretung das Oktoberfest ansteht. Was in den deutschen Medien ankommt von der Sause, ist: Beckstein wird mit Jubel empfangen, Söder mit Buh-Rufen. Wer da gebuht hat, vielleicht ja auch Gäste von anderen Parteien: egal. Nächste Station: Berlin, eine turnusgemäße Konferenz der Bevollmächtigten der Bundesländer. Einer von Söders Mitarbeitern beschreibt die Szene so: »Die Sitzungen sind schon sehr trocken und ziehen sich ewig, es geht oft um kleinste Verwaltungsfragen wie die Beförderung einfacher Beamter. Da hat man unserem Minister schon nach fünf Minuten angesehen, dass er das kaum aushält. Uns hat der Kugelschreiber leidgetan, den er da zerlegt hat.« Das Ernüchterungsprogramm findet schließlich am Ende von Söders erster Woche im neuen Job in Lissabon seinen Höhepunkt.

In der portugiesischen Hauptstadt kommen die Staats- und Regierungschefs der 27 EU-Mitgliedsländer zu einem »Reformgipfel« zusammen, die Einigung, die sie dort erzielen, wird später als »Vertrag von Lissabon« bekannt werden. Söder ist als Vertreter des Bundesrats zur krönenden Feierstunde eingeladen. Auf dem Flug erhält der neue Staatsminister von seinen Beamten einen Crashkurs in Europapolitik. Er rechnet damit, gleich von einem schönen Sitzplatz aus die Zeremonie aus der Nähe verfolgten zu können. Am Haupteingang jedoch wird die bayerische Delegation eher uncharmant auf den Nebeneingang verwiesen. Söder landet in einem winzigen, fensterlosen Büro, nur auf einem kleinen Monitor kann er beobachten, wie ein paar Meter weiter die Staats- und Regierungschefs Geschichte machen. Auf dem Schreibtisch: eine Kopie des vorläufigen Vertragswerks und eine Plastikflasche Wasser. » Da wurde mir klar, dass man hier als bayerischer Europaminister wenig Bedeutung hat. Da ist mir endgültig bewusst geworden, dass das neue Amt ein hartes Stück Arbeit werden wird.«

Ämter kann man freilich so und so auslegen. Als Generalsekretär hatte sich Söder klar dafür entschieden, General zu sein und nicht Sekretär. Spricht man andere Zeitzeugen auf die Lissabon-Episode an, haben sie noch ein weiteres Detail in Erinnerung: dass Söder gleich nach seiner Demutserfahrung den Verhandlungsdurchbruch der Staats- und Regierungschefs medial verkündete, als hätte er ihn selbst erzielt. Am Morgen danach nimmt er in einem Radiointerview zum ersten Mal die Worte in den Mund, die seiner Amtszeit die Überschrift geben werden. Er sei ja quasi, sagt Söder, »der bayerische Außenminister«.

Ein Maibaum in Brüssel

Der Südflügel der Münchner Staatskanzlei ist auch als »Flügel der Abgehängten« bekannt. Dort ist der selbsternannte Außenminister jetzt zu Hause. Die Mächtigen rund um den Ministerpräsidenten sitzen im Nordflügel, dort sind auch die Büros größer. Söder kommt sich vor wie ein Untermieter im hintersten Kämmerlein, aber er hat natürlich schon eine Idee: Er lässt sein Büro von einer Schulklasse bemalen, mit einem riesigen Globus und Fahnen aller Länder. Das Bild wird in vielen Zeitungen gedruckt: »Bayerns Außenminister mag es bunt«, da hat er schon Schlimmeres über sich gelesen. Mit Amtschef Neumeyer versteht er sich besser als erwartet, der Südflügel ist bald ein Gewächshaus für bedrohte Stoiber-Pflänzchen.

Zunächst klingt er noch häufig wie ein Generalsekretär. Söder selbst erzählt die Geschichte, wie er mit seinen Beamten zusammensitzt und die Meldung liest, dass SPD-Chef Kurt Beck die CSU angreift. »Da müssen wir dagegenhalten«, habe er sofort zu seinen Leuten gesagt. Und die hätten geantwortet: »Herr Staatsminister, das fällt nicht mehr in ihre Zuständigkeit.« Er habe sich da erst umgewöhnen müssen, sagt Söder, wobei man mit Blick auf seine weiteren Karrierestationen die Ansicht vertreten kann, dass er sich gar nicht zu sehr umgewöhnen wollte. Söder fühlt sich in all seinen Funktionen für alles zuständig. Jetzt gibt es eine Weile Gemotze, weil der bayerische Europaminister sich dauernd zu Berliner Koalitionsfragen äußert. Aber irgendwann ist es normal. Das ist auf Söders Pfad zur Macht ein Meilenstein: Er hat sich dem politischen Deutschland als Generalist aufgezwungen. Zu »Anne Will« wird er auch weiterhin eingeladen, jedenfalls nicht seltener als Christine Haderthauer.

Haderthauer ist die 44-jährige Landtagsabgeordnete aus Ingolstadt, die Söder als CSU-Generalsekretärin nachfolgt. Die erste Frau in dieser Position hat wie Söder einen schrankenlosen Glauben an sich selbst, tritt aber mit der Absicht an, den Job anders zu interpretieren als er: Sie wolle weniger »Lautsprecher« sein und mehr »Botschafterin«, sie wolle an der Basis zuhören, Ideen aufnehmen und diese in die Parteispitze tragen. Söder ist stinksauer, als er das hört. Haderthauer wolle wohl seine Arbeit schlechtreden. Beherrschen kann sich dieser Mann auf der Bühne, aber kaum hinter verschlossener Tür. »Wer glaubt die, dass sie ist?«, soll er geschrien haben.

Die Ersten, die das Privileg haben, den neuen Söder kennenzulernen, sind die deutschen Europa-Korrespondenten in Brüssel. Bei Weißwürsten und Brezen in der Bayerischen Vertretung klingt er ganz anders als der Grobian, den sie aus dem Fernsehen kennen: »Als Generalsekretär war ich eher militaristisch. Jetzt sind sanftere Töne gefragt, verstehen Sie?« Er macht auch keinen Hehl daraus, dass er an sich arbeiten muss: »Ich muss mich geistig neu verorten.« Komplett neu allerdings auch nicht, die Öffentlichkeitsarbeit hat schon weiter einen zentralen Platz in seinem Denken, und hübsche Bilder kann er auch in Brüssel produzieren.

Ein erstes feines Werkstück in dieser Hinsicht ist die Maibaum-Affäre. Der Maibaum, den Söder vor der Vertretung in Brüssel aufstellen lässt, sieht erstens sehr schmuck aus. Und zweitens hat er eine schöne Geschichte, die Bayern eine ganze Woche in Atem hält: Noch vor dem Transport nach Belgien wird der Baum am Chiemsee traditionsgemäß geklaut, und zwar von einem Geheimkommando des Radiosenders Antenne Bayern. Söder: »Hoppala, Respekt! Soll ich jetzt den Krisenstab einberufen?« Der Minister löst den Baum dann mit einer zünftigen Brotzeit wieder aus. Söder: »Da habe ich mich nicht lumpen lassen. Ich werde aber auch noch was für soziale Zwecke spenden.« Am Ende steht Söder in Brüssel unter seinem Maibaum, die Dettendorfer Blasmusi spielt, und der Minister referiert über die identitätsstiftende Rolle von Volksgebräuchen. Söder: »Europa soll ja nicht ein Europa der Institutionen sein, sondern ein Europa der Regionen.«

Welchen Job auch immer Söder macht, er schafft es immer so zu klingen, als hätte er nie einen anderen gewollt. Er sei froh, »dass ich nicht mehr jeden Tag Schlagzeilen produzieren muss, sondern seriöse Regierungsarbeit leisten kann«, sagt er – im Interview mit der auf seriöse Regierungsberichterstattung spezialisierten »Bunten«. Sehr wahrscheinlich ist Söder der erste Landeseuropaminister, der mit der »Bunten« redet. Oder eher andersrum: mit dem die »Bunte« redet. Was die »Bunte« noch von ihm erfährt: »Brüssel ist von der Bedeutung her vergleichbar mit Washington, Peking oder Moskau.«

Söder verbringt gern Zeit in Brüssel, sein Faible für das Repräsentative kann er dort in der sehr ansehnlichen Bayerischen Vertretung ausleben, einem Schlösschen in bester Lage direkt am Europäischen Parlament. Die Bayernbotschaft wird in Deutschland oft als »Schloss Neuwahnstein« verspottet, ist aber tatsächlich eine Immobilie, um die der Freistaat im ganzen politischen Brüssel beneidet wird. Die Mitarbeiter der Vertretung sind erst mal vorsichtig, was ihren neuen Minister angeht, er ist ja weder als leidenschaftlicher Europäer noch als geschickter Diplomat bekannt. Einer erinnert sich sogar noch an den alten BR-Beitrag des Reporters Söder, in dem nur Stoiber hervorragend und die EU miserabel wegkam.

Sie sind dann positiv überrascht. »Wir waren froh, dass wir mal keine graue Maus als Minister hatten«, sagt ein Beamter. »Den konnten wir in Brüssel verkaufen. Sein Name allein hat Türen geöffnet. Und es gab sogar eine Neugier auf ihn. Da hat der eine oder andere EU-Kommissar gesagt: Okay, diesen Bayern schaue ich mir mal an.« Allein in seiner ersten Woche habe Söder mehr Interviews gegeben als seine Vorgängerin Emilia Müller in ihrer ganzen Amtszeit.

Im Bayern-Schlösschen in Brüssel ist jetzt die Hölle los. Themenabend Organspende, Diskussionsforum Bürokratieabbau, dazu kulinarische Spezialitäten aus wechselnden Landesteilen des Freistaats. Söder sei durchaus lernwillig gewesen, sagen ehemalige Brüsseler Mitarbeiter, er habe den europäischen Gesetzgebungsprozess und das »System Brüssel« schnell durchschaut. Im Gegensatz zu Ministern vor und nach ihm habe er auch erkannt, wie nützlich ein persönlicher Draht zu den Generaldirektoren – also den Amtschefs – der EU-Kommission ist. Die

Vertretungsleute rechnen Söder auch an, dass er vergleichsweise ernsthaft versucht, sein Englisch aufzubessern und ein paar Worte Französisch zu lernen. Sein Ehrgeiz sei allerdings erlahmt, als er merkte, dass man im übersetzungswütigen Brüssel mit Deutsch ganz gut durchkommt. Ins Stöhnen bringt die Beamten nur, dass ihr Minister partout keine CSU-Fraktionssitzung auslassen will. Söder hat aus Stoibers Sturz gelernt, welches Feld er bestellen muss, um irgendwann in der Zukunft ernten zu können.

In Brüssel wirft sich Söder erstmals den Mantel des knallharten Bayern-Lobbyisten über, den er später auch als Finanzminister stolz tragen wird. Er ist ziemlich geschickt im Geldbeschaffen, vor allem für die Grenzregionen im bayerischen Norden holt er clever hohe EU-Fördermittel heraus. Die Arbeit im Ausschuss der Regionen habe ihn vor ein Dilemma gestellt, hört man: Die Sitzungen findet er zwar zum Verzweifeln langweilig und kabelt per SMS nach Hause, dass sich seine schwedische Sitznachbarin gerade die Fellschuhe ausgezogen habe und jetzt das Käsebrot auspacke. Laut sagen kann er das aber nicht, weil der Ausschuss vom heiligen Franz Josef Strauß miterfunden worden war und deshalb toll sein muss.

Der fränkische Kosmopolit Söder ist einer, dem leidlich elegant das alte CSU-Kunststück gelingt, weihevoll die Zukunft Europas zu beschwören und gleichzeitig über die Regulierungswut des EU-Molochs zu wettern. An einem Tag gibt Söder die Pressemitteilung »Europa stärker mit dem Herzen annehmen« heraus, am nächsten bietet er den schrecklichen Eurokraten bei der Harmonisierung der Feuerwehranzüge die Stirn. Journalisten machen sich über so was lustig, Feuerwehrleute eher nicht. Auch dass er sich als Retter des Bocksbeutels feiern lässt, mutet nur auf den ersten Blick kurios an.

Die europäische Weinbauordnung droht tatsächlich, durch die Normierung von Flaschen dem traditionellen Bocksbeutel den Garaus zu machen. Auch der portugiesische Roséwein Mateus ist betroffen. Darüber hinaus fürchten die fränkischen Winzer, dass die Zuckerung des Weins untersagt wird und die strengen Etikettierungsvorschriften gelockert, was Mitbewerber bevorteilen würde. Söder gewinnt erst die CSU-Abgeordneten im Europaparlament für die Bocksbeutel-Rettung, dann bearbeitet er auch Agrarausschuss-Mitglieder anderer Parteien. Und er holt die Portugiesen ins Boot. Begleitend nervt er die Bundesregierung so lange, bis sie sachdienliche Signale an die EU-Institutionen funkt. Die fränkische Weinkönigin lässt er auch noch einfliegen. Als der Bocksbeutel dann gerettet ist, preist Söder seinen Erfolg, als hätte er ein, zwei davon auf ex getrunken: »Ich werde die Bayerische Vertretung in Brüssel zur Trutzburg für Frankenwein ausbauen. Ich bin der Schutzpatron für fränkische Rechte in Europa.« Aus Dank widmen ihm die Winzer später eine »Söder-Cuvée«.

Bei diesen und anderen Rettungsaktionen zieht Söder Themen an sich, die ihm als Europaminister zumindest nicht allein gehören: Aber wenn der Innenminister nicht selbst auf die Feuerwehr kommt und der Landwirtschaftsminister nicht selbst auf den Bocksbeutel – Pech gehabt. Ein Kabinettskollege von damals erinnert sich, dass andere Minister innerlich gekocht hätten, wenn Söder sie wieder mal in einer Sitzung vorführte: »Sag mal, was ist denn bei dir los, da gibt's so eine Sache, die ist sogar bei mir in Brüssel angelandet.« Die Sachen landen freilich nicht automatisch in Brüssel an: Söder sucht sie sich selbst, er ist immer noch sehr viel in Bayern unterwegs. Im Gegensatz zu anderen Ministern hält er das Wochenende prinzipiell für Arbeitszeit. Wenn ihm irgendein Landrat bei einer Veranstaltung von irgendeinem Anliegen mit EU-Bezug erzählt, schreibt Söder – gern auch um sechs Uhr morgens – eine SMS an seine Fachbeamten: »Ist das berechtigt? Bitte prüfen.« Antwort bis sieben Uhr.

Es gibt sogar eine inhaltliche Linie, von der Söder mit gewissem Recht behaupten kann, er habe sie als JU-Chef angesetzt, als Generalsekretär weitergezogen und nehme sie nun als Europaminister wieder auf. Es geht um Umweltschutz, und ganz konkret um seine Ablehnung von Gentechnik in der Landwirtschaft. »Sicherheit geht vor Kommerz«, sagt Söder. Er will, dass die Regionen über den Anbau gentechnisch veränderter Pflanzen selbst entscheiden können. Das Europarecht lässt regionale Verbote aber nicht zu – mit sogenannten Öffnungsklauseln will Söder diese Möglichkeit schaffen. Anfangs gibt ihm niemand eine Chance, alte CSU-Hasen im Europaparlament machen sich über seine Naivität lustig. Doch das, was Söder da anstößt und als Umweltminister weiterverfolgt, wird einige Jahre später tatsächlich europäische Rechtslage. Natürlich hat er das alles nicht alleine durchgefochten. Aber Landwirtschaftsexperten billigen ihm zu, dass sein Anteil nennenswert war.

Politische Fernreisen

Europa ist Söders liebste Spielwiese im Jahr 2008, sein Amt hat indes noch zwei weitere Zuständigkeitsfelder: den Bund und die internationalen Beziehungen über die EU hinaus. Söder findet leicht Anlass zum Reisen, in der Adventszeit versorgt er höchstpersönlich bayerische Bundeswehr-Soldaten im Kosovo mit Nürnberger Lebkuchen. Im Vatikan erörtert er »religionspolitische Fragen« wie die Stammzellenforschung; dass er Benedikt XVI. bei der Gelegenheit gleich zum Namenstag gratulieren und hinterher berichten kann, er habe bei der Begegnung mit dem Papst »feuchte Hände« gehabt – umso besser.

Gelegentlich bringt Söder die gute Sache und das schöne Bild auch sinnvoll zusammen. So hat er die »Arge Alp« als Vehikel für sich identifiziert, eine Arbeitsgemeinschaft von zehn Alpenregionen, neben Bayern etwa auch Tirol, Südtirol und Graubünden. Die Gruppe setzt sich für Klima- und Artenschutz ein und fordert einen schnellen Bau des Brennerbasistunnels. Und sie bekommt dank Söder mal ein bisschen Aufmerksamkeit: Als sich die Mitglieder am Chiemsee versammeln, fährt sie Kapitän Söder persönlich vor majestätischer Bergkulisse im Boot spazieren. Wieder so ein Foto, mit dem die Zeitungsredaktionen dankbar eine Viertelseite füllen.

Grenzwertig ist das Verhältnis von Substanz und Gag öfter

mal bei Fernreisen. Als Söder nach Israel fliegt, geht es bei seinen Gesprächen dort um die bayerisch-israelische Technologiekooperation und Israels Verhältnis zur EU. Die Söder-Gegner in der CSU verbreiten hingegen, dem Herrn Minister gehe es in Wahrheit doch nur um den Besuch der Holocaust-Gedenkstätte Yad Vashem, wo er mit dem offiziellen Gedenkkranz eine Friedenstauben-Zeichnung seiner Tochter niederlegt. Hinterher erzählt er alles ganz genau in der »Bild«. Einer der Kritiker will Söder sogar gefragt haben, warum er eigentlich nach Israel fahre, und dieser habe geantwortet: »Weil alle bedeutenden Politiker da hinfahren.« Im Söder-Umfeld stellt man eher die Gegenfrage: Was wäre denn los, wenn ein deutscher Politiker auf Israel-Reise Yad Vashem nicht besucht? Kopfschütteln löst auch ein Russland-Trip aus, bei dem der Minister dem Vernehmen nach sehr viel Freizeit hat und nur einen Termin, den er wichtig zu nehmen scheint: das Foto mit russischer Fellmütze vor dem Kreml. Söder legt heute Wert darauf, dass das Programm der Reise sehr dicht gewesen sei, unter anderem habe er den Oppositionsvertreter Garri Kasparow getroffen.

Politik ist Kommunikation, und Söder kommuniziert auf einer Ebene, die vielen anderen zu plump wäre. Russenmütze? Würde das ein seriöser Außenpolitiker machen? Söder sendet ganz bewusst nur eindeutige Signale, in Bild und Wort. Alle Zwischentöne sind ausgeschaltet. Und die Empfänger seiner Signale sind immer die – im weitesten Sinne – eigenen Leute. Ob ein Grüner das lächerlich findet oder ein Glossenschreiber von der »Süddeutschen« peinlich, das ist ihm ziemlich egal. Intellektuelle und Feuilletonisten hält er für eine bemitleidenswerte Minderheit, auf die er nicht angewiesen ist. Man kann mit Recht fragen: Was bliebe übrig von der Politik, wenn alle so kommunizieren würden wie Söder? Wenn sich alle, nur zum Beispiel, wegen eines Fotos in einem Wachsfigurenkabinett mit dem Bundesaußenminister anlegen würden?

Es ist natürlich Franz Josef Strauß, für den Söder da mal wieder in die Schlacht zieht. Söder ist zu Ohren gekommen, dass in der Berliner Filiale des britischen Wachsfigurenkabinetts

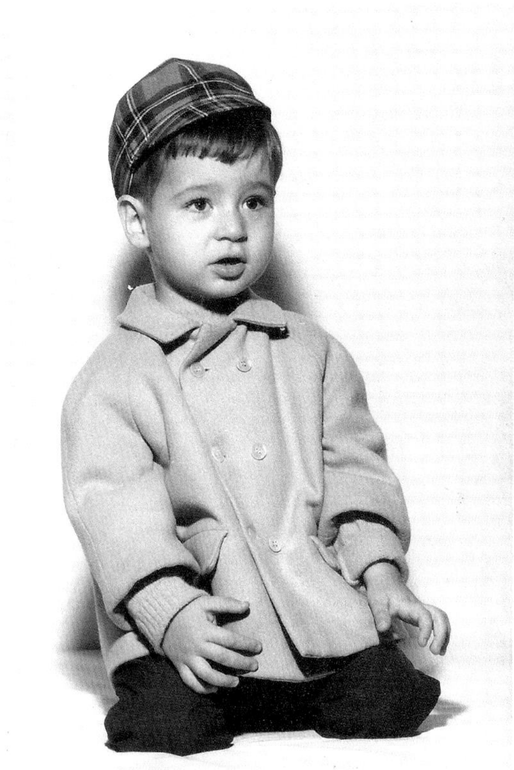

Markus Söder im Alter von drei Jahren.

Ich bin der Markus ...

Der zweijährige Markus 1969 mit seinen Eltern
Max und Renate Söder zu Hause in Nürnberg.

und da ...

Der junge Markus ist im
Kinderfasching als Pirat unterwegs.

Das Kindergartenkind Markus mit der Schultüte einer Nachbarin.

bin i dahoam.

Markus Söder mit Anfang zwanzig vor dem Nürnberger Fernsehturm.

Markus Söder mit 23 Jahren
vor dem Strauß-Plakat in seinem
Jugendzimmer.

Der Abgeordnete Söder auf
Fahrradwahlkampf vor der
Landtagswahl 1998.

Ein Mann

Der Landtagskandidat Söder (ganz rechts) in seinem ersten Wahlkampf 1994 mit (von links) den Parteifreunden Günther Beckstein, Dagmar Wöhrl, Christl Schweder, Renate Blank, CSU-Chef und Bundesfinanzminister Theo Waigel und Petra Guttenberger.

Auf Spanien-Reise mit der Jungen Union Ende der 90er-Jahre.
Söder steht in der Mitte der ersten Reihe. Gleich rechts neben ihm die späteren Spitzenpolitiker Georg Fahrenschon, Ilse Aigner und Manfred Weber.

will nach oben.

Landesvorsitzender Söder und seine Stellvertreterin Ilse Aigner 1997 auf einer Versammlung der bayerischen Jungen Union.

CSU-Generalsekretär Söder mit seinem Parteichef und politischen Ziehvater Edmund Stoiber.

Ein Mentor und

Söder auf einem CSU-Parteitag mit Karl-Theodor zu Guttenberg, der ihm vorübergehend den Status als größtes Talent der CSU streitig machte.

Söder im Gespräch mit Christine Haderthauer, die es als Einzige in der jungen CSU-Riege an Machtinstinkt mit ihm aufnehmen konnte.

drei Konkurrenten

Bei einem Empfang in der Münchner Residenz mit Innenminister Joachim Herrmann, der 2017 als Letzter zwischen Söder und der Macht stand.

Verkleidungskünstler Söder bei der Frankenfastnacht in Veitshöchheim (von links) 2012 als Punker, 2011 als »Kiss«-Rocker und 2010 als Gandalf aus »Herr der Ringe«.

Im Fasching geht's schneller

Ebenfalls in Veitshöchheim 2014 als Zeichentrick-Held Shrek (links) und 2013 als Marilyn Monroe.

Söder 2016 beim Karneval in Aachen als König Ludwig II. und 2018 in Veitshöchheim mit Ehefrau Karin Baumüller-Söder als Prinzregent Luitpold.

als im echten Leben.

2016 in Veitshöchheim gut gelaunt als Edmund Stoiber (links) und 2017 im Machtkampf mit Seehofer nachdenklich vor der Münchner CSU-Zentrale.

Söder als Europaminister (2007 bis 2008).
Sein Büro haben Schüler bemalt.

Annäherung

Auf Norwegen-Reise als Umweltminister (2009).

Finanzminister Söder testet 2015 die neuen Gondeln
im Nymphenburger Kanal.

durch Wandel

Als Finanzminister muss sich Söder mit den Folgen des
Landesbank-Debakels herumschlagen.

Auf dem Berchinger Rossmarkt 2016 mit zwei Prachtpferden.

Nah an Tier

Im Bierzelt, das für Söder ein »bayerischer Politik-Tempel« ist.

Im Fernsehstudio der ARD-Talkshow »Hart aber fair«.

und Mensch

Mit Unterstützern bei der Landesversammlung der bayerischen Jungen Union im November 2017 in Erlangen.

Ministerpräsident Seehofer überreicht im Oktober 2008 seinem Umweltminister Söder die Ernennungsurkunde.

Kalif, anstelle

Seehofer gibt Söder die Richtung vor, was nicht immer funktioniert.

Söder ist Gastgeber beim Maibock-Anstich im Münchner Hofbräuhaus. Seehofer wird mit der Veranstaltung nicht recht warm.

des Kalifen

Seehofer und Söder demonstrieren Einigkeit beim CSU-Parteitag in Nürnberg im Dezember 2017. Söder wird dort zum Spitzenkandidaten gewählt.

Anfang oder Ende?

Im Februar 2018 ist Söder erstmals Hauptredner beim Politischen Aschermittwoch in Passau. Der Beifall nach seiner Rede dauert fünf Minuten.

Madame Tussauds ein Foto von Strauß hängt, und zwar unter der Rubrik »Helden und Bösewichte«. In der gleichen Reihe taucht auch DDR-Spion Günter Guillaume auf. Söder, der bayerische Außenminister, fordert seinen bundesdeutschen Kollegen Frank-Walter Steinmeier allen Ernstes zur Intervention auf: »Es stünde dem Bundesaußenminister gut an, in London gegen die Verunglimpfung von Franz Josef Strauß sofort vorzugehen.«

Journalisten biegen sich vor Ungläubigkeit und Lachen; der geneigte CSU-Wähler dagegen freut sich, dass da einer auf den großen Vorsitzenden, Gott hab ihn selig, nichts kommen lässt. Die Beliebtheit des Markus Söder – das wird auch im Machtkampf mit Seehofer noch so sein – wird latent unterschätzt von allen, die sie fernab der CSU-Basis messen.

Zu Hause in Nürnberg merkt Söder, dass seine Resozialisierung vorangeht. Im Frühjahr 2008 wird er als Nachfolger von Günther Beckstein zum Nürnberger CSU-Bezirkschef gewählt, ein Amt, für das er noch ein Jahr zuvor wahrscheinlich keine Mehrheit gehabt hätte. Er ist jetzt halt der »Herr Staatsminister«. Und auch seine Härte gegen Pauli wird ihm im Nachhinein nicht mehr so stark angelastet, weil die Landrätin selbst inzwischen gewaltig überzogen hat.

Eigentlich stand Karl Freller für den Posten als Bezirkschef an, ein verdienter Landtagsabgeordneter und ehemaliger Staatssekretär. Nach der CSU-internen Gesetzmäßigkeit, wonach einer, der lang genug gewartet hat, die nächste Sprosse nehmen darf, wäre Freller dran. Doch es ist wie immer bei Söder: Während der andere noch fest von seinem Erfolg ausgeht, hat Söder hinter seinem Rücken bereits eine Mehrheit für sich organisiert. Freller verzichtet des lieben, innerparteilichen Friedens willen auf eine Kandidatur, Söder erhält 89 von 96 Stimmen. Freller sagt: »Wir müssen mit der SPD, den Linken und den Rechten streiten, aber bitte nicht mit uns selber.« Im Übrigen würden sich Söder und er ja »ganz gut« ergänzen, was tatsächlich nicht falsch ist: Söder behandelt Parteifreunde freundlich und zuvorkommend, solange sie ihren Platz kennen.

Bezirksvorsitzender, das ist nun ein weiteres Karriereplateau für Söder, der reservierte Platz am Tisch bei allen CSU-Vorstandssitzungen. Die zehn Bezirkschefs sind wichtige Pfeiler in der Statik der CSU, und auch wenn der Bezirk Nürnberg zu den kleinsten gehört: Söder hat jetzt seine eigene Machtbasis.

Ende einer Ära

Nicht ganz so rund läuft es für die CSU an sich. Da sind die Stimmenverluste bei den Kommunalwahlen im Frühjahr 2008, am schlimmsten in den Großstädten. Da ist das Aus für den Transrapid, da sind die Horrormeldungen über verlustreiche Kreditgeschäfte der Landesbank. Gerade das Landesbank-Debakel führt selbst den eingefleischtesten CSU-Fans vor Augen, dass ihre Partei fehlbar ist. Im Landtag nimmt ein Untersuchungsausschuss die Arbeit auf. Dazu kommt, dass die Freien Wähler der konservativen CSU-Stammklientel plötzlich über die Kommunen hinaus auch landespolitisch eine Alternative bieten.

Schon ventilieren die Ersten in der CSU ihre Zweifel an Beckstein und Huber. Das neue Führungsduo, so der Hauptvorwurf, verkörpere in Berlin den Gestaltungsanspruch der CSU nicht so wuchtig, wie die Partei das braucht. Vorübergehend wird sogar über einen Putsch gegen die beiden spekuliert, als Rädelsführer wird das originell zusammengestellte Team Stoiber, Seehofer und Söder gehandelt. Beobachter, die mithören, wie Söder sich bei einer Kundgebung über Beckstein lustig macht, während der Ministerpräsident vorn am Pult steht, halten die Theorie nicht für absurd. Und als in der Zeitung zu lesen ist, dass Beckstein in einer Kabinettssitzung eingenickt ist, haben viele einen eindeutigen Verdacht, wer die Sache durchgestochen hat. Söder hat sich vom Stoiber-Schiff aufs Beckstein-Schiff gerettet, und jetzt scheint er schon wieder das Beiboot zu Wasser lassen zu wollen.

Öffentlich warnt Söder vor einem »Schlafwagenwahlkampf«, er empfiehlt eine harte Lagerauseinandersetzung, aber er weiß auch, dass mehr als eine Empfehlung von ihm momentan nicht gefragt ist. Nicht wenige in der CSU könnten sogar auf die verzichten. Im Landtagswahlkampf 2008, sagt Söder heute, sei »das politische Grundwasser für die CSU kontaminiert« gewesen. Nach einer Legislaturperiode voll innerem Streit hätten viele Leute wohl gedacht, die Partei brauche nach der Zweidrittelmehrheit jetzt mal einen Dämpfer.

Stoibers überhastete Reformen lasten auf Beckstein und Huber, die Sparrunden, das achtjährige Gymnasium. Beide saßen in Stoibers Kabinett, sie werden den Klotz am Bein nicht los. Sie verkörpern keinen Aufbruch, höchstens Übergang. In Oberbayern werfen Stoiber-treue CSU-Ortschefs die Beckstein-Plakate ins Altpapier, statt sie aufzuhängen. Der miesen Grundstimmung wegen wirkt der »Sommer, Sonne, Bayern«-Wahlkampf der CSU ziemlich daneben. Es gibt Veranstaltungen, da steht der arme Beckstein vor fünfzig Leuten auf einem Marktplatz in der brütenden Sonne – bei Stoiber war so was unvorstellbar.

Es kommt nun alles zusammen für die CSU: Ein strenges Rauchverbot kurz vor den bayerischen Herbstfesten zu beschließen ist taktisch gewagt. »Pendlerpauschale jetzt« zu plakatieren und dann im Bundestag gegen die Wiedereinführung der Pendlerpauschale zu stimmen, weil der Antrag von der Linken kommt – schwer vermittelbar. Dann fabuliert Beckstein auch noch, dass man mit zwei Mass Bier schon noch Auto fahren könne. Söders Leute werden knapp zehn Jahre später argumentieren, man habe ja am etwas linkischen Beckstein gesehen, dass ein guter Minister noch lange kein guter Ministerpräsident sei. Bayern und die CSU bräuchten immer einen »echten Alpha vorne dran« – im Entscheidungsjahr 2017 richtet sich diese These der Söderianer besonders gegen den honorigen, aber wenig charismatischen Innenminister Joachim Herrmann.

Als 2008 der Herbst über Bayern kommt, werden in der CSU diskret bereits die Szenerien nach einer Niederlage verhandelt. Eine Niederlage, das ist für die CSU der Verlust der absoluten Mehrheit. Dass Huber als Parteichef von Seehofer abgelöst würde, gilt als sicher. Aber wer würde Ministerpräsident? Herrmann wird da genannt, er war Fraktionschef und ist jetzt Innenminister, er hat die Vita für die Staatskanzlei, aber eben vielleicht nicht das Temperament. Fraktionschef Georg Schmid traut sich jede Aufgabe zu, eine Auffassung, die er jedoch ziemlich exklusiv hat. Und dann folgt in den Gedankenspielen schon Markus Söder.

Eigentlich kommt das zu früh für ihn. Aber wenn sich das Fenster auftut? Einigen Parteigrößen, namentlich Theo Waigel und Alois Glück, wird nachgesagt, in diesen Wochen quasi präventiv einige Telefonzeit zu investieren, damit das Fenster für Söder zubleibt. Noch eine weitere Variante wird kolportiert, meist jedoch als völlig unwahrscheinlich verworfen: Seehofer könnte nach beiden Ämtern greifen. Aber dass die Landtagsfraktion da mitmacht und den »Berliner« Seehofer akzeptiert, dafür müsste die Welt der CSU bei der Landtagswahl schon komplett aus den Angeln gehoben werden.

Das wird sie dann auch. Am Wahlsonntag, dem 28. September 2008, stürzt die CSU um mehr als 17 Prozentpunkte ab auf 43,4 Prozent. Es ist ein politisches Erdbeben, die Alleinherrschaft der CSU ist nach mehr als vier Jahrzehnten beendet. Die selbst ernannte Staatspartei wird die Macht teilen müssen. Gerade mal fünf Jahre liegen zwischen der historischen Zweidrittelmehrheit Stoibers und dieser Wahlkatastrophe. Günther Beckstein hatte ein Jahrzehnt lang vom Amt des Ministerpräsidenten geträumt; jetzt steht infrage, ob er überhaupt ein Jahr im Amt bleibt. Als er im Maximilianeum, dem Landtagsgebäude hoch über der Isar, zu seinem Statement schreitet, das Entsetzen ins Gesicht gemeißelt, geht draußen die Sonne über München so malerisch rot unter, als wolle sie eine Ära würdig beenden.

Söder ist an diesem Abend nicht in München, im Epizentrum des Bebens, sondern in Nürnberg. Zu seinen Leuten sagt er, dass es brutal schwer war für Beckstein, Ministerpräsident zu werden und sich dann nur ein Jahr später einer Wahl stellen zu müssen. In diesem Moment ahnt Söder natürlich noch nicht, dass er 2018 als neuer Ministerpräsident nur sieben Monate bis zur Wahl haben wird.

Noch düsterer als für Beckstein sieht es für Parteichef Erwin Huber aus. In den Fluren des Maximilianeums gibt ihm am Abend des Fiaskos niemand eine Chance, dieses Ergebnis politisch zu überleben. Und so ist es dann auch, wieder einmal bestraft die CSU brutal die Schwäche ihrer Anführer. Zwei Tage nach der Wahl treten Huber und Generalsekretärin Haderthauer zurück. Beckstein kämpft noch, und dass Söder für ihn kämpft, hat für wenige Analytiker die Gründe, die er selbst angibt: Grundanstand und Loyalität zu seinem Nürnberger Parteifreund. Vielmehr, heißt es, rechne sich Söder mit seinen 41 Jahren schlicht bessere Chancen auf die Staatskanzlei aus, wenn Beckstein sie noch für eine Übergangszeit hütet. Hier liegen die strategischen Interessen Söders über Kreuz mit denen seines Ziehvaters Stoiber: Dieser will vor allem Rache an Beckstein nehmen, er hat seine Oberbayern-CSU gegen den Ministerpräsidenten mobilisiert.

Alle Regeln sind aufgehoben in diesen Tagen in der CSU, einer Partei, die ohnehin zur Hysterie neigt. Jetzt hat sie mal einen Anlass, wirklich hysterisch zu sein. Es beginnt eine epische Rauferei um das Amt des Ministerpräsidenten. Der kommende Parteichef Seehofer könnte Beckstein wahrscheinlich noch retten am Dienstag nach der Wahl, er müsste sich nur öffentlich hinter ihn stellen, irgendwann im Lauf des Tages. Aber er tut es nicht. Söder prüft in diesen Stunden seine Chancen auf den Fraktionsvorsitz. Er verwirft die Idee schnell.

Am Mittwoch knickt Beckstein ein, in der Sitzung der Landtagsfraktion kündigt er seinen Rückzug an. Zunächst erklären drei Kandidaten ihr Interesse an seiner Nachfolge: Fraktionschef Georg Schmid, Innenminister Joachim Herrmann und Wissenschaftsminister Thomas Goppel. Einer meldet sich nicht: Markus Söder. Er wird von Schmid aufgerufen: »In der dpa-Meldung stehen ein paar Namen. Markus, wie ist es?« Söder antwortet: »Für mich ist das ausgeschlossen, es wäre für mich zu früh.« Die meisten Fraktionskollegen hören in der Hitze des Moments nur die Absage. Sie hören nicht die Ansage für die Zukunft, die darin steckt.

Dann ist es Söder, der in jener Sitzung ausspricht, was eh allen klar ist: Seehofer könnte auch in die Staatskanzlei einziehen. Er hält Seehofer für den stärksten unter den gehandelten Namen, das Alphatier, das Beckstein nicht war: »Die CSU braucht jetzt eine kraftvolle Lösung.« Er glaubt tatsächlich an das Stoiber-Modell der Ämterbündelung, »alles in einer Hand, das ist das Beste für die CSU«. Und er traut dem »Berliner« Seehofer zu, eine Koalition ausverhandeln und führen zu können – den »Münchnern« fehlt diese Erfahrung aus naheliegenden Gründen. Aber was hieße ein Ministerpräsident Seehofer für ihn und seine eigenen Entwicklungsperspektiven? Am Ende ist das alles für Söder eine Abwägungsfrage.

Bald klopfen die Emissäre von Joachim Herrmann, der dem CSU-Bezirk Mittelfranken vorsteht, bei den Nachbarn im Bezirk Nürnberg an. Fragen, die unangenehme Antworten nach sich ziehen könnten, werden in der CSU sicherheitshalber über Mittelsmänner gestellt. Ob Herrmann mit Söders Unterstützung rechnen könne, wenn er Ministerpräsident werden will? Söder antwortet in einem Interview: Nein. Er ist für Seehofer in beiden Ämtern, es ist ein Bruch mit der ungeschriebenen Regel, dass die fränkischen Bezirke zusammenhalten.

Die Abwägung, die Söder nicht ausspricht, ist wohl diese: Ein anderer Franke als Ministerpräsident, das würde seinen eigenen Weg an die Spitze erschweren oder ganz verbauen. Drei fränkische Regierungschefs nacheinander, Beckstein, Herrmann und irgendwann Söder – das wäre in der altbayerisch dominierten CSU utopisch.

Söder gibt sich dem Vernehmen nach auch nicht allzu viel Mühe, die anderen Mitglieder seines Nürnberger Bezirksvorstands in Sachen Herrmann zu hören – aus »terminlichen Gründen« kommt in den Entscheidungstagen keine Sitzung mehr zustande. Nürnberg ist ein kleiner Verband, aber Söders Festlegung hilft Seehofer sehr wohl.

Das Kandidatenquartett schrumpft bald, Schmid zieht als Erster zurück, um seinen Chefposten in der Fraktion zu retten. Herrmann resigniert, und auch Goppel wagt nicht mehr, anzutreten. Er wird am tiefsten fallen: Der neue Ministerpräsident wird ihm nicht mal sein Ministerium lassen.

Seehofer war immer ein Einzelgänger, er hat nie die Herzen seiner Parteifreunde erobert. Die CSU fügt sich jetzt in die Einsicht, dass er die einzige einigermaßen charismatische Führungspersönlichkeit ist, die sie hat. Dieser alte Reflex der CSU wird Söder Jahre später in seinem Duell mit ebendiesem Seehofer Zuversicht geben. Erst mal aber spielt Söder in Seehofers Team, dabei ist es noch gar nicht so lange her, dass sie sich spinnefeind waren. Im Chaos nach der Landtagswahl 2008 zeigt Söder, dass er wirklich so flexibel ist, wie ihm seine Gegner das immer vorwerfen. Für ihn hat das den Vorteil, dass er in Seehofers Kabinettsplänen eine zentrale Rolle spielt.

Im zurückliegenden Jahr hat Söder das wahrscheinlich unwichtigste Amt der ganzen Staatsregierung besetzt und eine Show daraus gemacht. Er hat einen Imagewandel eingeleitet, von dem man noch nicht weiß, ob er erfolgreich sein wird. Die Selbstvermarktung hat er als Europaminister keineswegs aufgegeben, es wird jedoch ein Phänomen sichtbar, das für seine weitere Karriere kennzeichnend sein wird: der Kollateralnutzen. Söder arbeitet vor allem für sich, aber es fällt schon auch was fürs Land ab.

In den Beliebtheitsumfragen bayerischer Politiker verlässt er den Tabellenkeller. Und noch etwas festigt seinen Optimismus in stürmischen Zeiten: Im Wahlkampf hat Edmund Stoiber einen seiner raren Bierzeltauftritte in Nürnberg absolviert, bei Söder auf der Eibacher Kirchweih – ein Zeichen der Verbundenheit, das die strategischen Köpfe der CSU aufmerksam zur Kenntnis nehmen. Söder, hat Stoiber im Zelt gerufen, sei ein »junger Stürmer« gewesen. Nun wachse er »in die Rolle des Spielgestalters« hinein.

So sieht Söder die Sache auch, er ist eigentlich durch mit seinem aktuellen Job. Er lässt gern auch mal öffentlich durchblicken, dass er nicht unbedingt »zwanzig Jahre Europaminister bleiben« wolle. Und das muss er auch nicht.

3. Markenbildung

Imagewandel als Umweltminister

Bei Ludwig Sothmann in Hilpoltstein bei Nürnberg klingelt das Telefon. Sothmann, Jahrgang 1940, Apotheker von Beruf, ist einer der erfahrensten und angesehensten Naturschützer in Bayern. Seit 1978 führt er den Landesbund für Vogelschutz (LBV) mit seinen mehr als 70 000 Mitgliedern. »Vogelmann« ist sein Ehrentitel. Er kämpft gegen Artenschwund und Landschaftszerstörung, er vertritt ökologisch klare Haltungen mit großem Sachverstand. Er ist der Mann im Freistaat, von dem man lernen kann, wenn es um Naturschutz geht. Und das will Markus Söder.

Es ist Mitte November 2008, seit zwei Wochen ist der neue Umwelt- und Gesundheitsminister im Amt. Und jetzt ruft sein Büro an: Ob Sothmann mal Zeit habe für ein Gespräch mit dem Minister? Dass ein neuer Umweltminister sich beim Vogelmann meldet, ist nett, aber auch nicht außergewöhnlich. Außergewöhnlich ist, wie Söder das Treffen angeht. Sothmann erinnert sich an einen wissbegierigen Minister: »Er fragte mich zu allen relevanten Themen aus, ließ mich reden und löcherte mich zwischendurch mit gezielten Fragen.« Zwei Stunden dauerte das Gespräch. »Er saugte förmlich auf, was ich sagte, und ich hatte das Gefühl, dass er als Fachfremder möglichst schnell möglichst viel aufnehmen wollte.« Ein bemerkenswerter Vorgang, findet Sothmann. Wie oft haben er und andere Naturschützer schon Minister erlebt, die von der Sache keine Ahnung haben, und trotzdem sofort Ansagen machen?

Die Landtagswahl 2008 war ein Höllensturz für die CSU. Die Kommentatoren prophezeien sämtlich, dass die Christsozialen jetzt nicht mehr durchkommen werden mit der Gleichsetzung von Land und Partei. Auf jeden Fall ist die CSU den Nimbus der Unbesiegbarkeit los. Bis zur nächsten Wahl 2013 muss der neue Ministerpräsident Horst Seehofer beweisen, dass sie ihn noch einmal zurückgewinnen kann.

In Seehofers Planspielen für das schwarz-gelbe Kabinett ist Söder gesetzt. Er ist der Unverhinderbare, aber Seehofer will ja seinen Bündnispartner der vergangenen Monate auch gar nicht verhindern. Kurz ist Söder für das Wirtschaftsressort im Gespräch, auch für das Finanzministerium. Aber Seehofers Angebot an Söder ist: Umwelt. Darauf hatte Söder bereits hingearbeitet, als JU-Chef, als Generalsekretär und sogar als Europaminister. Dass er tief im Herzen schon immer der Umweltengel war, als der er jetzt durch die Gegend fliegt, bezweifeln die meisten, die ihn kennen. Dass er mit der Umwelt ein strategisch günstiges Thema besetzt hat, erkennen die gleichen Leute an. Heute sagt Söder: »Ich wollte einfach mal was ganz anderes machen. Und Umwelt hat mich einfach interessiert. Es war ein gesellschaftlich relevantes Thema.«

Seehofer hat eine Verjüngung des Führungsteams versprochen; im Gegensatz zum ebenfalls in Aussicht gestellten Dialog-Stil liefert er die auch. Söder, 41 Jahre alt, gehört zu den Gewinnern der Kabinettsumbildung. Seinem Umweltministerium wird die Zuständigkeit für die Gesundheitspolitik zugeschlagen, die bisher im Sozialministerium angesiedelt war. Neben Söder machen auch mehrere Bundestagsabgeordnete aus seiner Alterskohorte wichtige Karriereschritte: Ilse Aigner, 43, folgt Seehofer in Berlin als Bundeslandwirtschaftsministerin nach. In Bayern wird Georg Fahrenschon, 40, bayerischer Finanzminister. Generalsekretärin Christine Haderthauer, 45, kann sich auf den Sessel der Sozialministerin retten. Karl-Theodor zu Guttenberg, 36, dem Söder in herzlicher Abneigung verbunden ist, wird ihr Nachfolger als Generalsekretär – und nur 100 Tage später Bundeswirtschaftsminister. Es ist ein kometenhafter Aufstieg, den Söder mit wachsender Sorge beobachtet.

Ex-»Außenminister« Söder macht sich natürlich sofort daran, auch seinem neuen Aufgabengebiet eine gewisse Griffigkeit zu geben: Es gebe ein »schwarz-grünes Lebensgefühl« in Bayern, stellt er fest, das sich nicht nur, aber auch in der Umweltpolitik wiederspiegele. Seehofer tut ihm dann noch den Gefallen, diese Allzuständigkeit unter dem Schlagwort »Lebensminister« zusammenzufassen. Und noch einen Gedanken hat Söder: Die Natur sei ja wesentlicher Bestandteil der Heimat, nicht wahr? »Im Grunde«, folgert Söder, »ist das Umweltministerium auch das Heimatministerium.«

Söder wird in den nächsten drei Jahren vorübergehend abkommen von seinem Plan, der größte Konservative der deutschen Politik sein zu wollen. Er hat durchaus ein Bewusstsein dafür, dass das Erfolgsland Bayern nicht nur wächst, sondern sich durch dieses Wachstum auch verändert und bunter wird. Die Zugezogenen sind nicht mit der CSU aufgewachsen, und sogar auf dem Land haben Menschen heute ganz selbstverständlich Lebensentwürfe, die von der CSU gerade noch verteufelt wurden. Bayern ist im Wandel, und die Frage wird sein, ob die CSU da hinterherkommt.

Auch vor diesem Hintergrund muss man den ergrünten Söder sehen. Während Stefan Mappus, einer aus dem kurzlebigen Jedi-Quartett, sich in Baden-Württemberg als bulliger Hardliner zum Ministerpräsidenten hochboxt, rät Söder der CSU: Man müsse die Bedrohung des bürgerlichen Lagers durch die Grünen ernst nehmen. Naturschutz, gute Ernährung, Nationalparks, bei diesen Themen müsse man auf der Höhe der Zeit sein. Er führe da eine Traditionslinie seiner Partei fort, findet Söder, immerhin hat Bayern 1970 als erstes Bundesland ein Umweltministerium gegründet. Max Streibl, der spätere Ministerpräsident, wurde der erste Ressortchef.

Seinem Freund Mappus empfiehlt Söder, das Bahnprojekt Stuttgart 21 nicht mit Polizeigewalt durchzusetzen. Mappus tut es trotzdem, es ist der Anfang vom Ende seiner kurzen Amtszeit. Winfried Kretschmann wird der erste grüne Ministerpräsident in Deutschland. Heute sagt Söder: »Die Grünen in Bayern sind zu unserem Glück nicht den Weg Kretschmanns gegangen. Sie sind heute eher wieder auf der alten Linkstour unterwegs.«

Er meint damit bestimmt auch: Er hat die eine Flanke, an der die CSU verwundbar ist, als Umweltminister zugemacht.

An der schönen blauen Donau

Söder braucht keine drei Wochen im Amt, um die Annahme zu zerstreuen, er könnte als Fachminister geläutert sein und seinen Politikstil grundlegend ändern. Als Erstes fährt er auf die Zugspitze und fordert vom Bund mehr Mittel für den Schutz der Berge: »Die Alpen sind der Regenwald Europas.« Das setzt den Ton für die nächsten gut drei Jahre: Söder klingt bisweilen wie ein Grüner und meldet sich doch in der Abteilung Attacke der CSU zurück.

Es gehört zu seinem und Seehofers Kalkül, dass Söder in der Großen Koalition bei seinen Themen zwei SPD-Minister vor der Flinte hat. Die Zugspitz-Nummer zielt auf Bundesumweltminister Sigmar Gabriel, der Söders erster Lieblingsgegner im neuen Amt wird. Aber auch für Gesundheitsministerin Ulla Schmidt wird er genug Aufmerksamkeit übrighaben. Als Gegenspieler der Berliner Sozialdemokraten wird er sich immer wieder in die überregionalen Nachrichten wuchten. Und sich auch dann noch ungeniert auf Berliner Kosten profilieren, als dort 2009 Schwarz-Gelb das Ruder übernimmt.

Der Münchner Koalitionspartner FDP bekommt ebenfalls schnell angezeigt, dass Söder nicht zu Schonung aufgelegt ist: Umwelt- und Gesundheitspolitik, gibt er einfach mal bekannt, sei ja im Grunde auch Wirtschaftspolitik, worüber sich der neue FDP-Fachminister Martin Zeil nicht wirklich freut. Nach dem letztlich gescheiterten Versuch, das Fürther Versandhaus Quelle zu retten, erklärt Söder rundheraus, dass das zuständige Wirtschaftsressort mit der Koordination »offenkundig überfordert« sei und er gern einspringe. Kunst- und Wissenschaftsminister Wolfgang Heubisch, ebenfalls FDP, kriegt der Vollständigkeit halber auch einen Hieb ab: Dem Kollegen, so Söder, sei nicht zuzutrauen, sich um die Nürnberger Staatstheater zu kümmern.

Konflikt macht Söder Spaß, und vor allem macht ihn Konflikt öffentlich sichtbar. Das gilt auch und vielleicht sogar insbesondere für den Konflikt mit der eigenen Partei.

Seit mehr als 20 Jahren kämpfen Umweltschützer gegen den Ausbau der Donau für Frachtschiffe zwischen Straubing und Vilshofen. Der 70 Kilometer lange Abschnitt des Flusses gilt als »bayerischer Amazonas«, fast einzigartig in seiner Urtümlichkeit. Doch die CSU rückt nicht vom Bau einer Staustufe und eines Kanals ab. Bis Söder kommt. Beim wahrscheinlich wichtigsten Thema der bayerischen Umweltpolitik verlässt er die Parteilinie. Er tut das zunächst gar nicht mit einer expliziten Stellungnahme. Er schickt das ihm unterstellte Landesamt für Umwelt vor, das den betroffenen Donauabschnitt als ökologisch wertvoll klassifiziert. Söder orchestriert nur den Soundtrack dazu, er schwärmt vom »Leben im Einklang mit dem Fluss« und der »ungeheuren Artenvielfalt«. Und überhaupt: Ein Fluss müsse frei fließen. Richtig romantisch, der Minister.

Mit Romantik kann Christian Bernreiter, ebenfalls CSU und Landrat des Landkreises Deggendorf, nichts anfangen. Ihm geht es um die wirtschaftliche Entwicklung seiner Region, auch um Hochwasserschutz. Bernreiter nennt Söders Vorstoß »blanken Opportunismus dem vermeintlichen Wählerwillen gegenüber«. Beim CSU-Parteitag Ende November 2008 wird Söder abgestraft, von 1000 Delegierten schließen sich ihm nur zwölf an. Söder erzählt das heute gern als Geschichte von Konsequenz und Prinzipientreue. Zur Wahrheit gehört aber auch, dass der Abstimmung beim Parteitag keine große Bedeutung zugebilligt wird und nicht mal die Hälfte der Delegierten im Saal ist.

Auf lange Sicht jedoch wird Söder für sich beanspruchen können, mit seinem Vorstoß ein Umdenken in seiner Partei eingeleitet zu haben. Von einem harten Donauausbau ist die CSU abgerückt. Ein Naturschützer sagt: »Söder hat früh gespürt, dass die Stimmung zum Donauausbau kippt, da hat er sich das auf die Fahne geschrieben. Eine Heldentat war das für mich nicht, er ist mit dem Strom der öffentlichen Meinung geschwommen. Aber man muss ihm lassen: viel früher als andere.«

Söders zweiter Knalleffekt als neuer Umweltminister ist etwas destruktiver. Er grätscht Sigmar Gabriel bei einem Prestigeprojekt so massiv dazwischen, dass der Bundesumweltminister sein Vorhaben am Ende begraben muss. Es geht um das »Umweltgesetzbuch«, das Gabriel vorschwebt: Bislang gibt es in Deutschland einzelne Fachgesetze zum Schutz von Luft, Wasser, Boden und Natur – diese Zersplitterung soll beendet und alles in dem neuen Umweltgesetzbuch gebündelt werden. Wenn also jemand einen Deich oder eine Industrieanlage errichten will, soll in einer Hand geprüft werden, ob Gewässer verseucht, Luft verschmutzt oder zu viel Lärm erzeugt wird. Grundsätzlich unterstützt Söder die Idee einer einzigen zentralen Genehmigungsbehörde, aber er beschuldigt Gabriel, ein »bürokratisches Monster« schaffen zu wollen. Beim Umweltschutz, so Söder, bestehe er auf »bayerisches Niveau in ganz Deutschland«. Sein Beharren hat allerdings zur Folge, dass es gar kein Umweltgesetzbuch gibt. Söder hat ein politisches Gefecht gewonnen. Aber in der Sache nichts erreicht.

Der Ärzte-Versteher

Als Gesundheitsminister zeigt Söder zwei sehr unterschiedliche Gesichter, erst die Memme, dann den Draufgänger. Die Memme ist Söder beim strikten Rauchverbot in öffentlichen Räumen inklusive Gaststätten und Festzelten, das der CSU bei der Landtagswahl 2008 Stimmen gekostet hat. Ministerpräsident Seehofer sah durch das Rauchverbot die bayerische Volksseele verletzt. Söder entdeckt nun also sein Herz für Raucher, obwohl ihm in seinem Amt das körperliche Wohlergehen der Bayern ja irgendwie am Herzen liegen müsste. Zumal er selbst gerade den Zigaretten abgeschworen hat. Er leitet eine Lockerung des geltenden Rauchverbots in die Wege: Wirte können jetzt wieder Nebenzimmer als »Raucherräume« deklarieren, auch in Festzelten darf gepafft werden. Söder rechtfertigt das mit der bayerischen Philosophie »Leben und leben lassen«. Er tut das in einem

Interview, während er in einer der zentralen Landtagsdebatten lieber seine Staatssekretärin Melanie Huml vorschickt – für ihn ist das Nachwuchsförderung, für andere Feigheit.

Diesmal hat Söder den Finger aber nicht am Puls der Bevölkerung: Im Juli 2010 wird das inkonsequente Regelwerk bei einem Volksentscheid mit mehr als 60 Prozent der Stimmen weggefegt. Aus der öffentlichen Diskussion vor dem Wahltag hatte sich der Gesundheitsminister einfach mal rausgehalten: Söder sagt nichts, ein Phänomen, selten wie die Sichtung des Halleyschen Kometen. Nach dem Volksentscheid gilt in Bayern ein konsequentes Rauchverbot ohne Ausnahmen. Als Niederlage will sich Söder das aber nicht anheften lassen: »Es ist letztendlich keine parteipolitische, sondern eine gesellschaftliche Frage. Jetzt bin ich ehrlich gesagt ganz froh, dass wir eine klare Entscheidung haben.« Sein Umgang mit dem Rauchverbot ist Wasser auf die Mühlen seiner Kritiker, die finden, er sei kein politischer Anführer, sondern nur ein vifer Opportunist.

Einen ganz anderen Söder erlebt Bayern in mehreren gesundheitspolitischen Auseinandersetzungen, bei denen die Gegner wechseln, aber nicht der Charakter einer zünftigen Wirtshausprügelei. Sie lohnen schon deshalb die nähere Betrachtung, weil sie Einblick gewähren in den politischen Werkzeugkasten des Markus Söder. Sein erstes Opfer im Ring ist 2009 der neue Bundesgesundheitsminister Philipp Rösler von der FDP, der Nachfolger der Sozialdemokratin Ulla Schmidt. Es ist das Duell zweier junger Politiker, von denen Söder klar der alte Hase ist.

Die beiden kollidieren schon in den schwarz-gelben Koalitionsverhandlungen, wo sie sich in der Verhandlungsgruppe Gesundheit gegenübersitzen. Rösler verbündet sich gegen Söder mit Ursula von der Leyen von der CDU. Rösler und von der Leyen treten nach der ersten Sitzung in der nordrhein-westfälischen Landesvertretung in Berlin vor die Kameras, legen sehr optimistisch dar, wie gut die Gespräche laufen – und empfehlen den Journalisten, heimzugehen, es komme niemand mehr. Sie wollen Söder die Bühne nehmen. Zwei Minuten später ist er aber zur Stelle und sammelt die verbliebenen Journalisten für sein Statement ein: Es sehe nicht gut aus, Schwierigkeiten über Schwierigkeiten. In der nächsten Sitzung zahlt er es Rösler und von der Leyen zurück, mit einem Trick, den er in sein festes Repertoire aufnehmen wird: Er verlässt kurz vor Schluss den Saal, die anderen denken, er gehe auf die Toilette. Aber Söder eilt vor die Kameras.

Inhaltlich spitzt sich der Streit zwischen Söder und Rösler bald auf die Kopfpauschale zu, die Rösler von den 50 Millionen Kassenmitgliedern erheben will – etwa 30 Euro pro Monat, zusätzlich zum normalen Versicherungsbeitrag. Söder hält das für unsozial, er fordert, das Geld müsse anderweitig durch Sparen beschafft werden. Wo da gespart werden könnte, das soll Rösler aber selbst beantworten. Es ist wie beim Streit mit Gabriel um das Umweltgesetzbuch: Söder hat einen Punkt, aber keine Lösung für das Problem. Genauso läuft es, als Rösler die Preisgestaltung für Medikamente überprüfen will, durchaus zum Wohl der Patienten. Söder beraumt flugs den »1. Bayerischen Pharmagipfel« an. Dort schlägt er vor, dass Patienten Medikamente nur noch bezahlen müssen, wenn sie auch wirken. Wie das zu finanzieren ist? Müsse der Bund klären. Söder setzt ein Ausrufezeichen nach dem anderen. Um das Kleingedruckte dürfen sich andere kümmern.

Das Delikate ist, dass Söders Vorstöße sich oft gegen eine Gesundheitspolitik richten, die von der CSU in den Jahren zuvor in Berlin mitgetragen wurde. Die von der CSU-Landesgruppe im Bundestag immer noch mitgetragen wird. Und die in Teilen mitgetragen wurde von einem CSU-Generalsekretär namens Söder. Das führt dazu, dass an einem Märzabend 2010 in einer Sitzung der Landesgruppe aus dem Bundestagsabgeordneten und Gesundheitssprecher Wolfgang Zöller der Zorn herausbricht: »Ich habe die Schnauze voll!« Söder macht keine Gefangenen, wenn er in die Schlagzeilen drängt. Er sitzt einer CSU-internen Kommission zur Gesundheitspolitik vor, hat aber die anderen Mitglieder nicht eingebunden, als er ein Papier zur Finanzierung des Gesundheitssystems verfasste. Von Söders Ideen haben die Kollegen aus der Zeitung erfahren.

Man braucht einige Abgebrühtheit, um so eine Nummer durchzuziehen. Landesgruppenchef Hans-Peter Friedrich schimpft über die »Äußerungen von nicht zuständigen Politikern aus dem Süden des Landes«. Söder keilt herzhaft zurück. Es braucht dann einen dreistündigen Friedensgipfel, um den Gesundheitsminister und die Gesundheitsexperten der CSU halbwegs zu versöhnen. Söder hat einen großen Auftritt als Büßer: »Auch ich habe Fehler gemacht.« Einer, der dabei war, sagt: »Er hat sich ein bisschen entschuldigt, aber sein Verhalten danach nicht geändert.«

Kritik aus Berlin lässt er auch deshalb routinemäßig abtropfen, weil er die Rückendeckung von Horst Seehofer hat. Und weil er ja schon genug Schulterklopfen bekommt, wenn er auf Demos den neuen Schutzpatron der Fachärzte gibt. Die Berliner Reformbestrebungen dürften auf keinen Fall zu Einnahmeverlusten für sie führen – wie er das rechnerisch bewerkstelligen will, bleibt im Detail offen, aber das hält die Mediziner nicht von Liebesbekundungen ab. Söder weiß: Die Leute folgen ihm, wenn er Stärke projiziert.

Bei einer Protestaktion auf dem Münchner Marienplatz bekommt er sogar die Ehrenmitgliedschaft im Facharztverband angetragen. I wo, sagt Söder, diesen Einsatz sei er »den bayerischen Ärzten und Patienten« einfach schuldig. Der bayerische Sonderweg ist Söders Spezialität über Ressorts und Themen hinweg. Und Demos sind sein neues Wohnzimmer. Auch gegen die grüne Gentechnik geht er auf die Straße und warnt vor den »Gewinnbestrebungen einzelner Gen-Heuschrecken«. Er ist Regierungsmitglied und außerparlamentarische Opposition zugleich. Die Gunst der Fachärzte hat sich Söder wie üblich mit ein paar hübschen Blüten politischer Dichtkunst gesichert: »Therapie statt Bürokratie«, »Freiberuflichkeit statt Staatsmedizin«. Donnernder Applaus bei der Demo. Die »Süddeutsche Zeitung« kürt Söder zum »Ärzteflüsterer«.

Die Flüsterei funktioniert aber nur mit den Fachärzten. Mit den Hausärzten führt Söder einen Kampf, der ganz nach seinem Geschmack ist. Er hat einen anständigen Gegner, nämlich den

Hausärzte-Chef Wolfgang Hoppenthaller, einen Pokerspieler, der den Aufstand probt und mit seinen Leuten aus dem Kassensystem aussteigen will. »Das war eine echte Herausforderung«, sagt Söder heute. »Wenn ein paar Tausend Hausärzte aus der kassenärztlichen Versorgung ausscheiden, hat man sofort eine Unterversorgung in Bayern.« Hoppenthaller, ein knorriger Niederbayer, hat seine 7000 Mitglieder dazu aufgerufen, ihre Kassenzulassung zurückzugeben. Seehofer und Söder wollen das verhindern. Immerhin hat Söder den Hausärzten sein Wort gegeben, dass sie auch künftig nicht schlechter dastehen werden. Aber das reicht Hoppenthaller nicht. Söder ist in einer komfortablen Situation: Er ist jetzt die Stimme von Gesetz und Vernunft gegen die Gier der Ärzte.

Söder gegen Hoppenthaller, das ist ein Streit von zwei Menschen, die Traurigkeit kaum kennen. Der Gesundheitsminister schaltet Zeitungsanzeigen, die sich an die Ehefrauen von Hausärzten richten: Wenn Ihr Mann aussteigt, so die Botschaft, werden Sie große wirtschaftliche Verluste haben. Auch eine Hotline für Arztfrauen gibt es. Dann stimmen die Hausärzte im Dezember 2010 in der Nürnberger Arena über die kollektive Rückgabe ihrer Kassenzulassungen ab. Söder ist an dem Abend bei der Weihnachtsfeier des Kabinetts in der Nähe von Freising. Handyempfang gibt es nur auf einem nahe gelegenen Friedhof, zu dem er immer wieder stapft, um sich von seiner Beobachterin in der Halle informieren zu lassen. Irgendwann kommt die Nachricht: Hoppenthallers Gegner haben sich durchgesetzt, nur 43 Prozent der Ärzte wollen den Ausstieg. Söder möchte die persönliche Färbung des Konflikts nicht verbergen, auch einen Tag vor Heiligabend nicht: »Gestern war ein guter Tag für die Patienten im Freistaat, und ein schlechter Tag für Wolfgang Hoppenthaller.« Der Ärzte-Chef tritt zurück.

Als Gesundheits- und Umweltminister ist die Gefahr groß, auch mal eine Krise managen zu müssen. Bei Söder wird das die Schweinegrippe. Sie tritt zuerst in Mexiko auf, Söder witzelt noch, dann verhänge man halt einen Importstopp für Schweinefleisch aus Mexiko. Zwei Tage später erfährt er: Es gibt einen

Fall in Bayern: ein Mann, der in Mexiko im Urlaub war. Die Ärzte in der Regensburger Uniklinik bangen um sein Leben. Söder fährt nach Regensburg, es ist ernst, und doch muss seine ganze Entourage auf dem Weg durchs Krankenhaus plötzlich laut auflachen. Auf dem Speiseplan der Krankenhaus-Kantine steht: »Schweinesteak mexikanischer Art«. Söder wirkt souverän in diesen Wochen, sogar aus dem SPD-geführten Bundesgesundheitsministerium wird ihm eine »konstruktive Zusammenarbeit« bestätigt. Söders Leute sagen: »Von wegen Spaßpolitiker. Er weiß, wann es ernst wird.«

Die zwölf Apostel

Im inoffiziellen Wettbewerb von Seehofers Nachwuchskräften ist die Lage immer ernst. Seehofer hat die CSU erst mal stabilisiert, auch auf Kosten des überforderten Koalitionspartners FDP. Er hat ihr neues Selbstbewusstsein eingehaucht, was ihm die Freiheit gibt, sich vom Start weg lustigen Spielchen mit seinen mittelfristigen Nachfolgern zu widmen. »Zwölf Apostel« werde er aufbauen, kündigt Seehofer übermütig an, zwölf Nachwuchshoffnungen der CSU, die für alle Ämter infrage kommen. Das klingt nach seriöser und vorausschauender Personalplanung. Die Realität gemahnt dann eher an eine besonders harte Folge von »Game of Thrones«.

Im Frühjahr 2009 gibt Seehofer eine überraschend klare Wasserstandsmeldung dazu ab, welchen seiner Apostel er vorne sieht: Karl-Theodor zu Guttenberg. »Er ist unter Guten bisher der Beste.« Und auch andere CSU-Größen outen sich als Fans des Oberfranken, Peter Gauweiler zum Beispiel erklärt Guttenberg zur Verkörperung der »neuen German Lässigkeit«. Was soll dann demnach Söder sein, der seit Jahrzehnten verbissen an der Karriere bastelt? All das nagt an Söder, sein Umfeld bekommt oft und ohne falsche Scheu in der Wortwahl zu hören, was er von Guttenberg und Seehofer hält.

Ständig kommt es in diesen Jahren zu kleinen bis etwas größeren Scharmützeln der Damen und Herren Apostel, wobei auffällt, dass Söder bei fast allen beteiligt ist. Der putzigste Schaukampf steigt im Frühjahr 2009, als Christine Haderthauer im Ingolstädter Lokalradio gesteht, dass sie Franz Josef Strauß nicht als Vorbild empfinde: »Da gab's ja dann doch viele Dinge, die ich jetzt vielleicht anderen nicht zur Nachahmung empfehlen würde.« Söder nutzt natürlich die Gelegenheit, für seinen Übervater das Schwert zu zücken: »Für mich und jeden echten CSUler ist Strauß das große Vorbild.«

Unter dem Vorwand fachlicher Differenzen findet Söder auch immer wieder Gelegenheit, Ilse Aigner zu piesacken. Besondere Freude bereitet es ihm, die Bundeslandwirtschaftsministerin bei seinem Leib-und-Magen-Thema vor sich herzutreiben: der Ablehnung grüner Gentechnik. Als Aigner den versuchsweisen Anbau der Genkartoffel Amflora erlaubt, wirft sich Söder in Entrüstungspose: »Ich bin sehr enttäuscht. Es ist das falsche Signal.« Und als die Infektion EHEC das Land in Sorge versetzt, schaltet sich Söder auch auf Bundesebene massiv ein, nicht zur Freude der zuständigen Bundesministerin Aigner. Söder-Alliierte verbreiten unter Bundestagsabgeordneten und Journalisten: »Der Horst hat den Markus gebeten, sich zu kümmern. Die Ilse packt's nicht.«

So gut es läuft für Söder, für Guttenberg läuft es noch besser. Söder muss mit ansehen, wie der Rivale sich langsam absetzt. Auf dem CSU-Parteitag im Sommer 2009 erhält der oberfränkische Vorsitzende Guttenberg das beste Ergebnis aller Bezirkschefs, während der Nürnberger Vorsitzende Söder auf den Mittelrängen landet. Wenig später wird Guttenberg ins CSU-Präsidium gewählt, die engere Parteispitze. Söder verzichtet aus guten Gründen auf eine Kandidatur. Immer deutlicher zeichnet sich ab, dass Guttenberg sich langfristig auf die Berliner Schiene festgelegt hat, während Söder beteuert, ihn interessiere die Hauptstadt nicht. »Ich bleibe definitiv in Bayern«, sagt er. »Jeder muss wissen, wo er hingehört. Ich gehöre nach Bayern.« Auch wegen seiner Kinder wolle er seinen Lebensmittelpunkt in Nürnberg behalten.

Vogelrettung am Gardasee

Die Meinungen, ob man Söder schleunigst nach Berlin expedieren sollte, gehen im Umwelt- und Gesundheitsministerium weit auseinander. Während die Gesundheitsexperten sich mit dem Helden des Ärztestreits ganz gut arrangiert haben, hatten die Umweltexperten – unter denen es traditionell weniger linientreue CSU-Leute gibt – vom Start weg Bedenken. Schon die Vorstellung des neuen Ministers in der Runde der Abteilungsleiter sei danebengegangen, erinnert sich ein Teilnehmer. Söder habe gesagt, Naturschutz sei ihm wichtig, er habe ja auch einen Hund daheim. Viele Ministerialen vermissen bei ihm die Ernsthaftigkeit.

Dabei bescheinigen sie ihm durchaus, komplexe Themen »durchdringen zu wollen« und »sich Expertise anzuhören«. Die Entscheidungen seien dann aber »nur auf den politischen Effekt getrimmt« – Söder wolle immer irgendeinem Zielpublikum gefallen. »Die Sachkompetenz seines Hauses ignoriert er völlig.« Immer werde alles »nur nach Pressetauglichkeit bewertet«. Wenn Söder zum Beispiel zum Weltklimagipfel nach Cancún fliegt, dann bewege ihn erst mal nicht das Weltklima, sondern die Frage, wo er einen Sombrero für ein Themen-Foto Mexiko herbekommt, schimpft ein Kritiker. Söders Vertraute halten dagegen, dass die Beamten damals einfach »eifersüchtig« waren, weil der Minister »sich auch viel Input von außen geholt« habe. Im Übrigen sei ihnen wohl »die Taktung zu heftig« gewesen: »So viel Tempo und Arbeit waren die nicht gewohnt.«

Auf jeden Fall hadern die Fachleute mit dem eher unwissenschaftlichen Herangehen ihres Ministers. »Söder macht aus der persönlichen Erfahrung Politik«, meint einer, das könne »kuriose Züge« annehmen: »Er sieht am Sonntagabend daheim ›Jurassic Park‹, wo es um Dinosaurier-DNA geht, und am nächsten Morgen will er eine Gen-Datenbank bedrohter Arten anlegen lassen. Damit man sie nach ihrem Aussterben wieder erschaffen kann.« Die Ministerialen regen an, ob man nicht besser alle Kraft auf den Erhalt dieser Arten im Hier und Jetzt konzentrieren sollte. Als Söder im Ministerium einen »Raum der Stille« einrichten lässt, ganz in Blau, mit Wellenmustern an der Wand und einem echten kleinen Wasserlauf – da scherzen Mitarbeiter, das sei jetzt der »Panic Room«, wenn man mal wieder das Bedürfnis habe, vor dem eigenen Minister zu fliehen.

Dann ist da noch die Schweden-Reise, die Söders Reputation im Haus auch nicht gerade erhöht. Das Pikante an der Schweden-Reise ist, dass sie nicht stattfindet. Aus dem Bauch des Ministeriums hört man folgende Version der Geschichte: Schweden sei ein gutes Ziel für eine Informationsreise, da sind sich die Ministerialen einig. Das Land hat sich schon 1979 zum schrittweisen Ausstieg aus der Kernenergie entschlossen, diesen aber nie ganz vollzogen – die Herausforderungen der Energiewende sind dort sehr plastisch zu besichtigen. Die Beamten freuen sich über das Interesse ihres Ministers und machen sich mit Eifer an das Reiseprogramm. Die deutsche Botschaft in Stockholm hilft bei der Vereinbarung von Terminen.

Es läuft gut, finden die Münchner Reiseplaner, nach einigen Wochen haben sie ein hochkarätiges fachliches und politisches Programm beisammen. Das ist der Punkt, an dem sie ihr Minister mit einem Zusatzwunsch überrascht: Er würde gern die schwedische Kronprinzessin Victoria treffen. Sie sind überrumpelt, auch die Tangente zum Thema Kernkraft erschließt sich ihnen nicht. Aber sie fragen natürlich an in Schweden. Ergebnis: Das klappt nicht mit der Prinzessin. Daraufhin sagt Söder die Reise ab. Heute heißt es in Söders Umfeld, so konkret sei die Schweden-Planung damals nicht gewesen. Gescheitert sei das Ganze letztlich, weil man keine Fachtermine zum Thema Klimawandel organisiert bekam.

Die schwedische Angelegenheit hat Legendenrang im bayerischen Umweltministerium, aber als Musterstück Söder'scher Polit-PR bleibt eine andere Exkursion im Gedächtnis. Im Herbst 2009 reist Söder an den Gardasee, um dort mit Ministerhand arme bayerische Zugvögel aus den Netzen italienischer Wilderer zu retten. Das Thema liegt seiner Frau am Herzen, verrät er später. Er ist ja allzeit nah am Menschen, in seiner aktuellen Funktion ist er auch erstaunlich nah am Tier.

Praktischerweise ist am Gardasee ein Fotograf zugegen, als Söder mit angemessen ernstem Blick einen Käfig mit geöffnetem Türchen in die Höhe stemmt und ein sympathisches grüngelb-graues Vögelein in die Weite schwebt. Wahrscheinlich schnurstracks über die Alpen heim in den Freistaat. Der »Bild«-Zeitung ist das die bis heute lesenswerte Schlagzeile »Söder befreit bayerische Singvögel aus italienischen Käfigen« wert. Den Bayernvögeln drohte demnach die Verspeisung in italienischen Gourmet-Restaurants, hätte nicht der zuständige Minister in letzter Minute Hand angelegt: »Der Erlenzeisig blickt schüchtern auf die geöffnete Käfigtür.«

Das Problem an diesem Heldenepos ist: Der Erlenzeisig ist ausweislich des Fotos in Wahrheit ein Grünfink – und der Grünfink kein Zugvogel. Söder hat einen waschechten Italiener vor dem Kochtopf bewahrt, wenn überhaupt. Weil die peinliche Geschichte von einem Ministerialen der Presse gesteckt wird, habe Söder, so heißt es, eine aufwendige Suche nach dem Leck in seinem Haus gestartet. Unter den Beamten ist von »Stasi-Methoden« die Rede. Söder-Vertraute beteuern bis heute, der Minister habe wirklich einen bayerischen Vogel befreit; lediglich für die »Bild« habe man ein Foto mit dem italienischen Piepmatz gestellt.

Immer, wenn so etwas an die Öffentlichkeit kommt, kramen Journalisten aus dem Archiv ein kleines »Best-of« von Söders seltsamen Eingebungen der Vergangenheit hervor: Asyl für das Sandmännchen, Seele für die Mainzelmännchen. Bikinis für die Hauptstadtpresse! Das alles klebt an ihm. Es ist schwer, dem eigenen Ruf zu entfliehen. Aber das hat Markus Söder sich selbst eingebrockt.

Und wie hat sich das Söder-Bild von Naturschützer Ludwig Sothmann entwickelt, nach dem sehr guten Auftakt? Auch in der Folgezeit sei der Kontakt sachlich und fair gewesen, sagt Sothmann, der 2014 den Vorsitz des Landesbunds für Vogelschutz aus Altersgründen nach 36 Jahren abgab. Söder habe sich bei den Naturschützern nicht angebiedert, er habe zugehört und sich immer wieder von ihren Argumenten überzeugen lassen. Zum Beispiel, statt auf Wasserkraft lieber auf Windkraft zu setzen. Sothmann ist aufgefallen, dass Söder mit ihm und überhaupt mit Naturschützern bisweilen besser umgegangen sei als mit den meisten seiner eigenen Ministerialbeamten. Außerdem sei er »verlässlich gewesen und hat gehalten, was er zugesagt hat«. Selbst wenn Kritik daran aufkam. Klar sei Söder ein »PR-Mann«, der schnell und geschickt »eingängige Motive« für Fotografen und Kameraleute inszenieren konnte. Aber daran sei nichts schlecht, sagt Sothmann, wenn es der guten Sache diene.

Hört man sich in der Naturschutz-Szene ein bisschen weiter um, kommt man zu dem Ergebnis: Der Umweltminister Söder hat einiges vorangetrieben. Aber fühlte er sich diesen guten Sachen auch tief verpflichtet? Diesen Eindruck hat fast niemand gewonnen. Sonst, sagt ein Aktivist, hätte er nicht in München als Öko-Markus renommieren können – und zu Hause in Nürnberg als Business-Söder. In dieser Funktion will er den Nürnberger Flughafen mittels eines Tunnels mit der Autobahn verbinden, ein Projekt, für das mehr als 20 Hektar Bannwald abgeholzt werden müssten. Wenn SPD und Grüne anmerken, dass man diese 30 000 Bäume nicht opfern sollte, schilt Umweltminister Söder sie als »Ideologen«. Söder sagt, das sei halt alles eine Abwägungsfrage. Und hier entscheide er sich in der Abwägung für die wirtschaftliche Entwicklung der Stadt.

Auch bei Artenschützer Sothmann fällt das Resümee zehn Jahre nach dem ersten Anruf Söders gespalten aus. Auf die lange Strecke täten sich bei Söder große Widersprüche auf: So habe er als Finanz- und Heimatminister den Alpenplan, der dem Schutz der Berge dient, für eine Liftanlage am Riedberger Horn im Allgäu aufbrechen lassen. »Völlig unverständlich und für den Naturschutz höchst gefährlich«, sagt Sothmann. Und auch die Erlaubnis für Kommunen, auf der grünen Wiese Gewerbegebiete ausweisen zu können, passe gar nicht zu einem ehemaligen Umweltminister.

Abschied vom Baron

Neben Umwelt und Gesundheit beschäftigt sich Söder von 2009 an auch schon wieder mit der eigenen Zukunftsplanung. Da Guttenberg zum Verteidigungsminister avanciert, würde auch Söder eine Aufwertung guttun. Eine Weile hat er den Job des Fraktionschefs im Auge, Amtsinhaber Georg Schmid gilt als Leichtgewicht. Aber die Überlegungen bleiben theoretisch. Bei der Bundestagswahl 2009 bekommt die CSU 42,6 Prozent – das schlechteste Ergebnis im Bund seit 1949. Der Aufbruch unter Seehofer ist schon wieder ins Stocken geraten, manchen gilt er als »Parteichef auf Abruf«. Dass der Unmut nicht eskaliert, liegt wohl vor allem daran, dass die Partei nicht schon wieder die Schmerzen eines Umbruchs ertragen will. In Kreuth 2010 stänkert Söder ein bisschen mit: Das Landesbank-Desaster, warnt er, könne der CSU so wehtun, dass der Abstieg zum »einfachen Landesverband der CDU drohe«. Seehofer lässt daraufhin wissen, er wolle keine »überflüssigen Interviews« mehr hören. Das Verhältnis der beiden bekommt kleine, aber unübersehbare Risse.

Am 1. März 2011 fallen im Hause Söder Weihnachten und Ostern zusammen. Karl-Theodor zu Guttenberg erklärt nach der Plagiatsaffäre um seine Doktorarbeit seinen Rücktritt vom Amt des Bundesverteidigungsministers. Der Planet KT, der sich zwischen Söder und die Sonne geschoben hatte, ist implodiert. Söders gute Laune in schweren CSU-Zeiten fällt sowohl im Ministerium als auch im Landtag auf. Das Personalkarussell in der Partei kommt jetzt in Fahrt, und für ein paar Runden ist Söder mit an Bord. Als das Karussell wieder steht, ist Söder zwar immer noch, wo er war. Aber ein Konkurrent hat schlimme Schrammen abgekriegt.

Für den Morgen nach Guttenbergs Rücktritt bestellt Seehofer seine Apostel in die Staatskanzlei ein. Söder ist da, Finanzminister Fahrenschon, auch Innenminister Herrmann soll noch kommen. Vor Seehofers Büro warten Kultusstaatssekretär Marcel Huber, Vize-Landtagsfraktionschef Thomas Kreuzer und der Landtagsabgeordnete Bernd Sibler. Sie sind die Statisten, die gebraucht werden, wenn ein Münchner Minister nach Berlin wechselt und Seehofer sein Kabinett umbilden muss. Draußen sitzt auch Fahrenschons Frau Karin.

Der Verlauf des Morgens lässt sich so rekonstruieren: Seehofer eröffnet Söder und Fahrenschon, dass die CSU in Absprache mit Merkel das Verteidigungsministerium abgeben wird – dafür könne man das Innenressort besetzen. Erster Anwärter sei natürlich Joachim Herrmann, der sich in Bayern ja schon Meriten als Sicherheitsgarant erworben hat. Seehofer fragt Söder, ob er sich vorstellen könnte, Herrmann im Landeskabinett zu folgen. Söder sagt, ja, Inneres im Land könne er sich gut vorstellen. Seehofer ist zufrieden: Einer der Herren draußen vor der Tür müsste dann halt Umwelt machen. Da schlägt die Nachricht von Herrmanns Absage ein, es heißt, seine Frau Gerswid sei dagegen. Er werde an diesem Morgen gar nicht in die Staatskanzlei kommen.

Seehofer, überhaupt nicht begeistert von Herrmanns Nein, informiert Fahrenschon, dass Merkel auch ihn als Bundesinnenminister akzeptieren würde. Fahrenschon sagt, er müsse nachdenken und auch erst seine Frau fragen, die ja praktischerweise draußen warte. Nach einer Weile kommt Fahrenschon zurück und bittet, seine Frau mit in den Raum bringen zu dürfen. Okay, sagt Seehofer, leicht irritiert. Über den Fortgang der Ereignisse gibt es dann zwei Versionen, in beiden steht Karin Fahrenschon im Mittelpunkt. In der einen Version fleht sie Seehofer eindringlich an, ihren Mann nicht nach Berlin zu schicken. In der anderen Version erklärt sie Seehofer mit Nachdruck, dass ihr Mann ganz sicher nicht nach Berlin gehen werde. Mit so viel Nachdruck, heißt es, dass ein Stift durch die Luft fliegt und den Ministerpräsidenten des Freistaats Bayern trifft.

Am Ende geht Fahrenschon nicht nach Berlin. Wahrscheinlich nimmt Seehofer, der einen Mangel an Ambition weder verstehen noch leiden kann, in diesem Moment gedanklich eine Neuordnung der Apostel-Rangliste vor: Fahrenschon wird nach hinten strafversetzt. Bald wird er ganz aus dem Rennen ausscheiden und doch nach Berlin gehen – allerdings als Präsident des Sparkassenverbands, eine Stelle, die weit besser dotiert ist als die eines Bundesministers. Söder bleibt vorerst, was er ist. Als neuer Bundesinnenminister wird Landesgruppenchef Hans-Peter Friedrich zwangsverpflichtet. Söder ruft derweil Karl-Theodor zu Guttenberg nach: »Natürlich sind wir geschwächt. Die gesamte Union kann diesen Abgang nur schwer verkraften.« Für die Union mag das stimmen. Für Markus Söder nicht.

Fukushima

An einem Samstag im März 2011 sitzt Söder in seinem Haus in Nürnberg vor dem Fernseher. Er sieht die Bilder aus Japan, die Bilder der Katastrophe im Kernkraftwerk Fukushima: die Macht des Tsunamis, die Wassermassen. Dann die Explosion des Atommeilers, gräulich weißer Rauch überall. »Ich dachte mir gleich: Wir leben in einer neuen Zeit«, sagt Söder im Rückblick. »Wenn die angeblich sichersten Kernkraftwerke der Welt in Japan nicht sicher sind, dann müssen wir das auch bei uns neu bewerten.«

Bis dahin hatte Söder die Kernkraft immer recht eifrig gepriesen: »Die bayerischen Kernkraftwerke gehören zu den international anerkanntesten und sichersten weltweit.« Grüne Bedenken tat er gönnerhaft ab. Im Juli 2009 forderte er, die Laufzeiten für alle Atomkraftwerke um »jeweils mindestens acht bis zehn Jahre« zu verlängern. Und jetzt? Gibt Söder der »Süddeutschen Zeitung« ein Interview: »Japan verändert alles.« Bayern soll raus aus der Atomkraft.

Großereignisse, erklärt Söder heute, hätten schon immer die Kraft gehabt, politische Positionen zu erschüttern. Er zitiert Joschka Fischer, der erst nach dem Massaker von Srebrenica anders über Militäreinsätze im Ausland gedacht habe. Und auch an den Bürgern gehe so etwas wie Fukushima ja nicht einfach vorüber. Mit dem Begriff Tschernobyl könnten junge Leute nichts mehr anfangen, aber nun hätten sie ihr eigenes emotionales Schlüsselerlebnis: »Das grundlegende Vertrauen in die Kernenergie war tief erschüttert. Darauf muss die Politik reagieren.«

Wenige Tage nach der Katastrophe steht Söder am Rednerpult des Bayerischen Landtags und sagt: »Es gibt Tage, da verändert sich die Welt. Das Vertrauen in die Möglichkeiten der Technik und des wissenschaftlichen Fortschritts ist erschüttert.« Als er beteuert, dass »wir nie Kernkraftfetischisten waren«, müssen sogar ein paar Zuhörer in den CSU-Reihen lachen. So richtig kräftig ist die Unterstützung aus der eigenen Partei nicht. Söder vollzieht eine Wende mal wieder viel schneller als die anderen. Seine Parteifreunde können Jahrzehnte der Atomgläubigkeit nicht einfach so abschütteln. Söder schon.

Er versucht, den Zögerlichen eine Brücke zu bauen: »Veränderungen sind kein Verrat an der Vergangenheit.« Drüberspazieren will kaum einer. Dann kündigt er an: »Das Atomzeitalter geht zu Ende, auch in Bayern.« Bis 2020, spätestens 2022 soll der Freistaat aussteigen aus der Kernkraft. Die Opposition im Landtag nimmt ihm das nicht ab. Grüne und Rote glühen wie eine Batterie Brennstäbe, es fehlt ja auch nur noch, dass Söder sich einen dieser Sticker auf den Anzug pappt, »Atomkraft? Nein danke«. Die Abgeordneten haben Söder hier im Plenum schon oft rambohaft erlebt. Jetzt sagt er: »Nachdenklichkeit ist besser als Rechthaberei.« Als Merkels schwarz-gelbe Koalition in Berlin den Ausstieg auch für 2022 fixiert, freut sich Söder, »dass das Zieldatum übernommen wurde, das wir in Bayern vorgeschlagen haben«. Am 17. März 2011, nur sechs Tage nach dem Beginn des Dramas von Fukushima, wird um Punkt 16 Uhr das Kraftwerk Isar 1 bei Landshut vom Netz genommen.

Wie bei seinem Nein zum Donauausbau und zur grünen Gentechnik ist Söder auch beim Atomausstieg dem Zeitgeist gefolgt – diesmal in Zeitraffer und unter dramatischen Umständen. Er hat seine Chance gesehen und sie ergriffen. Er war schneller und schmerzfreier als die meisten anderen in CSU und CDU. Als sie noch nachdachten, wie man den Übergang moderieren könnte, war Söder schon gesprungen und winkte von der anderen Seite. Dieser Instinkt ist zweifellos eine Stärke, aber auch ein bisschen verstörend. Söder hat wieder mal auf eine Stimmung reagiert, nicht auf Sachgründe. Die Sachgründe gegen die Atomkraft waren ja schon vorher da. Sie haben Söder nur nicht interessiert.

Der Stimmungspolitiker Söder weiß, dass sein waghalsiges Manöver dem Publikum viel abverlangt, vor allem den eigenen, jahrzehntelang auf Kernkraft eingeschworenen Leuten. Deshalb will er das wohl nicht überbetonen. Eineinhalb Jahre später kommt ans Tageslicht, dass in den bewegten Tagen nach Fukushima eine Söder-Sprecherin beim Bayerischen Fernsehen intervenierte. Die »Rundschau«-Redaktion hatte sich erdreistet, zwei widersprüchliche Äußerungen Söders zur Atomkraft vor und nach Fukushima zu vergleichen. In späteren Ausgaben der »Rundschau« fehlte der Beitrag dann, was aber laut BR ausschließlich journalistische Gründe hatte.

Das Frühjahr 2011 ist eine goldene Periode auf Söders langem Weg zur Macht. Sein schärfster Konkurrent Guttenberg ist weg. Und Söder hat ein großes, ein wirklich großes Thema gefunden, das Mainzel- und Sandmännchen vergessen machen könnte. Er doziert jetzt über den Atomausstieg, die Energiewende und überhaupt die »Aussöhnung von Ökologie und Ökonomie«. Dass daran Realo-Grüne wie Fritz Kuhn oder Winfried Kretschmann schon Jahrzehnte arbeiten – geschenkt.

Man könnte nun meinen, Markus Söder habe sein Lebensthema gefunden. Aber Söder ist einer, der selbst mit Lebensthemen in ein paar Jahren durch ist. Wenn es Uniformen für Fachminister gäbe, Söder würde sie so mühelos an- und ausziehen wie seine Kostüme in Veitshöchheim. Er war ein Brüssel-Nörgler und wurde ein begeisterter Europaminister, er war ein Grünen-Fresser und wurde ein engagierter Umweltminister. Was ist er wirklich? Wendig und geschickt, eiskalt und knallhart. Söder, sagen Parteifreunde, sei ein Mann, der immer schon an das nächste Amt denkt. Und an das übernächste wahrscheinlich auch.

An einem Augusttag 2011 unternehmen Söder und Seehofer eine kleine Bootspartie. Das Fränkische Seeland, ein künstlich angelegtes Naherholungsgebiet eine halbe Autostunde südwestlich von Nürnberg, feiert sein 25-jähriges Bestehen. Zur Feier des Tages schippern die beiden mit dem Motorschiff »Altmühlsee« über den Altmühlsee. Seehofer soll mal das Steuerrad übernehmen für ein Foto. Doch als er auf der Brücke ankommt, hat es Söder schon fest in der Hand. »Geh weg vom Steuer«, schnauzt ihn Seehofer an. »Das dauert noch ein paar Jahre.« Söder grinst und sagt: »Ich übe schon mal.« Spätestens jetzt muss Söders Kurs allen klar sein.

EXKURS
Ein Chef zum Verkriechen: Söders Umgang mit Mitarbeitern

Es gibt eine Geschichte, die unter Münchner Politikern und Journalisten oft erzählt wird, um den angeblichen Jähzorn des Markus Söder zu belegen.

Söder steht im Ruf, vor allem in jüngeren Jahren im Umgang mit Mitarbeitern häufiger die Beherrschung verloren zu haben. Manchmal soll er sogar Gegenstände aller Art und Größe durch die Gegend gepfeffert haben, oder irgendetwas kaputt geschlagen, und sei es einen Glastisch. Einen solchen hatte er als Umweltminister im Büro stehen, der Geschichte zufolge allerdings nicht sehr lange. Söder soll nämlich im Rahmen eines Wutausbruches ob der Unfähigkeit eines Mitarbeiters so hart auf den Tisch eingedroschen haben, dass dieser zerbarst. Sogar eine blutige Handverletzung habe der Minister dabei davongetragen, heißt es.

Wenn man der Geschichte nachgeht, landet man bei Reinhold Michels, einem angesehenen politischen Redakteur der »Rheinischen Post« in Düsseldorf, der inzwischen im Ruhestand ist. Vor etwa acht Jahren hat er den Umwelt- und Gesundheitsminister Söder für ein Interview in München besucht. Michels war dabei, als der Glastisch kaputtging.

Der Tisch, erzählt Michels, war oval, massiv, offenbar neu. Söder und eine Sprecherin saßen auf der einen Seite, Michels auf der anderen. Dazwischen Wasserflaschen, Gläser und Michels' Aufnahmegerät. Genau bei Minute 7:00 der Aufnahme gibt es einen fürchterlichen Knall. Der Tisch brach in der Mitte durch, Flaschen und Gläser fielen herunter. Söder hatte damit rein gar nichts zu tun. »Er war mitten in einer Antwort«, berichtet der Reporter. »Der Tisch ist von selbst explodiert.« Es müsse einfach eine Fehlproduktion gewesen sein, so was gibt es: Möbelexperten sprechen von einem »thermalen Schock«, das Material könne sich bei Temperaturschwankungen ausdehnen und bersten.

Michels' Hälfte des Tisches blieb stehen, die andere stürzte in Richtung Söder. An der Bruchkante eines Glasstückes schnitt sich der Minister die Innenhand auf und blutete heftig. »Hoppla, hoppla, was war denn das jetzt?«, rief Söder. Michels weiß das genau, er hat es ja auf Band. Mitarbeiter, die den Knall gehört haben, stürmten herein – ihr erster Gedanke war, dass der Gast irgendetwas angestellt haben könnte. Söder, sagt Michels, sei dann ins Krankenhaus gefahren worden und eine Stunde später wiedergekommen, die verletzte Hand und den Unterarm dick verbunden. »Das ziehen wir jetzt durch«, habe Söder gesagt und das Interview zu Ende gebracht.

Die Geschichte vom zerborstenen Glastisch mahnt zur Vorsicht, wenn man mit Horror-Storys über Söders Umgangsformen im Arbeitsalltag konfrontiert wird. Es passt natürlich jede Schrecklichkeit ins Bild: Söder soll ja bekanntlich auch politisch über Leichen gehen. Man findet tatsächlich leicht Stimmen, die das bezeugen – meistens allerdings Leichen. Vielleicht ist es sinnvoller, nicht einzelne Stimmen in all ihrer Subjektivität zu zitieren, sondern den Eindruck wiederzugeben, der sich aus Gesprächen mit vielen Dutzend Wegbegleitern Söders ergibt. Der Eindruck ist nicht brandaktuell, weil sich Menschen, die vor fünf oder zehn Jahren mit ihm gearbeitet haben, natürlich leichter tun, darüber zu sprechen, als aktuelle Mitarbeiter. Genau wie die Berichte über den eiskalten Machtpolitiker sind im Übrigen auch die Berichte über den schwierigen Vorgesetzten Söder praktisch versiegt, als er als nächster Ministerpräsident feststand.

Einer, der nah dran war an Söder, bringt die Komplexität der Sache auf den Punkt: »Ich bin sicher, dass er ein starker Ministerpräsident wird. Er hat große Stärken. Zu seinen Schwächen gehört aber der menschliche Umgang.«

Söder, heißt es, lebe bescheiden, stehe wirklich auf McDonald's und könne es kaum fassen, dass jemand 200 Euro für eine Flasche Wein ausgibt. Er sei unheimlich fleißig und diszipliniert, er sei blitzgescheit und sprudle vor Ideen. Er habe einen überragenden politischen Instinkt. Er sei ein begnadeter Verkäufer, er würde aus einer heruntergekommenen Frittenbude in drei Wochen ein Gourmetrestaurant machen. Er sei sehr effizient, für eine Talkshow-Vorbereitung genüge ihm eine knappe Stunde im Flugzeug. Man erlebe Politik mit ihm von ihrer spannendsten Seite, man könne viel von ihm lernen. Er schätze Widerspruch und höre sich andere Meinungen meistens an. Er analysiere ernsthaft, wie man Dinge, die schlecht gelaufen sind, besser machen kann.

Er sei eine Herausforderung für seine Mitarbeiter, weil nicht jeder seinem krassen Arbeitsrhythmus folgen könne oder wolle. Früher habe er am Abend seinen Chauffeur zum Münchner Hauptbahnhof geschickt, damit er als Erster die druckfrische »Abendzeitung« bekommt. Heute fiebere Söder den Digitalausgaben der Zeitungen entgegen, die ab 19 Uhr verfügbar sind. Auch an einem freien Sonntag hole er um halb sieben in der Früh die »BamS« von der Tankstelle und erwarte, dass seine Mitarbeiter das auch tun. Man könne mit ihm eigentlich nur über drei Dinge reden: Fußball, Film und Politik. Auch im Urlaub könne er selten wirklich abschalten, er rufe dauernd im Ministerium an, weil er fürchte, etwas zu verpassen. Früher habe er sich jeden Tag den Pressespiegel faxen lassen. Ihm gehe die Außendarstellung über alles: Wenn bei einem Termin auf dem Land das Lokalfernsehen mal nicht da sei, würde er am liebsten sofort wieder heimfahren.

Er richte sich immer nach dem Wind. Er sei tief misstrauisch, er kenne nur Freunde und Feinde. Er nehme alles persönlich: Wenn irgendetwas gegen ihn laufe, wittere er sofort eine Kampagne. Jemand wolle ihn fertigmachen oder vernichten, das seien die Kategorien, in denen er denke.

Er beurteile Menschen danach, was sie ihm nützen. Er habe einen Beißreflex, wenn er jemanden für schwach halte. Man dürfe sich bei ihm nicht ducken, sonst habe man verloren. Er könne fast kindlich beleidigt sein, er rede tagelang nicht mit Mitarbeitern, auf die er sauer ist. Wo Söder sei, gebe es auch mal Tränen. Er mache gestandene Abteilungsleiter runter wie Kinder. Er flippe wegen Winzigkeiten aus: weil bei einer Veranstaltung eine Tür offen sei, weil ein Accessoire für ein Foto fehle. Wenn ihm bei einer Sitzung die Anordnung der Tische nicht passe, trete er schon mal mit Wucht dagegen. Und ab und an fliege etwas gegen die Wand oder auf den Boden, sei es ein Stift, eine Aktenmappe oder eine Wurst.

Manche Mitarbeiter hätten Angst, wenn er anrufe, und würden vermeiden, mit ihm in einem Aufzug allein zu sein. Viele hätten panische Angst davor, in seinen Augen etwas falsch zu machen. Nach der Glastisch-Explosion habe sich in einem Ministerium voller Ärzte minutenlang niemand gefunden, der den Minister verbinden wollte. Wenn es allerdings jemand gar nicht mit ihm aushalte, helfe er demjenigen eigentlich immer, einen neuen Job zu finden.

Es fällt auf, dass fast keiner der Ehemaligen, mit denen man spricht, von Revanchegelüsten getrieben zu sein scheint. So ist das auch bei einigen Frauen, die alle im weitesten Sinn im beruflichen Kontext mit Söder zu tun hatten und mit uns nur unter der Bedingung offen reden, nicht namentlich zitiert zu werden. Sie wollen keinen Ärger mit Söder oder ihm politisch nicht schaden, sie sind ihm dankbar oder haben den unerfreulichen Kontakt einfach abgehakt.

Übereinstimmend erzählen sie von einem Mann, der zumindest in seinen jüngeren Jahren weniger Gentleman gewesen sei als verbaler Macho. Der unpassende Komplimente gemacht und sogar bei öffentlichen Anlässen zotige oder zweideutige Sprüche gerissen habe. Es habe sich bisweilen auch um Anzüglichkeiten der derberen Art gehandelt, für die es an der notwendigen privaten Gesprächsebene gefehlt habe.

Leute, die es gut mit Söder meinen, sagen, dass viele der Dinge, die über ihn kolportiert werden, erstens übertrieben seien und zweitens alt. Im Lauf der Jahre sei er auch im Umgang mit Mitarbeitern und speziell mit Frauen souveräner und zurückhaltender geworden.

Arbeiten mit Söder: Das ist wohl eine Zumutung, aber eine Zumutung, die ein treuer Kreis in Kauf nimmt – eine Handvoll Mitarbeiter sind seit mehr als zehn Jahren bei ihm. Eine sagt: »Wir sind doch der lebende Beweis, dass man es gut mit ihm aushalten kann.« Bei der Frage nach der Wurst als Wurfgeschoss kommt die Frau sehr authentisch ins Lachen: »Eine Wurst würde er schon deshalb nie werfen, weil er sie lieber isst.«

4. Beinahe ein Staatsmann

Wie Söder als Finanzminister zu reifen versucht

Es war nur eine kleine Begebenheit, schon recht früh in Markus Söders Zeit als Umweltminister, aber sie veranschaulicht sehr hübsch, dass ihm das Ressort irgendwann zu klein werden würde. Er besuchte in einem Münchner Tierheim zwei gesundheitlich angeschlagene Igel. Die Igel trugen – angeblich schon vor dem hohen Besuch – die Namen Micki und Mucki. Ein Boulevardblatt widmete Micki, Mucki und Markus ein Foto und die schöne Überschrift »Mei, sind die drei herzig«. Die Sache wäre rund gewesen für den Igel-Freund Söder, hätte nicht eine andere Zeitung unnötig grob darauf hingewiesen, dass einer seiner Rivalen, Finanzminister Georg Fahrenschon, parallel die Landesbank-Krise managte. Jene Überschrift lautete: »Fahrenschon rettet Bayern, Söder die Igel«. Igel, so viel war klar, würden diesen Söder dauerhaft nicht zufriedenstellen können.

Im Oktober 2011 geschieht in der CSU etwas Unerhörtes. Fahrenschon gibt seinen Wechsel zum Sparkassenverband bekannt. Eines der größten Talente der CSU entscheidet sich aus freien Stücken für eine Karriere in der Finanzwirtschaft. Was ist nur aus dieser Partei geworden, fragen sich die Kommentatoren. Horst Seehofer fragt sich das wohl auch, zumal Fahrenschon es nicht für nötig erachtet hatte, den Ministerpräsidenten vorzuwarnen. Dass Fahrenschon sich für das Geld entscheidet und gegen die Macht, das kann Seehofer nicht verstehen. Das verachtet er sogar. Diese Bewertung teilt Söder weitgehend. Er hat seine Grundeinstellung zum Thema einmal so zu Protokoll gegeben: »Geld und Politik geht nicht zusammen. Man muss sich für eines entscheiden. Und der Verdienst als Abgeordneter reicht für ein ordentliches Leben.«

Aus Fahrenschons Umfeld heißt es dagegen: Der Georg wollte sich einfach nicht länger mit dem selbstherrlichen Seehofer herumschlagen, und mit dem überehrgeizigen Söder sowieso nicht. Ein erfahrener CSU-Deuter sagt: »Natürlich muss man in der Politik etwas können. Aber am Ende setzt sich nicht der durch, der etwas am besten kann. Sondern der, der etwas am meisten will.«

Wer wird Finanzminister in Bayern? Zunächst gilt Innenminister Joachim Herrmann als Favorit, aber wie bei praktisch allen Jobangeboten, die ihn ereilen, ist Herrmann zögerlich und dezidiert unbegeistert. 24 Stunden lang darf sich Christine Haderthauer als Erwählte fühlen, dann entscheidet sich Seehofer um. Söder ist da gerade in Nördlingen, er hält eine Kanzelrede in einer Kirche, als Seehofer anruft: »Würdest du dir den Finanzminister zutrauen?«

Als Erklärung für die Entscheidung gegen Haderthauer wird verbreitet, in der bayerischen Wirtschaft wären die Zweifel an ihrer Kompetenz zu groß gewesen. Die zweite Version lautet, dass die mächtige CSU-Landtagsfraktion Haderthauer nicht wollte. Die Wahrheit ist, dass sich in dieser einen Personalie das Massen-Gerangel von Seehofers Kronprinzen verdichtet. Hinterher erzählt Seehofer von einem »sehr ruhigen, geordneten Verfahren«. Aber soweit man das rekonstruieren kann, war daran nichts ruhig oder gar geordnet.

Seehofer hatte zuerst mit Theo Waigels ehemaligem Finanzstaatssekretär Franz-Christoph Zeitler und dem Unternehmer Thomas Bauer geliebäugelt, aber diese Optionen hatte ihm die Fraktion verbaut. Am Samstag, den 29. Oktober 2011, legt sich Seehofer auf Haderthauer fest. Er erreicht sie im Urlaub in Norddeutschland und bittet sie, am Sonntag nach Hause zu fahren, weil er sie am Montag als neue Finanzministerin vorstellen wolle. Die Familie Haderthauer packt gut gelaunt ihre Sachen. Beide übrigens, Seehofer und Haderthauer, wohnen in Ingolstadt.

Am Montag erhält Haderthauer schon einige Gratulationsanrufe, auch aus der Fraktion. Was sie nicht erhält: einen Anruf von Seehofer. Er hat schon längst umgedacht. Aber nicht, wie insinuiert werden wird, auf Betreiben der Vereinigung der bayerischen Wirtschaft oder der Landtagsfraktion. Es sind zwei Einflüsterer mit sehr unterschiedlichen Intentionen, die am Ende den Weg frei machen für Söder: Ilse Aigner und Edmund Stoiber.

Aigner, Bundeslandwirtschaftsministerin und mächtige Vorsitzende der Oberbayern-CSU, kann eigentlich nicht tatenlos zuschauen, wie eine andere Oberbayerin zur wichtigsten Ministerin in München aufsteigt. Mit einem Schlag läge Haderthauer in Seehofers lustigem Apostel- und Kronprinzenspiel vorn. Aigner bringt also die Kunde aus, dass es in ihrem Bezirk Widerstände gegen Haderthauer gebe. Als Aigner mit Seehofer telefoniert, macht ihr der versierte Verhandler klar: Wenn Haderthauer jetzt nicht die starke Frau im Kabinett werden darf, muss Aigner selbst nach der Landtagswahl 2013 in die Landespolitik zurückkehren.

Der Zweite, der sich nun einmischt, ist Stoiber. Er ist es, der Seehofer überzeugt, Söder zum Finanzminister zu machen. Die CSU brauche ein Großkaliber, das auch im Bund entsprechend wahrgenommen werde, argumentiert Stoiber. Es mag sein, dass der CSU-Ehrenvorsitzende das wirklich für die beste Lösung hält. Es mag aber auch sein, dass er im Auftrag seines Schützlings Söder handelt. Dieser hat wohl beschlossen, sich das wichtigste Ministeramt zu sichern, bevor es jemand anderer tut.

Dazu kommt, dass Haderthauer und Söder sich in einer schwer durchschaubaren Hassliebe verbunden sind, bei der mit der Zeit der Liebesanteil rapide schrumpft. Söder hatte so lange hinter vorgehaltener Hand über das »Christinchen« gefrotzelt, bis Haderthauer öffentlich über ihn sagte: »Der wird nicht Ministerpräsident.« Aigner derweil gelangt zu dem Ergebnis, dass sie mit Söder als Finanzminister besser leben kann als mit Haderthauer.

Es ist eine Kalkulation, die gründlich danebengeht: Seehofer und Aigner befördern Söder, der sie dann auch dank dieses neuen Amtes etwa sechs Jahre später in die Knie zwingen wird. Am Montagabend, dem 31. Oktober 2011, ruft Seehofer Haderthauer an und berichtet ihr von unüberwindbaren Widerständen gegen sie. Außerdem könne er auf sie als Sozialministerin nicht verzichten. Es ist der Schlussakt einer politischen Blutgrätsche, wie sie selbst die zweikampfaffine CSU selten erlebt hat.

Forscher Anfang

Fest steht: Söders Aufstieg zum Finanzminister war weder das Resultat einer gewissenhaften Besten-Auslese noch Seehofers Herzenswunsch. Und nicht mal Söders Herzenswunsch, ihn hätte das Innenressort noch stärker interessiert. Von Finanzen, das hatte er sogar gesagt, habe er ja gar keine Ahnung. Wenn also Bayern-SPD-Chef Florian Pronold zu Söders Amtsantritt über einen »Flachmann statt Fachmann« schimpft, hat er gar nicht so unrecht. Aber Pronold unterschätzt diesen Söder natürlich: Er hat noch aus jeder Aufgabe etwas gemacht. Er sitzt nun im Finanzministerium, und er steht an der Schwelle zur Staatskanzlei.

Verkleidungskünstler Söder steigt postwendend vom naturfarbenen Lebensminister-Anzug auf den dunklen Finanzminister-Anzug um, seine Krawatten-Quote geht durch die Decke, was auch Seehofer nicht entgeht. »Der Markus«, scherzt er, »läuft jetzt herum wie ein Staatsmann.« Und genau das will Söder ja wirklich werden. Für ihn hat die letzte, die entscheidende Phase seiner Resozialisierung begonnen.

Söder hat ein passendes Strauß-Zitat für seine neue Aufgabe gefunden: Die Bayern hätten ein »erotisches Verhältnis« zu den Finanzen. Für die CSU sei der Haushalt das, was für die Grünen die Umwelt sei. Ein bisschen zugespitzt könnte man auch sagen: Für Söder ist der Haushalt das, was für ihn bis vor wenigen Tagen noch die Umwelt war.

Bei der Einarbeitung in die neue Materie, sagt Söder heute, habe ihm »die Kombination aus Jura und Journalismus viel gebracht. Der Jurist arbeitet extrem strukturiert, und der Journalist erkennt die Knackpunkte.« So richtig wohlgefühlt mit den neuen Themen habe er sich aber erst nach zwei Monaten. Was Söder freilich nicht davon abhält, schon nach wenigen Wochen das »angelsächsische Wirtschaftsmodell« mit seiner laschen Bankenregulierung grundsätzlich für gescheitert zu erklären.

Seine eigenen Beamten rümpfen die Nase und wünschen sich Fahrenschon zurück, der Wirtschaft studiert, bei der Landesbank gearbeitet und vor allem meistens auf ihren Rat gehört hatte. Söder schickt seinem Vorgänger ganz eigene Grüße nach Berlin: Genau an dem Tag, an dem Fahrenschon seinen neuen Job beim Sparkassenverband antritt, teilt Söder mit, dass er sich etwa anderthalb der zehn Milliarden Euro, die der Freistaat zur Landesbank-Rettung aufgewandt hatte, von den Sparkassen zurückholen will. Auf die Idee, dass die beiden JU-Kumpel sind oder wenigstens waren, würde in diesem Moment niemand kommen. Es gibt Politiker, die wollen keinen Stress und schon gar keinen Ärger. Söder zählt nicht zu ihnen.

Wie immer sucht er in der Provokation und im Konflikt die Profilierung, und als Finanzminister hat er da viele Optionen. Zum Beispiel beim Länderfinanzausgleich, wo er gern diesen Satz variiert: »Wir versuchen es jetzt noch einmal mit Reden, und dann wird geklagt.« Die Verkündung jener Klage (»Seit heute Morgen um 9 Uhr wird geklagt«) klingt dann dummerweise ein bisschen wie Hitlers Radioansprache zum Überfall auf Polen (»Seit 5.45 Uhr wird jetzt zurückgeschossen«).

Zwischendrin findet Söder Zeit, Griechenland dringend die Rückkehr zur Drachme zu empfehlen: »Irgendwann muss jeder bei Mama ausziehen, und die Griechen sind jetzt so weit.« Als er vorschlägt, an den Griechen »ein Exempel zu statuieren«, mahnt ihn sogar der Ziehvater Stoiber zur Mäßigung: »Wir sollten da sehr sachlich bleiben.« Ein anderer CSU-Grande sagt: »Du kannst nicht jede Woche einen Spruch gegen Griechenland loslassen. Damit kommst du in die Zeitung, aber du gewinnst kein politisches Gewicht.«

Anderseits hat Söder seine Bereitschaft und Fähigkeit zur Vereinfachung noch nie so geholfen wie im Amt des Finanzministers. Die Inhalte sind äußerst komplex, aber auch hier bricht er sie herunter in Häppchen, in Formeln und Thesen, die sich auch ein fachlich unbeleckter Zuschauer oder Leser merken kann. Das geht schon bei der Amtsübergabe los, als er die stabilen bayerischen Finanzen zur »Firewall« gegen die Gier der Spekulanten erklärt. Und er hat natürlich auch kein Problem damit, ein bisschen Weltpolitik zu machen wie einst sein Idol Strauß: »Bayern hat in Deutschland und Europa eine wichtige Rolle als Stabilitätsregion. Wenn es um Finanzpolitik geht, ist der Freistaat die Referenzadresse in Europa.« Den Chef der Europäischen Zentralbank, Mario Draghi, mahnt er regelmäßig, nicht zur »Verschuldungspolitik früherer Zeiten« zurückzukehren. Das wird das Mantra des Finanzministers Söder: keine neuen Schulden, keine neuen Steuern.

Der Bundestagswahlkampf 2013 kommt dem Schuldentilger Söder entgegen. Die Grünen verrennen sich ein wenig mit ihrer Forderung nach Steuererhöhungen, und Söder kann sich mal wieder als Schutzpatron der kleinen Leute in Szene setzen: »Gut verdientes Geld muss auch zu Hause bleiben.« Er schafft da einen Spagat, der ein breites Publikum anspricht: Er ist für eine strenge Kontrolle des »Marktkapitalismus« und zugleich für eine kräftige Unterstützung mittelständischer Unternehmen.

Bayerische Sonderwege

Söders fachpolitische Initiativen sind oft mehr auf Öffentlichkeitseffekt als auf Umsetzbarkeit getrimmt, aber man kann nicht bestreiten, dass er in einigen finanzpolitischen Debatten eine wichtige Rolle spielt. Vor allem ist er jedoch ein knallharter Vertreter bayerischer Interessen. Ein Beobachter sagt: »Söder denkt bis zur bayerischen Grenze und nicht darüber hinaus. Dass man auch eine Verantwortung für ganz Deutschland hat, wenn man sich im Kreis der Landesfinanzminister einigen muss, das ist ihm egal.«

Musterbeispiel: die Erbschaftssteuer. Die Bundesländer haben sich unter Schweiß und Tränen auf einen Kompromiss zur Besteuerung von Unternehmenserben verständigt. Die neue Regelung berücksichtigt ohnehin schon die Position Bayerns: Firmenerben werden weitgehend von der Erbschaftssteuer verschont, wenn sie das Unternehmen weiterführen und die Arbeitsplätze erhalten. Söders Finanzministerium weigert sich trotzdem, das neue Regelwerk so anzuwenden, wie das die anderen 15 Länder tun. Die Auslegung der Regeln im Rest der Republik sei nämlich unternehmensfeindlich. Die favorisierte Spazierstrecke des Politikers Söder ist der bayerische Sonderweg.

Genauso bei der Grundsteuer: In der Finanzministerkonferenz gibt es eine Mehrheit dafür, die Grundsteuer künftig am Verkehrswert von Grundstücken und Immobilien zu bemessen. Bis dato bilden sehr niedrige, längst überholte Einheitswerte die Bemessungsgrundlage – im Westen stammen sie aus den Sechzigerjahren, im Osten sind sie noch älter. Veto aus Bayern! Die Koppelung an den aktuellen Verkehrswert, argumentiert Söder, »würde in weiten Teilen Bayerns zu einer deutlichen Erhöhung der Grundsteuer führen«. Diese »Kostenexplosion« für bayerische Hauseigentümer und Mieter werde er nicht zulassen. Finanzminister aus anderen Ländern, die sich höhere Einnahmen erhofft hatten, sind fuchsteufelswild. Bei den Betroffenen in Bayern kommt Söders Weigerung gut an.

Die CSU ist die einzige Regionalpartei mit bundespolitischem Anspruch, in Berlin agiert sie auf Augenhöhe mit allen anderen Parteien, auch wenn diese 15 oder 16 Landesverbände haben und die CSU nur einen. Sie versteht sich als Anwältin bayerischer Interessen, und sie muss nur dafür sorgen, dass das auch der Wähler nicht vergisst. Deshalb setzt sie in Berlin gern Dinge durch, die außer ihr niemand als sinnhaft erachtet, für gewöhnlich nicht mal die CDU: Betreuungsgeld, Autobahnmaut für Ausländer, Mütterrente. Der Rest des politischen Deutschlands denkt dann immer: Jetzt sind die irren Bayern endgültig abgedreht. Tatsächlich steckt dahinter kühle Kalkulation, denn im Kampf gegen alle anderen sieht die CSU ihre Bestimmung. Auch deshalb feilscht Söder mit den anderen Finanzministern immer um jeden Euro. Auch wieder, als 2013 eine Jahrhundertflut über Deutschland hereinbricht.

Die Schäden sind riesig, in Bayern ernennt Seehofer Söder zum Krisenbeauftragten, er soll die Hilfe für die betroffenen Kommunen organisieren, auch die finanzielle. Das Verteilen von Geld klingt nicht sonderlich schwer, aber gerade in der Kürze der Zeit ist es eine Herausforderung im Fach Verwaltungsmanagement. Söder habe sie »mit Bravour« bewältigt, bestätigt ein SPD-Mann aus Niederbayern. Man vergisst das leicht: Das Prinzip Söder, all die PR-Gags und Peinlichkeiten, funktioniert nur, weil er sich in der täglichen Arbeit kaum eine Blöße gibt.

In Berlin soll ein Fluthilfe-Fonds eingerichtet werden, die Länderfinanzminister treffen sich, um zu klären, woher das Geld dafür kommen soll. Bundesfinanzminister Wolfgang Schäuble leitet die Sitzung, man kann sie heute anhand von Teilnehmer-Berichten nachvollziehen. Jeder der Ländervertreter kämpft für sein Land, aber Söder krallt sich noch mehr als die anderen an jedem Euro für Bayern fest. Schäuble macht einen Kompromiss-Vorschlag, Söder sagt nein. Schäuble versucht es anders, Söder sagt Nein. Nach einer sehr anstrengenden Weile hat Schäuble einen Konsens mit 15 Ländern erreicht. Nur Söder sagt: Mit Bayern nicht zu machen. Schäuble ist entsetzt und bitterböse, er verlässt den Saal. Der ganze Verhandlungstisch steht unter Schock. Nur Söder fläzt in seinem Stuhl und sagt zu den Ministerkollegen: »Da gilt ein Satz von Herbert Wehner: Wer rausgeht, kommt auch wieder rein.« So ist es dann auch bei Schäuble. In Berlin für Bayern Beute zu machen, das ist nur zu hohen sozialen Kosten möglich. Aber die CSU ist in solchen Dingen schmerzfrei, und niemand so sehr wie Markus Söder.

Söder fährt auch nur zur Finanzministerkonferenz, wenn es dort was zu holen gibt. Sonst lässt er sich vertreten. Sein nordrhein-westfälischer Kollege Norbert Walter-Borjans von der SPD stellt fest, dass er »den Kollegen aus Bayern praktisch nur aus dem Fernsehen kenne«. Ein anderer Finanzminister sagt im Rückblick: »Ich frage mich schon, warum Söder so selten zur Finanzministerkonferenz gekommen ist. Warum schickt er da nur einen Vertreter? Bayern hat natürlich besonderes Gewicht in unserer Runde, aber das bringt man nicht voll auf die Waage, wenn der Chef selbst nicht da ist.« Für das Kalenderjahr 2012 wird eine Anwesenheitsquote von 25 Prozent ermittelt – erst sind viele empört, dann stellt sich heraus, dass Söder mit diesem Wert im Mittelfeld liegt. Söders Leute sagen: »Es spricht nicht nur nichts dagegen, ein paar überflüssige Besprechungen auszulassen. Es ist sogar sinnvoll.« Und ganz abgesehen davon seien Finanzministerkonferenzen in der Regel sehr kurze Veranstaltungen von begrenztem Wert in der Praxis. Da reiche im Zweifel ein Staatssekretär.

Markus Söder ist in goldenen Zeiten der Kassenwart des Freistaat Bayerns, im Grunde steht immer mehr Geld zum Ausgeben zur Verfügung. Ein Fachmann aus der CSU sagt: »Noch nie hatte ein Finanzminister solche Möglichkeiten, die Leute zu beglücken, wie er.« Er habe nie »mit Knappheit kämpfen und schwierige Entscheidungen treffen müssen«. Der Oberste Bayerische Rechnungshof, der ewige Spielverderber der CSU, stellt 2013 fest, dass der solide bayerische Haushalt nicht das Verdienst Söders ist, sondern nur möglich durch »eine günstige Konjunkturlage und dadurch bedingte Steuermehreinnahmen«.

Egal. Wenn einer lang genug einen florierenden Etat verantwortet, ob durch eigenes Zutun oder ohne, wächst ihm fast automatisch politische Statur zu. Wenn einer lang genug über Schuldenabbau redet, halten ihn die Leute irgendwann für den kleinen fränkischen Bruder der schwäbischen Hausfrau.

Die Landesbank

Ein Großthema gibt es aber, das für den Finanzminister Söder ganz akut das Risiko des Scheiterns birgt. Und es gibt Momente, da wird er sich wohl zurückwünschen zu Micki, Mucki und den anderen Igeln.

Es ist heiß und stickig im voll besetzten Saal, als Finanzminister Markus Söder am Mittag des 7. Juli 2015 in München eine mit Spannung erwartete Pressekonferenz eröffnet. Er will einen Schlussstrich unter das skandalöse Milliardendebakel ziehen, das den Freistaat seit Jahren erschüttert und mitverantwortlich war für das desaströse Ergebnis der CSU bei der Landtagswahl 2008. »Wir versuchen, die letzte Altlast aus der Zeit der Finanzkrise abzubauen«, sagt Söder zu den Journalisten. Das ist nur ein Teil der Wahrheit. Denn es geht nicht nur um eine Folge jener Krise, die 2008 und 2009 das globale Finanzsystem um ein Haar kollabieren hat lassen. Es geht an jenem heißen Julitag um die Bewältigung eines beispiellosen Falles von Großmannssucht bei haarsträubend dilettantischen Bankern. Oder, wie es der um Superlative nie verlegene Finanzminister Söder an dem Tag formuliert: »den schwersten Fehler in der bayerischen Wirtschaftsgeschichte der Nachkriegszeit«.

Nichts anderes sei es nämlich gewesen, dass die Bayerische Landesbank (BayernLB) 2007 die Kärntner Bank Hypo Alpe Adria (HAA) mit Sitz in Klagenfurt gekauft hat. Ein Geschäft, bei dem die zu einer Hälfte dem Freistaat, zur anderen den bayerischen Sparkassen gehörende BayernLB Milliarden versenkte. Dabei soll eine Landesbank in erster Linie ein stabiler Anker vorwiegend für die mittelständische Wirtschaft in ihrem Einzugsbereich sein. Hier aber hieß es 2007, die BayernLB übernehme die vor allem am Balkan aktive HAA, um Zugang zu den Märkten dort zu erhalten.

Doch die Hypo Alpe Adria erwies sich als faules Ei, das in der Finanzkrise richtig zu stinken begann. Bereits nach kürzester Zeit mussten die neuen, bayerischen Eigentümer Milliardenkredite nachschießen, um die HAA zu stabilisieren. Die Landesbanker, so stellte sich immer klarer heraus, waren über den Tisch gezogen worden. Sie hatten ein marodes Geldhaus gekauft und dessen wahren Zustand nicht erkannt. Als dann auch noch die globale Finanzkrise durchschlug, stand die Neuerwerbung vor dem Ruin. Am Ende blieb 2009 nur die Notverstaatlichung durch Österreich. Für 100 Prozent HAA-Aktien bezahlten die Österreicher ihren bayerischen Nachbarn einen symbolischen Euro.

Doch auch die BayernLB selbst geriet in Existenznot, auch, aber nicht ausschließlich wegen des HAA-Debakels. In ihren Büchern fand sich auch ein Portfolio an US-Hypothekenpapieren, das sich als hochgradig faul entpuppte. Bald war klar: Ohne Staatshilfe würde die Landesbank über kurz oder lang zusammenbrechen. Also wurde bei der EU ein Beihilfeverfahren gestartet, im Zuge dessen der Freistaat die BayernLB mit zehn Milliarden Euro Staatshilfe abstützte.

In der Landespolitik sorgten all die Vorgänge für enorme Verwerfungen. Der damalige Ministerpräsident Stoiber und einige Minister sahen sich dem Vorwurf ausgesetzt, als Kontrolleure der BayernLB zumindest die Übernahme der Hypo Alpe Adria nicht kritisch genug hinterfragt, sondern sie durchgewunken und sogar bejubelt zu haben. Erst Ministerpräsident Seehofer und Finanzminister Fahrenschon zogen die Notbremse. Nach Fahrenschons Wechsel zur Sparkasse ist die Aufarbeitung des Debakels nun Sache von Finanzminister Markus Söder.

Söder kann unbelastet rangehen; mit dem Kauf der HAA hatte er nichts zu tun. Doch auch das Krisenmanagement in einem solch komplizierten Fall kann sich für einen Politiker zum Himmelfahrtskommando entwickeln. Oder zur Bewährungsprobe. Söder, so sagen das selbst politische Gegner, die sich in der komplexen Materie auskennen, sei das Fiasko der BayernLB beherzt angegangen, zumindest was die HAA betrifft. Zunächst einmal nahm er den Kampf mit den Österreichern auf, mediales Begleitfeuer inklusive.

»I want my money back«, sagte er im Juli 2012 bei einem

Treffen mit der österreichischen Finanzministerin Maria Fekter in Wien – eine PR-trächtige Wiederholung des legendären Satzes der früheren britischen Premierministerin Margaret Thatcher bei einem Streit ums Geld mit der EU. Diesmal stehen die Zeichen zwar nicht zwischen London und Brüssel, wohl aber zwischen München, Wien und Klagenfurt auf Sturm. Der Kaufpreis ist zwar weg, ein für alle Mal. Söder will aber (inklusive Zinsen) 3,4 Milliarden Euro zurück, welche die BayernLB der maroden HAA geliehen hatte.

Doch beide Seiten verkeilen sich politisch und in diversen komplexen Rechtsstreitigkeiten ineinander. Bei einem Treffen in Inzell behandelt der bayerische Finanzminister den damaligen Außenminister und späteren Bundeskanzler Österreichs, Sebastian Kurz, ziemlich kühl. Erklärtes Motto: »Bei Geld hört die Freundschaft auf.« Die bayerische Opposition schimpft, Söder führe sich auf wie Rumpelstilzchen. Ein paar Jahre später wird der Vorwurf übrigens sein, der designierte Ministerpräsident Söder habe mit dem Bundeskanzler Kurz bei dessen München-Besuch im Februar 2018 viel zu sehr gekumpelt.

Dann plötzlich geht alles sehr schnell. Nach intensiven Geheimverhandlungen kommt es doch zu einem Vergleich, den Söder vorher ausgeschlossen hatte, aber bei jener heißen Pressekonferenz am 7. Juli 2015 in München selbstredend als seinen großen Erfolg feiert. Immerhin ist Teil des Kompromisses, dass die österreichische Seite mehr als 1,23 Milliarden Euro nach München zurücküberweist. Unterm Strich bedeutet dies, dass das Kärntner Balkan-Abenteuer die BayernLB fünf Milliarden Euro gekostet hat. Aber: Es hätte noch schlimmer kommen können. Söder sagt: »Die Wunde werden wir heute schließen, aber manchmal bleiben eben Narben.« Dass er das »in finanzieller Hinsicht schlimmste Kapitel in fast sieben Jahrzehnten CSU-Herrschaft nun beendet, ist nachvollziehbar«, kommentiert Klaus Ott in der »Süddeutschen Zeitung«. »Weiteres Prozessieren hätte wohl kein wesentlich besseres Ergebnis gebracht.« Und auch Söders weiteren politischen Ambitionen werde dieses Ergebnis kaum schaden.

Er kümmert sich auch zügig um die anderen Problemfelder der BayernLB. Bereits im Herbst 2014 hat die Landesbank das faule Portfolio mit Hypothekenpapieren vollständig an internationale Investoren verkauft. Mit Milliardenverlust zwar, doch damit ist sie auch diese Altlast los, und der Freistaat kann aufatmen – auf dem Höhepunkt der Finanzkrise hatte er das Portfolio mit 4,8 Milliarden Euro aus der Steuerkasse abgesichert, um ein Abrutschen der BayernLB insgesamt zu verhindern.

Knapp drei Jahre später, im Sommer 2017, zieht Söder Bilanz und erklärt die Rettungsmission BayernLB für beendet. Sie sei saniert, stünde wieder solide da und sei strategisch vernünftig ausgerichtet. »Wir sind wieder in einem ordentlichen, normalen Geschäftsmodus«, sagt Söder im Landtag und macht keinen Hehl daraus, dass er daran großen Anteil habe. »Wir haben die schwerste Krise in der jüngeren bayerischen Wirtschaftsgeschichte überstanden.« Was auch daran zu erkennen sei, dass die Landesbank die Staatshilfe viel früher zurückgezahlt hat als von der EU im Zuge des Beihilfeverfahrens angeordnet. Statt 2019 floss die letzte Rate von 5,5 Milliarden Euro bereits zweieinhalb Jahre früher an das Land Bayern zurück.

Die undurchsichtige Patrizia

Doch es gibt auch eine Altlast aus der Aufarbeitung des Landesbank-Debakels, die sich für Markus Söder noch als toxisch erweisen könnte. Um nämlich an Staatshilfe zu kommen, musste sich die BayernLB 2012 auf Geheiß der EU von einem Tochterunternehmen trennen, der Gemeinnützigen Bayerischen Wohnungsgesellschaft (GBW). Kritiker sagen, Söder und Ministerpräsident Seehofer hätten nicht einmal versucht, sich gegen die Forderung aus Brüssel zu wehren.

Also startet einer der bis dahin größten Immobiliendeals in Deutschland: Mit dem Verkauf der GBW gibt die Landesbank etwa 30 000 Wohnungen ab. Sie werden im April 2013 an ein privates Bieterkonsortium namens Patrizia für fast zweieinhalb

Milliarden Euro verkauft. Wer genau hinter Patrizia steht, ist bis heute öffentlich nicht bekannt. »Die GBW bleibt bayerisch«, sagt Finanzminister Söder mit Blick auf den Patrizia-Sitz in Augsburg. Doch es gibt vom ersten Tag an Ärger.

Die Bewohner der meisten Wohnungen haben einen schmalen Geldbeutel, was Patrizia & Co. aber nicht daran hindert, Mieten teilweise drastisch zu erhöhen. Andere Wohnungen werden einfach weiterverkauft. Zigtausende Mieter sind sauer, verärgert, enttäuscht. Der Zorn steigert sich, als sich herausstellt, dass der Freistaat die Wohnungen rein rechtlich selbst von der Landesbank hätte kaufen können – was Söder immer für unmöglich erklärt hatte. Der stolze Kämpfer Söder scheint im Fall der GBW aufs Kämpfen ganz verzichtet zu haben.

Anfang 2018 holt der Mega-Deal Söder wieder ein. Wenige Wochen, bevor er als neuer Ministerpräsident vereidigt werden soll – und ausgerechnet in einer Phase, in der Bayern Auswege aus der Wohnungsnot sucht. Das ARD-Magazin »Monitor« und das »Handelsblatt« berichten Ende Februar von mehreren Anzeigen gegen Patrizia-Partner wegen des Verdachts der Geldwäsche – allerdings bereits 2010, lange vor dem GBW-Geschäft also. Es zeigt sich, dass auch die Staatsanwaltschaft München I die Hinweise auf dem Tisch hatte, allerdings kein Ermittlungsverfahren einleitete. Das Finanzministerium teilt mit, es habe von alledem beim Verkauf der GBW nichts gewusst. Die Opposition im Landtag bezweifelt das und verlangt Aufklärung von Minister Söder. Für den kommen die Anwürfe zur Unzeit, er würde sich jetzt lieber Gedanken über sein Kabinett machen und den Landtagswahlkampf vorbereiten.

Söder hat angekündigt, als Ministerpräsident eine neue staatliche Wohnungsbaugesellschaft gründen zu wollen. »Bayernheim« soll sie heißen und in den nächsten Jahren 2000 Wohnungen bauen. Er wird im Wahlkampf erklären müssen, ob es da nicht cleverer gewesen wäre, die 30 000 Wohnungen der GBW doch irgendwie zu behalten. Beim Starkbieranstich am Nockherberg Ende Februar 2018 wird Söder bereits deutlich vor Augen geführt, wie gefährlich diese Achillesferse für ihn werden könnte. Die Handlung des kabarettistischen Singspiels ist im Wilden Westen angesiedelt. Söder, hier »El Marco« genannt, steht im Mittelpunkt. Allerdings so, wie er es sich gewiss nicht gewünscht hat: als schmutziger, rücksichtsloser Immobilienspekulant, der bereit ist, für ein paar Dollar die Heimat zu verscherbeln.

Der Gondel-Schaukler

Da freut man sich doch als Betroffener über entspannte Momente. Das Leben eines bayerischen Finanzministers wird nachhaltig versüßt von einigen staatlichen Unternehmensbeteiligungen, die er zu betreuen hat. Für den Bilder-Fan Söder ist dieses Portfolio aus Tradition und Moderne wie ein Malkasten mit vielen schönen Farben: Da sind die Flughäfen in München und Nürnberg, die Messen in den beiden Städten, die Hofbräu-Brauerei mit dem weltberühmten Hofbräuhaus, und da sind die Staatsbäder. Am wichtigsten für Söder ist aber, dass er die Symbiose von Bayernland und CSU auf die Spitze treiben kann, weil ihm die Postkarten-Motive schlechthin zur freien Verfügung stehen: die Königsschlösser.

Er wehrt sich nicht wirklich gegen den Medientitel »Schlösser-Minister« und darf in der »Bunten« beim Interview inmitten der Goldpracht von Herrenchiemsee Fragen wie diese beantworten: »Wie fühlen Sie sich als Nachfolger des Märchenkönigs?« Gott sei Dank ist Söder diesbezüglich schmerzfrei. Ein Klassiker im Jahreslauf ist bald auch die Eröffnung der Saison bei der Bayerischen Seenschifffahrt, die der zuständige Minister mit Kapitänsmütze auf der Brücke absolviert.

Überhaupt, das Wasser hat es ihm angetan: Auf dem Nymphenburger Kanal in München legt er sich für die Fotografen in eine der venezianischen Gondeln, die er hat anschaffen lassen. Oppositionsabgeordnete klagen über plötzliche Übelkeit angesichts dieser Fotos, aber Söder bilanziert ein Jahr danach: »Viele Münchner sagen: Toll, dass es die Gondeln gibt.« Die Begleitung durch die »Bild« ist wie stets erquicklich: »Söder lässt die Gondeln schaukeln«, beinahe in der Preisklasse von »Söder kämpft für unser Brot« oder der Überschrift über einer ganzen Seite mit Söder-Selfies: »Bei Markus Söder hat's mal wieder klick gemacht«.

Aber auch seine Kernzuständigkeit presst er auf Themen aus, die sich gut vermarkten lassen. Das »Landesamt für Vermessung«, das viel mit Vermessung und vergleichsweise wenig mit Digitalisierung zu tun hat, heißt bei ihm bald »Landesamt für Digitalisierung, Breitband und Vermessung«. Was bleibt da übrig von Politik? Viele Beamten finden: zu wenig. Der Minister findet: genug.

Wenn er zwei Sonderkommissionen einrichtet, die schweren Steuerbetrug verfolgen sollen, dann nennt er das »Steuer-FBI« – und wird überall zitiert. Dass von den angeblich 71 neuen Mitarbeitern nur ein gutes Dutzend wirklich neu sind und die anderen nur ein neues Türschild bekommen haben, wird erst nach der großen Präsentation klar.

Bei der Landtagswahl 2013 erobert die CSU die 2008 verlorene absolute Mehrheit zurück, sie kann wieder allein regieren. Es ist der Triumph des Horst Seehofer, die Bestätigung für einen Politikstil, der vor allem daraus besteht, sich rechtzeitig einer sich abzeichnenden Mehrheitsmeinung der Bürger anzuschließen. Jahrelang hat die CSU etwa die Studiengebühren zäh verteidigt – Seehofer schafft sie plötzlich ab. Oder springt Söder unvermittelt beim Nein zum Donauausbau zur Seite. Die Opposition zürnt über diesen »Drehhofer«, aber Seehofers Franz-Beckenbauer-Charme kommt an bei den Leuten. Dass Seehofer auf dem Höhepunkt seiner Macht ist, hat für Söder in diesem Moment durchaus Vorteile. Der Ministerpräsident hat sich ein neues Ressort ausgedacht, und nun sucht er also einen Heimatminister, möglichst mit Sitz in Nürnberg. Markus Söder bekommt Ende 2013 einen Zweitjob. Heimatminister, und auch noch in der eigenen Heimatstadt: Das ist ein bisschen, als hätte Seehofer einem Pyromanen einen Güterzug voll Dynamit hingestellt. Söder macht jetzt an 365 Tagen im Jahr Feuerwerk.

Die neue Heimat

Vor dem Digitalisierungsamt in Tirschenreuth, das bis vor Kurzem noch Vermessungsamt hieß, wartet an einem Montagmorgen im Januar 2016 ein mittelgroßes Empfangskomitee von Lokalpolitikern auf hohen Besuch.

»Der Söder ist super«, sagt ein Herr, »ich bin zwar Freier Wähler, aber das ist ja wurscht.« Als Markus Söder aus seiner Limousine steigt, ruft ein anderer Würdenträger: »Da kommt der Ministerpräsident!« Damit Ilse Aigner oder Joachim Herrmann mal so begrüßt würden, müssten sie schon ganz übermütige Gastgeber erwischen. Söder ist das gewohnt. Beim Händeschütteln sagt er: »Die Woche geht gut los, wenn man sie im ländlichen Raum starten kann. Und ganz besonders in der Oberpfalz.«

Dann vollzieht sich in einem grauen Besprechungsraum ein in allen Ecken Bayerns eingeübtes Ritual. »Du liegst entweder an der Datenautobahn oder am digitalen Feldweg«, sagt Söder. »Ohne schnelles Internet hast du keine Zukunft.« Praktischerweise hat der Minister das schnelle Internet im Gepäck: Erst schaltet er mit einem mitgebrachten roten Knopf symbolisch einen WLAN-Hotspot frei, dann verteilt er Förderbescheide für den Breitband-Ausbau an diverse Bürgermeister. Söder hört sich jetzt an wie ein Showmaster, der sich ziemlich toll findet: »Was haben wir für Kemnath? 672 000 Euro, da ist der Bürgermeister glücklich.« Der Nächste bitte! »Erbendorf, 672 000 Euro, auch nicht übel.«

Markus Söder erzählt heute mit großer Freude, wie er mit viel Häme übergossen wurde, als er seine Arbeit im Heimatministerium aufnahm. Jodelministerium, Lederhosen-Beauftragter, Schuhplattler-Aufsichtsrat, Heimatmysterium, Heimatmuseum, Heimatschutzministerium: Er hat sich all das anhören müssen, was sich im Februar 2018 auch Horst Seehofer anhören muss, als bekannt wird, dass er der erste Heimatminister im Bund werden soll. »Die Idee ist so gut, dass wir sie jetzt sogar exportieren«, sagt Söder, er will die Genugtuung gar nicht verbergen. Das Heimatministerium ist längst eine wichtige Plattform für ihn geworden.

Kaum eine Woche vergeht, in der Söder nicht Kommunalpolitiker mit Förderbescheiden beglückt, zu Heimatempfängen lädt oder Ehrenamtliche mit Plaketten und Urkunden für ihr Engagement um die Heimat ehrt. Hübsches Foto mit dem Minister für die Lokalzeitung inklusive. Das bringt ihm nicht nur freundliche Presse und Sympathien im Land ein, sondern es festigt auch innerhalb der CSU sein Netzwerk an Parteifreunden, die in Markus Söder keine Machtmaschine sehen, sondern den netten Minister von nebenan.

Wer sich an Söders Außenwirkung als Europa- und Umweltminister erinnert, hatte natürlich nie daran gezweifelt, dass der Meister der Selbstdarstellung auch aus dem neuen Job eine große Show machen würde. 100 Beamte mit Dienstsitz Nürnberg, damit lässt sich etwas anstellen. »Ein Ministerium in Nürnberg«, sagt Söder beim Einzug ins neue Gebäude gleich neben der Lorenzkirche, »hat es in der Geschichte Bayerns noch nicht gegeben.« Er sei »ehrlicherweise gerührt, dass das einem Sohn eines Maurermeisters aus Nürnberg gelungen ist«. Heimat, sagt Söder, sei »eine Ursehnsucht des Menschen«. Der emotionale Begriff müsse aber mit »harter Politik« unterlegt werden.

»Gleichwertige Lebensbedingungen« in ganz Bayern soll Söder laut Auftragsbeschreibung schaffen, zum Beispiel also: gleich schnelles Internet. Der Breitband-Ausbau wird das sichtbarste Thema seiner Amtszeit werden. Er wird wieder viel verspottet werden für die Art, wie er mit Förderbescheiden um sich schmeißt. Die Breitband-Strategie, die er erstellt, gilt aber tatsächlich als vorbildhaft unter den deutschen Ländern. Dass er die Förderbeiträge deutlich erhöhen konnte, ist nicht sein direktes Verdienst. Die Entbürokratisierung des Verfahrens für die Gemeinden dagegen schon.

Söders Vorgänger als Digital-Beauftragter, der FDP-Wirtschaftsminister Martin Zeil, hatte die Beratung der Gemeinden beim Breitband-Ausbau einer großen Consulting-Firma übertragen. Das hieß in der Praxis, dass Bürgermeister aus der Oberpfalz nach München fahren mussten, um sich dort – kostenpflichtig – über die Möglichkeiten unterrichten zu lassen. Hinterher saßen sie mit mehreren Aktenordnern voll sachdienlicher Hinweise zu Hause; wenn Fragen aufkamen, brauchten sie zur Klärung wieder einen Termin in München. Söder vereinfacht das Prozedere, indem er regionalisiert. Er siedelt die Beratung in den Vermessungsämtern in den Landkreisen an: Nicht nur die Wege sind kurz, der Amtsleiter kennt bereits jeden Bürgermeister seiner Gegend und die Topografie der Gemeinden. »Das ist effektives Regierungshandeln«, sagt Söder, wieder mal nicht wirklich bescheiden. Um sein Digital-Profil noch weiter aufzuhübschen, fliegt er ins Silicon Valley, wo er bei Google und Facebook die Zukunft besichtigt.

Zur harten Politik gehört auch die Verlagerung von Behörden in strukturschwache Regionen. Es geht zwar nur um 2225 Planstellen und 930 Studienplätze, aber das ist doch ein großer Aufschlag, wenn man bedenkt, dass schon einige Staatsregierungen an der Durchsetzung dieser Behördendezentralisierung gescheitert sind. Söder gelingt es, die regionalen Interessen einigermaßen auszutarieren: Den größeren Städten tut der Verlust der Behörden nicht sehr weh, den kleineren, die nun dazugewinnen, dagegen sehr gut. Nebenbei kann Söder auch noch die sogenannten Stabilisierungshilfen für bedürftige Gemeinden von 100 auf 120 Millionen Euro aufstocken. Die Zahl von Menschen und Regionen, die dem Heimatminister in irgendeiner Form dankbar sind, wächst an. Selbst Spöttern dämmert, dass auch das Jodelministerium Söder mehr nutzen als schaden wird.

Im Januar 2015 darf der Heimatminister Söder eine anspruchsvolle Gastrolle in der programmatisch betitelten BR-Serie »Dahoam is dahoam« spielen, nämlich sich selbst. Das Drehbuch gibt Söder ausführlich Gelegenheit, eine Art Regierungserklärung abzugeben und Bayern als »Vorbild in ganz Deutschland« zu preisen. Während die Opposition und die Medien sich über diese ziemlich bizarre Anbiederung des BR ereifern, rechnet Söder vor: »800 000 Zuschauer, dafür müssten sie 800 Bierzelte füllen.«

Eine offene Flanke hat der Heimatminister Söder allerdings – das neue Landesentwicklungsprogramm (LEP), das den Kommunen mehr Spielraum bei der Ansiedlung von Gewerbe gewähren soll. Söder sieht darin eine Stärkung der Eigenverantwortung der Gemeinden. Ein Lieblingsthema von ihm. Wenn er Bürgermeister oder Landräte trifft, sagt er immer Sätze wie: »Wo das Hotel hinkommt oder der Baumarkt, das sollte nicht in München am grünen Tisch entschieden werden. Das könnt ihr selbst vor Ort am besten.«

Viele Kritiker warnen dagegen vor Zersiedelung: Sie fürchten, dass die Dörfer an den Rändern zerfransen, während die Ortskerne ausbluten. Bisher besagt das sogenannte Anbindegebot nämlich, dass neue Baugebiete nicht einfach irgendwo in die Landschaft gesetzt werden dürfen, sondern direkt an Ortschaften angeschlossen sein müssen. Söder will die Regel lockern: Gewerbe- und Industriegebiete sollen an Autobahnausfahrten und entlang von Bundesstraßen auch ohne Anbindung an Ortschaften möglich sein. Nur so, argumentiert er, könne man in strukturschwachen Regionen neue Arbeitsplätze schaffen. Umweltschützer sind entsetzt über den früheren Umweltminister: Der Flächenfraß werde explodieren, warnen sie.

Es ist ein Konflikt nah am Wesenskern der CSU, die sich als Partei der Heimat geriert. Die Grünen haben schon ein Volksbegehren gegen den Flächenfraß auf den Weg gebracht, sie wollen »die Schönheit Bayerns vor der Heimatzerstörungswut der CSU« schützen. Fünf Hektar Bodenversiegelung sollen im Tagesschnitt maximal erlaubt sein, aktuell sind es mehr als 13 Hektar. Söder hat einige Maßnahmen zur Reduzierung des Flächenverbrauchs angekündigt, sie basieren jedoch alle auf Freiwilligkeit. Er will es sich mit den Kommunen nicht verscherzen.

Dem gleichen Muster folgt der Streit um das Riedberger Horn, einen 1787 Meter hohen Gipfel im Allgäu. Dort sollen die Skigebiete der Gemeinden Balderschwang und Obermaiselstein mit einer Seilbahn verbunden werden, die Orte erhoffen sich davon einen Aufschwung im Wintertourismus. Das Riedberger Horn ist jedoch streng geschützt, und zwar vom Alpenplan, der seit 45 Jahren gilt, einem einzigartigen Instrument zur Bewahrung einer unberührten Bergwelt. Söder will den Lift am Riedberger Horn dennoch ermöglichen.

Er sieht auch das im Kontext der kommunalen Selbstverwaltung: Die Gemeinden wüssten schon selbst, was für sie am besten ist. Deshalb hat er einen Kompromiss gesucht. Er sagt, die Piste werde ja »naturbelassen« sein, die Genehmigung des Projekts solle eine Ausnahme bleiben. Naturschützer fürchten, dass mit einer Aufweichung des Alpenplans dem Ausverkauf der Berge Tür und Tor geöffnet wird. Sie sind enttäuscht von dem Mann, der vor nicht mal zehn Jahren entscheidend mithalf, den Donauausbau zu stoppen.

Söder hat die Diskussion um das Riedberger Horn lange unterschätzt, dabei führt sie geradewegs hin auf den Vorwurf, der ihn schon sein ganzes Politikerleben lang verfolgt: dass er nicht nach Gesinnung handelt, sondern nur danach, was ihm in seinem aktuellen Job hilft.

»Paris ändert alles«

Am Abend des 13. November 2015, einem Freitag, verüben islamistische Terrorkommandos mehrere Anschläge in Paris. In der Konzerthalle »Bataclan«, in einem Ausgehviertel im Osten der Stadt und vor dem Stade de France, in dem gerade die französische Fußball-Nationalmannschaft gegen die deutsche spielt, sterben im Kugelhagel und durch Sprengsätze 130 Menschen. Der Massenmord von Paris trifft ganz Europa ins Herz.

Am Sonntag, also zwei Tage nach den Anschlägen, beordert in München der bayerische Ministerpräsident Horst Seehofer einige seiner Minister zu einer Sondersitzung in die Staatskanzlei. Innenminister Herrmann nimmt teil, Justizminister Bausback, alle, die irgendwie mit Sicherheitsfragen zu tun haben. Es gibt dann viele Statements nach der Sitzung, aber die eine Wortmeldung aus Bayern, die in ganz Deutschland diskutiert wird, stammt von einem, der gar nicht da ist. Schon am Samstagmittag hatte Markus Söder einen Tweet abgesetzt: »#ParisAttacks ändert alles. Wir dürfen keine illegale und unkontrollierte Zuwanderung zulassen.«

Söder hat schon viele Wutwellen und Shitstorms erlebt in seiner Karriere, aber das, was jetzt auf ihn einstürmt, ist auch für ihn neu. Innenminister Thomas de Maizière formuliert die Kritik noch staatsmännisch: Man dürfe keinen Bogen spannen zwischen Terrorismus und Flüchtlingen. Grünen-Chefin Simone Peter wird deutlicher: »Söder nutzt auf schäbige Weise den Terrorakt für seine reaktionäre Sache.« Bei Twitter antwortet ihm TV-Moderator Micky Beisenherz: »Sie beweisen eindrucksvoll, dass in diesen Tagen die Widerlinge Hochkonjunktur haben.«

Söder beeindruckt das alles nicht; er legt nach. In einem Interview mit der »Welt am Sonntag« sagt er ein Sätzchen, das zum Missverständnis geradezu einlädt: Natürlich sei »nicht jeder Flüchtling ein IS-Terrorist«. Was heißt das?, fragt sich da der Leser: Ist jeder zweite ein Terrorist? Oder jeder fünfte? Dann nimmt sich Söder auch noch Merkel vor, obwohl Seehofer in der CSU die Weisung ausgegeben hatte, die Kanzlerin nicht persönlich anzugreifen. Söder sagt: Merkel müsse endlich eingestehen, »dass die zeitlich unbefristete Öffnung der Grenzen ein Fehler war«. Sonst gehe der Union »eine ganze Generation von Stammwählern« verloren. So wichtig die Hilfe für Flüchtlinge auch sei: »Die deutsche Regierung muss zuvorderst an ihre eigenen Leute denken.«

In Seehofer brodelt es. »Die zuständigen Minister waren heute beieinander«, sagt er nach der Sondersitzung in München, und es ist allen Zuhörern klar, wen er explizit für nicht zuständig hält. Es bestehe überhaupt »kein Anlass«, Terrorismusbekämpfung und Flüchtlingspolitik miteinander zu verbinden – »und schon gar nicht, die Kanzlerin in diesen Stunden in den Fokus der Kritik zu stellen«. Seehofer wird dann noch gefragt, ob er Söder seinen Unmut auch persönlich mitgeteilt habe. Er antwortet: »Dann müsste ich ihn ja jede Woche anrufen.«

Söder und Seehofer haben beide die Gabe, Stimmungen unter

den Bürgern früh zu erkennen und aufzunehmen. Söder schießt allerdings gern aus der Hüfte, wenn er ein Ziel erkannt hat. Und bei einer Twitter-Botschaft, die damals noch höchstens 140 Zeichen haben durfte, bleibt einem wie ihm dann gar kein Platz für Nuancen.

Am Abend der Anschläge, sagt Söder heute, sei er zu Hause vor dem Fernseher gesessen. Ihm sei es gegangen wie vielen Millionen Deutschen: Mitten im Spiel der deutschen Nationalmannschaft zeigte der Terror seine hässlichste Fratze. Er sei die halbe Nacht wach geblieben, berichtet Söder, es habe sich fast angefühlt wie am 11. September 2001. »Paris war ein Großschock, der bei den Menschen die Tiefenpsychologie verändert hat.« Im Nachhinein könne man immer fragen, »ob man vielleicht zu stark akzentuiert hat«. Der Tweet? »Vielleicht war er zu kurz nach dem Ereignis. Aber mich hat dieser Anschlag wirklich persönlich berührt. Ich habe das damals nicht taktisch gesehen.« Und im Übrigen, fragt Söder: Wer würde heute noch behaupten, dass sich durch die unkontrollierte Grenzöffnung die Gefahren nicht erhöht hätten?

Seinen Kritikern kommt Söder ein paar Tage nach den Anschlägen wenigstens einen kleinen Schritt entgegen und beteuert, es täte ihm sehr leid, wenn er irgendwelche Gefühle verletzt haben sollte. Das bewahrt ihn aber auch nicht vor einem weiteren Ordnungsruf seines Parteichefs. In einem Interview mit dem Ingolstädter »Donaukurier«, wirft Seehofer Söder Opportunismus vor: »Nach solchen Anschlägen wie in Paris verbietet es sich, persönliche und parteipolitische Motive in den Vordergrund zu stellen.«

Genau betrachtet liegen Seehofer und Söder in der Sache allerdings nicht weit auseinander: Beide halten die unbefristete Grenzöffnung durch Merkel für einen Fehler, beide wollen die deutschen Grenzen kontrollieren, solange die Außengrenzen der EU unkontrolliert sind. Beide werden sich viele Monate später darin bestätigt fühlen, dass zu viele Menschen zu ungeordnet ins Land gekommen sind. Aber wenn Seehofer in der Flüchtlingsdebatte Merkel treibt, dann treibt Söder Seehofer.

Das ist aber auch für Söder selbst eine Gefahr. Er hat sich eigentlich Mäßigung auferlegt in den vergangenen Jahren und ziemlich diszipliniert zumindest ein paar scharfe Kanten abgeschliffen. Jetzt muss er Seehofer in der Flüchtlingsdebatte eigentlich immer übertreffen, um wahrgenommen zu werden. In Inhalt und Ton. Wenn man alles, was Söder im Sommer und Herbst 2015 sagt, für bare Münze nähme, würde den Freistaat ein Grenzzaun umgeben, und das Grundrecht auf Asyl wäre eingeschränkt.

Wenn man mit Söder länger spricht, merkt man natürlich, dass er nicht der dumpfe Rechte ist, als der er bisweilen geschmäht wird. Er findet extreme Rechte auch schlicht zu dumm, um sich mit ihnen gemeinzumachen. Und er ist – das nur zum Beispiel – ja nicht nur ein Freund der türkischen Küche, sondern hat auch schon mal öffentlich erklärt, dass der Islam »ein Bestandteil Bayerns« sei. Gut, das war 2012. Seitdem hat er in vielen Bierzelten gerufen, dass kein Minarett höher sein dürfe als ein Kirchturm. Söder sagt: »Man muss eine klare und verständliche Sprache sprechen, sonst verstehen einen die Menschen nicht.«

Grenzwertig ist, dass sich Söder bei seiner harten Linie Stolz, Angst und Vorurteil der Menschen zunutze macht. Es kommt vor, dass er vom »hart erarbeiteten Vermögen unseres Volkes« spricht, das von den Flüchtlingskosten bedroht sei. Er sagt: »Es kann nicht sein, dass am Ende ein deutscher Rentner weniger vom Staat erhält, als ein unbegleiteter Jugendlicher kostet.«

Es ist natürlich legitim und nötig, über große Gerechtigkeitsfragen einer Gesellschaft zu sprechen. Aber er vermischt sachfremde Dinge, er tut so, als gäbe es einen direkten und konkreten Zusammenhang zwischen Flüchtlingskosten und Rente. Im Grunde sagt er: Die Ausländer nehmen den deutschen Rentnern das Geld weg. Wenn er wirklich Wert auf sprachliche Sensibilität in aufgewühlten Zeiten legen würde, könnte er statt »Volk« einfach »Bevölkerung« sagen und bei den »deutschen Rentnern« das »deutsche« einfach weglassen. Söders Vertraute sagen, er sei im Laufe der Flüchtlingsdebatte sensibler geworden.

Die Verweigerung von Subtilität ist bei Söder ein grundsätzliches Problem. Wenn er über das Thema Flüchtlinge spricht, ist das immer ein wenig, als wolle da einer mit einem Presslufthammer ein Ohrloch stechen. »In Bayern gilt das Grundgesetz und nicht die Scharia«, das hört sich halt an, als hätte der IS bald die Mehrheit im Landtag. »Nicht jeder Flüchtling ist ein Terrorist«, das klingt nach: aber jeder zweite. Söders Talent für Zuspitzungen und griffige Formulierungen wird in heiklen Zusammenhängen schnell problematisch.

Beispiel: Ja, es gibt Frauen in diesem Land, die sich zum Beispiel in der S-Bahn unwohl fühlen, wenn sie abends mit jungen Männern anderer Hautfarbe allein im Waggon sitzen. So eine Stimmung darf ein Politiker aufnehmen, vielleicht muss er es sogar. Aber Söder nimmt diese Stimmung und knetet sie sich zurecht: Der Alexanderplatz in Berlin, sagt er dann, sei inzwischen ja eine »No-go-Area«. Was all die Berliner wundern dürfte, die täglich am Alex in den Kaufhof gehen oder ins Kino. Wenn Söder sagen würde: »Manche Berliner trauen sich ja nachts schon nicht mehr auf den Alexanderplatz« – dann wäre das schon viel weniger kontrovers. Aber Präzision ist entweder nicht sein Ding oder gar nicht sein Ziel, denn mit Provokationen macht man Schlagzeilen, nicht mit Differenzierungen.

Das Stilmittel der Zuspitzung hat die fatale Nebenwirkung, dass sich auch über klare, vernünftige Aussagen Söders der Schleier des Verdachts legt: »Wir müssen die AfD-Wähler ernst nehmen. Man kann den Bürgern nicht mehr im Oberlehrermodus sagen, was sie zu denken haben. Wir müssen uns um ihre Sorgen kümmern und ihre Probleme lösen.« Wenn Söder während der Fußball-Europameisterschaft 2016 twittert, Mesut Özil sollte besser keine Elfmeter mehr schießen, dann geifern alle gleich, er mache den Gauland. Das ist auch wieder unfair, denn viele Fußballfans haben denselben Wunsch, völlig unabhängig davon, welcher Herkunft Mesut Özil ist. Aber Söder ist eben am extremen Rand der Wahrnehmung unterwegs. Und in diese Umlaufbahn hat er sich selbst katapultiert.

Also muss er jetzt damit leben, dass Aussagen allein deshalb als anrüchig gelten, weil sie von ihm kommen. Er hat etwa auch Prügel eingesteckt für den Satz: »Wenn in diesem Jahr mehr Menschen zuwandern, als hier geboren werden, wirkt sich das auf die kulturelle Statik einer Gesellschaft aus.« Nun gehen die Meinungen darüber, wie bedeutend eine kulturelle Statik ist, wohl weit auseinander. Aber solche Fragen beschäftigen die Menschen. Und es täte der Flüchtlingsdebatte wahrscheinlich gut, wenn sie offener diskutiert würden.

Markus Söders Rhetorik täte es gut, wenn sie mehr Raum für Empathie hätte, mehr Einfühlung in das Leid von Menschen, die vor dem Terror oder auch vor Armut fliehen. Ein Parteifreund sagt: »Ich würde dem Markus dringend empfehlen, sich mal ein Flüchtlingsheim von innen anzuschauen.« Den Dank für die Flüchtlingshelfer arbeitet Söder stets nur pflichtschuldig ab, er macht daraus einfach ein weiteres Element seiner Super-Bayernhymne: Großherzig sind wir auch noch.

Söder kann sich fürchterlich aufregen über Zeitungskommentare, die versuchen, ihn in die rechte Ecke zu rücken. Dort fühlt er sich nicht wohl. Ein bisschen erinnert das alles an seine Nürnberger Anfänge, an die Kampagne gegen die Errichtung eines Flüchtlingsheims. Da klang er auch manchmal rechts und wollte es partout nicht sein. Vielleicht ist es so: Söders Ton ist in Teilen anschlussfähig für eine Klientel weit rechts von der Mitte – er hält das wahrscheinlich für eine Chance. Andere halten das für eine Gefahr.

Die CSU ist noch eine echte Volkspartei, ein breites Zelt, das ein großes Spektrum von Menschen beherbergt: am einen Ende die gläubige Katholikin, die sich in der Flüchtlingshilfe engagiert, und am anderen Ende der Rentner, der am allerliebsten gar keine Zuwanderung hätte. Der Rentner mag seine CSU in Söder erkennen – die Flüchtlingshelferin tut sich da schwerer. Die Partei weiß deshalb noch nicht recht, wem sie trauen soll: Söder, der mit scharfen Tönen die AfD klein zu halten versucht? Oder einer gemäßigten Stimme aus dem Seehofer-Eck, etwa dem niederbayerischen Europapolitiker Manfred Weber? Die CSU wird mit einem Frontmann Söder wohl Stimmen auf der rechten Flanke gewinnen und Stimmen in der Mitte verlieren. Am Ende wird ein Saldo stehen, und die spannende Frage wird sein, ob er positiv oder negativ sein wird.

Söder ist von seiner Rechnung überzeugt. Das bürgerliche Lager, sagt einer seiner Strategen, sei in Bayern groß genug, um allein mit diesen Stimmen eine absolute Mehrheit zu erreichen: »Er muss für die Linken und auch für die Grünen nicht anschlussfähig sein. Die wählen ihn eh nicht. Wir mobilisieren unsere Leute.«

Die Söder-Skeptiker in der CSU fühlen sich von der Flüchtlingsdebatte in ihren Bedenken bestärkt: »Der Markus würde die Mitglieder spalten.« Auch das Medienecho ist verheerend. Seine Popularität im Bauch der Partei aber hat unterm Strich nicht gelitten. Im Gegenteil. In Talkshows ist er mehr als je zuvor das Gesicht der CSU – für den politischen Gegner ein schwer erträglicher Provokateur, für eine Mehrheit der eigenen Leute der unerschrockene Fahnenträger. Neben Horst Seehofer ist er der Einzige in der CSU, der mühelos Bierzelte füllt. Markus Söder ist jetzt unterwegs im Kreislauf des Erfolgs.

EXKURS Bibelstunde

Wie Söder seinen Glauben nach außen trägt

Albert Füracker ist Söders Staatssekretär im Finanzministerium und sein Lieblings-Buddy, ganz nah dran am Menschen Söder. Wenn man Füracker in seinem Büro besucht, drängt sich eine Frage an den ausgewiesenen Söder-Versteher auf: Was muss man wissen, wenn man seinen Chef verstehen will? Füracker, beinahe Söder-Statur, Glatze, kramt auf seinem Schreibtisch herum und drückt einem eine Broschüre in die Hand. Es ist der Text einer Kanzelrede von Markus Söder in der Münchner Erlöserkirche, Titel: »Vertrau auf Gott, und er wird dich leiten«.

Im Gegensatz etwa zu den USA erklären in Deutschland die meisten Politiker ihren Glauben zur Privatsache. Zumindest tragen sie ihn nicht offensiv nach außen. Markus Söder ist da anders. Die Religion ist ein fester Bestandteil des Bildes geworden, das er von sich zeichnet. Als klar war, dass er Ministerpräsident werden würde, wurde Söder in einem Interview mit dem »Münchner Merkur« gefragt, was er denn mitnehme, wenn er demnächst in die Staatskanzlei umziehe. Söder antwortete: die Bibel. Sie liege bei ihm immer am Schreibtisch und helfe ihm in vielen Situationen: »Mein Glaube gibt mir Kraft.«

Irgendwann, beim Gespräch in seinem Büro im Finanzministerium, hat man die Bibel da auch wirklich liegen sehen. Außerdem hängen dort ein schlichtes Kreuz und ein Foto von Joseph Ratzinger. In der handschriftlichen Widmung dankt der Kardinal Ratzinger dem damaligen CSU-Generalsekretär Söder für seine Anstrengungen, das Schulgebet wieder einzuführen. Söder spricht gern über seinen Glauben: »Ich finde die christliche Botschaft sensationell.« Die Bibel sei ja voll von »Action, Spannung, Liebe, Romantik und Weisheit«. Er habe übrigens nicht nur eine Bibel am Schreibtisch, sondern sie auch als Hörbuch in der Dienstlimousine.

Die Kirche, sagt Söder, müsse »neue Zugänge in die Herzen der Menschen finden«. Mit dem Nürnberger Regionalbischof Stefan Ark Nitsche habe er mal einen »Star-Wars«-Gottesdienst für junge Leute gestaltet, in Jedi-Roben habe man über religiöse Motive in den Science-Fiction-Filmen diskutiert: »Wenn Kirche nicht offen ist, wer dann?« Nicht ganz so offen redet Söder über den Gebetskreis, dem er seit einigen Jahren angehört: Der sei eine private Angelegenheit, eine kleine Gruppe aus Polizeibeamten, Marketingleuten und Wissenschaftlern, die sich einmal im Monat bei einem Frühstück zum Beten und zur Diskussion von Bibelstellen treffe. In den politischen Zirkeln Nürnbergs wird gern mal über den Gebetskreis getuschelt, es heißt, er sei von konservativ-pietistischen Figuren geprägt.

Albert Füracker sagt, er bekomme im Arbeitsalltag ja mit, dass der Glaube für Söder tatsächlich eine Rolle spiele: »Er betet viel und ist wirklich bibelfest.« Das Lustige ist natürlich, dass sich zwischen dem Heiligen Markus, den Füracker beschreibt, und dessen Image eine Kluft auftut wie zwischen Bambi und Godzilla. Ob desillusionierte Wegbegleiter wie Peter Dilling oder Renate Blank Söder seine

Frömmigkeit abnehmen? Ein CSU-Mann, der sich selbst als tiefgläubig bezeichnet, sagt: »Man kann nicht in jemanden hineinsehen, aber für mich ist das bei ihm nur eine Scheinreligiosität. Er geht nur zu den Kirchenterminen, bei denen er auch gesehen wird.« Die Weihnachtsandacht des Landtags zum Beispiel lasse er immer aus. Anderen ist aufgefallen, dass Handyfreund Söder selbst dann nicht von seinem Lieblingsspielzeug lassen kann, wenn er bei einer Sitzung einem Bischof zuhören sollte. In Nürnberger CSU-Kreisen erzählt man sich auch die Geschichte, dass Söder, als er von der Kritik eines Kirchenmannes an seiner Flüchtlingspolitik hörte, der Satz entfahren sein soll: »Dieses Arschloch von Pfarrer!«

All solchen Stimmen zum Trotz wird Markus Söder 2014 in die evangelische Landessynode berufen. Die Synode, das Kirchenparlament der bayerischen Protestanten, besteht aus 108 Mitgliedern. Es sind sowohl Pfarrerinnen und Pfarrer als auch Laien. 95 davon werden von den Gläubigen in den einzelnen Dekanaten bestimmt. 13 Mitglieder werden vom Landessynodalausschuss und dem Landeskirchenrat berufen – so wie Markus Söder. In der Funktion tritt er 2014 die Nachfolge seines Nürnberger Parteifreundes Günther Beckstein an.

Die bayerische Landessynode tagt in der Regel zweimal pro Jahr über mehrere Tage hinweg, sie entscheidet etwa über den Finanz- und Stellenplan der evangelischen Landeskirche. Und sie ist eine sehr debattierfreudige Institution, in der um eine christliche Haltung auch in politischen Fragen gerungen wird. Klassisches Beispiel: die Flüchtlingspolitik. Auch wenn die Synode nicht wirklich wie ein Parlament funktioniert, gibt es doch weltanschaulich unterschiedlich geprägte Gruppen. Söder zählte vom ersten Tag an zum eher konservativen Flügel.

Über seine Arbeit in der Synode gehen die Meinungen auseinander. Manche Synodalen sagen, er bringe »ehrlich seine auf tiefer protestantischer Grundhaltung basierenden Überzeugungen ein«. Andere finden, er versuche, »CSU-Positionen in der Kirche durchzusetzen«. Ein fränkischer Pfarrer aus dem Gremium sagt, Söder habe sich womöglich mehr Publicity bei der Sache gewünscht. Doch für Selbstdarsteller sei die Synode der falsche Ort. Die Kritiker sehen in ihm den Politiker, der zwar physisch anwesend sei (wenngleich nie vom ersten bis zum letzten Tag), doch in Gedanken definitiv woanders. Was man schon daran merke, dass er ständig mit dem Handy beschäftigt sei. »Bei den meisten Synodalen ist der Tisch voll mit Aktenstapeln, bei Söder ist er meistens nahezu leer«, sagt einer, der ihn nicht sonderlich schätzt. Dabei sei es die Sacharbeit, die einem in der Synode Respekt verschaffe. Nicht ein Ministeramt.

Söder hat aber auch Unterstützer, die in ihm einen Verbündeten sehen: Sie wünschen sich, dass die evangelische Kirche Bayerns wieder ein bisschen konservativer wird. Aufgefallen ist Söder in der Synode immerhin mit ein paar klaren Positionen. Zum Beispiel: Die Kirche müsse sich öffnen, statt sich zu sehr auf innerkirchliche Diskussionen zu konzentrieren. Und in Bezug auf das Dekanat München, das mit riskanten Spekulationsgeschäften zig Millionen Euro verloren hatte, sagte er: »Ist es überhaupt richtig, dass eine Kirche als Finanzmakler auftritt und an den Märkten Geld anlegt? Soweit ich mich erinnere, hatten Jesus und seine Jünger kein Festgeldkonto.«

Nachdem feststand, dass Markus Söder nach Günther Beckstein der zweite Ministerpräsident Bayerns mit evangelischem Glauben werden wird, kündigte er im Januar 2018 seinen Rückzug aus der Synode an, »schweren Herzens«. Er habe schlicht nicht mehr die Zeit für die synodale Arbeit.

Söder betont seinen Glauben in einer Zeit, in der die gegenseitig selig machende Nähe von Kirche und CSU sogar auf den bayerischen Dörfern in Auflösung begriffen ist. Kirche, Wirtshaus, CSU – einst war das eine selbstverständliche Dreieinigkeit. Heute akzeptieren weder katholische noch evangelische Christen einfach so das angebliche Gottesgnadentum der CSU. Das Vertrauen bröckelt von zwei Seiten: Manchen konservativen Christen ist die CSU zu fortschrittlich, etwa in gesellschaftlichen Fragen; den Fortschrittlichen ist sie zu konservativ.

In der Flüchtlingsdebatte vermissten viele Christen bei der CSU die Nächstenliebe. Der Bamberger Erzbischof Ludwig Schick etwa sagte, die CSU könne das C im Namen ruhig beibehalten – solle sich dann aber bitte auch »danach richten«. Söders persönliches Ansehen bei Kirchenleuten und Gläubigen hat durch seine scharfe

Rhetorik in der Flüchtlingspolitik zweifellos gelitten. Auch in der Synode musste er sich rechtfertigen.

Die massive Kritik aus den Kirchen hat längst die liberalen Vordenker der CSU aufgeschreckt. Alois Glück, ehemaliger Landtagsfraktionschef und Chef des Zentralkomitees der deutschen Katholiken, diagnostiziert einen »mächtigen Entfremdungsprozess, der sich gegenwärtig noch nirgends in Zahlen ablesen lässt«. Die CSU laufe akute Gefahr, viele Stammwähler zu verlieren. Der Söder-Skeptiker Glück stellt mit seiner Analyse natürlich die Frage in den Raum, ob dieser Söder wirklich der Richtige sei, um diese Entwicklung zu stoppen.

Söder selbst gibt sich unangefochten. In einem Interview mit der »Zeit« fordert er die Kirchen sogar auf, sich weniger in die Politik einzumischen. »Natürlich dürfen und müssen Kirchen mahnen«, sagt er. »Sie sollten aber keine Ersatzpolitiker sein und keine Ersatzpartei.« Einige Tage nach Erscheinen des Interviews erntet Söders These vehementen Widerspruch: »Ich will, dass sich die Kirchen und Religionsgemeinschaften einmischen in die tägliche, praktische Politik.« Der Absender dieser Zeilen, mit besten Grüßen: Horst Seehofer.

Markus Söder hält immer wieder Kanzelreden wie jene in München, deren Manuskript Albert Füracker auf dem Schreibtisch parat hatte. An einem kühlen Frühlingstag 2017 ist er in der Regensburger Kirche St. Emmeram, einem Meisterwerk aus Stuck und Gold, zu einer Gastpredigt geladen. Helfer tragen zusätzliche Stühle in die Kirche, weil der Besucherandrang so groß ist.

Söder hat so eine Art Kirchen-Säusel-Stimme, auf die er sekundenschnell umstellen kann: »Ich muss Ihnen ehrlich sagen: Das hier ist der Höhepunkt des Tages.« Dann erzählt er von seiner Mutter, die zu Hause zwei Mal am Tag mit den Kindern gebetet habe. Und dass er, wenn es nach dem Vater gegangen wäre, durchaus Pfarrer hätte werden können. Der Welt ist ein recht solider Pfarrer entgangen: »Für mich ist der Glaube ein helles Licht im Dunkeln. Ich schäme mich nicht dafür, dass ich glaube.« Söder berichtet, wie er nach dem Tod des Vaters 2002 »wieder einen Bezug zu Gott gefunden« hat. Der Glaube, sagt er, »hat mir die Kraft gegeben, meinen eigenen Weg zu gehen«.

Am Ende hat Söder eine Mahnung für sein Publikum, man möge sich bitte vor falschen Propheten hüten. »Es gibt ein Buch, in dem alles steckt, die Bibel.« In der Gesellschaft von heute, sagt Söder, zählten nur »Rankings und Castings«. Die frohe Botschaft sei, dass man vor Gott frei sei von solcherlei Zwängen: »Du musst nicht jedes Casting gewinnen. Du wirst trotzdem geliebt.« Wenn man den glühenden Wettbewerber Söder aus dem politischen Alltag kennt, reibt man sich ein wenig die Augen. Wenn man ihn einfach mal so eine Dreiviertelstunde lang in Regensburg erlebt, nickt man zustimmend. Der Pfarrer, der das Schlusswort spricht, ist begeistert: »Wenn wir die Wahlplakate sehen, sehen wir nur den Politiker. Heute haben wir den Menschen Markus Söder gesehen. Heute konnten wir Ihnen tief ins Herz schauen.« Am Ende tippeln die Leute aus der Kirche, zwei feine ältere Damen unterhalten sich über das, was sie gesehen und gehört haben. »Ein freundlicher Mann«, sagt die eine Dame. »Ja«, sagt die andere. »Nur intellektuell etwas dünn.«

»Man kann nicht in jemanden hineinsehen«, hat der skeptische Parteifreund über Söder gesagt. Was man kann, ist: in ein Handschuhfach sehen. Es liegt schon eine ganze Weile zurück, da nimmt der Finanzminister Söder den Reporter ein Stück in seiner Dienstlimousine mit, eine kurze Simulation von Nähe, die Politiker Journalisten hin und wieder gönnen. Bei der Fahrt durch Nürnberg dreht sich das Gespräch um dieses und jenes. Da erinnert sich der Reporter an Söders Ministerbüro und seinen Schreibtisch, und er fragt Söder also, wo denn nun eigentlich die Hörbuch-Bibel sei, die er ja nach eigenem Bekunden stets im Auto habe. Wortlos öffnet Söder das Handschuhfach, nimmt das Hörbuch heraus und genießt seinen Triumph.

III. Teil

Die letzten Meter und das Projekt Königsmord

1. Die Schmutzelei als Kunstform

Das Alphatier-Duell mit Horst Seehofer

Tief in der CSU gibt es seit sechs, sieben Jahren diesen Wunsch: Die beiden unbestrittenen Alphatiere der Partei, die einzigen in den Jahren nach Stoiber, die jederzeit ein Bierzelt füllen und begeistern können, sollen die CSU auch gemeinsam führen. Horst Seehofer als Parteichef und Bundesminister in Berlin, Markus Söder als Ministerpräsident in München. Klingt eigentlich logisch, aber doch auch ein bisschen naiv – zumindest bis zum Dezember 2017, als Seehofer und Söder sich allen Ernstes in eine Doppelspitze fügen. Viele Mitglieder an der Basis ahnen jedenfalls nicht mal im Ansatz, wie erbittert die Gegnerschaft ihrer beiden Führungsmänner wirklich ist. Das werde doch alles von den Medien aufgebauscht, sagen viele CSU-Leute. Aber da muss man nichts aufbauschen.

Am 11. November 2015 spricht Horst Seehofer in der Bayerischen Staatskanzlei mit einer Journalistin. Es ist der Tag, an dem die Faschingssaison beginnt. Die Seehofer-Interpreten ziehen deshalb in Erwägung, die Einlassungen des Ministerpräsidenten könnten ein humoristischer Beitrag sein. Aber das sind sie nicht. Die Nachfolge-Frage steht wieder mal im Raum. Horst Seehofer hatte ja gleich nach der Landtagswahl 2013 angekündigt, 2018 nicht mehr anzutreten. Sein Finanzminister Söder steht quasi schon im Fahrstuhl, der ihn nach oben bringen soll, in die höchste Etage der Macht. Söder hat viele Gegner in der Partei, Seehofer ist der größte von allen. Und trotzdem, die Umfragen unter den Mitgliedern, die Stimmung in der Landtagsfraktion: Alles spricht für Söder.

»Wissen Sie was?«, hebt Seehofer also zum Faschingsstart an.

»Es wird entschieden anders laufen, als Sie alle glauben.« Wie bitte? Wer könnte den unverhinderbaren Söder denn noch verhindern? Seehofer sagt nichts mehr. Er blickt nur sehr zufrieden drein. Horst Seehofer ist gern bayerischer Ministerpräsident. Aber am allerliebsten ist er: eine Sphinx. Was soll da denn anders laufen?

Horst Seehofer hat nie öffentlich ausgesprochen, dass er Markus Söder nicht als seinen Nachfolger haben will. Das könnte er auch kaum tun, ohne die Partei zu spalten. Trotzdem weiß es jeder im politischen München. Genauso verhält es sich mit Söders Ambition, Seehofer so bald wie möglich aufs Altenteil zu geleiten und dann selbst in die Staatskanzlei einzuziehen. Das ist das Kuriose an diesem Duell: Es ist Krieg, aber keiner darf das laut sagen und schon gar nicht, warum.

Söder und Seehofer liefern sich seit Jahren ein Duell wie Tom und Jerry, nur dass beide Tom sind, ständig zünden sie sich gegenseitig den Schwanz an. Zwischendrin ist auch mal Feuerpause bei Tom und Tom, aber Söder weiß: Es darf kein Weg an ihm vorbeiführen. Denn wenn es einen gibt, wird Seehofer ihn finden. Und er klingt ja – zu Faschingsbeginn 2016 in der Staatskanzlei – ganz so, als hätte er da schon eine bestimmte Streckenführung im Auge.

Der innere Konflikt war schon immer eine Triebfeder der CSU, auch in den Gründungsjahren nach dem Zweiten Weltkrieg, als der liberale Josef Müller, Ehrenname »Ochsensepp«, und der konservative, tief katholische Alois Hundhammer nicht nur um die Richtung der Partei rangen, sondern sich auch einfach nicht ausstehen konnten. Als Franz Josef Strauß in den Siebzigerjahren den Ministerpräsidenten Alfons Goppel langsam zermürbte, sprach Goppel immer nur von »dem, der nach mir kommt«. Auf einem ähnlichen Sympathieniveau bewegen sich auch heute noch Edmund Stoiber und Theo Waigel – 20 Jahre, nachdem Stoiber Waigel als Parteichef verdrängte. Stoiber wiederum wurde 2007 bei der berüchtigten Klausur in Kreuth von Günther Beckstein und Erwin Huber vom Thron vertrieben; er vergalt es den beiden, indem er nach der desaströsen Landtagswahl 2008 ihre Ablösung durch Seehofer orchestrierte. Manchmal verliert man in der CSU den Überblick, wer da mit wem noch eine Rechnung offen hat.

Dieser innere Drang zum Königsmord kommt freilich nicht von ungefähr.

Das Selbstverständnis der CSU als bayerische Staatspartei ist allzeit prekär, sie braucht die absolute Mehrheit der Sitze im Bayerischen Landtag, um ihrem Anspruch Glaubwürdigkeit zu verleihen. Andere Parteien in anderen Ländern können mal ein schlechtes Wahlergebnis wegstecken, oder auch zwei. Die CSU hat diese Gelassenheit nicht, sie kann sie nicht haben. Sie muss jeden Tag aufs Neue ihre Stärke beweisen, für sie geht es immer um alles. Am heftigsten lastet dieser Druck auf ihren Anführern: Wenn sie nicht liefern, sind sie geliefert. Krasser individueller Ehrgeiz und maximale Robustheit gehören bei dieser Jobbeschreibung zwingend zum Bewerberprofil. Und weil die CSU in Bayern in langen Phasen nicht wirklich von der Opposition getrieben wird, treibt sie sich halt selbst. Fast jeder ihrer Anführer hat irgendwann einen unangenehmen Gegenspieler in der eigenen Partei bekommen.

Man könnte also versuchen, die Händel zwischen Seehofer und Söder als christsozialen Regelbetrieb zu erklären, als die ganz normale Konkurrenz des alten und des jungen Löwen. Aber das greift zu kurz. »Bei den beiden grenzt das schon an Hass«, sagt ein CSU-Mann, der nah dran ist und seine Worte mit Bedacht wählt. Ein anderer sagt: »Der Konflikt ist schon lange nicht mehr rational.« Wie konnte es so weit kommen? Eine Antwort auf diese Frage könnten Seehofer und Söder wohl nur selbst geben, sie tun es aber nicht. Die Suche nach den Ursachen führt also zwangsläufig ins Spekulative.

Ferndiagnosen

Einig sind sich die Küchenpsychologen in der CSU immerhin über den Boden, auf dem die Antipathie zwischen Söder und Seehofer gedeiht. Die Konkurrenz der beiden speist sich demnach aus ihrer Ähnlichkeit. Und ein Stück weit klingt das sehr plausibel.

Beide sind aus kleinbürgerlichen Verhältnissen aufgestiegen, Söder, Sohn eines Maurers, und Seehofer, Sohn eines Lastwagenfahrers. Beide sind mehr an Macht als an Reichtum interessiert. Beide sind in der politischen Auseinandersetzung wenig zimperlich. Beide teilen die Welt in Freund und Feind. Beide haben kein Problem damit, Brücken hinter sich abzubrechen. Beide passen ihre Überzeugungen gern den aktuellsten Erkenntnissen der Demoskopen an, ohne dabei auch nur ein bisschen rot zu werden. Und beide sind in der Lage, so Politik zu machen, wie es Lion Feuchtwanger – bezogen auf eine ganz andere Zeit, die Zwanzigerjahre – als spezifisch bayerische Erfordernis beschrieben hat: »In Bayern muss man, damit die Volksseele kocht und wieder still wird, simplere Mittel anwenden als in der übrigen Welt. Anderswo muss man krumm regieren. In Bayern senkrecht.«

Wer senkrecht regiert, spaltet das Publikum, so wie Seehofer im Jahr 2016. In der Flüchtlingskrise ist er das Auge des Sturms: Für die einen ist er der Finsterling, der gut mit Putin kann und mit Orbán noch besser. Der seiner Kanzlerin in den Rücken fällt und von einer »Herrschaft des Unrechts« fabuliert. Ein rhetorischer Zündler, der quasi mit schuld ist, wenn Flüchtlingsheime brennen. Für die anderen ist er der Aufrechte, der eine verantwortungslose Kanzlerin zur Vernunft bringen will. Der offen ausspricht, was wir eben nicht schaffen können, der diesem Land dessen Wohlstand und Identität bewahren will. Wer senkrecht regiert, wird reduziert. Auch dieses Problem teilt Seehofer mit Söder.

Andere Seelen-Deuter weisen darauf hin, dass man den Blick vielleicht eher auf die Unterschiede der beiden richten sollte:

Söder ist Parteimensch, Seehofer gar nicht. Söder ist in der Landespolitik sozialisiert, Seehofer im Bund. Söder ist mehr Kopf, Seehofer mehr Bauch.

Na ja, sagt eine CSU-Frau, die selbst schon höhere Ämter bekleidet hat, »man braucht sich bei den Psychogrammen nicht zu verkünsteln«. Für sie ist die Sache ganz einfach erklärt: »Ein Egomane geht dem anderen Egomanen natürlich auf den Sack.« Das kann man sich gut vorstellen.

Söder soll einem Verbündeten seine Strategie im Umgang mit Seehofer mal so beschrieben haben: »Der Horst ist groß, wenn der mit anderen redet, werden die kleiner. Ich nicht. Ich stelle mich extra breitbeinig hin, und das kann er nicht haben.« Und wenn Seehofer im Kabinett seine Minister anblaffe, lasse er, Söder, sich das als einziger nicht gefallen: »Nur wer sich wehrt, wird stärker.« Alte Weisheit beim Machtpolitiker Söder: Man wächst im Konflikt.

Und Söder ist beachtlich gewachsen, seit er Finanzminister wurde. Auch weil er quasi in jede Talkshow geht und Seehofer in gar keine. Weil er an Sonntagen drei Reden vor CSU-Ortsverbänden schwingt und Seehofer gar keine. Söder ist inzwischen so etwas wie ein Neben-Ministerpräsident. Was Seehofer mutmaßlich sehr auf den besagten Sack geht.

Es gibt einen Vorbehalt Seehofers gegenüber Söder, der gut verbürgt ist, ein politischer: Seehofer traut dem konservativen Polarisierer Söder nicht zu, die Volkspartei CSU in ihrer ganzen Breite zu verkörpern – namentlich den christlich-liberalen Flügel. Hier geht der inhaltliche Vorwurf indes schon wieder fließend über in den charakterlichen. »Der Horst erkennt das politische Talent vom Markus schon an«, sagt einer aus dem Seehofer-Lager. »Aber wofür verwendet er dieses Talent? Nur zum eigenen Nutzen.« Deshalb wolle Seehofer Söder die Partei nicht anvertrauen.

Mit Söder, glaubt Seehofer, sei nicht nur die absolute Mehrheit verloren, sondern auch der innerparteiliche Friede. In Seehofers Umfeld gilt Söder als »Spalter«; auch weil er ständig öffentlich mit seinen Karrierezielen kokettiert. Ein Seehofer-Mann sagt: »Die CSU hat 150 000 Mitglieder, und der Einzige, den der Chef regelmäßig zur Ordnung rufen muss, ist der Markus.«

Das Söder-Lager schimpft retour, Seehofer sei doch selbst der Rüpel. Der Ministerpräsident, so sehen das Söders Leute, sei schon über jeden brutal hergezogen: über Fraktionschef Kreuzer beim Thema Flughafen, über Ilse Aigner in der Energiepolitik, über die ganze CSU-Landtagsfraktion beim Kommunalwahlrecht.

Seehofer hat dagegen das Problem, dass er seine Charakterurteile über Söder zumindest öffentlich nicht belegen kann. Ein großer Teil des CSU-Volks im Land versteht seine Bedenken gegen Söder nicht. Im Gegenteil, viele finden Seehofers Angriffe unangemessen. So hat jede Attacke Söder nicht schwächer, sondern letztlich stärker gemacht.

Wann dieser Konflikt genau begann, ist schwer zu bestimmen. Der erste Zusammenstoß ist 2004 dokumentiert, als der Generalsekretär Söder kühl den Bundestagsabgeordneten Seehofer abkanzelt, der zurücktritt, weil er die Parteilinie in der Gesundheitspolitik für unsozial hält. Seehofer-Freunde sagen, dass hier der wichtigste Unterschied zwischen den beiden liege: Seehofer sei ein Mann mit Prinzipien, Söder ein kalter Opportunist. Als Nächstes sticht dann schon das Jahr 2007 ins Auge – mit der einen Begebenheit, auf die man immer stößt, wenn man die Wurzel des Konflikts zwischen Seehofer und Söder sucht.

Punktgenau zum Kreuther Showdown in Januar wird eine folgenreiche außereheliche Beziehung Seehofers von der »Bild« ans Licht gezerrt: »Minister Seehofer: Baby mit heimlicher Geliebten«. Seehofer gilt zu diesem Zeitpunkt schon als Bewerber um den CSU-Vorsitz, wenn Stoiber ihn abgeben sollte. Und er geht nach der Enthüllung schnell davon aus, dass hier eine »Kampagne« gegen ihn aus den eigenen Reihen im Gang sei. Aber wer hat sie in Gang gesetzt?

Irgendwann, nicht gleich, sondern viele Monate später, setzt sich unter Seehofer-Getreuen und darüber hinaus die Version durch, dass Söder die Geschichte mit dem Kind an die »Bild« durchgestochen habe. Söders Vertraute weisen das bis heute empört zurück. Sie führen zwei recht plausible Gegenargumente an. Erstens hätten Söder und Seehofer zum Zeitpunkt der Enthüllung Anfang 2007 den gleichen Gegner gehabt: Erwin Huber. Seehofer wollte im Fall der Fälle gegen Huber als CSU-Chef antreten, aber nicht an einem Putsch gegen Stoiber teilnehmen; Söder wollte Stoiber gegen das sich abzeichnende Putschisten-Duo Huber/Beckstein verteidigen. Also habe Söder schlicht keinen Grund gehabt, Seehofer zu torpedieren. Und zweitens habe Söder ja selbst eine Tochter aus einer vorehelichen Beziehung, er sei also sensibilisiert für das Thema Privatsphäre.

Für die Unschuld Söders spricht, dass über Seehofers Berliner Geliebte schon lange vor dem »Bild«-Artikel getuschelt wurde. In der »Abgeordneten-Schlange«, dem Apartmenthaus an der Spree, in dem Seehofer wohnte und seine Affäre empfing, blieb kein Geheimnis lange geheim. Zumal die Frau selbst im politischen Betrieb arbeitete. Die »Bild«, heißt es in Berlin, habe schon lange vor der Veröffentlichung Bescheid gewusst, auch über die Schwangerschaft.

Söders Problem in dieser Sache ist, dass man ihm praktisch alles zutraut, diesen Ruf hat er sich erworben. Seehofer-Ultras glauben sogar, auch ein zweites Schmutzgerücht über eine angebliche Affäre Seehofers mit einer CSU-Politikerin auf Söder zurückführen zu können. Und so gibt es immer wieder Fälle, in denen Söder kleinerer und größerer Sauereien verdächtigt wird. Anfang 2018 zum Beispiel verlautet aus dem Umfeld des Ex-Finanzministers Georg Fahrenschon, dass man einen ziemlich klaren Verdacht habe, wer die Steuer-Probleme Fahrenschons an die Justiz gespielt haben könnte – genau so zeitlich abgestimmt, dass die Nachricht die Vertragsverlängerung Fahrenschons als Chef des Sparkassenverbands zerschoss. Neben Söder wird in Fahrenschons Umfeld übrigens noch ein zweiter möglicher Verdächtiger genannt: Horst Seehofer. Vielleicht war es aber einfach auch jemand von der Sparkasse.

Im weiteren Verlauf des Jahres 2007 wird Seehofer dem Generalsekretär Söder unlautere Parteinahme im Rennen um den

CSU-Vorsitz vorwerfen – zugunsten von Seehofers Gegner Erwin Huber, der sich am Ende durchsetzt. Von Söder ist aus dieser Zeit der visionäre Satz »Ich verstehe den Horst nicht« überliefert. Bereits 2008 ist aber offensichtlich ein gewisser Grad an Verständnis zurückgekehrt: Söder und Seehofer mauscheln mit Stoiber gegen das neue Führungsduo Beckstein und Huber. Nach deren Ablösung nach der Landtagswahl 2008 holt Seehofer Söder ohne Zögern in sein Kabinett. Für alten, tiefen Groll spricht das nicht. Vielleicht kann man sagen: Die Alphatiere Seehofer und Söder haben eine kurvenreiche Beziehung. Sie knickt erst ab, als Söder zum Finanzminister aufsteigt.

Mysterienspiel

Horst Seehofer hat Markus Söder Ende 2011 quasi umständehalber zum Finanzminister befördert, im Wesentlichen wohl aus drei Gründen. Weil er seine externen Wunschkandidaten nicht der Fraktion vermitteln konnte; weil Aigner die oberbayerische Kontrahentin Haderthauer nicht als Finanzministerin akzeptieren wollte; und weil Stoiber für Söder intervenierte. Einige Söder-Loyalisten vertreten sogar die Theorie, dass Seehofer das Finanzministerium letztlich als »vergiftetes Geschenk« an Söder sah: »Er glaubte nicht, dass sich ein oberflächlicher Generalist wie Söder in die finanzpolitischen Tiefen einarbeitet. Er dachte, er verheddert sich und macht sich Feinde.«

Jedenfalls ist Söder jetzt Finanzminister, neben dem Innenminister der wichtigste Mann im Kabinett. Und hier setzen die christsozialen Küchenpsychologen mit einer interessanten These an. Markus Söder, heißt es, kenne keine Dankbarkeit, wenn man ihm in Ämter verhelfe. Er halte sich ja grundsätzlich für qualifiziert, warum soll er sich also bedanken? Er habe das sogar zur Maxime entwickelt, die Stärke demonstrieren soll: »Sag niemals danke für ein Amt.« So hält er das auch jetzt. Seehofer hat daran schwer zu beißen: Er wiederum ist jemand, der Dank erwartet, und zwar mindestens in Form von bedingungsloser

Gefolgschaft. So was hat Söder nicht im Angebot. Seehofer verbittet sich andere Götter neben sich im Kabinett; Söder hat nicht vor, sein Selbstverständnis zu ändern, nur damit der Ministerpräsident sich wohlfühlt.

Die eine Frage, die alle Interpreten des Alphatier-Duells beschäftigt, ist nun: Wenn alles so schwierig ist zwischen den beiden – warum serviert Seehofer Söder dann nach der Landtagswahl 2013 auch noch das Heimatministerium auf dem Silbertablett? Aus Seehofers Umfeld wird beinahe entschuldigend eine Dynamik aus dem Landtagswahlkampf angeführt. Seehofer habe die Idee mit dem Heimatministerium gehabt, sie aber ziemlich roh in die Welt geblasen. »Wie so ein Ministerium genau aussehen könnte, hatte er noch nicht durchdacht«, sagt einer, der nah dran war. »Er hat nur grobe Aufgaben genannt wie die Digitalisierung.« Söder habe die Idee dann ein bisschen dreist, aber auch ziemlich geschickt an sich gezogen – vor allem, indem er die Versorgung mit schnellem Internet zum Kernstück einer neuen Politik für den ländlichen Raum erklärte.

Der Mann mit Einblick sagt: »Seehofer hat das Stichwort geliefert. Söder hat das Stichwort mit Leben gefüllt und Seehofer so fast gezwungen, ihn zu nehmen.« Zumal Seehofer sich früh auf Franken als Standort des neuen Hauses festgelegt hatte – da kam er schwer an Söder vorbei. Im Übrigen, heißt es bei Seehofer-Loyalisten, sei man sicher gewesen, Söder trotz seiner neuen Machtfülle »kontrollieren« zu können. Man habe gedacht, dass Ilse Aigner und Christine Haderthauer als »starke Frauen« im Kabinett mehr Aufmerksamkeit auf sich ziehen würden.

Stille Nacht

Ein Meilenstein der Zerrüttung zwischen Seehofer und Söder wird im Dezember 2012 im Schwabinger Café »Reitschule« gesetzt. In einer nicht maximal besinnlichen CSU-Weihnachtsfeier, die in die Parteigeschichte eingehen wird, zieht Parteichef Seehofer mächtig über das eigene Personal vom Leder. Exilant

Karl-Theodor zu Guttenberg? »Glühwürmchen.« Bundesverkehrsminister Peter Ramsauer? »Zar Peter.« Und all das vor Journalisten, denen er ausdrücklich gesagt hat, seine Äußerungen an diesem Abend seien »frei« verwendbar. Üblicherweise finden Tischgespräche bei solchen Feiern im geschützten Raum statt.

Richtig ernst wird es, als Seehofer auf Söder zu sprechen kommt. Dieser sei ein Mann mit »charakterlichen Schwächen«, er sei »vom Ehrgeiz zerfressen« und leiste sich zu viele »Schmutzeleien«, ein neuer Fachausdruck, um den der Wortschöpfer Seehofer die Welt an jenem Abend bereichert. Söder ist nicht dabei im Café »Reitschule«, er kriegt von alldem zunächst nichts mit.

Am nächsten Morgen, einem Dienstag, ist Kabinettssitzung, und selbst da wirkt noch alles normal. Anschließend fährt Söder in den Landtag, es kommen Leute auf ihn zu und sagen: »Hast du schon gehört?« Wenig später dokumentiert eine Agenturmeldung Seehofers Einlassungen. Söder sagt heute: »Ich war schon überrascht und konsterniert.« Er verlässt sofort das Maximilianeum, mindestens ein Reporter will gesehen haben, dass er sich dabei Tränen aus den Augen wischt. Auf dem Weg nach draußen sagt er zu Journalisten: »Ich konzentriere mich auf meine Arbeit in Partei und Fraktion.« Ein kleiner, an sich harmloser Satz, aber schon auch eine Botschaft an Seehofer: In der Fraktion hat Söder großen Rückhalt, und Seehofer nicht.

Viele Abgeordnete sind höchst irritiert vom Rundumschlag des Ministerpräsidenten. »Das fiel komplett auf den Angreifer zurück«, erinnert sich heute ein Söder-Mann. »Außer Narzissmus hatte niemand eine Erklärung für Seehofers Ausfälle«. So einen Affront hätte es vorher noch nie gegeben, noch dazu so anlasslos. In Seehofer-Zirkeln ist man sich nicht so sicher, was das Fehlen eines Anlasses betrifft. Man munkelt, Seehofer sei kurz zuvor zugetragen worden, dass Söder im kleinen Kreis Andeutungen über angebliche Affären seiner unverheirateten Rivalin Aigner gemacht haben soll.

Am Mittwochmorgen ruft Söder seinen Mentor Edmund

Stoiber an und fragt ihn, ob er zurücktreten soll. Stoiber sagt: »Du trittst auf keinen Fall zurück.« Söder kontaktiert auch noch einen anderen alten CSU-Weisen, Oscar Schneider, den ehemaligen Bundesbauminister aus Nürnberg. Schneider sagt ihm, in so einer Situation müsse man drei Grundsätze beachten: Anstand wahren, Haltung zeigen, Pflichten erfüllen. Söder bekommt auch viele Solidaritätsanrufe in diesen Stunden. Landtagspräsidentin Barbara Stamm hat Seehofer am Vorabend sogar öffentlich zurechtgewiesen, zumindest indirekt. Beim Weihnachtsessen des Landtags hat sie einfach mal den Wunsch geäußert, dass man hinterfragt, »wie man miteinander umgeht«, und dass man stets vor der »Würde des anderen« haltmacht.

Am Donnerstag ist dann Landtagssitzung, es geht auch um den Haushalt des Finanzministers. Söder muss also reden. Er sagt, er habe auf dem Weg zum Pult nicht gewusst, ob er zurücktrete. Dann habe er den warmen Beifall der Fraktion gehört und sich entschieden, zu bleiben. Der Applaus wird noch lauter, als er die Oscar-Schneider-Weisheit zitiert. Seehofer muss erkennen: In diesem Söder hat er einen mächtigen Gegner.

Wie meist nach unschönen Eskalationen treffen sich Söder und Seehofer hinterher zur Aussprache, diesmal auf Vermittlung von Stamm und Fraktionschef Georg Schmid. Söders Leute berichten, das Ganze habe 45 Minuten gedauert: 30 Minuten lang habe Seehofer Söder Vorwürfe gemacht, dann hätten sie 15 Minuten lang an einer Erklärung gedoktert, dass alles wieder gut ist. Der Weihnachtsfrieden in der CSU wird dann auch noch mit schönen Bildern unterlegt, denn wenige Tage später tagt das Kabinett in Nürnberg. Seehofer und Söder spazieren mehr oder minder einträchtig über den Christkindlesmarkt. Irgendjemand ruft: »Seehofer, lass den Söder zufrieden!«

Söder beteuert in der Rückschau, ihn habe der Schmutzeleien-Vorwurf nicht nachhaltig belastet: »Ich schaue immer nach vorn, begeistere mich am Neuen und klage nicht über das Alte. Man sollte sich die Seele nicht verdunkeln lassen durch Schatten der Vergangenheit.« Man kratze nicht an seinen Narben herum, sonst täten sie immer weh.

Eruptionen

Söders sachgerechtem Umgang mit Narben zum Trotz summieren sich die gegenseitigen Verletzungen mit den Jahren. Es gibt gelegentliche Friedensschlüsse zwischen Seehofer und Söder, aber eine echte Aussöhnung rückt in immer weitere Ferne. Aus Antipathie ist längst Feindschaft geworden, so hört man das aus beiden Lagern. Wobei Söder viel Wert darauf legt, als Opfer wahrgenommen zu werden – was wiederum Seehofer nicht gerade besänftigt.

Wenn Söder gefragt wird, ober er Ambitionen auf das Amt des Ministerpräsidenten hege, winkt er verblüfft ab: I wo, woher denn? Er habe nie einen Karriereplan gehabt und überhaupt genug zu tun als Finanzminister. Im Stillen jedoch arbeitet er jeden einzelnen Tag an dem Netz, das ihn in die Staatskanzlei tragen soll. Und er tut noch ein bisschen mehr.

Er stichelt ständig gegen Seehofer, oder er lässt sticheln. Manches findet hinter den Kulissen statt: Söders Leute sollen etwa die schlimmsten Details zu Haderthauers Modellbauaffäre an Journalisten durchgestochen haben, stets verbunden mit der besorgten Frage, ob Seehofer das alles noch länger ignorieren könne. Anderes spielt sich auf offener Bühne ab: Söder verlangt, dass Bundesverkehrsminister Alexander Dobrindt die Maut-Verwaltung nach Bayern holt, wohl wissend, dass er da einen praktisch unerfüllbaren Auftrag formuliert. Söder zielt auf Haderthauer, er zielt auf Dobrindt. Und er zielt damit immer auf Seehofer. So wird das bis 2017 gehen.

Söder erzielt Wirkung bei Seehofer. »Der Markus ist in Horsts Kopf drin«, so formuliert das ein recht neutraler CSU-Mann. Einem »Spiegel«-Reporter erzählt Seehofer mal, dass er gerade Stefan Zweigs Roman »Joseph Fouché« lese. Dieser Fouché schafft es, durch komplette Überzeugungslosigkeit alle Phasen der Französischen Revolution zu überstehen. Die größten Gefahren für Politiker, sagt Seehofer, seien Übermut und Unvernunft, und am allerschlimmsten sei »die Kombination aus beidem«. Es ist jedem in der CSU klar, wer für Seehofer der

Fouché der bayerischen Neuzeit ist. Ein Detail an Fouchés Lebensgeschichte dürfte Seehofer besonders gefallen, nämlich, dass er einsam in der Verbannung stirbt.

Unregelmäßig, aber doch verlässlich brechen die Gefühle aus Seehofer noch deutlicher heraus. Was die Öffentlichkeit mitkriegt vom Alpha-Duell, sind eigentlich nur die Eruptionen Seehofers. Im März 2013 zum Beispiel wird eine Episode bekannt, die in ihrer Nichtigkeit gut beschreibt, wie blank die Nerven liegen. In der Staatskanzlei tagt der Stiftungsrat der Bayerischen Landesstiftung, einer staatlichen Wohltätigkeitsorganisation. Die Vermögensverwaltung der Stiftung soll neu aufgestellt werden, das Thema ist also nicht ganz unwichtig. Aber es ist auch nicht richtig wichtig. Söder lässt sich in der Sitzung jedenfalls von seinem Staatssekretär Franz Josef Pschierer vertreten, was Seehofer übel erzürnt. Nach Augenzeugenberichten schickt er Pschierer in einer Art fort, wie es einem Staatssekretär nur ein Mal im Leben passiert – mit dem Auftrag, sofort Söder herzuholen. Doch Söder ist in Nürnberg. Die Runde geht ergebnislos auseinander. Für Seehofer, heißt es, sei das nur ein weiterer Beweis, dass Söder zu seriöser Sacharbeit weder willens noch fähig ist.

Zwischenzeitlich gilt dieser Seehofer als Auslaufmodell, als schrulliger Onkel aus Bayern, der die arme Kanzlerin mit Ausländermaut und Betreuungsgeld nervt. Doch für Seehofer waren Krisen schon immer ein starker Treibstoff. Die Landtagswahl 2013 ist sein großer Triumph. Die Wähler, die 2008 zu Hause geblieben sind, kommen zurück zur CSU. Er ist jetzt der Mann, der die absolute Mehrheit zurückerobert hat. Seine Toleranz für Quertreiber wie Söder wird dadurch nicht gesteigert.

Im Oktober 2014 rumpelt es mal wieder gewaltig zwischen den beiden. Es beginnt mit einem medialen Vorstoß Söders, den er mit Seehofer natürlich nicht abgesprochen hat. Söder verlangt einen »Konjunkturcheck für alle Vorhaben der Regierung« in Berlin, also im Grunde eine Überarbeitung des schwarz-roten Koalitionsvertrags. Alles, was der Wirtschaft schade, müsse vertagt werden.

Ist das ein Tabubruch? Oder legitim für einen Spitzenpolitiker, der sich als Generalist fühlt? Seehofer hängt klar der ersten Theorie an. In einer CSU-Vorstandssitzung sagt er, »wenn da jemand sagt, er möchte einen Konjunkturcheck«, dann kratze das an der »Verlässlichkeit der CSU«. Der Koalitionsvertrag, stellt Seehofer fest, »trägt meine Unterschrift«. Die Teilnehmer der Sitzung fragen sich: Schmeißt er Söder jetzt raus?

Und das ist tatsächlich eine Frage, die das Verhältnis der beiden immer begleitet: Wenn die Beziehung derart ruiniert ist, warum behält Seehofer Söder dann als Minister? Die Antwort ist wohl: Söder hat inzwischen zu viele Unterstützer in der CSU, vor allem in der Landtagsfraktion, aber auch in der Breite der Partei. Und Seehofer sitzt ja – nur ein Jahr nach seiner großen Landtagswahl – selbst nicht mehr wirklich fest im Sattel, er kann sich einen offenen Konflikt mit Söder nicht leisten. Dazu kommt, dass Söder seinen Dienst im Finanzministerium weitgehend tadellos verrichtet – es gibt zumindest nichts, womit ihn Seehofer aus dem Amt hebeln könnte. Andere stellen die Frage andersherum: Wäre ein Putsch Söders gegen Seehofer so aussichtslos? Es ist nicht so, dass Söders Gefolgsleute im Landtag die Idee nicht mal durchdenken. Sie kommen aber zu dem Schluss, dass ein Putsch dem Wähler nicht zu vermitteln wäre.

So sitzen die zwei Alphatiere, die zugleich zwei Sensibelchen sind, also weiter am gleichen Kabinettstisch. Mit seinen Anspielungen und Sprüchen betreibt Söder täglichen Raubbau an Seehofers Nerven. Und er hat sogar einen Weg gefunden, Unsagbares zu sagen.

EXKURS Beim Maibock

Der Minister als Kabarettist

Egal wohin Markus Söder so kommt: Er hält sich meistens für den witzigsten Mann im Raum. Und er hat gar nicht so selten recht. Für ihn ist Humor ein Wettbewerb – und ein politisches Instrument. Schon eine ganz normale Rede hat bei Söder mehr Witz als bei den meisten anderen Politikern, wobei er bisweilen eine Art von Selbstironie pflegt, die den Namen nicht verdient. Seine Witze kreisen in seinen Ministerjahren mehrheitlich um das Grundthema, dass er irgendwann mal Regierungschef wird und wie gut er dafür geeignet ist. Ein beispielhafter Söder aus dem Jahr 2016: »Als bayerischer Finanzminister habe ich mir unheimlich viel Wissen angeeignet. Schade, dass ich damit 2018 nichts mehr anfangen kann.«

Über die Jahre hat Söder aus der Kabarettrede ein eigenes Genre in der bayerischen Politik gemacht. Seehofer geht er damit tierisch auf die Nerven. Aus Seehofers Umfeld hört man sogar, die ewigen Respektlosigkeiten hätten wesentlich zur Zerrüttung ihres Verhältnisses beigetragen.

Seine Bühne hat sich Söder selbst gezimmert. Mit ziemlicher Chuzpe hat er, der überzeugte Wassertrinker, sein persönliches Starkbier-Kabarett eingerichtet und als feste Wegmarke im politischen Prozess des Freistaats verankert, gleich nach dem Nockherberg. Die Starkbierzeit, identisch mit der Fastenzeit zwischen Aschermittwoch und Ostern, ist in Bayern auch die Zeit der Fastenpredigten. Vor Jahrhunderten appellierte ein Mönch unter Androhung von Höllenqualen an die Sittsamkeit seiner Zuhörer, heute liest ein kabarettistischer Redner den Politikern die Leviten – was man bayerisch »Derblecken« nennt. Im Lauf der Zeit wurde das Ritual auch auf den Maibockanstich ausgeweitet.

Söders Maibock-Variante findet alljährlich im Hofbräuhaus statt, wo er als Finanzminister der Hausherr ist. Irgendwann wird Horst Seehofer der Welt erklären müssen, was zum Teufel er sich dabei gedacht hat, seinem ärgsten Feind Söder neben der Zuständigkeit für die Königsschlösser und die Seenschifffahrt auch noch die für die staatliche Brauerei Hofbräu zu überantworten. Der Maibockanstich dort ist jedenfalls zur großen Söder-Show geworden, mit Steuergeld finanziert und vom Bayerischen Fernsehen übertragen, eine Dauerwerbesendung für einen ehrgeizigen Minister. Seehofer übrigens lässt sich im Hofbräuhaus frappierend oft mit Verweis auf dringende Staatsgeschäfte entschuldigen.

In nüchterneren Ecken Deutschlands mag man es seltsam finden, dass Politik und Humor derart vermengt werden, noch dazu im Biernebel, doch in Bayern hat das Tradition – auf dem Münchner Nockherberg nehmen sich Fastenredner seit mehr als 120 Jahren die Obrigkeit vor. Im Grunde sind Nockherberg und Maibock die bayerische Entsprechung der amerikanischen Rede zur Lage der Nation: Kabarettisten fassen zusammen und kommentieren, was im Freistaat gerade politisch los ist.

Söder indes überlässt dieses heikle Geschäft lieber nicht den Profis allein – bevor beim Maibock der Kabarettist Django Asül ans Pult darf, ergreift er selbst das Wort. Er spricht etwa zwanzig Minuten, und in dieser kurzen Zeit werden unsagbare Dinge vorübergehend sagbar. Über seine Konkurrentin Ilse Aigner zum Beispiel, die Seehofer mit falschen Versprechungen aus dem Bund zurück ins Land lockte. Aigner, sagt Söder, habe als Ministerin in Berlin die Hauptrolle in »Ein Chef zum Verlieben« gespielt, in München sei sie dann bei den »Desperate Housewives« gelandet. Oder: Was wäre Horst Seehofer, wenn er ein Bier wäre? Söder sagt: »Eiskalt gehopfter Hallodri.« Kein anderer von Seehofers Ministern würde sich erdreisten, dem Ministerpräsidenten so nahe zu treten, und sei es im Schutzmantel des Scherzes. Söder tut es. Und hievt sich damit auf Augenhöhe.

Berüchtigt ist seine Maibock-Rede aus dem Jahr 2014, sie sprengt jede Definition von Koketterie. Es ist eine Kampfansage an den selbstherrlichen Seehofer. Kabinett und Kabarett, sagt Söder, hätten »wahnsinnig viel gemeinsam«. Es gebe nur einen Unterschied: »Im Kabarett lachen alle über einen, im Kabinett lacht nur einer über die anderen.« Weil's so schön war, noch eine Variation des gleichen Motivs: »Im Kabinett geht es sehr harmonisch zu. Die Stimmung ist gut, nur einer stört.« Und zum großen Finale: »Unsere Sorge ist nicht, wann er aufhört, unsere Sorge ist, ob er überhaupt aufhört.«

Wenn Söder oder irgendein anderer Minister das in einem Interview sagen würde, müsste er auf der Stelle zurücktreten.
Der Wettbewerbsgedanke ist bei alldem gar nicht so unangebracht, weil ja auch Seehofer selbst das mehr oder minder hintersinnige Verbalfoul pflegt. Aber während Seehofer als Regierungs- und Parteichef leicht nach unten treten kann, muss Söder nach oben treten – was ein bisschen mehr Mut erfordert. In seinen späten Ministerjahren allerdings auch nicht mehr, da hat er jede Zurückhaltung aufgegeben und eine eigenwillige Mischung aus Frechheit und Bösartigkeit kultiviert. Söder ist längst sein eigener Hofnarr. Django Asül, der offizielle Maibock-Redner, hat mal sehr hübsch gesagt: »Markus Söder ist der Richtige. Ich habe nur keine Ahnung, wofür.«
2008 derbleckte Django Asül, ein Ur-Niederbayer mit türkischen Wurzeln, zum ersten Mal Politiker beim Maibock. Seit Markus Söder der Finanzminister sei, würden sie beide »ein Dream-Team bilden«, sagt der Kabarettist. »Für mich ist es toll, ihn als Vor-Band zu haben.« Im Lauf der Jahre habe Söder sich »zu einem für seine Verhältnisse filigranen Humor hin entwickelt«, der ihm früher, als CSU-Generalsekretär etwa, noch völlig abgegangen sei. »Statt dem großen holt er inzwischen den kleinen Holzhammer raus. Heute ist der Anstich eine Riesengaudi für ihn, wie ein Politischer Aschermittwoch, nur lustiger«, glaubt Django Asül. Söder schreibe seine launigen Reden selbst und sei im Lauf der Jahre immer routinierter geworden. »Er hat eine gesunde Ironie, für seine Verhältnisse sogar etwas Selbstironie entwickelt und muss sich nicht quälen, amüsant zu sein. Man hört ihm gerne zu.«
Und wie ist er als Zuhörer, der noch dazu Django Asüls Gage zahlt? »Als Generalsekretär hat er gerne ausgeteilt, konnte aber nicht einstecken. Das hat sich geändert.« Noch nie habe Söder ihn wegen eines Witzes auf seine Kosten hernach angesprochen, sagt Django Asül.
Nach den Maibock-Auftritten scharen sich immer die Journalisten um Söder wie um einen Fußballer nach dem Abpfiff. »Champions League der Starkbierrede«, analysiert Söder eigentlich jedes Jahr, er meint damit seinen Co-Star Asül, hat dann aber auch noch ein paar warme Worte für sich selbst übrig. Einmal steht Marcel Huber neben

ihm, Huber ist Minister und Staatskanzleichef, er ist schon auch eine Nummer in der bayerischen Landespolitk. Irgendwann sagt Söder: »Sag du doch auch mal was, Marcel.« Huber setzt an und sagt – nichts, weil Söder einfach weiterredet und Huber mit einem Schritt nach vorn zur Seite schiebt. Humor ist Wettbewerb, manchmal sogar ein physischer. Söder sagt noch: »Man muss über sich selbst lachen können.«

Söder wäre nicht Söder, wenn er nicht einen Weg gefunden hätte, das Erfolgsrezept des Maibock auch noch in seine Heimat Nürnberg zu exportieren – dass es dort gar kein Hofbräuhaus gibt, hat ihn natürlich nicht abgehalten. Umständehalber sticht er also seit ein paar Jahren im Rittersaal der Nürnberger Kaiserburg ein Fass Bockbier an. Weil die Nürnberger von ihrem Söder gar nicht genug bekommen können, spricht nach Söder traditionell der Kabarettist Wolfgang Krebs – in der Rolle von Markus Söder. Krebs-Söder beschäftigt sich mit Seehofers Gesundheitszustand: »Es braucht in den Spitzenämtern der CSU jemand ohne Herzschwäche. Ich hab bekanntlich keine Schwäche. Manche sagen, ich hab nicht einmal ein Herz.« Wahrheit und Witz liegen in Bayern manchmal so nah beieinander, dass man sie kaum auseinanderhalten kann.

Staatsschauspieler

Nach der Landtagswahl 2013 hatte Seehofer angekündigt, 2018 als Ministerpräsident aufzuhören. Da war er wohl etwas übermütig, er kassiert den Plan Schritt für Schritt wieder ein. Er wolle ja einen »ordentlichen Übergang« gewährleisten, sagt er, und dafür würde er nötigenfalls auch länger im Amt bleiben. Ein ordentlicher Übergang, das kristallisiert sich immer deutlicher heraus, ist für ihn ein Übergang, der nicht zu Söder führt.

Das Söder-Lager ist entsetzt: Die Grundlage für die zumindest öffentliche Zurückhaltung Söders ist schließlich, dass Seehofer 2018 abtritt – und der Gewinner des Apostel-Castings ihn ersetzt. Das scheint nun so nicht mehr so verlässlich zu gelten. Die CSU hat sehr lange keine friedliche Machtübergabe mehr hinbekommen. Immer mehr spricht dafür, dass sie es auch diesmal nicht schafft.

Es ist aber nicht so, dass es zwischen Söder und Seehofer überhaupt keine guten Phasen gäbe. Es gibt sie, und sie werden dann auch weidlich zelebriert, weil beide Hauptdarsteller Sinn für Staatsschauspiel haben. Wenn die beiden, wie beim Sommerempfang des Ministerpräsidenten 2015, mal eine Weile zusammensitzen und einigermaßen flüssig miteinander sprechen, ist das ja schon eine Zeitungsmeldung wert.

Einmal, im Sommer 2014 schon, haben sie sich sogar gemeinsam eine Einigkeitsgeste ausgedacht, von der es sicher tolle Fotos geben wird. Anlass ist die erste Kabinettssitzung in Söders neuem Nürnberger Heimatministerium. Söder und Seehofer wollen sich auf den Stufen vor dem Ministerium ausgiebig die Hand schütteln, ein symbolischer Akt soll es werden. Als Söder, der Gastgeber, die Treppen hinunterfedert und der heraufeilende Seehofer die Hand praktisch schon ausgestreckt hat, wenden sich plötzlich alle Fotografen und Kameraleute ab. Was ist passiert? Am Fuß der Treppe ist Christine Haderthauer aus ihrem Dienstwagen gestiegen, die Ministerin, die gerade in der Modellbau-Affäre um ihr politisches Überleben kämpft. Sie ist den Bildjournalisten erst mal wichtiger, sie könnte ja ihren Rücktritt verkünden. Seehofer und Söder stehen verdutzt und ziemlich allein auf der Treppe herum. Sie müssen sich unter weitgehendem Ausschluss der Öffentlichkeit die Hand geben. Sie lachen, wie sie schon lange nicht mehr zusammen gelacht haben.

Sowohl Söder als auch Seehofer betonen gern, dass sie immer dann gut zusammengearbeitet haben, wenn die Sache es erforderte oder die Lage ernst war. Bei der Landesbank, bei der großen Flut von 2013. Ein Söder-Mann sagt: »Wenn die Bedrohung aus dem Weltall käme, würden sich Russen und Amerikaner ja auch zusammenschließen.« In ganz guten Momenten hat Seehofer Söder gegenüber angeblich sogar schon angedeutet, dass er ihn als Spitzenkandidaten akzeptieren würde, wenn er wirklich der Stärkste sein sollte vor der Landtagswahl 2018. Aber das bleibt eine Momentaufnahme.

Auf dem CSU-Parteitag 2015 herrscht dicke Luft, Seehofer hat Söder kurz zuvor für seinen »Paris ändert alles«-Tweet gemaßregelt. Irgendwann können sich die beiden in der Münchner Messe nicht mehr aus dem Weg gehen. Sie geben sich die Hand, umringt von Journalisten, die Staatsschauspieler bei der Arbeit. Seehofer sagt: »Das erinnert mich an die Bilder des Kalten Kriegs«, da sei nun »große Abrüstungspolitik« notwendig. Söder sagt: »Nennen wir's Abrüstungsverhandlungen.« So sieht das aus, wenn Söder und Seehofer mal ganz ungezwungen Small Talk machen.

Später, bei seiner Parteitagsrede, findet Seehofer einen konzilianteren Ton. »Ich mache Fehler. Markus Söder macht Fehler«, sagt er, kurze Pause. »Ich gebe sie zu – manchmal.« Pause. »Markus Söder gibt sie zu – neuerdings.« Der ganze Saal lacht, ein bisschen Dampf ist aus dem Kessel. Aber ist damit irgendetwas gelöst?

Ich bin kein Berliner

Seehofer kann Söder nicht einfach aus dem Rennen werfen, aber er kann ihn bremsen. Deshalb, und wahrscheinlich nur deshalb, rückt er ab von seiner oft geäußerten Überzeugung, dass Ministerpräsidentenamt und CSU-Vorsitz am besten in einer Hand aufgehoben sind. Im Herbst 2016 wirkt es für einen Moment, als hätte Seehofer Söder wirklich in die Falle getrieben. Seehofer hat angekündigt, 2017 einen seiner beiden Spitzenjobs abzugeben, wahrscheinlich den Parteivorsitz. Der CSU-Chef, so Seehofer, habe künftig selbstverständlich in Berlin zu sitzen. Seehofer will den heimatverbundenen Söder so ins Bundeskabinett drängen – oder ihn beschädigen, wenn er sich widersetzt.

Lange haben Seehofer und Söder einen Grabenkrieg geführt, beide warfen Stinkbomben, keiner verzeichnete Landgewinn. Jetzt ist Bewegung ins Tableau gekommen. Söder, der junge Angreifer, findet sich plötzlich in der Verteidigung wieder.

Seehofer und Söder behaupten beide, sie hätten gute Nerven.

Aber wer hat die besseren? Jeder Auftritt an der Parteibasis ist nun ein Test. Und ein besonders großer Test ist dieser nasskalte Oktoberabend in Siegenburg, im CSU-Bezirk Niederbayern, der Söder nicht eben wohlgesinnt ist. Kommt er aus Seehofers Falle wieder raus? Was wird er zu Protokoll geben über seine Zukunft und die der Partei?

Erst mal gar nichts. Er hält seine Standardrede, Flüchtlingsrückführung hier, Burkaverbot da. Und wenn er über Seehofer redet, klingt das nicht, als wolle er ihn beerben – es klingt, als wolle er ihn heiraten. »Ich möchte, auch wenn's überrascht, unserem überragenden Ministerpräsidenten danken«, es geht um die Neuregelung des Länderfinanzausgleichs. Die kleinen Spitzen muss man suchen. Er sei ja als Finanzminister Chef der Bayerischen Seenschifffahrt, sagt Söder, einer »Bavarian Navy« mit 33 Schiffen: »Wer weiß, wozu man die noch mal brauchen kann.«

Dann sagt Söder einen Satz, bei dem sein brennender Ehrgeiz und sein komödiantisches Talent miteinander tanzen: »Ämter kommen auf einen zu. Man buhlt nicht danach.« Das Amt des Parteichefs werde im Übrigen »nur demjenigen anvertraut, der die Unterstützung der Parteibasis hat«. Viele kommen da nach Söders Gefühl nicht infrage: »Man muss ein Amt auch füllen.«

Dieses Selbstvertrauen hat Söder. Aus seinem Lager heißt es: Wenn tatsächlich ein anderer antritt, kandidiert Söder halt gegen den – und gewinnt. Es gibt indes ein Szenario, bei dem Söders Rechnung nicht aufgehen könnte.

Unlängst hat Seehofer eine Rede beim 60. Geburtstag von Innenminister Joachim Herrmann gehalten und dabei den Satz platziert, Herrmann sei »ein grundanständiger Kerl«. Er müsse sich nicht wundern, wenn ihm mancher noch höhere Aufgaben zutraue. Seehofer arbeitet bisweilen mit billigen Feuerwerkskörpern, dem Dobrindt-Knallfrosch, dem Guttenberg-Kanonenschlag. Aber der Herrmann-Schwelbrand, den er hier gelegt hat, der könnte Söder ernsthaft gefährlich werden.

Dem Innenminister wird nachgesagt, dass er sich einen Wechsel nach Berlin inzwischen vorstellen könne, anders als noch vor ein paar Jahren. Söder hat den Dienstort Berlin für sich schon immer kategorisch ausgeschlossen: »Mein Platz ist Bayern«, mit dem Satz hat er immer alle Spekulationen beendet, wenn er fürs Bundeskabinett gehandelt wurde. Diesmal ist der Satz verpufft.

Söder sagt, er bevorzuge die Landespolitik, weil er da näher bei seinen Kindern in Nürnberg sei. Das wird sicher stimmen, aber dahinter steckt schon auch, dass er sich mit aller Konsequenz für eine Karriereschiene entschieden hat: das Land. Wenn er nach Berlin geht, würde er die ihm mehrheitlich ergebene Landtagsfraktion zurücklassen. Dann wären fast zwei Jahrzehnte Networking zwar nicht futsch, aber ganz sicher nicht optimal genutzt. Abgesehen davon, dass die CSU-Landesgruppe im Bundestag kein Söder-Fanclub ist.

Wahr ist wohl auch, dass die Stadt Berlin Söder immer fremd geblieben ist. Er probiert dort bei seinen Besuchen kaum mal ein Restaurant aus, er geht in keine Ausstellung. Er pendelt einfach zwischen den politischen Orten der Hauptstadt: Flughafen, Bayerische Landesvertretung, Bundesrat, Fernsehstudio, Flughafen. Er hat auch keine nennenswerten politischen Freunde in Berlin, ein paar alte JU-Bekannte aus der CDU vielleicht. Am ehesten hat er noch einen Draht zu Christian Lindner von der FDP.

Söders Nein zu Berlin könnte Herrmanns Chance sein. Der Innenminister, kaum charismatisch, aber höchst seriös, drängt nicht ins Licht wie Söder. Doch wenn er vor der Wahl stünde, als Minister unter Söder dienen zu müssen oder stattdessen als Parteichef in Berlin zu sitzen: Wofür würde er sich wohl entscheiden? Söder wiederum kann eigentlich nicht zulassen, dass ein Franke im Parteivorsitz einen anderen Franken in der Staatskanzlei blockiert. Aber wenn Seehofer Herrmann als Parteichef vorschlägt, und das kurz vor der Wahl: Würde Söder sich wirklich eine Kampfkandidatur zutrauen und die CSU so vor eine Zerreißprobe stellen?

Wenn Söders Fürsprecher diskret gegen die Abschiebung ihres Mannes nach Berlin argumentieren, hört sich das so an:

Seehofers Machtspielchen schadeten allen Beteiligten; Herrmann fehle es an thematischer Breite; die Geschichte der CSU sei schon immer geprägt vom Ringen der Besten; der Rückhalt für Söder in der Partei sei groß – so groß, dass man ihn vielleicht etwas ausbremsen kann, aber niemals aufhalten.

Der Minister fährt dann schnell ab aus Siegenburg, bevor ein Fernsehteam ihn stellen kann, er habe noch einen Termin. Manche halten das für ein Zeichen von Nervosität. Söder sagt im Rückblick: »Es gibt ja keine Rechtspflicht, ein Interview zu geben. Manchmal ist es klüger, nichts zu sagen.«

Nun könnte man meinen, dass Söder und Seehofer die Berlin-Frage ja auch einfach mal im persönlichen Gespräch klären könnten. Aber es gibt lange Phasen, in denen sie praktisch gar nicht miteinander reden – und dummerweise sind sie jetzt wieder in so einer. Also nutzt Söder Mitte September einen Bierzelt-Auftritt in Aubing bei München, um Seehofer eine Botschaft zu übermitteln. In Anspielung auf einen Werbespruch des Bayerischen Rundfunks sagt er: »Bayern ist unsere Heimat. Ich bin der Markus, da bin i dahoam, und da bleibe ich auch.« Den kräftigen Beifall des Publikums darf Söder mit einigem Recht als Zustimmung werten.

Viele Kommentatoren schreiben trotzdem, dass Söder einen Fehler mache, indem er die Option Berlin nicht erwäge. Heute sagen Söders Leute, es sei kein Fehler gewesen. All die Taktiker würden immer nur einen einzigen Tag weit denken; Söder sei Stratege, er denke weiter.

Manchmal, könnte man dagegenhalten, hängt es aber auch einfach von einem Wahlergebnis ab, ob einer als brillanter oder miserabler Stratege dasteht. Wenn die CSU bei der Bundestagswahl 2017 mit dem Spitzenkandidaten Herrmann gut abgeschnitten hätte, wäre Seehofers Berlin-Falle zugeschnappt.

König Horst

Das Vertrauen in die Zukunft ist für Söder besonders dann hilfreich, wenn sich die Gegenwart nicht ganz so herrlich darstellt. Dass Horst Seehofer die Zügel in der CSU fest in der Hand hält, das zeigt sich an einem Januarfreitag 2017 im Kaisersaal der Münchner Residenz. Es ist anheimelnd eng vor der Bühne, es drängeln sich die Minister und die Manager, die Trachtler und die Schornsteinfeger, die Bier- und nicht zuletzt die Honigkönigin. Und hat sich da nicht eben das Schneewittchen an Gloria von Thurn und Taxis vorbeigedrückt? »Vor dem Gesetz sind alle gleich«, sagt Horst Seehofer, sein graues Haar funkelt silbern im Schein der tief hängenden Kronleuchter, »und vor dem Ministerpräsidenten auch.«

Der Gastgeber blickt vom Pult aus zufrieden auf das Bayern, das sich da in Frack und Abendkleid geworfen und hier zu seinen Füßen versammelt hat, zum neunten Mal lädt er zum Neujahrsempfang. Franz Josef Strauß sei zehn Mal an dieser Stelle gestanden, »das strebe ich auch an, so der Herr es will«. Ein besonders untertäniges Landeskind plärrt: »Oder noch viel öfter!« So einen Zwischenruf nimmt Seehofer gnädig bis dankbar zur Kenntnis. Er hatte ja einst angekündigt, 2018 als Regierungschef abzutreten, vielleicht war das etwas übermütig. Jetzt sagt er: »Wer weiß?«

Es ist Freitagabend, die Woche hat eine neue Umfrage gebracht und – sofern man der Demoskopie trauen will – erfreuliche Nachrichten für die CSU: 45 Prozent bekäme sie, wäre jetzt schon Landtagswahl und nicht erst 2018. Das würde reichen für die absolute Mehrheit. Zu Seehofers sehr solider Laune trägt gewiss auch bei, dass 68 Prozent der Befragten die Ansicht vertraten, er persönlich sei ein guter Ministerpräsident.

Neujahrsempfänge sind auch immer ein Spiegel der Machtverhältnisse. Hier im Kaisersaal durfte sich Edmund Stoiber 2002 wenige Stunden nach dem Wolfratshauser Frühstück mit Angela Merkel als kommender Kanzler feiern lassen; 2007 musste er ohnmächtig mit ansehen, wie seine Parteifreunde im

Saal die letzten Details des Putsches gegen ihn besprachen. Dass Seehofer nun vor Selbstbewusstsein brummt, dass viele Gäste ein Loblied auf ihn singen, einschließlich des Schneewittchens aus der Schneewittchen-Stadt Lohr am Main – das ist auch eine Lektion über die Flüchtigkeit von Politik. Nach den 40,5 Prozent der CSU bei der Europawahl 2014 waren sich Parteileute und Journalisten sehr einig, dass der Problembär Horst alsbald in ein hübsches Austragsgehege geleitet würde.

Egal was man von Seehofers Flüchtlings- und Sicherheitspolitik hält: Sie hat ihn wieder zum unbestrittenen Gesicht der CSU gemacht, je nach Geschmack zum letzten Aufrechten oder zum führenden Finsterling. Trotzdem ist sein politisches Lebenswerk bedroht. In stürmischen Zeiten genügt nur ein Windhauch in der Wählergunst – und Horst Seehofer geht nicht als Retter der CSU in die Geschichte ein, der 2013 die absolute Mehrheit zurückerobert hat. Sondern als der Mann, der sie verloren hat, vermutlich auf immer.

Der Neujahrsempfang ist jedes Mal auch Bühne für das Schaulaufen der Kronprinzen von König Horst. Traditionell wird hier jede Krümmung des Mundwinkels auf Signalpotenzial untersucht, und zu Beginn des Entscheidungsjahres 2017 ist das vielleicht nicht mal lächerlich.

2013 war ein Fest für die Auguren, da rückte Seehofer seine Wirtschaftsministerin Ilse Aigner bei der Abnahme des Defilees mit gekonntem Ringergriff auf den Platz des Ministerpräsidenten. Vorübergehend war man sicher, dass Seehofer sich in der Nachfolgefrage festgelegt hat. Beim Neujahrsempfang 2017 allerdings muss man Aigner erst mal suchen, was sehr dafür spricht, dass sie sich nicht in den Vordergrund drängt. Hat sie das Ringen um die Seehofer-Nachfolge aufgegeben? Vielleicht kann man sagen, dass Aigner der Spielchen überdrüssig geworden ist und sie die Gockeleien ihrer männlichen Parteifreunde mit neuer Gelassenheit verfolgt.

Statt Aigner steht jetzt ein politisches Nachtschattengewächs plötzlich im Rampenlicht. Genauer gesagt lehnt es gerade lässig an einer Theke, was man vom extrem korrekten, extrem senkrechten Joachim Herrmann nun echt nicht kennt. Es ist so eine Art Mini-Defilee, das der Innenminister da abnimmt – jeder will auf einmal etwas von ihm. Handschlag, Selfie, Interview. Was würde denn er als Ministerpräsident am Neujahrsempfang ändern? Herrmann ist amüsiert: »Diese Frage stellt sich doch gar nicht.« Doch, tut sie. Im Anti-Söder-Lager gibt man gern zu, dass Söder in Umfragen die größere Zustimmung habe. Aber man ist überzeugt, der ausgleichende Herrmann habe in der Gesamtbevölkerung das größere Stimmenpotenzial. Seehofer beteuert immer, er wolle die absolute Mehrheit halten und die Macht geordnet übergeben (»kein Scherbengericht«). Letzteres hat noch kein CSU-Chef geschafft, was durchaus etwas aussagt über diese Partei. Gerade jährt sich der Sturz Stoibers in Kreuth zum zehnten Mal. Alle in der CSU sagen, das sei eine Mahnung. Aber kommt die Mahnung auch an?

Denn durch den Kaisersaal tapst ja noch ein unsichtbarer Elefant, und der ist natürlich Markus Söder. Der Finanzminister ist auf halbem Weg nach München umgekehrt, seine Frau ist krank. Die Zahlen haben Söder als stärksten aller Kronprinzen ausgewiesen: 52 Prozent der CSU-Wähler wollen ihn als Seehofer-Nachfolger. Herrmann folgt weit abgeschlagen mit 16 Prozent, Tendenz immerhin steigend. Aigner ist auf zwölf Prozent gefallen. Auch in der CSU-Landtagsfraktion hat Söder inzwischen eine gefühlte Mehrheit. Er hätte die Kraft, sich gegen seine Konkurrenten zu behaupten. Aber ihm fehlt noch die Kraft, Seehofer zu stürzen.

Die Disharmonien der beiden ploppen im Alltag immer wieder auf. Zum Beispiel in einer Kabinettssitzung, als Seehofer den Finanzminister recht barsch aufruft: »Söder!« Dieser entgegnet: »Markus, bitte.« Im bayerischen Kabinett wird eigentlich geduzt, Seehofer lässt sich nicht abbringen: »Söder!« Söder sagt: »Dr. Söder, bitte.« Es sei mucksmäuschenstill gewesen im Raum, berichtet ein Minister.

Seehofer hat Söder die Falle mit dem Parteivorsitz gestellt: Ja, er mache den Job frei, aber der neue Chef müsse in Berlin sitzen. Im Bierzelt in Aubing hat Söder öffentlich Nein gesagt zu

Berlin. Wenn es Seehofer jetzt gelingt, Herrmann zum Wechsel in den Bund zu überreden – dann ist der Elefant Söder verwundbar. Ein CSU-Chef und Bundesinnenminister Herrmann klingt stimmig. Andererseits, geht die Bundestagswahl für die CSU schief, ist der neue Parteichef schon verbrannt. Dann schlägt erst recht Söders Stunde. Das weiß auch Herrmann.

Auch deshalb halten viele in der CSU Seehofer vorerst für unverzichtbar. Schon rein mathematisch. Es gibt eine Zahl, die ist ins Bewusstsein der Partei noch gar nicht eingesickert – 701318. So viele persönliche Stimmen hat Seehofer als oberbayerischer Listenführer bei der Landtagswahl 2013 geholt. In keinem anderen bayerischen Bezirk leben und wählen so viele Menschen wie zwischen Ingolstadt und Garmisch. Für die CSU ist Oberbayern wichtiger als für einen US-Präsidentschaftskandidaten die Bundesstaaten Kalifornien und Florida zusammen. Wenn die CSU hier versagt, zerbröselt die absolute Mehrheit wie Zwieback. So wie 2008, Siegfried Schneider hieß damals der arme Tropf auf Listenplatz eins, der Kultusminister, der heute so vergessen ist wie seine 170 000 Stimmen.

Die Rechnung ist kompliziert, das Ergebnis verblüffend einfach. Fast sechs Prozent des CSU-Ergebnisses von 2013 stammten von Seehofer selbst. Es ist daher nahezu eine Gewissheit: Tritt er nicht mehr an, wird die CSU bei der nächsten Landtagswahl, bei der jede Kommastelle entscheidet, ihre absolute Mehrheit verlieren. Söder kennt diese Kalkulationen auch, und er scheint sie ernst zu nehmen. Je näher er der Spitzenkandidatur 2018 kommt, desto weiter weg schiebt er das Ziel der absoluten Mehrheit.

701318: Hat diese Zahl dem Gefühlsmenschen Seehofer die Entscheidung über seine Zukunft abgenommen? Nur er kann die absolute Mehrheit wahren. Und wenn er Söder als Ministerpräsident verhindern will, muss er das wohl höchstselbst tun. Macht er also weiter? Seehofer ist 67, und nicht nur die Insider fragen sich: Ist er noch fit genug? Selbst die kleinste Änderung im Protokoll weckt inzwischen Argwohn. Wurde das Defilee dieses Jahr wirklich nur abgeschafft, um den Empfang lockerer zu gestalten? Oder wollte Seehofer doch das Risiko vermeiden, dass er beim Schütteln von 1700 Händen Konditionsprobleme zeigt?

In den vergangenen Monaten sackte er bei zwei Schwächeanfällen zusammen; eine Rede hielt er im Sitzen. Beobachter registrieren, dass selbst bei kleinen Auftritten immer Sanitäter präsent sind. Söder registriert das sicher auch. »Der Horst sieht heute wieder blass aus«, mit diesem maliziösen Sätzchen wird er in der CSU immer wieder zitiert. Vertraute Seehofers dagegen versichern, um die Gesundheit des Ministerpräsidenten müsse sich keiner Sorgen machen – tatsächlich hat er noch alle Termine fortsetzen können.

22 Uhr im Innenhof der Residenz, es ist klirrend kalt. Das Gebirgsmusikkorps der Bundeswehr hat seine Alphörner mitgebracht, der Widerschein der Fackeln zittert auf den Gesichtern: Seehofer, Herrmann, eine Armee von Mantelträgern, und oh, da ist ja Ilse Aigner. Eine halbe Stunde dauert die Serenade, Seehofer steht sie mühelos durch. Kälte vertrage er ja auch besser als Hitze, lästern die üblichen Verdächtigen.

Seehofer schüttelt ein paar Dutzend Hände, es ist eine Abschiedsszene wie bei einem Zapfenstreich. Tritt Horst Seehofer 2018 noch mal an? Wer weiß? Vermutlich nur er selbst. Und nicht mal das ist sicher.

Verlängerung

Am 5. Januar 2017 wird Markus Söder fünfzig Jahre alt, und zwei Wochen später will ihn die CSU-Landtagsfraktion bei ihrer Klausur in Kloster Banz nachträglich hochleben lassen. Seehofer hält bei der abendlichen Feier eine kleine Rede. Zunächst sind die Darlegungen des Ministerpräsidenten noch unverdächtig, er dankt Söder »von Herzen« für seine Leistungen für Bayern und die CSU. Dann wird es brenzlig. Noch mehr als Söder selbst, sagt Seehofer, danke er dessen Frau. Er wendet sich direkt an Karin Baumüller-Söder: »Ich bilde mir ein, dass ich den Markus besonders gut kenne, und deshalb haben Sie heute eine besondere Anerkennung verdient.« Er wisse, dass sie einiges aushalte. Vielleicht meint Seehofer das wirklich witzig, doch das Lachen im Raum hält sich in Grenzen. Aus Söders Umfeld verlautet hinterher, Söder sei schwer getroffen von der deplatzierten Bemerkung Seehofers. Und noch ein weiterer Vorwurf taucht auf: Seehofer habe Platzkärtchen umgestellt, um nicht beim Ehepaar Söder sitzen zu müssen.

Auf den 50. Geburtstag in Kloster Banz wird im Söder-Lager von nun an immer verwiesen, wenn es gilt, Seehofers angebliche Stillosigkeit zu belegen. Ein erfahrener CSU-Mann rät Söder in den Tagen danach: »Du darfst nicht auf alles eingehen, was von Seehofer kommt. Du musst auch mal was stehen lassen können.« Ein anderer Partei-Grande formuliert es ähnlich: »In diesen Monaten zeigt sich, ob Söder die Reife hat. Wenn er den Konflikt sucht, wird das eine Belastung für die Partei. Er muss warten können.« Ungünstigerweise zeichnet sich im Frühjahr 2017 ab, dass das Warten sich noch ein bisschen ziehen könnte.

Am Ostermontag 2017 reist Horst Seehofer nach Rom. Er trifft dort einen Bayern, der einen würdigen Abschied hinbekommen hat. Wenn man ehrlich ist: Einen besseren Abschied hat noch überhaupt keiner hinbekommen, Nichtbayern eingeschlossen. Vielleicht sucht Seehofer also Inspiration beim emeritierten Papst. Vor vier Jahren zog Benedikt XVI. sich zurück, einfach so, von einem Tag auf den anderen. Bei einem Mann wie Seehofer, der Überraschungen einiges abgewinnen kann, muss das Eindruck hinterlassen haben.

Er könne den Papst ja fragen, ob er einen göttlichen Rat für ihn habe, hatte Seehofer vorher gescherzt. Es blieb wohl beim Scherz. Angenommen, der Papst hätte gesagt: Machen Sie es wie ich, lassen Sie los. Würde sich die fromme Empfehlung vertragen mit dem, was Horst Seehofer über seine Zukunft als bayerischer Ministerpräsident und CSU-Chef mitzuteilen hat?

Der Besuch in Rom ist eine wichtige Wegmarke in diesen Wochen der Entscheidung. Dass die Entscheidung naht, und wie sie wohl ausfällt, merkt man an den Flashmobs der Seehofer-

Begeisterung, die andere Mitglieder der CSU-Spitze gerade veranstalten, Ilse Aigner, Alexander Dobrindt, Manfred Weber oder Andreas Scheuer. Es ist der letzte Akt eines Schauspiels, dessen Hauptdarsteller, Regisseur und Autor Horst Seehofer ist. Es war passagenweise ziemlich absurdes Theater.

Noch im Januar 2015 hat Seehofer sehr bestimmt erklärt: »Was meine Person angeht, bleibt es dabei: Ich werde bei der nächsten Landtagswahl nicht mehr kandidieren.« Seitdem hat er in Halbsätzen und manchmal sogar in ganzen Sätzen nahegelegt, dass, was seine Person angeht, sich vielleicht doch noch was ändert. Wenn man ihn fragt, warum das so sei, hört man einen Vortrag über eine Welt aus den Fugen, über Brexit, Erdoğan und Trump. Söder hat das alles relativ gefasst verfolgt. Seine Vertrauten sagen, es hätte ihn eher gewundert, wenn Seehofer doch nicht weitermachen will.

Seehofer ist bekannt als jemand, der seiner Macht gern beim Wirken zusieht. Im Großen wie im Kleinen. Er hat nun seit 2013 das ganze Land unterhalten mit seiner Egomanie; mit seiner Überzeugung, dass Bayern nur bei einem in guten Händen ist, und zwar bei ihm, Horst Seehofer. An diesem Punkt hat er mit seinen Gedankenspielen angefangen, und an diesem Punkt ist er am Ende wieder rausgekommen. Es ist ein bisschen so, als würde Dieter Bohlen in der letzten Folge von »Deutschland sucht den Superstar« bekannt geben, er habe alle gehört, keiner könne singen, er bleibe selbst Superstar.

Man könnte das nun als Hybris abtun, aber so leicht ist es nicht, weil weite Teile der CSU momentan an keinem Ort der Welt lieber wären als in Seehofers Händen. Und kann es wahr sein? Seehofer, hört man, hat in der Pflicht für seine Partei ernsthafter um die Entscheidung gerungen, als man es ihm zutraut.

Horst Seehofer erzählt in diesen Tagen auffällig viel von früher. Er ist der Sohn eines Lastwagenfahrers, in Ingolstadt hätte man damals gesagt: von der falschen Seite der Donau. Er erzählt also von Arbeitslosigkeit, von der er wisse, was sie bedeute. Und wie er als Bub seine Lohntüte ablieferte, damit die Familie über die Runden komme. Ist das als melancholische Anwandlung zu deuten, als selbstergriffene Bilanz kurz vor dem Abschied? Oder doch als Hinweis, dass Seehofer seinen Moment auf dem Gipfel noch etwas länger auskosten will?

So hat man das zuletzt von vielen gehört: Der Horst spielt doch nur, der trickst ein bisschen. Aber er macht weiter, überhaupt keine Frage. Hermann Regensburger, der CSU-Veteran, der den jungen Horst Seehofer einst in Ingolstadt für die Junge Union rekrutierte, sagt: »Er hätte wahrscheinlich aufgehört, wenn es eine klare und gute Nachfolge gäbe, für die Partei und das Land. Aber da es die aus seiner Sicht nicht gibt, macht er halt weiter.« Soll wohl heißen: Markus Söder ist für Seehofer keine klare und gute Nachfolge. Punkt.

Seehofer ruft sich selbst zur Rettung. Soll das der geniale Masterplan sein, den zu besitzen er immer vorgegeben hatte? Seehofer, der Einzelkämpfer, hat in seiner Entscheidungsfindung immerhin den Rat der CSU-Weisen bemüht. Wahrscheinlich war er sich sicher, dass ihm der Ratschlag gefallen wird.

Am Unsinnigen Donnerstag, dem 23. Februar 2017, nimmt eine illustre Riege älterer Herren an einem Glastisch in der CSU-Zentrale Platz: Edmund Stoiber, Erwin Huber und Günther Beckstein auf der einen Seite, Theo Waigel und Alois Glück auf der anderen. Der jüngste, Seehofer, 67, führt am Kopf des Tisches Regie. Und die Büste von Franz Josef Strauß hat alle im Blick.

Sie waren Ministerpräsidenten, Parteichefs, Fraktionsvorsitzende. Manche haben sich im Kampf um die Macht so unverzeihlich schwer verwundet, dass sie nicht einmal jetzt in Anwesenheit des anderen offen sprechen wollen. Theo Waigel etwa: Er sagt nichts in Gegenwart von Edmund Stoiber. Er wird deshalb, zusammen mit Glück, später noch einen Extratermin bei Seehofer bekommen. Eine Spezial-Audienz für eingefleischte Söder-Gegner.

Auf zwei Punkte können sich die Ratgeber aber problemlos verständigen, ehe sie nach drei Stunden wieder getrennter Wege gehen. Erstens, derjenige mit den besten Chancen müsse bei der

Landtagswahl 2018 antreten, also Horst Seehofer. Zweitens, ein gewisser Herr aus Franken dürfe nicht zum Zug kommen, zumindest jetzt noch nicht, also Markus Söder.

Sogar Stoiber, seinem früheren Generalsekretär Söder enger verbunden als jeder andere am Tisch, spricht sich für Seehofer aus. Wahlen sind für Stoiber erst ein Erfolg, wenn die CSU die absolute Mehrheit holt. Genau deshalb müsse Seehofer noch einmal ran, sagt Stoiber. Nur er habe die Chance. Auch die anderen sehen das so.

Uneins ist der Club der Ehemaligen nur beim Thema Parteivorsitz. Stoiber findet, der Vorsitz und das Ministerpräsidentenamt gehörten grundsätzlich in eine Hand. Huber plädiert für eine sofortige Trennung, er favorisiert Innenminister Joachim Herrmann als Parteichef. Ihn will Seehofer ohnehin als Listenführer in die Bundestagswahl schicken. Waigel und Glück raten, Seehofer möge vorerst beide Ämter behalten, alles andere würde die CSU zerreißen. Aber er müsse einen neuen Parteichef jetzt zumindest aufbauen. Der Nürnberger Beckstein hat eine Botschaft von einem anderen Nürnberger mitgebracht. Markus Söder, sagt Beckstein, werde bei einer Wahl zum CSU-Vorsitzenden gegen jeden antreten – außer gegen Seehofer.

Die Wahrscheinlichkeit ist nicht gering, dass Söder gegen jeden außer Seehofer auch gewinnen würde. Diese Ausgangslage hat Seehofer womöglich darin bestärkt, zu bleiben – und auf Fehler des Rivalen zu warten.

Noch vor Ostern war es zu einem der seltenen Gespräche zwischen Seehofer und Söder gekommen. Söder hat Seehofer gesagt: »Wenn du in beiden Ämtern weitermachst, hast du meine Unterstützung.«

Am Ende gibt Seehofer genau das bekannt, er will beide Ämter behalten. Es sei »eine dieser 51 : 49-Entscheidungen«, sagt er nur. Er hat sich allen Ernstes selbst aus dem Hut gezaubert. Man kann das für reichlich faule Magie halten. Zumal dieses Weitermachen für Horst Seehofer schon auch ein Scheitern ist. Denn genau das hatte er sich doch immer vorgenommen: den Stab geordnet zu übergeben, und das nach Möglichkeit 2018.

Die Sucht nach Politik war stärker, und wohl auch das Gefühl der Verantwortung, der Partei noch über die kommenden Wahlen helfen zu müssen. Seehofer ist mehr denn je ein Politiker von nationaler Statur. Und er ist – in den internen Kalkulationen der CSU – ein Stimmenmagnet, ohne den die absolute Mehrheit sowieso weg wäre.

Es ist nicht frei von Ironie, dass Seehofer sich damit an das Schicksal der Frau kettet, die er eineinhalb Jahre lang in der Flüchtlingsdebatte grässlich attackiert hat: Angela Merkel. Nur wenn die CSU bei der Bundestagswahl passabel abschneidet, wird sie sich von Seehofer auch in die Landtagswahl führen lassen. Bei einem schlechten Ergebnis im Herbst 2017 würde auch Söder seine Unterstützung für Seehofer noch mal auf den Prüfstand stellen.

Für einen selbstbestimmten Abschied in Würde müsste Horst Seehofer wohl eher früher als später einfach gehen, so wie der Papst.

Horst Seehofer sieht die CSU im Frühjahr 2017 als Ein-Mann-Partei, und dieser Mann ist er. »Es fehlen andere Köpfe«, klagt ein erfahrener CSU-Vordenker, er meint damit Köpfe »mit inhaltlichem Profil«. Inhaltliches Profil hat Söder auch nicht, aber er hat etwas anderes: Stärke. Und hat nicht Seehofer selbst Stärke zum finalen Maßstab des Apostel-Wettstreits erklärt?

Im Bundestagswahlkampf treffen Söder und Seehofer in Nürnberg aufeinander, es ist eine Begegnung, die an der Oberfläche gut aussieht und dennoch tief blicken lässt. Seehofer besucht den Nürnberger CSU-Bezirksparteitag, und zu Gastgeber Söder sagt er: »Ich weiß, was du kannst – und ich weiß, was du willst.« Söder will Ministerpräsident werden, unbedingt. Und Söder wiederum weiß, was Seehofer will: genau das verhindern, unbedingt. In diesem Moment ahnen die beiden gewiss noch nicht, dass die Parteiräson und ein besonders böses Schicksal sie ganz am Ende doch noch zusammenketten werden.

2. Unterwegs mit einem politischen Tier

Wie das Prinzip Söder funktioniert

März 2016. Im Kaisersaal der Münchner Residenz werden neue deutsche Staatsbürger empfangen. Strahlende Leuchter, strahlende Gesichter. Markus Söder ist als Finanzminister so etwas wie der Hausherr. In seiner Rede macht er den Neubayern Mut: »Hier kann jeder sein Glück suchen. Sie können auch gern für den Ministerpräsidenten kandidieren. Muss ja nicht sofort sein, das wollen erst mal andere.« Ein älterer Neubürger ist verwirrt: »Der Herr ist noch gar nicht Präsident?«

Wer verstehen will, wie Markus Söder im Duell mit Seehofer bestehen kann und wie er seine Konkurrenten in der CSU abhängt, der muss einfach nur eine Weile mit ihm durch die Gegend fahren. Der muss erleben, wie Söder, das politische Tier, 2016 im Vorhof der Macht mit den Hufen scharrt. Es gibt Politiker, die machen einfach Wahlkampf. Söder macht Kampf, auch wenn gerade keine Wahl ist. Im Grunde führt er die längste politische Kampagne in der Geschichte des Freistaats Bayern. Irgendwann soll sie ihn in die Staatskanzlei bringen. Vielleicht kann man sagen: Er ist ein Getriebener.

Gut, das sagt man gern mal über Politiker, und es sagt sich auch leicht, denn was jemanden antreibt, ist ja immer erst mal ein Rätsel. Aber was einer treibt, von Termin zu Termin, mehr als 1000 im Jahr – das kann man beobachten. Ein gemütlicher Freitagabend beim Familienvater Söder: 17 Uhr Anstich Kirchweih Nürnberg, 19 Uhr Anstich Kirchweih Eibach, 20 Uhr Anstich Kirchweih Gebersdorf. Kommt so einer auch mal irgendwo, irgendwann an? Hier passt eines von Söders liebsten Sinnbildern: »Politik ist wie Surfen vor Hawaii. Wenn du die eine Welle gemeistert hast, kommt schon die nächste. Ich kann mich oft nur kurz freuen, wenn etwas gut gelaufen ist. Ich bin da gedanklich schon beim nächsten Problem.«

Anfang Februar 2016. Der politische Handwerksmeister Söder stampft durch die Pfützen des Berchinger Rossmarkts, er erteilt gleich eine kleine Lektion. Er sucht sich den stattlichsten Hengst von allen, Titan heißt das Tier. Söder greift ihn am Halfter, Titan soll mit aufs Foto. Titan, verdächtig sozialdemokratisch rotes Geschirr, beißt dem Minister in den Ärmel. Jeder andere würde das mit dem Bild jetzt lassen, der gemeingefährliche Sozi-Gaul, die Kälte. Söder packt noch mal zu, sehr rustikal, und tatsächlich: Titan fügt sich. Söder kriegt sein Foto, wie immer.

Ein Bierzelt wäre Söder sicher lieber als ein Rossmarkt im Regen, aber es ist schon auch sein Terrain. Er hat noch ein, zwei Lektionen parat. Auf dem Weg zur Bühne fragt er einen Parteifreund nach dem Befinden von Tochter und Pferd, beide kennt er beim Namen. Am Mikrofon gratuliert er einem Geburtstagskind und einem Bräutigam, beide beben vor Freude. Das ist ein Teil der Antwort auf die Frage, wie einer wie er so weit kommt: Es schadet jedenfalls nicht, überall Bekannte aus JU-Tagen zu treffen und CSU-Ortschefs, deren Grillfest man einst um ein Fässchen Bier ergänzt hat. Vielleicht kann man sagen: Söder hat mit der CSU geschafft, was die CSU mit Bayern geschafft hat. Er hat sie organisatorisch durchdrungen bis in den letzten Winkel.

Söder verteilt Gefallen wie der Nikolaus Nüsse, im Landtag macht er das genauso. Einer Sitzung im Plenum hört er eher selten zu, er strawanzt lieber herum, plaudert hier mit einem Journalisten und schreibt dort ein Autogramm für eine Besucherin. Dann geht er wieder in den Saal und setzt sich erst neben den einen, dann neben den anderen Hinterbänkler aus der CSU-Fraktion. Die Abgeordneten glühen vor Stolz. Über drei Jahrzehnte hat Söder in der Partei und in der Landtagsfraktion seine Fäden gesponnen, sie bilden das Netz, das ihn jetzt trägt.

Und er spinnt sie noch weiter. »Wenn ich mal im Fernsehen bin«, sagt ein CSU-Veteran, »kriege ich spätestens am Morgen eine SMS: toller Auftritt. Egal ob der Auftritt wirklich toll war.« Ein Parteifreund mutmaßt, dass Söder auch mal Massen-SMS versende – und damit zwei Fliegen mit einer Klappe schlage. Er schicke an ein Dutzend Leute ein thematisches Stichwort und die Frage: »Wie siehst du das?« Das habe einmal den Effekt, dass die Leute sich gebauchpinselt fühlten; und zweitens, dass Söder ein kleines Meinungsbild bekomme. SMS-Erfahrungen, Teil 3: Söder hat am Handy Reaktionszeiten wie ein Sprinter im Startblock. Ein CSU-Mann erzählt, er habe Söder eine Nachricht geschrieben, während dieser in einer Live-Talkshow saß: »Erstklassig!« Nach zwanzig Sekunden war Söders Antwort da, aus der Show heraus: »Danke, das stimmt.«

Söder hat die Dinge gern unter Kontrolle. Ein CSU-Funktionär berichtet, er habe ihn mal bei einer Rede in der Provinz positiv erwähnt, nur 50 Leute waren im Saal. Noch bevor er mit der Rede fertig war, leuchtete eine SMS von Söder am Handy auf: Danke für das Lob. Söder hat ein Zuträgersystem, auf das früher manches osteuropäische Regime neidisch gewesen wäre. Ein Parteifreund hat sogar den Verdacht, dass Söder Fernsehauftritte diverser CSU-Kollegen systematisch beobachten lässt: »Ihm entgeht kein Fauxpas der Konkurrenz.« Und wenn er einen finde, nutze er ihn knallhart aus. Das größte Kompliment, das man von Söder bekommen könne, sei: »Ich konnte gegen dich nix anzetteln.«

Auf dem Rossmarkt in Berching ruft Söder seine übliche Begrüßung in die Menge: »Es ist schön, mal bei vernünftigen Leuten zu sein.« Wenn Seehofer eine Koalition mit dem Bürger hat, dann hat Söder eine Koalition mit den vernünftigen Leuten. Er sagt ständig Sachen wie: »Ich finde Asterix interessanter als Ovid.« Er tut dann gern so, als wäre es ganz schön mutig, sich mit all den militanten Ovid-Fans anzulegen, die nun in Berlin oder Brüssel auf Rache sinnen. Oder er sagt: »Bei normalen Bürgern komme ich oft besser an als beim Feuilleton.« Die Frage ist: Diese Feuilletonisten im weiteren Sinn, die Denker der Gesellschaft – braucht er die nicht auch, wenn er regieren will?

Man sieht in dieser Phase, warum Söder so stark geworden ist in der CSU. Man sieht aber auch, wo seine Schwächen liegen.

An einem kalten Januarabend wärmt Scheinwerferlicht das Tutzinger Schloss, die Evangelische Akademie lädt zum Jahresempfang. Deutschland debattiert über die Flüchtlinge; nebenbei wird debattiert, ob Söder das Thema zur Profilierung im Konflikt mit Seehofer missbraucht. Immer ist er ein klein wenig lauter als sein Ministerpräsident, der ja nicht wirklich zu den Leisen zählt.

Akademiedirektor Udo Hahn sagt vorweg: Die Politik darf das Feld nicht den Vereinfachern überlassen. Dann spricht Söder, vor ihm sitzen: Denker, Lenker, Geistliche, womöglich sogar ein paar echte Feuilletonisten. Menschen, die man mit Allgemeinplätzen nicht überzeugen kann. Was hat er ihnen zu sagen? Nun: In weiten Teilen genau das Gleiche wie am Tag zuvor den Parteifreunden beim Neujahrsempfang der Münchner CSU. Er spricht nur leiser und langsamer: »Wir helfen gerne, aber unbegrenzt Menschen aufnehmen, das würde uns überfordern.« Dies zu diskutieren sei »nicht unchristlich«, das wenigstens fügt er an. Aber dann ist er auch schon wieder bei den 4,7 Milliarden Euro, die der Freistaat für Flüchtlinge ausgebe: »Von dem Geld können wir zwei Universitäten bauen.« Bei der CSU hat er dafür noch Beifall bekommen; in Tutzing sind es argwöhnische Blicke.

Man könnte jetzt sagen: Da biedert sich jemand nicht an. Man könnte aber auch sagen: Da lässt sich jemand gar nicht ein. Heinrich Bedford-Strohm, der evangelische Landesbischof, redet nach Söder, er sagt, »es verbietet sich von selbst«, mit der Flüchtlingsfrage Parteipolitik zu machen. »Für die Betroffenen geht es um Leben und Tod.« Er kriegt den Applaus, den sich die Zuhörer bei Söder gespart haben.

Nachher, am Buffet im Wintergarten, sagt Söder, er habe es einfach schwerer als andere: »Wenn ich jemanden aus einem Eisloch rette, würden die Leute sagen: Aber warum ist die Mütze dringeblieben?« Später erzählt er noch, dass er ein Mann der Intuition sei und dass ja auch bei »Star Trek« Captain Kirk mit seinem Bauchgefühl meistens recht behält und der kopfgesteuerte Halb-Vulkanier Spock dann blöd aus der Wäsche guckt.

Widerstand ist etwas, das Söder treibt. Dabei tut der bayerische Captain Kirk gern so, als ruhe er in sich, als wäre es ihm egal, was andere von ihm denken, solange er nur insgeheim richtig liegt. Dagegen spricht: Die Inszenierung, die er in der großen Politik betreibt, erstreckt sich bis in die kleine Begegnung. Auf einer Stadtrundfahrt durch sein geliebtes Nürnberg etwa.

Vor einem plastikbunten Schnellrestaurant, das er ausgesucht hat, wickelt sich Söder aus seiner Limousine und sagt: »Das ist mein türkisches Lieblingslokal. Ich gehe sehr gern türkisch essen. Das schmeckt mir einfach. Auch mal Schäufele, auch mal McDonald's, aber auch gern mal türkisch.« Ein türkisches Ehepaar, sie mit Kopftuch, grüßt ihn vor dem Eingang freundlich, »Guten Tag«. Das könnte man nun einfach mal so stehen lassen, Söder mag die Türken, und die mögen ihn. Söder aber dreht sich um zum Reporter, der die Szene aus 50 Zentimeter Entfernung erlebt hat, und sagt: »Haben Sie das gesehen?«

Der Erzähler Söder will maximale Hoheit über seine Geschichte. Im Gespräch mit Journalisten hat er praktisch immer einen sorgsam gebauten Schlüsselsatz vorbereitet oder eine Wortschnitzerei, sagen wir: »Bauchdemoskopie«. Er wiederholt das Wort dann so lange, Bauchdemoskopie, Bauchdemoskopie, bis der Journalist, Bauchdemoskopie, das Wort in seinen Block schreibt. Erst dann lässt das politische Tier von seinem Opfer ab.

Söder ist natürlich nicht blöd. Aber ihm ist kaum was zu blöd. Im Rahmen seiner Zugewinngemeinschaft mit der »Bild« hat er Kindern mal geraten, im Winter doch eine Mütze aufzusetzen. »Söder warnt vor Bibberkälte«, lobte die Redaktion. In Teilen des Internets lösen seine Social-Media-Beiträge regelmäßig kollektive Bauchkrämpfe aus; ein Klassiker ist die Durchquerung des Wöhrder Sees in Nürnberg in einer Art Männer-Burkini. Ansonsten: Söder mit Faschingsgarde, Söder mit

Christkind, Söder mit Alphornbläsern, Söder mit der gebratenen Ente, die er gleich verdrücken wird.

Die Kritik an seinem Internet-Auftritt lässt ihn kalt. Er findet, er sei noch zurückhaltend: »Facebook oder Instagram ist doch eine unaufdringliche Form. Wer das anklicken will, kann es anklicken. Keiner wird gezwungen. Ich mache keine Homestorys, kein Journalist weiß, wie meine Kinder aussehen.« Er mache auch nicht den Schröder: Doris, Schatz. Und er nehme auch nur »einen Bruchteil« der Talkshow-Einladungen an.

Was tatsächlich auffällt: Söder, der mit so viel Tamtam auf Nähe macht, kommuniziert am allerliebsten auf Distanz. Seine Sehnsucht nach den vernünftigen Leuten versiegt schnell, wenn der Kontakt mit ihnen über ein gemeinsames Bild und ein joviales »Wo seid ihr her?« hinauszugehen droht. Am Biertisch beschäftigt er sich intensiver mit seinem Handy als mit seinen Sitznachbarn. Ein Landtagskollege trägt gleich ganz dick auf: »Er hat nur eine winzige Aufmerksamkeitsspanne, so stellt man sich jemanden mit ADHS vor.«

»Selfie-Politiker« nennt ihn die »Bild«, durchaus akkurat: So ein Foto ist die totale Kontrolle, es hält einen guten Moment fest, der oft besser ist als die Wirklichkeit. Seine Social-Media-Aktivitäten haben den großen Vorteil, dass ihm dort niemand nervige Fragen stellen kann. Dass er in seinem Ministerium eine ganze Redaktion beschäftigt, hat auch etwas mit Kontrolle zu tun.

Bei allen anderen Geschöpfen Gottes würde man nun besorgt fragen, ob sich da ein armer Mensch in der eigenen Inszenierung verliert. I wo, sagt Söder: »Politik war mein Hobby, jetzt ist es mein Beruf. Das ist ein Privileg. Ich interessiere mich für Fußball, Filme und natürlich für Politik. Mit schnellen Autos kann man mich nicht locken, mit Politik schon.«

Söder, das fällt einem an seiner Seite schnell auf, ist extrem diszipliniert. Selbst der Ministerpräsident Stoiber, ein echter Workaholic, blieb nach Veranstaltungen gern mal länger und sonnte sich beim Empfang in seinem Ruhm. Söder dagegen verschwindet meistens sehr schnell. Nicht weil er ein Asket wäre, das überhaupt nicht. Er weiß nur, wenn die Arbeit getan ist. Wenn der Eindruck der Leute besser nicht werden kann.

Alles Kampf

Markus Söder ist Hobby-Schwimmer, Hobby-Tennisspieler und Hobby-Kabarettist. Für ihn ist alles Kampf, er will immer gewinnen. Nicht nur eine Diskussionsrunde bei »Anne Will«, sondern jeden noch so kleinen Wortwechsel. Im Februar 2016 hat er sich beim Politiker-Derblecken am Münchner Nockherberg eine große Gegnerin auserkoren.

Die Fastenpredigt auf dem Nockherberg hält die Kabarettistin Luise Kinseher, als Mama Bavaria tadelt sie ihre Kinder, fast das ganze Kabinett sitzt ihr devot zu Füßen. Den kleinen Markus watscht Kinseher besonders her: Markus, »es heißt integrieren, nicht intrigieren«. Der Markus, der halte seinen Gartenzaun für den Horizont. Der Markus, der leide unter »moralischer Legasthenie«.

Später begegnen sich Kinseher und er im Gang vor der Küche, Schauspieler unter sich. Kinseher fragt: »Wie fanden Sie's?« Söder verzieht die Miene, als würde ihm ein Zehennagel gerissen: »Einige lustige Momente, einige Längen auch.« Nur das mit der Legasthenie, oje: »Über Krankheiten macht man keine Witze.« Kinseher sagt: »Geh, Sie halten's doch aus.« Söder, nicht zuallererst für sein ausgeprägtes Mitgefühl bekannt, sagt todernst: »Ich halt's schon aus. Aber die Kranken nicht.« Kinseher, die ihr Geld mit ihrem Mundwerk verdient, kriegt den Mund nicht mehr auf beziehungsweise zu. Ein Sieg auf dem Feld der Satire ist für Söder besonders süß. Eine Niederlage ist aber auch besonders bitter. Und mit »Niederlage« ist das, was Söder beim Karneval in Aachen erlebt, durchaus richtig beschrieben.

Der rheinische Karneval ist auf bayerische Entwicklungshilfe eigentlich nicht angewiesen, aber für den Frankenfaschings-Sachverständigen Söder machen die Aachener Narren an einem Januarsamstag 2016 mal wieder eine Ausnahme. Söder wird mit dem »Orden wider den tierischen Ernst« dekoriert, eine Ehre, die vor ihm auch schon den CSU-Ahnen Strauß und Stoiber widerfuhr, woran Söder in Aachen bei jeder sich bietenden oder nicht bietenden Gelegenheit erinnert.

Als Kostüm hat Söder sich König Ludwig II. ausgesucht, der Bayern bekanntlich zwar regiert hat, darob aber verrückt geworden ist. Tiefenpsychologische Interpretationen dieser Maskenentscheidung wehrt Söder mit dem Hinweis ab, sein Ministerium sei schließlich für Bayerns monarchischen Nachlass zuständig.

In der Garderobe ist es eng und heiß, zur Begutachtung der Söder'schen Verwandlung sind zwei Journalisten geladen. Ein Maskenbildner, ein extra angereister Fachmann der Nürnberger Staatstheater, klebt den Königsbart auf, was nicht ganz leicht ist, weil Söder parallel dem Reporter eines Promimagazins mit ausladenden Gesten erläutert, Ludwig sei »eine Popikone« gewesen, »der romantische Bayer schlechthin, so der James-Dean-Typ, live hard, die young«. Der Promireporter stellt fest: »Für uns Journalisten sind Sie ja ein Geschenk.« Söder lobt die kluge Beobachtung und fragt den anderen Reporter, warum eigentlich er nie so interessante Sachen sage.

Es läuft für Söder. Während er vor 1500 Menschen in Aachen eine Sendung für vier Millionen Fernsehzuschauer aufzeichnet, besucht CSU-Rivalin Ilse Aigner den Frauenbundfasching im Pfarrsaal der Kirche St. Laurentius in Feldkirchen-Westerham. Darauf weisen beide mitgereisten Söder-Sprecher den Reporter mit Social-Media-Belegfotos ausdrücklich hin, natürlich nur im Sinne des Servicegedankens.

Dann beginnt die Ordensshow, ein Relikt der ganz alten Bundesrepublik, bunte Abendunterhaltung, hätte man in den Achtzigern gesagt. Auf der Bühne Prinzengarde und Tanzmariechen, im Saal Max Schautzer und Jean Pütz, unter den politischen Gästen absolute Mehrheit für die FDP. Und die ARD überträgt das alles.

Rein komödiantisch wird das Niveau auf der Bühne von Comedian Guido Cantz eingepegelt: Dass Ursula von der Leyen sieben Kinder hat, verwundere nicht, sie sei ja im Reitsport aktiv. Danach singt Gloria von Thurn und Taxis ein selbst verfasstes Lied (»Endlich ist mal Quatsch erlaubt«). Das ist die verheerende Ausgangslage, als Söder dran ist. Er lächelt, es ist nun das Lächeln des Siegesgewissen.

Im Bewusstsein seiner humoristischen Überlegenheit tritt Söder in voller Robe in den riesigen Vogelkäfig, in dem der Ordensritter reden muss. Söder legt los: »Berlin braucht für den Flughafen länger als die alten Ägypter für die Cheops-Pyramide«, seine glühende Verehrerin Gloria japst vor Verzückung nach Luft. Sie ist aber auch die Einzige im Saal. Söder verhaspelt sich, man merkt, dass er das Vertrauen in seine Gags verliert. Er hängt jetzt ein »meine Damen und Herren« an alle Pointen, die Last bricht natürlich auch den starken das Genick. Am Ende steht ein trauriger, einsamer König in seinem Käfig und nimmt matten Beifall entgegen. Es ist eine unerwartete Niederlage für ihn. Und vielleicht ja ein Moment, in dem man Markus Söder ein wenig näherkommt.

Man kennt die Anekdoten über die erstaunliche Verletzlichkeit des Kraftmeiers: dass er manchmal um halb sieben in der Früh Vertraute anruft, nur um sich über einen kleinen Satz in einem kleinen Kommentar in einer kleinen Regionalzeitung auszuschimpfen. Jetzt hält er am Rand des Saals Kriegsrat mit seinen Sprechern, drei ernste Gesichter unter tausend ausgelassenen Jecken. Eine junge Dame will ein Foto mit ihm, es wird ein historisches: das erste Selfie, auf dem Söder nicht lächelt.

Söder ist angefasst, aber er fasst sich auch wieder, denn der Kampf ist ja nie ganz vorbei, die Höhe der Niederlage noch verhandelbar. Auf der After-Show-Party tanzen die Jecken, es ist ein Uhr früh, und Söder bittet zur Nachbesprechung. »Ein Auswärtsspiel war das halt«, sagt er, der bayerische Humor sei für Westdeutsche einfach zu deftig. »Was man bei uns in Bayern sagen kann, löst anderswo Irritationen aus.«

Am nächsten Morgen dann grüßt König Markus in vollem Ornat großformatig aus der »Bild am Sonntag«. Wer braucht schon mehr Lacher oder Applaus, wenn er solche Bilder hat?

Frage an Söder in einem McDonald's an der Autobahn A 96, beim Abendessen im Gasthof der vernünftigen Leute: Stört es sie wirklich nicht, ständig als überehrgeiziger, kalter Machtmensch dazustehen? Wenn die Medien wirklich meinten, sagt Söder, da ein bestimmtes Klischee wiederkäuen zu müssen, könne er damit leben: »Ich nehme die Kommentatoren zur Kenntnis. Aber wichtig ist, was die Menschen denken. Die Bayern sehen die Dinge anders als der eine oder andere Berliner Journalist.«

Es gibt einen Typus von Aufsteigern in der Politik, für die Widerstand nur Ansporn ist. Die sich stets auf ihre Stärke verlassen. Markus Söder kann tatsächlich sehr viele Dinge sehr viel besser als andere Politiker. Reden, werben, kämpfen. Es gibt aber auch etwas, was er gar nicht kann.

Ein früh im Regen ertrunkener Sommertag 2016, schwäbisches Bezirksmusikfest in Schwangau. Tausend Menschen drängen sich in einem schwülen Bierzelt. Söder ist heute mal gar nicht glücklich in seinem Wohnzimmer, er wäre lieber draußen, wo die schönen Bilder wohnen. Aber der Festumzug ist abgesagt. Er unter tausend Musikanten in Festtagstracht, vor Alpengipfeln und Neuschwanstein, ein Gemälde wäre das gewesen! Jetzt sitzt er drinnen auf seiner Bierbank und bohrt die schwarzen Hacken in den Boden, als gebe es Hinweise auf Ölvorkommen im Ostallgäu.

Wenigstens darf er dann die Kapelle bei der »Böhmischen Polka« dirigieren, aber als er zum Ende winkt, spielt die renitente Truppe einfach weiter. Hernach muss er weitere Polkas erdulden, muss rumstehen und mitklatschen. Söder will weg von hier, er schaut im Takt auf die Uhr, den Leuten fällt das auf. Aber er hasst es nun mal, Zeit zu vergeuden, er hasst Termine, bei denen es nichts mehr zu gewinnen gibt, er hasst Stau auf der Autobahn. Es treibt ihn weiter, immer weiter.

Dabei eilt doch nichts. Der Bogen der Geschichte, das ist im Sommer 2016 klar, müsste sich schon sehr krümmen, um sich an Söder vorbeizuwinden. Seehofer wird viel dafür tun, sicher. Aber auch er weiß, dass die CSU, will sie Wahlen gewinnen,

Frieden braucht. Das Zeitfenster für ihr Duell wird sich also irgendwann schließen, und wenn Söder dann noch steht, werden Seehofer und er sich vor den Kameras auf die Schultern klopfen, und der Junge wird den Stab des Alten übernehmen.

Markus Söder wird seine Hauptrolle im bayerischen Welttheater bekommen, er muss dafür nur tun, was er am allerwenigsten kann. Warten.

3. Erster unter den Kronprinzen

Wie Söder seine CSU-Konkurrenten hinter sich lässt

Zwölf Apostel« wollte Horst Seehofer heranziehen, zwölf Kronprinzen für seine Nachfolge. So viele sind es dann – Zwischenstand 2012 – nicht geworden, etwa ein halbes Dutzend nur, aber das ist ja auch schon viel angesichts des Umstands, dass Seehofer sich selbst weiterhin für ziemlich unverzichtbar hält. Mit Georg Fahrenschon hat einer der Ursprungs-Apostel bereits den geistlichen Dienst quittiert und ist dem Lockruf des schnöden Mammons zum Sparkassenverband gefolgt. Karl-Theodor zu Guttenberg ist gefallen und zum Sünder geworden, doch ganz aus den Augen lassen darf ihn Markus Söder bei seiner routinemäßigen Feindbeobachtung nicht: Kaum im amerikanischen Exil angekommen, flirtete der Baron auch schon wieder mit der Rückkehr nach Deutschland.

Die Apostel haben aber auch Zuwachs bekommen, von zwei jungen Männern, die sehr unterschiedliche Facetten der CSU verkörpern. Da ist Alexander Dobrindt, der Söder-hafteste CSU-Generalsekretär seit Söder, Grünen-Fresser und begabter Stratege, den Seehofer bald zum Bundesverkehrsminister promovieren wird. Dem konservativen Dobrindt steht Manfred Weber gegenüber, die neue, weltläufige Stimme der Liberalen in der CSU, der Chef der Grundsatzkommission, der zeitnah zum Fraktionschef der Europäischen Volkspartei im Europaparlament aufsteigen wird. Beide, Dobrindt und Weber, haben blendende Zukunftsperspektiven und keine allzu hohe Meinung von Söder, aber sie sind politisch in Berlin und Brüssel zu Hause, sie werden ihm nicht im Weg stehen auf dem Weg in die Münchner Staatskanzlei.

Bei Christine Haderthauer, der bayerischen Sozialministerin, sieht das schon anders aus, sie besitzt ein enormes Selbstbewusstsein und ein korrespondierendes Mundwerk. Haderthauer ist zwar rüde eingebremst worden, als Söder ihr im letzten Moment das Finanzministerium entriss. Aber ihre Ambition und ihr Talent sind ja nicht plötzlich verschwunden. Die zweite Frau am Aposteltisch ist Ilse Aigner, noch Bundeslandwirtschaftsministerin in Berlin, aber schon auf dem Sprung nach München. Wenn sie mit einer Heerschar von Reportern und Fotografen durch das Alpenidyll ihres Wahlkreises wandert, dann ist das eine Ansage – an Söder, aber auch an Haderthauer, die einen, wie sie selber sagt, »norddeutschen Migrationshintergrund« hat. Hinter der Apostel-Tafel steht Innenminister Joachim Herrmann, nicht so jung und nicht so ungestüm wie die anderen, aber immer ein Kandidat.

Und dann ist da natürlich der ungeliebte Oberapostel, Markus Söder, der sich bequem eingerichtet hat im Finanzministerium, er sitzt zur Rechten des Vaters. Bei niemand anderem gehen die Meinungen in der CSU weiter auseinander: Die einen glauben, er sei die Zukunft der Partei. Die anderen fürchten, er sei ihr Untergang.

In den Jahren bis zur Bundestagswahl 2017 wird mal die eine, mal der andere die Nase vorn haben. Die Apostel werden ihre kleinen und großen Kämpfe austragen. Es wird exakt verzeichnet werden, wer bei sich zu Hause als Bezirkschef mit 99 Prozent wiedergewählt wird und wer mit 99,5. Seehofer wird selbstherrlich über alldem thronen und je nach Tageslaune Lob und Tadel verteilen. Die Aspiranten auf seine Nachfolge halten sich gegenseitig klein, und funktioniert das einmal nicht ganz optimal, justiert Seehofer nach. Er ist der eitle Alleinregisseur des großen bayerischen Erbfolgekrieges. Und alles, was er tut, dient letztlich dem Ziel, Markus Söder zu verhindern.

Aufstieg und Fall der Ilse Aigner

Zunächst hat Horst Seehofer eine eindeutige Lieblingsdarstellerin. Im September 2012 machen Ilse Aigner und er offiziell, was sich schon abgezeichnet hat: Aigner wird nach der Landtagswahl 2013 nach München wechseln. »Ich darf dich bitten, Ilse«, sagt Seehofer bei der Verkündungs-Pressekonferenz und bietet Aigner demonstrativ seinen Stuhl an. Es ist eine Szene, die im Hause Söder alle Alarmanlagen auslösen muss.

Ilse Aigner ist Chefin der mächtigen Oberbayern-CSU, aus dieser Position heraus ist auch Stoiber Ministerpräsident geworden. Sie hat allerdings im eigenen Laden starke Konkurrenz durch Haderthauer, die gleich mal beweist, dass sie ein harter Knochen ist. Aigner sei eine echte Verstärkung für die CSU-Frauenriege in München, lobt Haderthauer giftig, sie ergänzten sich da gut: »Ich als Frau mit Familie, sie als ledige, kinderlose.«

Es ist Aigners und vielleicht auch Söders Glück, dass Christine Haderthauer im Herbst 2014 aus dem Rennen um Seehofers Nachfolge ausscheidet. Sie muss als Staatskanzlei-Chefin zurücktreten, weil sie und ihr Mann Geschäfte mit Modellautos machten, die ein handwerklich beschlagener Mehrfachmörder in Haft für sie gefertigt hatte – was Haderthauer »ein von Idealismus getragenes Engagement finanzieller Art« nannte. Mit Haderthauer verlässt die einzige Konkurrentin den Ring, die es mit Söder an Machtinstinkt und Härte hat aufnehmen können.

Der Wahlkampf 2013 – Bundestags- und Landtagswahl fallen beide auf den September – ist der Sommer der Ilse Aigner. Wo immer sie auftritt, fliegen ihr die Sympathien zu. »Mit ihr geht die Sonne auf«, sagt ein Parteifreund. Söder trägt schwer daran, dass Aigner die Herzen wärmt. Den Bilder-Experten Söder ärgert sicher auch, dass es kaum ein Foto der Konkurrentin gibt, in das nicht im Hintergrund ein Berg ragt oder eine prächtige Milchkuh linst. Söder und Aigner kennen sich ewig, auch die jeweiligen Stärken und Schwächen. Söder, sagen Eingeweihte, halte Aigner für ein Leichtgewicht, inhaltlich und machtpolitisch. Zu diesem Zeitpunkt ist diese These noch nicht abschließend getestet.

Die Landtagswahl wird zum Triumph für den Ministerpräsidenten Seehofer, er erobert die absolute Mehrheit zurück. In den Tagen danach greift Aigner nach dem Chefposten in der CSU-Landtagsfraktion. Söder hält sich eine Bewerbung offen, ein Manöver, das wohl nur der Abschreckung Aigners gilt. Im Grunde will er ja Finanzminister bleiben, die Bayern seien staatsgläubig, sie ständen auf Minister, so sieht er die Sache. Seehofer weiß derweil, dass er die von Söder-Spezis gespickte Fraktion mit der Berufung Aigners spalten würde. Fünf Stunden sitzen Söder und Aigner mit Seehofer unter sechs Augen in der Staatskanzlei zusammen, bis eine für alle zufriedenstellende Lösung gefunden ist.

Als Fraktionschef kommt der Kompromisskandidat Thomas Kreuzer zum Zuge, ein routinierter und knorriger Allgäuer, aber das ist ein Nebenschauplatz. Söder und Aigner fahren beide mit der Zusage nach Hause, bald Superministerien leiten zu dürfen. Söder darf sich neben den Finanzen jetzt auch um Heimat kümmern. Aigner bekommt das Wirtschaftsministerium inklusive der Zuständigkeiten für Energie, Technologie und Medien. Das klingt gut, und dennoch monieren aufmerksame Beobachter sofort, dass das wichtige Verkehrsportfolio ins Innenministerium wandert, zu Joachim Herrmann, der selbstredend auch Superminister ist. Herrmann und Aigner dürfen sich zusätzlich noch Vize-Ministerpräsidenten nennen. Söder nimmt das gelassen hin. Bei »Star Trek«, sagt er einem engen Begleiter, kenne auch keiner den Vize-Admiral. »Es zählt nur der Captain.«

Die Medien nehmen jetzt das Minister-Duell Aigner gegen Söder in den Fokus, das schon deshalb interessant ist, weil es so schöne Kontraste bietet: katholische Frau aus Oberbayern gegen protestantischen Mann aus Franken, stille Teamspielerin gegen lauten Ichling. An Aigner wird ihre Freundlichkeit gemocht, und es gibt eine Phase, in der sie dafür auch politisch geschätzt wird. Die CSU war in ihrer Geschichte oft großmäulig, breitbeinig, kraftmeiernd. Und jetzt wirkt es so, als könnte die Partei sich mit Aigner für ein anderes Politikmodell entscheiden.

Doch schon im Januar 2014 kann Söder von einem Logenplatz im Kabinett verfolgen, wie Seehofer seine vermeintliche Kronprinzessin Aigner vorführt, ja demütigt. Aigner hatte offenbar ohne Absprache mit dem Ministerpräsidenten ein Konzept zur Finanzierung der Energiewende vorgelegt. Das gefällt Seehofer überhaupt nicht, weil darin böse Worte wie »Kreditaufnahme« vorkommen, die seine Idee vom schuldenfreien Bayern torpedieren könnten. Also fegt er den Aigner-Vorschlag in einer Kabinettsitzung brüsk vom Tisch. Aigner merkt jetzt auch, dass Seehofer bedingungslose Gefolgschaft erwartet, die Charmeoffensive ist vorbei.

Bei der Energiewende ist es freilich auch besonders schwer, Seehofer bedingungslos zu folgen, weil seine Meinungsbildung und Meinungsfortbildung da sehr sprunghaft ist und man etwa nie weiß, ob er gerade für oder gegen Stromtrassen ist. Als Aigner einen aufwendigen Energiedialog veranstaltet, soll Seehofer so lange in den Ergebnissen herumredigieren, bis keine mehr übrig sind – und Aigner muss sich in den Medien als inhaltliche Flachbohrerin veräppeln lassen. Söder-Spezis im Landtag witzeln schon damals, dass »die Ilse mit ihren Qualitäten« eine großartige Landtagspräsidentin abgeben würde. Landtagspräsidentin ist ein schönes Amt, aber nicht für eine, die als Ministerpräsidentin gehandelt wird.

Einmal unternimmt Aigner noch beherzt den Versuch, das für sie suboptimale Ergebnis der Zuständigkeits-Verteilung zu korrigieren. Sie will Terrain vom »Breitband-Minister« Söder zurückzuerobern: »Die Digitalisierung ist das Thema der Wirtschaft«, sagt sie und kündigt an, in ihrem Haus eine entsprechende Abteilung schaffen zu wollen. Wochenlang beharken sich die beiden über der Frage, wer denn nun der bayerische Internetminister ist. Schleichend setzt sich Söder durch. »Seine Auftritte im Landtag und draußen im Land waren einfach überzeugender«, sagt ein Abgeordneter, der eigentlich kein Söder-Fan ist. Aigner hat erst kein Glück, und dann kommt auch noch

Pech dazu. Als sie anstelle des kranken Seehofers die Haushaltsrede im Plenum halten darf, verspricht sie sich an der sensibelsten Stelle: »Die Zeiten werden heiter, äh, härter.«

Das Gefühl, dass Söder sich langsam von seinen Konkurrenten absetzt, wird von Umfragen gedeckt: In der traditionellen Januar-Umfrage des Bayerischen Rundfunks 2015 wünschen sich 46 Prozent der CSU-Anhänger Söder als Spitzenkandidaten für 2018 und nur 25 Prozent Aigner. Joachim Herrmann ist Dritter mit zwölf Prozent.

Ilse Aigner, die nicht so schamlos ist wie Söder, aber vielleicht auch nicht so clever, hat offenbar irgendwann für sich beschlossen, dass es nicht das Ende der Welt ist, wenn sie nicht Ministerpräsidentin werden sollte. Und dass sie nicht jedes schmutzige Manöver der Alpha-Männer Söder und Seehofer mit Gleichem vergelten will. Aigner hat sich dem Spiel um die Macht verweigert. Aber wer nicht mitspielt, kann auch nicht gewinnen.

Noch ist das Rennen für die anderen allerdings nicht vorüber. Seehofers Umgang mit seinen Aposteln bleibt unberechenbar, im Sommer 2014 watscht er sogar den treuen Joachim Herrmann ab, weil der ein paar Nachbesserungen bei der Autobahnmaut für Ausländer anregte. Herrmann müsse nicht überall »seinen Senf« dazugeben, sagt Seehofer, und im Übrigen sei das, was Herrmann sage, eh »nicht maßgeblich«. Da täuscht Seehofer sich gründlich. Es wird der Tag kommen, an dem das Wort von Joachim Herrmann darüber entscheidet, ob Seehofers Apostel-Spiel mit einem Sieg endet oder mit einer Niederlage.

Der Sommer des Joachim Herrmann

Ein Rollkoffer wummert heran, und bei den Wartenden ist da sofort die Hoffnung, dass er es ist. Er. Aber da biegt sie schon ums Eck, Ilse Aigner, die selbst mal die Erste unter Seehofers Aposteln war, die Kronprinzessin des bayerischen Ministerpräsidenten. Aber dieser Moment ist auch schon wieder drei Jahre her, es war das Versprechen des Sommers 2013, es wurde nie eingelöst. Jetzt warten die Journalisten auf den Mann, der gerade seinen eigenen großen Sommer hat, den Innenminister Joachim Herrmann. Oder wird es mehr sein als nur ein Sommer?

Ende Juli 2016, ein Tagungshaus am Tegernsee, mehr Geranien, als die Augen verkraften. Das bayerische Kabinett trifft sich zur Klausur, fünf Tage Schullandheim für Minister. Eigentlich hätte das die große Horst-Seehofer-Show werden sollen, jetzt sind es die Joachim-Herrmann-Festspiele. Auf der Pressekonferenz ballen sich sechs CSU-Minister um ein Rednerpult. Die fünf, die nicht Joachim Herrmann heißen, werden von den Fernsehleuten dringend gebeten, nicht dauernd den Kopf ins Bild zu halten. Selbst Markus Söder, der eigentlich immer irgendwie im Mittelpunkt steht, ist hier in St. Quirin nur Nebendarsteller.

Wer waren die Attentäter von Würzburg und Ansbach, wer der Amokläufer von München? Wie sicher ist Deutschland? Wo ist hinten und wo vorne? Joachim Herrmann ist der Mann, dem man Antworten zutraut – von dem man sie aber auch verlangt, morgens, mittags, abends und gern mal zwischendrin.

Es sind schreckliche Wochen im Freistaat Bayern. Bei Würzburg hat ein islamistischer Terrorist in einem Regionalzug fünf Menschen mit einem Beil und mit Messern schwer verletzt, er wurde von der Polizei erschossen. Ein anderer mutmaßlich islamistisch motivierter Attentäter hat sich am Rande eines Musikfestivals in Ansbach in die Luft gesprengt, er ist tot, 15 Menschen sind verletzt. Und in München hat ein 18-jähriger Schüler in einem Einkaufszentrum neun Menschen ermordet, am Ende richtete er sich selbst. Die Stunde der Angst ist die Stunde des Innenministers. Und Herrmanns Zuständigkeit endet gefühlt schon längst nicht mehr an bayerischen Grenzen.

Man hat diesen großen, breiten Franken ja lange verspottet, weil er in etwa den Wendekreis eines Flugzeugträgers hat, und eine Sprechgeschwindigkeit, bei der sich ältere Zuhörer fragen, ob sie das Ende des laufenden Satzes wohl noch erleben. Manchmal ist man versucht, Herrmann einen Euro hinzuwerfen, weil er es wie einer dieser Straßenkünstler schafft, sich minutenlang nicht einen Millimeter zu bewegen. In friedlicheren Zeiten hatte er die Medienaufmerksamkeit nur, als er für ein Foto in einen Bagger stieg und mit ihm umkippte. Nebenbei: sehr langsam umkippte.

Herrmann, 59, trägt den Spitznamen »Balu«, nach dem dicken Comicbären aus dem »Dschungelbuch«, der seinen Rücken an Bäumen schrubbt und das Loblied der Gemütlichkeit singt. Dick und gemütlich? All das ist jetzt plötzlich keine Schwäche mehr, sondern Stärke.

Die Furcht gräbt sich in diesen Tagen tief ins Bewusstsein der Menschen, und was das anrichtet in einem Land, hängt auch von politischer Führung ab. Die Kanzlerin könnte inspirierende Reden halten, aber das tut sie nicht. Es bleibt viel an den Innenministern hängen, dem in Berlin und mehr noch an dem in München, in dessen Bereich sich die Bluttaten zufällig konzentrieren. In der Ungewissheit nach dem ersten Schock ist ein Innenminister so etwas wie eine staatliche Nachrichtenagentur, die endlich Gewissheit schafft, und sei es eine schreckliche. An seinen Worten kann man sich zwar nicht wärmen, sie müssen ja kühl sein und kantig. Aber im Strom der Ereignisse kann man sich daran festhalten.

Herrmann hilft auch seine wohlig bayerische Tonart, »Guten Abend und grüß Gott«, sagt er, wenn er in einer Nachrichtensendung zugeschaltet wird. Zum Abschied hat er Formeln, die rührend ungelenk klingen: »Ich wünsche uns allen eine gute Zukunft.« Die Zuschauer, zumal jene außerhalb Bayerns, fragen sich dann: Spielt der das? Oder ist der wirklich so?

Das So-Sein des Joachim Herrmann wirkt jedenfalls beruhigend in stürmischer Zeit. Es ist natürlich ein ungerechter Vergleich, Markus Söder hat gerade eine ganz andere Funktion, aber: Der Zeitlupen-Herrmann tut den Menschen besser als der Zappel-Söder.

Es gibt dieses hübsche Bild von der CSU: Sie sei wie ein Haufen Eisenspäne, die sich stets nach dem stärksten Magnetfeld richten. Also meistens nach Seehofer und Söder. Es ist nur eine Momentaufnahme, aber in diesem Augenblick, in dieser Woche, ist Joachim Herrmann das stärkste Magnetfeld in seiner Partei.

Ministerpräsident Herrmann? Das war vor acht, neun Jahren mal ein Gedanke, auf den sich dann rasch Staub legte. Jetzt wischt die Dynamik des Moments mit dem ganz großen Wedel drüber. Das Umfeld Söders hat die Gefahr erkannt: Herrmann mache tolle, tolle Arbeit, sagen Söders Leute, und deshalb müsse er genau dort bleiben, wo er ist.

Wie konnte so ein leiser Mensch überhaupt so weit kommen in der dröhnenden CSU? Und kommt er wirklich noch weiter?

Die Innenminister bilden so etwas wie die Bruderschaft der Eisenherzen, Herrmann fühlt sich sehr wohl in diesem Kreis, und zwar in dem Sinn, dass er mit den strengen Augen eines Juristen auf die Welt blickt: Eine Gemeinschaft braucht Ordnung, und Ordnung braucht Regeln. Deren Einhaltung stellt er in seinem Amt sicher.

Wie für die meisten Innenminister ist Freiheit für Herrmann zunächst mal die Freiheit von Verbrechen. Auch er hantiert deshalb ungeniert mit Verbot, Bestrafung und Abschiebung, den favorisierten Instrumenten bayerischer Innenminister. Hart hinlangen also, die rustikale bayerische Sicherheitsphilosophie, die einst Ministerpräsident Streibl ausgegeben hat? Damit würde man Herrmann auch nicht gerecht. »Hart hinlangen«, sagt er, »ist kein allgemeiner Grundsatz des bayerischen Regierungshandelns«, weder für die Polizeitaktik noch für seine persönliche Rhetorik. Er setzt da ganz andere Akzente als Söder, der im Bierzelt oft redet, als wäre er der Innenminister.

Der Innenminister ist nicht irgendein Minister. Jeder Minister berührt irgendwie das Leben der Bürger, beim Innenminister aber geht es bisweilen um Leben und Tod. Ein Innenminister muss manchmal in kürzester Zeit Entscheidungen von größter Tragweite treffen – etwa ein Fußball-Länderspiel absagen wie Boris Pistorius (SPD) in Niedersachsen im November 2015, kurz nach den IS-Anschlägen von Paris. Oder in München in der Neujahrsnacht Terroralarm ausrufen, wie Herrmann – es war dann falscher Alarm. Ein Innenminister soll der starke

Mann sein, wünschen sich viele Bürger. Aber bitte nicht zu stark, wenden die Kommentatoren ein. Man braucht einen mit Balance.

In der CSU von Seehofer und Söder, in der CSU der Spieler ist dieser Herrmann der Spießer. Oder, wie er das ausdrückt: »Ich gehöre nicht in die Abteilung, in der Politik in erster Linie Selbstdarstellung ist. Und ich bin ja nicht schlecht gefahren damit.« Für Herrmanns Verhältnisse ist das fast eine Attacke auf den fränkischen Kollegen Söder, die beiden kennen sich natürlich ewig. Wenn man Söder glaubt, sind sogar ihre Familien befreundet; von Herrmann hört man solche Harmonie-Geschichten nicht.

Söder gegen Herrmann, das ist im Sommer 2016 noch ein theoretisches Duell. Eineinhalb Jahre später, nach der Bundestagswahl 2017, wird die Sache konkret werden. Söder gegen Herrmann, das hieße Franke gegen Franke, und damit sind die Gemeinsamkeiten der beiden auch schon fast vollständig aufgezählt. Der eine laut, der andere leise. Der eine auch mal schrill, der andere stets solide. Für Söder spräche seine große Bekanntheit, seine zur Schau getragene Stärke. Für Herrmann spräche, dass Bekanntheit und Stärke nicht immer die entscheidenden Währungen sind in der Politik. Da ist auch noch die Währung des Vertrauens. Aber wird es dieses Duell wirklich geben? Im Söder-Lager prophezeit man: »Der Joachim traut sich nicht.«

Ende Juli 2016 sitzt Herrmann, natürlich sehr aufrecht, in einem Münchner Biergarten. Herrmann pegelt sich auf der CSU-internen Schärfe-Skala im unteren Mittelfeld ein: »Natürlich ist es ein Problem für die innere Sicherheit, wenn viele Flüchtlinge unkontrolliert in unser Land kommen. Es bringt aber nichts, wenn wir das Thema der Flüchtlinge beliebig mit Sicherheitsfragen vermischen. Und wer meint, ohne Flüchtlinge wäre die Terrorgefahr gebannt, der täuscht sich.« In der Zeit, die Herrmann sich nimmt, zwei Satzteile sorgfältig zu verknüpfen, hätte Söder schon drei Tweets rausgehauen.

Herrmann verfügt über insgesamt ein mimisches Mittel, das

Hinaufziehen der rechten Augenbraue, er markiert damit besondere Aussagen. Es gehe jetzt um zwei Dinge, sagt er, erstens: »Wir müssen die Kontrolle behalten. Wir müssen den Menschen klarmachen, dass wir alles, was möglich ist, für ihre Sicherheit tun.« Und zweitens, Augenbraue rauf: »Man muss in seiner Rhetorik aufpassen, dass man Stimmungen nicht auch noch schürt.«

Wenn man Herrmann so zuhört, seinem vollen Bass, dem weichen Fränkisch, wenn man ihn so anschaut, diesen sanften Hügel von einem Mann, dann ist das alles irgendwie eine sehr bayerische, sehr pragmatische Variante von: Wir schaffen das. Wenn Söder über das Thema redet, geht es viel um Angst. Bei Herrmann geht es viel um Zuversicht.

Joachim Herrmann wollte schon einmal Ministerpräsident werden, ein bisschen. 2008, als ein Nachfolger für Beckstein gesucht wurde, warf er seinen Hut in den Ring, irgendwie. In der Fraktionssitzung wurde er gefragt: Du wirst als Kandidat genannt, stimmt das? Herrmann nickte. Teilnehmer wissen nicht mal mehr, ob er laut Ja sagte.

Herrmann, sagt ein Parteifreund, der es gut mit ihm meint, zeige selbst »nach dem dritten Bier im kleinsten Kreis« keinen Funken Ambition. Er sei auch nicht der beste Netzwerker, eine SMS von Herrmann sei wie Ostern: Gibt's nur einmal im Jahr. Manche nennen Herrmann gar einen »Autisten«, weil er Leute, mit denen er spricht, nur sehr gelegentlich auch mal anschaut. Müsste einer, der ganz nach oben will, nicht mal Gefühl zeigen, nicht mal vorpreschen, sich nicht mal durchsetzen? Macht sich der Riese Herrmann nicht zu klein für einen möglichen Ministerpräsidenten?

Es mag nur die Gunst der dunklen Stunde sein, die Joachim Herrmann gerade als Kompromisskandidaten ausleuchtet. Aber die Gunst der Stunde könnte ja reichen, wenn in der CSU das Glücksrad der Macht irgendwann stehen bleibt. Wenn die Söder-Skeptiker in der Partei einen Kandidaten suchen, hinter dem sie sich versammeln können. Oder Seehofer eine starke Schachfigur, die er gegen Söder in Stellung bringen kann. Wenn die Chance sich wirklich bieten sollte für Joachim Herrmann, dann wird die Frage sein, ob er zum ersten Mal in seiner Karriere bereit ist, kraftvoll zuzupacken.

Im Spiegel des gefallenen Apostels

Es ist Ende August 2017, die Bundestagswahl ist nur noch gut drei Wochen entfernt, und man könnte glauben, dass da gerade ein Kandidat gefeiert wird, ein Mann auf dem Sprung an die Macht. Einer, für den alles läuft. Auf jeden Fall ist es einer, für den 80 Journalisten aus allen Ecken der Republik an einem Mittwochabend nach Kulmbach in Oberfranken reisen. 1100 Leute in der Halle, noch ein paar mehr draußen, wo seine Rede auf Fernsehern übertragen wird. Beifallseruption am Ende, dann rhythmisches Klatschen minutenlang. Für die 100 Meter aus der Halle zum Auto braucht er 45 Minuten, Selfie hier, Umarmung da, taumelnde Kameramänner.

Ein paar besonders inbrünstige Fans haben extra Schals bedrucken lassen für den Abend in Kulmbach: »Our saviour«, steht darauf. Unser Retter. Offiziell ist der Mann, der so begrüßt wird, kein Retter. Er ist nicht mal Kandidat. Er sei, beteuert Karl-Theodor zu Guttenberg selbst, einfach nur ein »engagierter Bürger«, der aus Sorge ums Gemeinwohl und im Dienst seiner Partei einen Vortrag zur Weltpolitik hält. Aber eigentlich rätseln die meisten hier nur noch, welches Bundesministerium Guttenberg nach der Wahl übernehmen könnte.

Was hatte Horst Seehofer noch gleich gesagt in der Staatskanzlei zu Faschingsbeginn 2015? »Es wird entschieden anders laufen, als Sie alle glauben.« Welchen Geheimplan hatte Seehofer da? Wen würde er Markus Söder in den Weg stellen? Es war ein Faschingsrätsel, das jetzt im Wahlkampf 2017 seine Auflösung finden könnte.

Ein Comeback von Karl-Theodor zu Guttenberg wäre ein Super-GAU für die Karriereplanung von Markus Söder. Guttenberg würde zwar wahrscheinlich nicht Ministerpräsident werden wollen, München ist nicht seine Bühne. Aber er würde auch von Berlin aus die Machtstatik in der CSU verändern. Und vor allem würde er sich wieder zwischen Söder und die Sonne schieben.

Es gab beim langen Aufstieg des Markus Söder nur einen einzigen Rivalen, vor dem er, auch wenn er es nie zugeben würde, Angst hatte. Ein ehemaliger Söder-Mitarbeiter berichtet, dass Söder von 2008 an, als Guttenberg Generalsekretär wurde, beinahe körperlich darunter gelitten habe, mit welcher Liebe die CSU den neuen Hoffnungsträger überschüttete. Karl-Theodor zu Guttenberg kriegt die Liebe geschenkt, die sich Söder erst hart erarbeiten muss. Guttenberg ist mit der Weltläufigkeit gesegnet, die Söder sich erst hat anlernen müssen. Söder kann die CSU vielleicht zum Glauben bringen, Guttenberg brachte sie zum Träumen.

Und das tut er jetzt wieder. Guttenberg, 45, ist zwar die meiste Zeit in Amerika, er arbeitet dort als Berater und Investor. Aber er ist immer mit im Raum, wenn es irgendwo um die Zukunft der CSU geht. Für die einen in der Partei ist er eine Hoffnung, vielleicht sogar jener Retter von der T-Shirt-Brust. Zu dieser großen Gruppe zählt ohne Zweifel Parteichef Horst Seehofer. Für andere ist er eine Bedrohung, diese Gruppe besteht mindestens aus Söder, der kein weiteres Alphatier neben sich wünscht.

Guttenberg war die Supernova der deutschen Politik, maximale Leuchtkraft, dramatische Explosion. Und er ist – sechseinhalb Jahre nach der Plagiatsaffäre um seine Doktorarbeit – immer noch ein politisches Ausnahmetalent. Die neun Auftritte, die er auch auf Bitte von CSU-Chef Horst Seehofer in den Wochen bis zur Bundestagswahl absolvieren wird, sind eine Art Testlauf. Hat die CSU-Basis, haben die Bürger ihm die Plagiatsaffäre um seine Doktorarbeit verziehen? Für die erste Kundgebung hat er sicheren Boden gewählt, seinen alten Heimatwahlkreis in Oberfranken.

Gleich am Anfang seiner Rede räumt Guttenberg seinen schmählichen Abschied als Verteidigungsminister 2011 ab. Und zwar mit einer Doppelstrategie, der es an Frechheit nicht mangelt. Zuerst geht er mit drastischen Worten in Sack und Asche, um dann im selben Atemzug die Affäre für beendet zu erklären: »Ich bin all jenen dankbar, die mich scharf kritisiert haben bei meinem selbst verursachten Versagen, ich bin auch dankbar für den Spott und die Häme. Ich habe, glaube ich, die Konsequenzen gezogen und ertragen. Aber ich darf nach langer Zeit auch für mich selbst sagen: Irgendwann ist auch mal gut.« In der Halle scheint das niemand anders zu sehen.

In Kulmbach steht auch der Dirigent und Umweltschützer Enoch zu Guttenberg im Publikum, Karl-Theodors Vater. Mit ihm hat Söder engeren Kontakt als mit dem Sohn, man kennt und schätzt sich seit Söders Zeit als Umweltminister. Der Generalsekretär Söder hatte von Karl-Theodor zu Guttenberg noch regelmäßig außenpolitische Analysen zugesandt bekommen, unterzeichnet mit »Ihr ergebener«. Mit der Ergebenheit war es jedoch vorbei, als Söder 2008 eine Intervention der Bundesregierung forderte, weil ein Strauß-Bild im britischen Wachsfiguren-Kabinett Madame Tussauds neben dem des DDR-Spions Günter Guillaume hing. Guttenberg, der Chef der deutsch-britischen Parlamentariergruppe im Bundestag, verbat sich daraufhin solch »verstörende Wortmeldungen«. Die beiden trafen sich dann in Berlin auf einen Versöhnungskaffee; Freunde sind sie nicht geworden.

Söder fühlte sich dem Vernehmen nach in Guttenbergs Glanzjahren auch ungerecht bewertet, von Parteifreunden genauso wie von Journalisten. Er werde als Egomane und Selbstvermarkter gescholten – aber was sei dann bitte Guttenberg? Söder soll damals auch leidlich subtil gegen Guttenberg Stimmung gemacht haben, gut belegt ist ein Fall beim Nürnberger »Ball der Union« 2009. Dort lobte Söder den Nürnberger Wirtschaftsreferenten Roland Fleck mit den Worten: »Fleck hat zwar nicht so viele Vornamen – aber er hat Kompetenz.« Guttenberg, der zehn Vornamen trägt, revanchierte sich ein paar Wochen später, als er in Nürnberg bei einem Mittelstandstag auftrat und von Söder als »lieber Karl-Theodor« begrüßt wurde. »Lieber Markus Söder«, entgegnete Guttenberg, »ich bin ja schon froh, dass du mich hier mit nur zwei Vornamen ansprichst – und nicht etwa mit zehn.«

In Kulmbach bringt Guttenberg, Viertagebart, cooles Sakko, nun die große Welt in den kleinen Saal. Etwas ratlos nehmen die Zuhörer zur Kenntnis, dass Merkels Flüchtlingspolitik »das Ansehen unseres Landes bei Sunniten wie Schiiten gleichermaßen gesteigert hat«. Der »Dickmops« Kim Jong-un ist schon konsensfähiger. Bei Guttenberg hört sich Triviales bedeutsam an, und nach langer Abwesenheit hat er auch den Vorteil, dass Altes recht neu klingt.

Parallel zur großen Guttenberg-Show in Kulmbach findet auch eine Autostunde entfernt in Erlangen eine CSU-Kundgebung statt. Gastgeber ist der Spitzenkandidat der CSU und mögliche neue Bundesinnenminister Joachim Herrmann; Gast ist die Spitzenkandidatin der CDU und Bundeskanzlerin Angela Merkel. Herrmann tritt in seiner Heimatstadt Erlangen mit Merkel auf – und Guttenberg absorbiert alle, aber auch wirklich alle überregionale Aufmerksamkeit.

In der CSU regt sich sofort heftiger Unmut. Der Exilant Guttenberg werde von Seehofer derart rabiat ins Licht gerückt, so die zentrale Kritik, dass für Herrmann nur der Schatten bleibe. »Das ist eine Sauerei, was der Horst da mit dem Joachim macht«, heißt es auch im Söder-Lager, wobei natürlich auch ein Seitenhieb auf Herrmann nicht fehlen darf: »Unverständlich, wie man sich so was gefallen lassen kann.« Tatsächlich ist Herrmann ein fleißiger, aber nie funkelnder Spitzenkandidat; er begreift den Job weniger als Chance zur Profilierung, sondern mehr als Dienst an der Partei. Das wird nach der Wahl den Vorteil haben, dass die Niederlage in der CSU klar Parteichef Seehofer zugeschrieben wird. Herrmann dagegen wird für Einsatz und Loyalität gelobt werden.

Für die Guttenberg-Rede hat die CSU sogar einen Internet-Livestream aus Kulmbach eingerichtet, und zumindest im Ingolstädter Stadtteil Gerolfing hat sich ein Interessierter hineingeklickt. »Ich bin fürs Erste zufrieden«, lässt Horst Seehofer nachher wissen. Einfach nur zufrieden? Seehofer schwärmt: »Es gibt auch in der Politik eine höhere Liga.« Denkbar ist, dass das Unterhaltungsprogramm aus Kulmbach auch im nahen Nürnberg mindestens einen Zuschauer gefunden hat. Einen, der sich schon auch in jener höheren Liga verorten würde. Wenn Markus Söder das hier gesehen hat, dann hat er bestimmt – wie immer, wenn er nervös ist – massive Probleme gehabt, die Füße ruhig zu halten. Er wird die probeweise Rückkehr des Rivalen Guttenberg fortan mit abnehmender Gelassenheit verfolgen.

Selbst Söder-Fans sagen, dass es neben ihrem Markus nur einen gebe in der CSU, einen Einzigen, der es im Kreuz hätte. Ein Comeback von Karl-Theodor zu Guttenberg? Absurd, finden manche. Zu hoch geflogen, zu tief gefallen. Doch wen die CSU liebt, den liebt sie heftig.

Im Saal in Kulmbach befindet sich eine Frau, die Söder indirekt zu Hilfe kommen könnte. Sie lehnt an einem Stehtisch am Bühnenrand: Stephanie zu Guttenberg, Karl-Theodors Frau. Ihr wird eine klare Präferenz für den Lebensmittelpunkt USA nachgesagt. Insofern ist der Abend von Kulmbach für Karl-Theodor zu Guttenberg vielleicht ja auch eine willkommene Botschaft an die eigene Gattin: Schau her, ich werde gewollt.

Dass Guttenberg speziell von Seehofer so sehr gewollt wird, dass diskrete Liebesbotschaften inzwischen öffentlichen Kniefällen gewichen sind, hat eine gewisse Ironie. Zu Guttenbergs goldenen Zeiten war Seehofer gar nicht glücklich damit, als »Parteivorsitzender von Guttenbergs Gnaden« gehandelt zu werden. Die Beschimpfung Guttenbergs als »Glühwürmchen« kam nicht von ungefähr.

Dennoch hat Seehofer immer für sich reklamiert, Guttenberg »erfunden« zu haben, als CSU-Generalsekretär, als Wirtschafts- und dann als Verteidigungsminister. Das wiederum gefiel Guttenberg nicht wirklich: Aha, erfunden, das bringe ihn jetzt gegenüber seinen Eltern in Erklärungsnot. Ein bisschen war es bei Seehofer und Guttenberg wie bei Seehofer und Söder: Der Alte erwartete Dankbarkeit, der Junge verweigerte sie.

Und jetzt macht sich Seehofer also an die Neu-Erfindung Guttenbergs – nicht zuletzt, um Söder zu verhindern. Man wüsste gern, was Söder in diesen Wochen so denkt. Da ackert er Tag für Tag durchs Land, dann kommt nach sechseinhalb Jahren ein Mann eingeflogen, der sich selbst Versagen bescheinigt, und wird gefeiert von der CSU. Fast trotzig verbreiten Söders Leute, dass der Finanzminister auch weiterhin seine Zelte fülle, manchmal sogar zwei am Tag. Zwei! Nur interessiere sich dafür ja gerade niemand.

Guttenberg wird der emotionalen Heimkehr von Kulmbach einen guten Auftritt auf dem Volksfest Gillamoos im niederbayerischen Abensberg folgen lassen, bei allen neun Auftritten seiner Tour wird er von der CSU-Basis bejubelt werden. Wenn er zurückwollte, er könnte. Aber will er?

Das Zeitfenster für die Rückkehr ist jedenfalls eng. Es öffnet sich nach der Bundestagswahl und schließt mit der Regierungsbildung. Und es ist Horst Seehofer allein, der Guttenberg zurückholen kann, kein anderer hat die Kraft. Seehofer braucht dafür nur ein gutes Ergebnis bei der Bundestagswahl.

4. Das Endspiel

Der Machtkampf in der CSU nach der Bundestagswahl 2017

Es ist der Tag der Bundestagswahl, der 24. September 2017, der das Endspiel im Duell von Markus Söder und Horst Seehofer einläutet. Wenn die CSU ein gutes Ergebnis in Bayern erhält, kann Seehofer sitzen bleiben auf seinem Thron, egal wie sehr Söder daran rüttelt. Söder ist an diesem Nachmittag in Nürnberg, er will den Wahlabend mit seinen örtlichen Parteifreunden im Wirtshaus »Gutmann« am Dutzendteich verbringen. Das hat Tradition bei ihm – und den Vorteil, knapp zwei Autostunden entfernt zu sein vom Münchner Epizentrum eines politischen Bebens.Wenn Söder den Blick über die langen Tische mit den Deutschland-Fähnchen schweifen lässt, sieht er Rivalen von einst und Verbündete von heute, Michael Frieser, Karl Freller. Und Oscar Schneider, 90 Jahre alt inzwischen, den er um Rat bat, als Seehofer ihm »Schmutzeleien« nachsagte. Schneider empfahl damals: »Anstand wahren, Haltung zeigen, Pflichten erfüllen.« Und das ist auch eine gute Richtschnur für die dramatischen Wochen, die nun folgen.

In München haben sich Seehofer und sein engster Kreis in den vierten Stock der Münchner CSU-Zentrale zurückgezogen. Generalsekretär Andreas Scheuer ist da, Bundesverkehrsminister Alexander Dobrindt, die bayerische Wirtschaftsministerin Ilse Aigner. Eine Büste von Franz Josef Strauß wacht über die Runde, indes nicht sehr erfolgreich: Die CSU wird an diesem Abend unter 40 Prozent fallen. »Die haben sich verrechnet«, sagt einer aus der Gruppe, als die ersten Zahlen kommen. Für ein paar Minuten halten sich Seehofer und seine Leute fest an dieser Hoffnung.

38,8 Prozent sind es am Ende für die CSU, 10,5 Prozentpunkte weniger als 2013. Ein Höllensturz. Viele in der Partei haben den Tiefschlag nicht kommen sehen, 47 Prozent wies die letzte Umfrage aus. Auf der Wahlfeier in der CSU-Zentrale sagt ein Parteimann um 17.59 Uhr zu einem anderen: »Warum stehen die Fotografen denn auf der Bühne?« Der andere sagt: »Weil sie unsere langen Gesichter fotografieren wollen.«

Um 17.59 Uhr an diesem Sonntagabend ist Horst Seehofer noch der Alleinherrscher seiner Partei. Um 18.00 Uhr beginnt sein Kampf ums politische Überleben. Und nicht nur seiner: Es geht um die Zukunft der CSU, die Bayern seit sechs Jahrzehnten ununterbrochen regiert. Die selbst ernannte Staatspartei kann sich die Ergebnisse einer Provinzpartei nicht leisten. In dem Moment, in dem die Dinge ins Rutschen kommen, versteinern auch im Nürnberger Wirtshaus »Gutmann« die Mienen. Irgendwer im Saal klatscht, als der AfD-Balken nach oben wächst. Söder, sagen Augenzeugen, zeigt keine Regung. Er verschwindet mit seinen Nürnberger Bundestagskandidaten in einem Nebenzimmer. Dann warten alle, dass Seehofer in München vor die Kameras tritt. Ein Nürnberger CSU-Mann sagt, der Parteichef müsse jetzt Verantwortung übernehmen. »Beckstein hat bei der Landtagswahl 2008 mit 44 Prozent gehen müssen.«

Aber Horst Seehofer geht nicht. Verantwortung übernehmen, sagt er seinen Getreuen im vierten Stock der CSU-Zentrale, bedeute für ihn: bleiben. Man einigt sich auf eine Strategie: Attacke. Seehofers Rede in der CSU-Zentrale ist dann von atemraubender Chuzpe. Er vertagt jede Diskussion über seine Fehler im Wahlkampf, so offensichtlich sie auch sein mögen. Er schaut mehr nach vorne als zurück. Und am Ende sagt er: »Ich danke euch für die große und ehrliche Zustimmung.« Seine Getreuen hat er auf der Bühne versammelt, Dobrindt, Scheuer, Aigner, Manfred Weber. Sie bilden eine Art menschliche Brandmauer, sie dürfen ausdauernd beklatschen, dass Seehofer bleiben will. Im Wirtshaus in Nürnberg taucht Söder nur noch einmal kurz auf, dann ist er weg. Auf Söders offizielle Reaktion warten nun alle, in München wie in Nürnberg. Was tut er in Seehofers Moment der Schwäche? Greift er an? Oder ist ihm diese Chance nicht ganz geheuer, weil er sich viel lieber erst nach der schwierigen Landtagswahl 2018 als Retter anbieten würde? Im Vorfeld hatte er mehrere Interviews für den Abend zugesagt. Jetzt sagt er alle ab. Er schweigt so auffällig laut, dass man es bis nach München hört. Es gibt da diese alte Regel: Wer beim Königsmord den Dolch führt, wird selten selbst der neue König.

Auf der Münchner Wahlparty, die keine mehr ist, sagt ein CSU-Mitglied: »Wir haben jetzt zwei, drei Tage Unruhe, dann ist es wieder vorbei.« Es ist ein unfreiwillig komischer Satz, mehr verzweifelte Hoffnung als belastbare Voraussage. Der Taktiker Seehofer hat im Konflikt mit der Kanzlerin um die Flüchtlingspolitik einen Haken nach dem anderen geschlagen. Zwischendrin schien das zu funktionieren. Aber am Ende steht er mit leeren Händen da, die AfD hat die CSU viele Stimmen gekostet. Das ist besonders blöd für einen, den immer nur eine einzige Frage interessiert: Was bringt den Sieg? Söder muss Seehofer an diesem Abend gar nicht selbst darauf hinweisen. Das erledigen andere.

Vor den Fernsehkameras macht etwa Ex-Parteichef Erwin Huber die Runde. Er kritisiert Seehofer für seine »Schaukelpolitik«: erst gegen Merkel, dann mit Merkel. Als die Kameras aus sind, sagt ein Mann aus dem Parteivorstand: »Jetzt geht der Scheiß wieder los.«

Was sich in den folgenden knapp drei Monaten entfaltet, ist Komödienstadel und Tragödie, ein politisches und menschliches Schauspiel, das es so nur in der CSU gibt, im Herrscherhaus der bayerischen Moderne. Und auch dort nur alle zehn Jahre, wenn die Partei sich in der Hoffnung auf eine Katharsis erneuert. Man weiß vorher nie, wie viele Akte das Drama vom Königsmord hat. Man weiß nur um das schlimme Ende. Die CSU war stets zu jeder Grausamkeit fähig, wenn es darum ging, Anführer loszuwerden, denen sie die Sicherung ihrer Ausnahmestellung nicht mehr zutraute. Söder kennt diese Gesetze, er vertraut jetzt auf sie. Seehofer war 2008 einer der Putschisten, er kennt die Gesetze auch. Er findet nur: Sie gälten für ihn nicht.

In Deckung

Als Horst Seehofer am Morgen danach vor der CSU-Zentrale aus seiner Limousine steigt, sagt er, es habe sich »nichts geändert« an seinem Plan, noch mal als CSU-Chef und Ministerpräsident anzutreten: »Wenn jemand das anders sieht, dann soll er es sagen.« Nachfrage: Wie ist das mit seinem vor der Wahl gemachten Angebot, man könne ihn »köpfen«, wenn die Sache schiefgehe? Seehofer wiederholt einfach seinen letzten Satz: »Wenn jemand das anders sieht, dann soll er es sagen.« Er hat offenbar beschlossen, diesen Kampf wie im Western zu führen. Sein Rivale Söder hat sich nur noch nicht auf die Straße gewagt. Aber das muss nichts heißen.

Günther Beckstein kommt nur noch selten in den CSU-Vorstand, doch an diesem Montagmorgen, dem 25. September, ist er da. Er weiß, dass Seehofer sich jetzt fühlen muss wie er selbst nach dem Desaster 2008. Und er weiß, wie die Dinge sich entfalten in der CSU. Beckstein sagt einen bemerkenswerten Satz in die Mikrofone: »Am Montag früh war bei mir auch noch heile Welt.«

Natürlich ist auch Edmund Stoiber da, der ebenfalls weiß, wie es ist, gestürzt zu werden. Jetzt wartet alles gespannt auf sein Statement – wird der Ziehvater seinem Ziehsohn Söder den Weg zur Macht bahnen? Oder bleibt er loyal gegenüber Seehofer, dem er durchaus auch verbunden ist? Stoiber könnte die Waage im Machtkampf neigen, mehr noch als Theo Waigel, der andere Ehrenvorsitzende der CSU. Er wählt einen Mittelweg, er sagt: »39 Prozent, das verträgt sich nicht mit der DNA der CSU.« Braucht es also jetzt eine Personaldebatte? »Von mir nicht«, sagt Stoiber.

Machtkämpfe sind Extremsituationen, sie öffnen ein Fenster ins Innerste der Partei. Die Protagonisten können nicht mehr die Gelassenen spielen, ihre Hoffnungen und Ängste in jeder Sekunde vor den Blicken der Öffentlichkeit schützen. Sie treten, notgedrungen, aus den Kulissen auf die offene Bühne: berechnend und bewegt, eiskalt und fiebrig. Ausgerechnet Markus Söder, der große Provokateur, beweist jetzt große Disziplin.

Was Söder bei seiner Ankunft vor der CSU-Zentrale in die Mikrofone spricht, bedeutet im Grunde auch, dass es so nicht weitergehen kann. Den Sound seiner Botschaft hat er freilich genau abgewogen: nicht zu forsch, aber schon bestimmt. Man müsse »jetzt sehr in die Partei hineinhorchen«, sagt Söder, die Stimmung der Basis aufnehmen. Man könne »logischerweise nicht zur Tagesordnung übergehen«. Er erinnert – sicher einfach so – an Seehofers Satz, dass eine erfolgreiche Bundestagswahl die Startrampe für eine erfolgreiche Landtagswahl sei. Er spricht von einer »epochalen Herausforderung«. Und er lässt noch fallen, dass »Hauruck- und Schnellanalysen« jetzt nicht weiterhelfen.

Die Umstände diktieren Söders Strategie. Wie so oft in seiner Karriere hat er nicht die Unterstützung des Parteiestablishments, im Vorstand hat er noch zu wenig Verbündete. Also probiert er es über die Basis. 2008 war es der Bezirksverband Oberbayern unter Seehofer-Freund Siegfried Schneider, der sich als erster gegen Beckstein stellte. So kam alles ins Rollen. Den Schneider-Part könnte diesmal Söder-Kumpel Albert Füracker spielen, Chef des Bezirksverbands Oberpfalz. Am Wahlabend hat Füracker nur gesagt: »Wenn man zehn Prozent verliert, müssen Fehler gemacht worden sein.«

Brodelt da was? Da sei nichts, sagen Seehofers Leute. Und am Montag nach dem Wahlsonntag ist da halt doch ein bisschen was. Zwei Kreis- und zwei Ortschefs, die mehr oder minder direkt Seehofers Rücktritt verlangen. Alle vier kommen aus Nürnberg, Söders Heimat. Ist das eine kleine Warnung? Dass es der Beginn von etwas Größerem ist, wird man erst viel später wissen. Söder ist darauf angewiesen, dass sich eine Dynamik für ihn entwickelt – aus dem Frust der CSU-Leute, die am Sonntag nicht in den Bundestag gewählt wurden, und aus der Angst jener, die 2018 in den Landtag gewählt werden wollen.

Die Söder-Sekundanten haben Oberwasser, aber allzu bequem dürfte es auch für Söder nicht werden. Er muss für sich heikle Fragen beantworten: Soll er den Putsch riskieren? Hätte er sein Zeitfenster zum Sprung verpasst, wenn Seehofer sich hält und dann die Landtagswahl doch gewinnt?

Die Seehofer-Freunde nennen den Gegner Söder nicht beim Namen, sie raunen bloß von »Kriegsgewinnlern«. Und sie rühmen Seehofers Stärken. Wirtschaftsministerin Ilse Aigner sagt: »Es gibt nur einen, der mit Wucht die Verhandlungen für die CSU in Berlin führen kann, und das ist Horst Seehofer.« Es darf kein »Weiter so« geben: Horst Seehofer meint damit nicht Personen, sondern Inhalte. Die CSU war im Wahlkampf in der Glaubwürdigkeitsfalle, so sieht er das. Viele Wähler hätten Merkel nicht abgenommen, dass sich die Grenzöffnung von 2015 nicht wiederholt. Und der CSU hätten sie nicht abgenommen, dass sie die Obergrenze durchsetzt. Deshalb hätten sie der AfD ihre Stimme gegeben.

Wenigstens da sind sich Seehofer und Söder einig. Journalisten und CDUler, heißt es in beiden Lagern, mögen ja glauben, dass die CSU besser gefahren wäre, wenn sie Merkel klarer unterstützt hätte. Und ja, vielleicht sähen das auch einzelne CSU-Liberale wie Theo Waigel und Alois Glück so. Aber für Seehofer genau wie für Söder steht fest: Das Problem war nicht zu viel Härte gegen Merkel. Das Problem war zu wenig Härte. Mit Kompromisslosigkeit in der Flüchtlingspolitik hätte die CSU mehr Wähler auf rechts gebunden, als sie auf links verloren hätte. Das ist ihre Rechnung.

Seehofer hat Konsequenzen angekündigt. Die CSU werde in Berlin die Obergrenze für Flüchtlinge durchsetzen und die gesamte Union auf einen klaren »Mitte-rechts-Kurs« zwingen. Seine Ansage ist: Die CSU wird nur in eine Regierung eintreten, wenn es die Obergrenze gibt. Und ohne CSU, das sagen alle dazu, gibt es für eine Merkel-Regierung keine Mehrheit im Bundestag.

Kurz nach der Wahl gilt eine Jamaika-Koalition aus Union, FDP und Grünen als wahrscheinlich; SPD-Chef Schulz hat einer Großen Koalition eine an Deutlichkeit nicht zu übertreffende Absage erteilt. Wenn die Kommentatoren darüber nachdenken, woran Jamaika scheitern könnte, fallen ihnen CSU und Grüne ein. Auf die FDP kommt noch niemand.

Die Niederlage hat Seehofers Demut nicht wesentlich gesteigert. Klar, sagt er in der Vorstandssitzung am Montag, er übernehme die volle Verantwortung für das Wahlergebnis. Er stellt auch sinngemäß die Vertrauensfrage; die Antwort fällt positiv aus – noch kann sich Söder nicht aus der Deckung wagen. Im Grunde verbittet sich Seehofer dann eine Personaldiskussion bis zum Ende der Sondierungen in Berlin. Es ist, als versuche er, dem Feuer das Brennen zu untersagen.

Söder darf sich noch anhören, wie Seehofer sich selbst als letzten Konservativen preist, einen unbeugsamen Anführer, der sich gegen Merkel durchsetzen wird. Das könne nur er, sagt Horst Seehofer. »Ich bin der letzte Mohikaner, der übrig ist.« Es ist eine Kampfansage an Söder, der in der Sitzung mehr mit SMS-Schreiben als mit Zuhören beschäftigt zu sein scheint.

Auf Kriegspfad

In den Tagen nach der Wahl schreiten die ersten CSU-Bezirksvorstände zur Wahlanalyse. Oberbayern, München, die Oberpfalz: jeder Verband ein Teil im Machtpuzzle. Der erste wuchtige Hieb gegen Seehofer kommt, woher er kommen muss. Albert Füracker, Söders Staatssekretär, teilt mit, die Oberpfalz-CSU plädiere für einen »geordneten, personellen Übergang«. Bei seiner eigenen Bezirksvorstandssitzung in Nürnberg kann Markus Söder vor Kraft kaum still sitzen, seine Knie pumpern rhythmisch an die Tischplatte. Einer seiner Kollegen fragt, ob er einen Antrag einbringen solle, der den »personellen Neuanfang« fordert. Söder sagt: »Nein, damit würdet ihr mir mehr schaden als nützen.«

Am Dienstag nach der Wahl gehen Söders Frankenindianer auf den Kriegspfad. Die ersten Abgeordneten aus Landtag und Bundestag stellen sich gegen Seehofer. Alexander König, Petra Guttenberger, Alexander Hoffmann: von der Heimatzeitung in die »Tagesthemen«. 15 Minuten Ruhm. Berliner Politikkorrespondenten googeln erst mal: Wo sind die Aufständischen her? Alle aus Söder-Land. CSU-Funktionäre, die Seehofer in diesen Tagen attackieren, bekommen für gewöhnlich eine SMS von Generalsekretär Scheuer: »Nicht gut. Wir sollten nicht öffentlich spekulieren. Wir können gerne telefonieren.« Ein Telefonat gibt es so gut wie nie. Man hat sich nichts mehr zu sagen.

Drei Tage nach dem Beben steht Seehofer der bislang schwerste Gang bevor. Die CSU-Vorstandssitzung am Montag, das war eine leichte Übung für ihn. Das Parteiestablishment, das sind seine Alliierten: Scheuer, Dobrindt, Aigner, Herrmann. Der Termin in der Landtagsfraktion an diesem Mittwoch, der ist weitaus gefährlicher. Hier hat er seine härtesten Gegner; Söder die treuesten Freunde, die er seit seiner Zeit als Generalsekretär hegt und pflegt.

Viereinhalb Stunden verbringt Seehofer bei den Abgeordneten, seine Strategie ist wieder: Attacke. Er nimmt sich Söders Spezi Füracker vor: Dieser zerstöre »das Wichtigste, das zwischen zwei Menschen in einer Regierung herrschen muss: das Vertrauen«. Im Großen und Ganzen ist so ein Machtkampf jedoch ein Stellvertreterkrieg, Seehofer und Söder halten sich mit Wortmeldungen zurück. Die übernehmen ihre Gesandtschaften. Am Ende hat das CSU-Drama einen groben Rahmen: Für Mitte November ist der Parteitag geplant, und bis dahin soll Ruhe sein in Personalfragen. Seehofer, darauf einigt man sich, dürfe nicht geschwächt werden, solange die Jamaika-Sondierungen laufen.

Söder hat sich für all das eine hübsche Sprachregelung zurechtgelegt: existenzielle Lage, nur gemeinsam zu schaffen, »ich reiche die Hand«. Er wird so oft die Hand reichen in diesen Wochen, dass sie ihm sicher bald wehtut. Aber zweifellos: Markus Söder sieht seine Zeit gekommen, noch breitbeiniger als sonst baut er sich auf vor den Kameras. Er hat auch Grund zu Selbstbewusstsein: Durch seine Stärke hat er das Feld möglicher Seehofer-Nachfolger als Ministerpräsident oder Parteichef klar geordnet: Hier Söder, und da alle anderen. Herrmann, Dobrindt, Aigner, Weber. Vier Schachfiguren für den Spieler Seehofer, die fünfte ist er selbst. Seehofers Ziele sind klar. Erstens: nicht vom Hof gejagt werden. Zweitens: Söder verhindern.

Keine der Schachfiguren ist dafür alleine stark genug, selbst Seehofer nicht mehr. Aber vielleicht eine Kombination? Er selbst als Ministerpräsident und jemand anderes als Parteichef? Das ist nun Seehofers Denksportaufgabe. Eines hat Seehofer in der Fraktion genau registriert: den herzlichen Applaus, den die Abgeordneten Joachim Herrmann spenden. Herrmann ist für sie offenbar nicht der geschlagene Spitzenkandidat. Sondern der tapfere Parteisoldat.

Söder ist weiterhin viel am Telefonieren und SMS-Schreiben. Auch wenn es ein paar Tage lang keine Eruptionen gibt, die nach außen sichtbar sind: Ein Machtkampf kennt keine Pausen. Und manchmal sind es kleine Dinge, die große Machtverschiebungen andeuten. Wenn zum Beispiel ein Journalist eine Nachricht von einem einflussreichen CSU-Mann bekommt: »Es ist uns besser, ein Mensch sterbe für das Volk, denn dass das ganze Volk verderbe.« Johannes 11, 50. Christlich gibt man sich in der CSU auch noch im Hauen und Stechen.

EXKURS Der innere Kreis

Wer im System Söder eine Rolle spielt

Muss die Bayerische Staatskanzlei anbauen? Wird sie bald einen größeren Kabinettssaal brauchen? Man sagt Markus Söder schließlich nach, jeden einzelnen Ministerposten schon zwei oder drei Leuten versprochen zu haben. Das Gros seiner Gefolgschaft sei schlichtweg eingekauft – nur so habe er sich die breite Unterstützung in der Landtagsfraktion sichern können. Stimmt alles nicht, sagt Söder. »Ich habe niemandem irgendetwas versprochen.« Nicht mal Albert

Füracker, seinem Staatssekretär im Finanzministerium und aktuell besten Buddy.

In den vergangenen Jahren hat Söder am Beispiel Füracker zu beweisen versucht, dass Freundschaft in der Politik im Allgemeinen und in seinem Leben im Besonderen möglich ist. Söder und der ein Jahr jüngere Füracker kennen sich schon seit fast drei Jahrzehnten. Bereits in der Jungen Union ähnelte die Rollenverteilung jener in der Gegenwart: Söder war Landeschef, Füracker sein Stellvertreter.

Menschen, die beide kennen, sagen, dass Füracker einfach auch robust genug sei, um es an Söders Seite auszuhalten. Außerdem ist er inzwischen selbst ein Machtfaktor in der CSU: Nach dem Debakel bei der Bundestagswahl 2017 hat er als Vorsitzender des CSU-Bezirks Oberpfalz als einer der Ersten eine personelle Neuaufstellung der Partei gefordert. Söder hat es auch ihm zu verdanken, dass Seehofers Position erodierte. Und Füracker darf natürlich – auch wenn im Herbst 2017 noch absolut rein überhaupt gar nichts versprochen ist – auf eine Beförderung durch den Ministerpräsidenten Söder hoffen.

Im Gegensatz zu seinem Spezi ist der Landwirt Füracker auch unter vielen Seehofer-Anhängern respektiert; besonders geschätzt werden seine Klarheit und Offenheit. Sosehr sich auch ihr Politikstil unterscheiden mag, Füracker lässt auf seinen Chef nichts kommen: »Wenn einer sein Pflichtprogramm so ordentlich erledigt wie Markus Söder, muss er auch mal ein paar Fototermine machen dürfen, ohne sofort dafür kritisiert zu werden.«

Söder-Euphorie auf Füracker-Niveau hat sich auch im CSU-Bezirk München breitgemacht, was auf den ersten Blick verwundert, weil Söder ja Nürnberger ist. Trotzdem war es ein Münchner, der Kulturstaatssekretär Georg Eisenreich, der Söder als Erster öffentlich zum Seehofer-Nachfolger ausrief. Es war am 12. Januar 2016, beim Neujahrsempfang der Münchner CSU. Eisenreich wandte sich in seiner Begrüßung an Söder: »Du bist hoffentlich der nächste Ministerpräsident des Freistaats Bayern.« Dass die Münchner CSU zu einem Söder-Fanclub herangewachsen ist, hat seine Wurzeln in der persönlichen Beziehung von Söder und dem Münchner Bezirkschef Ludwig Spaenle. Die beiden sind 1994 gemeinsam in den Landtag eingezogen und sich schnell nähergekommen. »Er ist ein großartiger Schulminister und der Taufpate meines Sohnes«, sagt Söder über Spaenle, der zweite Teil ist unstrittig. Spaenle wiederum ist eng mit Eisenreich; als weiterer Söder-Cheerleader von Statur gilt der Münchner Bürgermeister Josef Schmid. Um den guten Draht nach München nicht zu belasten, hat Söder sogar seine bewährte Stänkerei gegen die Landeshauptstadt, die auf Kosten des armen Frankens gedeihe, weitgehend eingestellt.

Regelrecht zum Glühen brachten Söder und Spaenle ihre Achse im Jahr 2013. Da dokumentierten sie ihre Wertschätzung, indem sie sich gegenseitig für das Bundesverdienstkreuz vorschlugen. Aus Söders Umfeld heißt es, das sei alles Zufall gewesen, jeder für sich hätte im stillen Kämmerlein einem würdigen Kreuzträger nachgesonnen und sei dann auf den anderen gekommen. Ministerpräsident Seehofer stoppte den Ordens-Doppelpass im Kabinett und schimpfte im »Münchner Merkur« über den »grotesken« Vorgang.

Neben den Gefolgsleuten aus dem Landtag hat Söder auch eine feste Gruppe von Mitarbeitern, die ihm schon lange treu sind. Angesichts seines Rufs, ein schwieriger Chef zu sein und Mitarbeiter zu verschleißen, ist die Gruppe bemerkenswert groß. Die Dienstälteste darin ist Edda Probst, eine frühere Nürnberger CSU-Stadträtin, die seit Söders Landtagseinzug 1994 sein Stimmkreis-Büro betreut. Seit 2004 ist sein Fahrer Michael Kastner bei ihm, seit 2005 seine Sekretärin Gabriele Römer. Öffentlichkeitsarbeiter Stefan Feldmann hat ebenfalls noch beim Generalsekretär Söder angefangen und seitdem alle Jobwechsel mitgemacht.

Als Söder 2011 vom Umwelt- ins Finanzministerium ging, war in der landespolitischen Szene von einer »Hausbesetzung« die Rede, weil er so viel Personal mitbrachte. Der zentrale Kopf in den vergangenen Jahren war Wolfgang Lazik, sein Amtschef in beiden Häusern – Söder ist klug genug, sich mit kühleren Köpfen zu umgeben, als er selbst es ist. Lazik, Anfang 60, wird als hart, aber korrekt beleumundet, er ist ein Vertreter der klassischen bayerischen Verwaltungselite, erprobt unter Gauweiler, Streibl und Stoiber. Andere Söder-Getreue führen Lazik gern als Beleg dafür an, dass Söder schon längst nicht mehr der Beamtenfresser ist, als der er lange gefürchtet war.

Weitere Schlüsselstellen in Söders Team nehmen Gregor Biebl und Tanja Sterian ein. Biebl leitet sowohl das Ministerbüro als auch das Grundsatzreferat, Sterian ist Söders Sprecherin und nach außen hin die wohl sichtbarste Mitarbeiterin. Beide stehen auch schon gut zehn Jahre in Söders Diensten. Söder denkt die Arbeitsabläufe in seinem Haus in einem Dreieck: Da ist der Amtschef, der alle Strukturen kennt; da ist der Büroleiter, der das engste Umfeld koordiniert; und da ist die Presseabteilung für die externe Kommunikation.

Aus dem Dreieck ergibt sich sein innerer Beraterkreis, wobei Söder keine mächtigen oder gar übermächtigen Einflüsterer hat. Er telefoniert regelmäßig mit seinem Ziehvater Edmund Stoiber, in Nürnberg trifft er auch mal Günther Beckstein. Ein Ex-Mitarbeiter sagt: »Er ist sein eigener Stratege und vertraut in der Hinsicht kaum jemandem. Söder will Leute um sich, die umsetzen und perfekt organisieren, was er will.« Die Ideen für Themen oder Veranstaltungen kämen oft von Söder selbst; bei der genauen Ausgestaltung sei er für Vorschläge offen. Grundsätzlich habe man als Söder-Mitarbeiter hauptsächlich eine Aufgabe: »Er braucht niemand, der ihn antreibt. Sondern jemand, der ihn einbremst.«

Und deshalb runzelten in München viele mit der Stirn, als Söder im Mai 2015 den ehemaligen »Bild«-Journalisten Michael Backhaus an seine Seite holte. Backhaus ist in der persönlichen Begegnung ein freundlicher, zurückhaltender Mensch, als Journalist war er allerdings für Kühnheit beim Zuspitzen bekannt. Kritiker in der CSU beschwerten sich bald, Backhaus wiegele Söder nur noch weiter gegen Seehofer auf. Er verstärke Söders Schwächen, statt sie einzudämmen.

Die Personalie Backhaus war eine Ansage, sie stand für Söders nationalen Anspruch. Obwohl er es stets ablehnte, als Bundesminister nach Berlin zu wechseln, wollte er doch allzu gern die Bundespolitik von München aus aufmischen. Backhaus mit seinen Kontakten in die Parlamentsbüros der Hauptstadt sollte ihm dabei helfen. Wenn Söder beim Karneval in Aachen auftrat, erschienen die Bilder in der »Bild« und der »Bunten«. Er plante und bearbeitete Interviews, kümmerte sich um Fernsehauftritte und Gastbeiträge.

Backhaus' Bühne war die Bundespolitik, Backstage bei »Maybrit Illner« lag ihm mehr als Maibock im Hofbräuhaus. So richtig warm wurde er nicht mit der bayerischen Landespolitik, und einige von Söders Stammkräften im Ministerium sollen massiv mit ihm gefremdelt haben. Zum Jahresende 2017 beendete Backhaus seine Tätigkeit für Söder, offiziell aus familiären Gründen – die Pendelei zur Familie nach Berlin werde ihm zu viel. Bei Söders alter Mannschaft dürfte die Trauer über die Demission des »Chefberaters« begrenzt sein.

»Horst, es ist Zeit«

Söder kann bekanntlich nicht warten, aber jetzt muss er es. Zumindest in der Öffentlichkeit reißt er sich zusammen, er greift Seehofer nicht offen an. Er setzt nur kleine Zeichen. In der Allerheiligen-Hofkirche in München diskutiert Söder am 5. Oktober mit EU-Haushaltskommissar Günther Oettinger über Europa. Söder demonstriert wieder mal seine Kunst, eigentlich von sich zu reden, wenn er über andere spricht. Der Finanzminister Söder sagt über Oettinger: »Jetzt macht er Finanzen, aber wer weiß, was dann noch kommt. Finanzer sind für alles geeignet.« Söder verzichtet ja seit Jahren praktisch nie darauf, mehr oder minder subtil anzudeuten, für welchen Job er sich noch so eignen würde. Bisher war das Geplänkel. Jetzt ist es – wie winzig auch immer – ein Akt der Rebellion. Ein Raunen geht durch die Kirche.

Am Abend des 5. Oktober erscheint in der »Süddeutschen Zeitung« ein Interview, das Söder extrem gelungen findet. Peter Gauweiler, einer der alten Recken der Partei, sagt darin, es gebe von Rilke dieses schöne Gedicht über den Herbst, das beginnt mit den Worten: »Herr, es ist Zeit, der Sommer war sehr groß.« Gauweiler dichtet behutsam um: »Horst, es ist Zeit.« Horst Seehofer lässt sofort von Generalsekretär Scheuer zurückschlagen: Die CSU brauche keine »disziplinlosen Besserwisser«. Söders Leute funken ebenso flott eine kleine Handreichung zur Interpretation an alle greifbaren Journalisten: »Scheuers harsche Reaktion zeigt, wie nervös die sind.« Tatsächlich ist Gauweiler immer noch der Säulenheilige der Konservativen in der CSU. Und so strahlt sein Interview aus München hinaus, ins weite CSU-Land hinein.

Am nächsten Tag, dem 6. Oktober, will Seehofer eigentlich den Grundstein legen für ein neues BMW-Werksgebäude. Zuerst muss er aber aufgeregte Journalistenfragen nach Gauweiler beantworten. »Es bedarf keines weiteren Kommentars«, sagt Seehofer. Und bei seiner Baustellen-Rede sagt er: »Sie glauben gar nicht, wie schön Politik sein kann, wenn man nicht Zeitung liest, sondern solche Termine macht.« Dummerweise sieht der Termin noch vor, dass die Zeitung vom Tage samt Gauweiler-Interview in eine Zeitkapsel gelegt und vom Ministerpräsidenten höchstselbst im Grundstein versenkt wird, zur Erbauung künftiger Generationen. Am Ende sagt Seehofer: »Ohne eine Lösung zur Obergrenze kann ich nicht zu meiner Basis zurück.« Ein Verhandlungserfolg in Berlin würde zwar nicht die Rettung seiner Ämter garantieren. Aber ein Misserfolg den Verlust. Und eines ist klar: Markus Söder wird in der Jury sitzen.

Am Sonntag, den 9. Oktober, treffen sich CDU und CSU in Berlin, um einen Kompromiss in der Flüchtlingspolitik zu finden.Und gleich im ersten Gespräch kommt CDU-Chefin Merkel der Seehofer-Truppe entgegen. Den Begriff Obergrenze lehnt sie zwar ab, doch der Richtzahl von 200 000 Flüchtlingen pro Jahr stimmt sie zu. Die Verhandlungen ziehen sich trotzdem zehn Stunden. Und immer sitzt da dieser unsichtbare Mann mit am Tisch, Markus Söder. Mitten in die Verhandlungen kracht eine Nachricht aus Oberfranken: Auch der dortige CSU-Bezirksvorstand spricht sich für einen »geordneten Übergang« aus. Seehofer wirkt getroffen: »Da verhandelst du – und das eigene Lager verweigert dir die Unterstützung.« Die Kanzlerin zeigt Anteilnahme auf ihre Art. Diese Oberfranken, sagt sie: »Sag mal, wer is ’n das?«

Am Montag fährt Seehofer zufrieden zurück nach Bayern; er lässt sich immer fahren, er fliegt nicht gern. Söder hat sich das Ergebnis der Verhandlung zwischen CDU und CSU angeschaut und rollt dem Heimkehrer Seehofer generös den Teppich aus: »In dem Kompromiss steckt viel Gutes drin.« Aber was wird davon übrig bleiben nach den Koalitionsgesprächen mit FDP und Grünen? Seehofer braucht Jamaika, und er braucht es zu seinen Bedingungen, um sich Söder vielleicht vom Leib halten zu können. Er steht vor den Verhandlungen seines Lebens. Auf der Rückfahrt telefoniert er mit Journalisten, und einen Satz sagt er dabei, der wie ein Peitschenhieb gegen Söder klingt: »Wir denken ans Land, andere denken an sich – ganz einfach.«

Zwergenaufstand

Wie aufgeheizt die Stimmung ist in der CSU, wie blank die Nerven liegen, das merkt man im Oktober 2018 an Winzigkeiten. Zum Beispiel, wenn Söders Leute sich darüber empören, dass Seehofer »ohne Angabe von Gründen« eine Kabinettssitzung abgesagt habe. »Regiert man so ein Land?«, fragt ein Söder-Mann. Später dringt der Grund für die Absage nach draußen: Seehofer hat Rücksicht genommen auf Söder, dessen Schwiegervater Günter Baumüller an dem Tag beerdigt wurde.

Für ein paar Stunden ist Ruhe, dann gibt es schon neuen Stoff zum Motzen: Seehofer hat Söder nicht in sein Sondierungsteam gebeten. Bewusste Brüskierung, schimpfen die Söderianer. Ein Seehofer-Mann sagt: »In so einem Team muss Vertrauen herrschen. Deshalb ist der Markus nicht dabei.« Eher neutrale Stimmen aus der CSU meinen, Seehofer habe die Chance auf ein versöhnliches Signal ausgelassen. Und dass man beim Thema Finanzen doch die Kompetenz des Fachministers brauche. Letztlich ist Söder aber ganz froh, nicht dabei zu sein. Die Reise nach Jamaika, die ja eine Reise ins Ungewisse werden wird, lässt er Seehofer gern allein antreten.

Seehofer hat gut verhandelt mit Merkel, das erkennt Söder im kleinen Kreis klarer an als in der Öffentlichkeit. Seine Heckenschützen-Kompanie hält das freilich nicht davon ab, in einer internen Sitzung der CSU-Landtagsfraktion den Flüchtlings-Kompromiss zu diskreditieren. Vor allem Söders Münchner Freunde tun sich da hervor: Die Grenzen der CSU-Durchschlagskraft, sagt Staatssekretär Georg Eisenreich, seien schmerzlich sichtbar geworden. Kultusminister Ludwig Spaenle sekundiert ihm. Fraktionschef Thomas Kreuzer fährt dazwischen: Man dürfe den CSU-Erfolg nicht schlechtreden. Ein Seehofer-Mann bilanziert: »Münchner Zwergenaufstand beendet.« Da hat er sich allerdings getäuscht.

Söders engster Zirkel ist dennoch zuversichtlich, dass Seehofers Autorität nun Stück für Stück erodiert. Aber kampflos geben sich Seehofer und seine Verbündeten nicht geschlagen. Am Sonntag der Niedersachsen-Wahl, dem 15. Oktober, meldet sich Innenminister Joachim Herrmann zu Wort, entgegen seiner Gewohnheit mit einer Ansage. Sie richtet sich an Söder und seine Truppe. Er sei bereit, nach Berlin zu gehen, sagt Herrmann. Dass der bodenständige Franke sich trauen würde, ohne Bundestagsmandat Innenminister zu werden, daran hatten manche Zweifel. Es spricht einiges dafür, dass Herrmann der letzte, beste Strohhalm des Seehofer-Lagers sein könnte.

Herrmanns Stärke liegt darin, dass es ihm an Stärke mangelt. Mit Stärke gewinnt man Anhänger, mit Stärke macht man sich aber auch Feinde. Herrmann hat keine echten Fans und keine echten Feinde. Er ist der idealtypische Kompromisskandidat. Von Seehofers Leuten wird er erst als Parteichef gehandelt, dann als Spitzenkandidat für die Landtagswahl 2018. Herrmann ist eine Schachfigur, und er kann sich nicht mal aussuchen, welche. Kurz darauf heiß es wieder, Herrmann scheue eine Kampfkandidatur gegen Söder. Es wird einem ganz schwindlig von den vielen Szenarien, deren sicherer Vollzug mittags gemeldet wird und das überraschende Platzen dann abends. Ein CSU-Mann sagt: »Man steckt im Joachim nicht drin.« Und in sonst auch niemandem.

Heldengeschichten

Hinter den Kulissen wird unablässig gerungen, obwohl ja offiziell Waffenruhe herrscht bis zum Ende der Jamaika-Sondierungen. Die Seehofer-Clique hält sich auch einigermaßen daran, Seehofer selbst wirft Parteifreunden und Journalisten halt immer wieder mal ein paar zweideutige, durchaus maliziöse Brocken hin, an denen sie dann kauen können. Richtige Offensivaktionen gehen praktisch immer von Söder-Leuten aus. Niemals allerdings von Markus Söder. Nach außen ist ihm praktisch keine Nervosität anzumerken. Jemand, der ihn im kleineren Kreis erlebt, sagt: »Er weiß, dass das seine Chance ist. Und natürlich hat er Angst, sie zu verpassen.«

Edmund Stoiber hat sich immer noch nicht erklärt, aus dem Söder-Lager sind Spuren von Ungeduld zu vernehmen. Auf was wartet Stoiber? Wahrscheinlich will er keinem wehtun. Täglich erhält er zwei Interviewanfragen und viele Briefe, in denen er zum Reden aufgefordert wird. Doch er schweigt.

Derweil gerät Ilse Aigner in Bedrängnis, die Seehofer-Verbündete und Chefin der Oberbayern-CSU. Eigentlich wollte sie mit den Abgeordneten aus ihrem Bezirk bloß über Polizeithemen sprechen. Doch dann redeten die Abgeordneten mit ihr über die Unzufriedenheit der Basis – und das »ehrlichere Bild« davon, das sie Seehofer gefälligst übermitteln solle. Aigner war mal selbst die Kronprinzessin, die Erste unter den Aposteln, einen glorreichen Sommer lang. 2013 war das. Jetzt kann sie sich kaum der eigenen Leute erwehren. Es brennt noch nicht im Seehofer-Land. Aber es wird gezündelt.

In Berlin beginnen die Jamaika-Sondierungen, und Seehofer lässt den CSU-Parteitag um einen Monat auf Mitte Dezember verschieben. Die Partei soll dann nicht nur übers Personal entscheiden, sondern auch über eine Regierung in Berlin. Die CDU-Freunde in Sachsen haben übers Personal schon entschieden, Ministerpräsident Stanislaw Tillich nimmt seinen Hut. Tillich sei übel mitgespielt worden, sagt Seehofer am Rand einer Berliner Verhandlungsnacht, sichtlich berührt. »Brutal, das können Sie sich denken.« Söder-Freunde schicken SMS an Journalisten, in denen der Tillich-Rücktritt etwas anders analysiert wird: »Und der Tillich war sogar noch zehn Jahre jünger als der Horst.«

Ende Oktober zeichnet sich ab, dass die Jamaika-Verhandlungen den angeschlagenen Seehofer ein wenig aufrichten. Einer der CSU-Verhandler sagt: »Seehofer hatte seine stärksten Zeiten immer, wenn es turbulent wird.« Es kursiert in der CSU nun manche Heldengeschichte aus der Jamaika-Runde: Horst legt alle aufs Kreuz und lässt sich dann um zwei Uhr früh einen Eisbecher kommen. Seehofer feiert in den Gesprächen mit Grünen und FDP einige Etappensiege. Aber sind die in der Endabrechnung noch irgendwas wert? Söder sagt, er sei »gespannt«, was in Berlin rauskomme.

Es gibt jetzt einen neuen Zeitplan: Mitte November – sofort nach dem geplanten Ende der Sondierungen – will Seehofer die CSU-Gremien über das Ergebnis informieren. Dann wird die parteiinterne Friedenspflicht enden, dann wird Seehofer einen Personalvorschlag machen. Die magische Kombination, die Söder verhindern soll?

Während Seehofer in Berlin am großen Rad dreht, stellt Söder sicher, dass sich in Bayern die kleinen Rädchen für ihn drehen. Über Söder heißt es ja, er rede abends lieber in einem Wirtshaus, als daheim auf der Couch zu liegen. Und genauso hält er es auch in dieser sensiblen Phase.

Beim Herbstfest der CSU in Petersaurach bei Ansbach hat er ein fränkisches Heimspiel. Söder nutzt die Gelegenheit, Seehofer unter Druck zu setzen, ohne seinen Namen in den Mund zu nehmen. Er legt einfach die Latte hoch für Jamaika: »Ich erwarte, dass nichts beschlossen wird, was Deutschland nicht voranbringt.« Dann sagt der örtliche Landtagsabgeordnete, was er so erwartet: »Ich habe eine ganz klare Vorstellung, wie wir die Personaldiskussion in der CSU schnell beenden. Das würde heißen, dass der Markus künftig vorne steht.« Die Meuterei gegen Seehofer hat eine neue Stufe erreicht. Söder gibt noch ein

Fernsehinterview: »Ich reiche die Hand.« Danach wird »Spalter Bier« ausgeschenkt.

Wer Söder in diesen intensiven Wochen in Nürnberg in seinem Heimatministerium besucht, sitzt einem gelassenen Mann gegenüber. Oder einem mit Schauspieltalent. Söder liegt mehr auf seinem Stuhl, als dass er sitzt. In seinem Büro hängen Fotos von Strauß und Stoiber, in deren Reihe sich Söder ja gern begeben würde. Also, braucht die CSU nun eine personelle Neuaufstellung? Söder reicht wieder mal verbal die Hand: Er sei »für jede vernünftige und gemeinsame Lösung offen«, wobei vernünftig heiße: »gut bei der Landtagswahl 2018«. Söder brummt vor Zuversicht, aber er kennt den Taktiker Seehofer auch gut genug, um sich nicht in Sicherheit zu wiegen. Wenn er mit Seehofer etwas teilt, dann die Diagnose, dass die CSU in ihrer Existenz gefährdet ist. 12,4 Prozent hat die AfD bei der Bundestagswahl in Bayern geholt – ihr bestes Ergebnis im alten Westen. Söder sagt: »Die AfD darf für die CSU nicht das werden, was die Linke für die SPD ist.«

Schildbürger

Am Wochenende des 4. und 5. November nehmen die Dinge plötzlich Fahrt auf. Die Junge Union trifft sich im fränkischen Erlangen zu ihrer Landesversammlung. Ein Pflichttermin für jeden CSU-Chef. Doch Seehofer sagt ab, mit Verweis auf seine Verpflichtungen bei den Sondierungen in Berlin. Oder, genauer: Er lässt absagen. Die JU ist aufgebracht. Sie beschließt mit Zweidrittelmehrheit einen Antrag, der handschriftlich auf einem Notizzettel eingereicht wurde, natürlich aus Franken: Seehofer müsse einen geordneten Übergang einleiten.

In ruhigen Zeiten saß Seehofer gern mal daheim in Gerolfing auf der Terrasse und schickte SMS an Parteifreunde: »Wo bleibt die Revolution? Ist zu harmonisch.« Jetzt hat er seine Revolution. Bis zum Wochenende von Erlangen sind in der CSU eigentlich nur die bekannten Kraftverhältnisse sichtbar geworden, hier die Seehofer-Unterstützer, dort die Söder-Freunde. Das Votum der JU ist der erste unerwartete Tiefschlag für Seehofer.

Am Samstagabend schaut Markus Söder ganz spontan beim JU-Delegiertenabend vorbei. Er wird mit »Markus, Markus«-Rufen empfangen. In diesem Augenblick wagt er sich zum ersten Mal öffentlich aus der Deckung. Er reicht nicht die Hand, er lobt indirekt den Anti-Seehofer-Beschluss der JU: »Ich habe großen Respekt davor, was ihr für Verantwortung zeigt, welchen Mut ihr habt, was ihr euch traut. Meinen Respekt davor, toll gemacht.« Nur die Delegierten aus Oberbayern verweigern Söder stehende Ovationen. Sofort bittet Söder den Oberbayern-Vorstand zu einer dreiviertelstündigen Audienz. Als er am Sonntag offiziell zur JU spricht, stehen auch die Oberbayern auf. »Aus Respekt vor dem Amt, nicht vor der Person«, sagt einer.

Nach seiner Rede am Sonntagvormittag entstehen die Bilder, die bleiben werden von diesem Wochenende. Söder steuert im Foyer auf etwa 100 JUler zu, die gedruckte »Ministerpräsident Söder«-Schilder hochhalten. Söder weiß, dass das jetzt ein schwieriges Ding ist. »Das gibt Ärger«, sagt er, zögert. Gefühle und Verstand ringen in ihm. Dazustellen oder nicht? Die Gefühle siegen. Söder tritt an die Seite der Schilderträger und lächelt. Kameras klicken. Entgleitet Söder die Choreografie? Überzieht er? In Teilen der Partei wächst das Unbehagen. In Seehofer, hört man, wächst die Entschlossenheit, Söder den Freistaat nicht anzuvertrauen. Was erst später bekannt wird: Die Söder-Fans der JU hatten die Schilder schon weit im Voraus bestellt. Der Plan war eigentlich, sie Seehofer vor die Nase zu halten.

Ein paar Tage nach Erlangen äußern sich endlich Stoiber und Waigel. Sie sagen, dass sie das, was sie angeblich gesagt haben, nie gesagt haben. Der »Münchner Merkur« hatte unter Berufung auf Parteifreunde getitelt: »Die Ehrenvorsitzenden wollen den Wechsel«. Stimmt nicht. Wenigstens noch nicht. Und überhaupt – Wechsel zu wem? Wie in vielen großen Fragen des Lebens dürften die alten Kontrahenten Stoiber und Waigel auch hier unterschiedlicher Meinung sein.

Der Machtkampf in der CSU strebt auf sein Finale zu, Ausgang ungewiss. Am Wochenende des 18. und 19. November will Seehofer die Partei, die Landtags- sowie die Bundestagsabgeordneten über das Ergebnis der Jamaika-Sondierungen informieren. Damit soll die Waffenruhe in der CSU enden. Dann sollen die Personalfragen geklärt werden. Aber dazu kommt es erst mal nicht, weil die Sondierungen in Berlin in die Verlängerung gehen. Am Sonntagabend, kurz vor Mitternacht, sind sie dann jäh zu Ende. Die FDP bricht ab, und ihr Vorsitzender Christian Lindner, mit dem Söder recht eng ist, tritt vor die Kameras. »Es ist besser, nicht zu regieren, als falsch zu regieren«, sagt er.

Kommt jetzt doch die Große Koalition, obwohl die SPD sie ausgeschlossen hat? Eine Minderheitsregierung? Oder gar Neuwahlen? In der Republik herrscht Ungewissheit, und in der CSU ist es kein bisschen anders.

Täuschungsmanöver

Der 23. November, ein Donnerstag, ist ein Tag, der sich ins Gedächtnis der CSU einbrennen wird. Es ist der Tag, an dem Seehofer seinen Rückzug antäuscht – und ihn dann einfach nicht vollzieht. Söder und seine Anhänger müssen sich in diesem Moment fühlen, als hätte sie ein mittelgroßer Asteroid unvermittelt am Kopf getroffen. Dabei soll dieser Donnerstag die Entscheidung im CSU-Machtkampf bringen, so haben sie sich das ausgemalt.

Und lange sieht es auch genau danach aus: Horst Seehofer überlässt Söder das Amt des Ministerpräsidenten, das ist die Eilmeldung des Bayerischen Rundfunks, die um die Mittagszeit die CSU-Welt zum Vibrieren bringt. Es dauert eine Weile, dann zerfällt die angeblich harte Nachricht zu Staub. »Ich hoffe sehr«, sagt ein Söder-Mann, »dass der 23. November 2017 nicht als der Tag in Erinnerung bleibt, an dem Markus Söder für eine Stunde Ministerpräsident war.«

Die Geschichte dieses denkwürdigen Donnerstags ist eigentlich, dass die Söder-Leute den ganzen Tag über denken, die Sache laufe für sie. Seehofer habe es eingesehen, endlich, er teile die Macht mit seinem ungeliebten Kronprinzen Söder. Sie sind sich so sicher. Und dann ist es zu spät. Seehofer teilt noch gar nichts. Und wenn er es tut, Anfang Dezember laut neuestem CSU-Zeitplan, dann eher nicht mit Söder. Warum sonst hätte Seehofer diese Pirouette drehen sollen? Warum sonst die Entscheidung noch mal vertagen?

Als Söder selbst erkennt, was da passiert ist, verlässt er die laufende Vorstandssitzung, es ist kurz nach halb zehn am Donnerstagabend. Er gibt dem »Heute-Journal« ein Interview, Live-Schalte ins Foyer der CSU-Zentrale, es ist ein fast verzweifelter Entlastungsangriff. Die Fassade der Harmonie wahren, die notdürftig seine krachende Niederlage verdeckt – das ist jetzt sein Ziel. Man habe einen »gemeinsamen Prozess« zur Klärung der Personalfragen »auf den Weg gebracht«, beteuert er, am Ende werde ein »geschlossenes, einiges Ergebnis« stehen. Und dann noch kräftigen, glänzenden Lack drauf: »Es ist keine gespaltene Partei, es gibt auch keine Lager.« Das ist der Augenblick, in dem plötzlich Riesentrümmer aus der Fassade brechen.

Die Moderatorin Marietta Slomka kann das Lachen nicht zurückhalten. Sie weiß, alle wissen: Söders Divisionen haben seit dem CSU-Debakel bei der Bundestagswahl versucht, Seehofer wund zu schießen. Slomka fragt also ungläubig nach: Keine Lager, ernsthaft? Söder zögert. Eine Sekunde, zwei Sekunden, drei. Dann sagt er: »Genau.« Es ist so, als hätte Slomka gefragt, ob es zwischen dem FC Bayern und Borussia Dortmund keine Rivalität gebe, und Söder hätte gesagt: »Genau.«

Natürlich ist so ein Machtkampf keine öffentliche Großveranstaltung, zu der man Zuschauer ins Stadion bittet. Aber er ist öffentlich genug, dass seine Existenz schwer zu leugnen ist. Söder versucht es trotzdem, er hat sich ja auch nie offen zu seinem offensichtlichen Ehrgeiz bekannt. Vielleicht ist es so, dass er und seine Leute sich an diesem Tag ein wenig verloren haben im Spiel aus Sein und Schein. Und dass der versierte Spieler Seehofer genau das ausgenutzt hat – jedoch, wie man später erfährt, erst auf Bitte interessierter Kräfte.

Söders Getreue, hört man, hatten diesen Donnerstag im Vorfeld als Tribunal in zwei Teilen verstanden: Mittags sollte der Wahlverlierer Seehofer in der Landtagsfraktion zum Rapport antreten, wo Söder sein Machtzentrum hat. Und abends dann noch im CSU-Vorstand. Die Abgeordneten in der Fraktion hatten sich auf eine fünfstündige Sitzung eingestellt. Finale Explosion, Aufstand gegen Seehofer: nicht unwahrscheinlich.

Doch es gibt keinen Aufstand in der Fraktion. Söders Truppen lassen sich einlullen von Seehofers Freundlichkeit. Alle glauben, der Alte habe nachgegeben. Er wolle seinen Rückzug halt nur erst abends im Vorstand verkünden. Zumal Seehofer von »intensivem Kontakt« mit Söder berichtet. Was keiner weiß: Die beiden haben bis dahin nur ein paar SMS zur Terminabsprache ausgetauscht.

Noch mehr freut sich die Fraktion, dass Söder am Nachmittag zum Vieraugengespräch mit Seehofer in die Staatskanzlei gebeten wird. Ein vertraulicher Termin, niemand dürfte davon wissen. Söder weiht nur seinen allerengsten Kreis ein. Seehofer aber macht das Treffen öffentlich: »Die Atmosphäre war ernsthaft und gut.« Erst viel später werden Söders Leute schäumen, weil ihnen dämmert, dass ihr Chef unfreiwillig eine Hauptrolle in einem großen Schauspiel übernommen hat.

Nach dem Termin mit Söder fährt Seehofer in die Parteizentrale, es wartet sein Führungszirkel. Und nun ändert sich die ursprünglich vorgesehene Choreografie. Seehofer hatte zuvor wohl wirklich im Gespräch mit Vertrauten gesagt: Ich trete bei der Landtagswahl 2018 nicht mehr an. Und es gab wohl wirklich den Plan, dass er diesen Entschluss im Vorstand verkündet. Doch er tut es nicht. In der ganzen Vorstandssitzung sagt Seehofer zu seiner eigenen Zukunft einfach gar nichts. Die Söder-Freunde warten und warten, kauen immer nervöser auf ihrem Salat herum. Seehofer redet über Parteifinanzen. Und über einen Rat der Weisen mit Stoiber, Waigel und Landtagspräsidentin Barbara Stamm, der ihm in Personalfragen beistehen soll. Dieser Rat wird niemals zusammentreten, aber das weiß jetzt ja noch keiner.

Vielleicht, weil sie diese Chuzpe kaum fassen können, verpassen die Söderianer den Moment, in dem sie Seehofer noch Kontra geben könnten. Der gefürchtetste Schützenverein der CSU vergisst einfach, die Waffen auszupacken. Söder selbst entscheidet offenbar auch, dass dies nicht der Moment ist für die offene Feldschlacht. Dabei soll in der Staatskanzlei angeblich bereits ein vorgefertigtes Rückzugsschreiben Seehofers deponiert gewesen sein.

Aber was hat Seehofer nun wirklich zur Kursänderung getrieben? Später Nachmittag, vierter Stock der CSU-Zentrale. Seehofer bespricht sich mit seinen Generalsekretären Andreas Scheuer und Markus Blume, Landesgruppenchef Alexander Dobrindt und weiteren Vertrauten. Wer Seehofer davon überzeugt, seinen Fahrplan zu ändern, lässt sich nicht mit Bestimmtheit sagen. Vielleicht Manfred Weber, der Europapolitiker und Partei-Vize, den viele in der CSU seiner sachlichen Art wegen nur noch »Anti-Söder« nennen.

Klar ist nur: Söders Gegner halten es für einen Fehler, würde Seehofer jetzt schon erklären, dass er 2018 nicht mehr als Ministerpräsident weitermache. Sie befürchten einen Flächenbrand in der CSU. Sie argwöhnen, Söder werde von der nächsten Minute an Seehofers vorzeitige Ablösung vielleicht sogar noch in diesem Jahr betreiben. Und überhaupt: An einer vorzeitigen Entscheidung zugunsten Söders als Ministerpräsident, daran haben sie nicht das geringste Interesse.

Warum also sollte Seehofer im Parteivorstand, seiner Machtbasis, seinen Teilrückzug erklären, wo er doch vor der Fraktion, Söders Machtbasis, so glimpflich davongekommen war? Dafür gebe es keine Notwendigkeit, finden Seehofers Berater. Auch er sieht das offenbar so. In der Pressekonferenz kurz vor Mitternacht sagt er: Er habe sich guten Ratschlägen gebeugt. Das könne doch keiner für Schwäche halten.

Und doch fehlt es Seehofer an Stärke, um weiterzumachen

wie bisher. Er kämpft nicht mehr für sich, zumindest nicht mehr für sich allein. Aber für wen kämpft er denn nun? Für einen Parteichef Weber oder Dobrindt, falls er selbst nicht mehr antritt? Für einen Ministerpräsidenten Herrmann? Oder muss er am Ende doch teilen mit Söder?

Fünferrunde

Der Tag danach, Freitag, der 24. November, ist ein harter für Markus Söder, vielleicht der härteste in den gesamten drei Monaten. Hat Seehofer doch noch ein Ass gegen ihn im Ärmel? Und wenn ja, welches? Der Unverhinderbare zweifelt plötzlich an seiner Unverhinderbarkeit. »Es war in dem Moment nicht klar, wie das alles ausgeht«, sagt einer aus seinem engsten Umfeld. »Da hat es bei ihm schon Stimmungsschwankungen gegeben.« Jemand, der ihn erlebt an diesem Tag, hört mühelos heraus, dass die Stimmung sehr deutlich in eine Richtung schwankt. Da ist die Ungewissheit, da ist der Ärger über Seehofers Volten.

Söder ist an diesem Tag viel daheim. »In schwierigen Zeiten muss man gut essen und gut schlafen«, das zitiert Söder oft als Hausregel seiner Mutter. Und daran, hört man, hält er sich auch in dieser Situation. Zu Mittag gibt es Gans mit Kloß, hernach ein paar Folgen von »Star Trek – The Next Generation«.

Am Montag, dem 27. November, kommt Seehofers engster Führungskreis nachmittags in der Staatskanzlei zusammen. Man könnte auch sagen: Es versammelt sich das Komitee zur Verhinderung von Markus Söder als Ministerpräsident. Seehofer ist der Gastgeber, aber angeregt hat das Gespräch ein Gast. Die Teilnehmer fahren diskret und zeitversetzt in die Tiefgarage der Staatskanzlei ein – wenn ein Treffen den Zusatz »geheim« verdient, dann dieses. Landesgruppenchef Alexander Dobrindt ist da, Parteivize Manfred Weber, Wirtschaftsministerin Ilse Aigner und Innenminister Joachim Herrmann.

Das Treffen beginnt insofern schlecht, als die Frage, wie man Söder noch den Weg verbauen kann, vorübergehend außer

Blick gerät. Weber, der Fahnenträger der Liberalen in der CSU, meldet Anspruch auf den Parteivorsitz an, sollte Seehofer ihn räumen. Dobrindt, der Fahnenträger der Konservativen, macht sehr deutlich, was er von der Idee hält, nämlich gar nichts. Weber und Dobrindt kriegen sich dem Vernehmen nach so heftig in die Haare, dass Seehofer richtig wütend wird.

Was das Amt des Ministerpräsidenten angeht, ruhen die Hoffnungen aller Anwesenden auf Herrmann, dem Juristen mit dem betonfesten Ruhepuls. Herrmann gilt im Seehofer-Lager als der Kandidat, der Söder am ehesten schlagen kann. In der Landtagsfraktion ist Söder zwar klarer Favorit. Aber die Söder-Skeptiker denken schon weiter. Das Votum der Fraktion ist nicht bindend, es ist nur eine Empfehlung – der Parteitag könnte sich darüber hinwegsetzen. Das ist die Überlegung: Wenn Herrmanns Niederlage in der Fraktion ehrenvoll ausfällt, könnte er sich am Parteitag zur Wahl stellen. Dort werden ihm bessere Chancen eingeräumt.

An der Zusammenkunft in der Staatskanzlei nehmen nur fünf Personen teil, und dennoch dringt zwei Tage später, am Mittwoch, die Kunde nach draußen: Herrmann ist bereit, sich um die Spitzenkandidatur für die Landtagswahl 2018 zu bewerben. Sich Söder zu stellen, wenn die CSU-Landtagsfraktion am Montag darauf über ihren Favoriten abstimmt. Seehofer bliebe in diesem Szenario CSU-Chef.

Herrmann will die Meldung zunächst nicht kommentieren, er dementiert sie aber auch nicht: »Meine Linie ist und bleibt: Ich werde nichts sagen, bis Horst Seehofer sich erklärt hat. Das ist eine Frage des Respekts und Anstands.« Vor CSU-Abgeordneten sagt er dagegen, er habe gar nichts zugesagt. Es entsteht gehörige Verwirrung darüber, was Herrmann in der Staatskanzlei genau gesagt hat – und zu wem. Hat Herrmann seine Kandidatur angekündigt? Hat er sich – etwas schwächer – dazu bereit erklärt? Oder hat er nur gesagt, er überlege sich das? Nicht alle Teilnehmer der Runde haben da die gleiche Erinnerung. Aber das ist ja eigentlich auch egal: Söder hat jetzt einen Konkurrenten.

Die Nachricht von Herrmanns möglicher Kandidatur schlägt am Mittwoch um kurz nach fünf im Landtag ein, als die wichtigsten Akteure dort versammelt sind. Die CSU-Abgeordneten starren gebannt auf ihre Handys, einer nach dem anderen verlässt das Plenum. In kleinen Gruppen halten sie Kriegsrat. Herrmann stellt sich den Kameras, sagt aber nur, dass er nichts sagt. Söder verlässt sofort das Gebäude. Später lässt er sich mit freundlichen Banalitäten zitieren: »Wir werden am Montag versuchen, das alles zusammenzuführen.«

Söders Anhänger jedoch schäumen vor Wut: Mit welchem Recht das Quintett sich da in der Staatskanzlei getroffen habe, wird gefragt, das sei »Trickserei«, »Hinterzimmerpolitik« oder gar »Verrat«. Seehofer unternehme offenbar alles, um Söder zu verhindern – und Herrmann lasse sich vor seinen Karren spannen. Es gibt aber auch einige, die haben in den Gängen des Landtags plötzlich ein Lächeln auf den Lippen. »Endlich Hoffnung«, schreibt ein Abgeordneter.

Glatteisfragen

Eines ändert die Nachricht vom Geheimtreffen in der Staatskanzlei für Söder. Bisher war er der Jäger. Jetzt ist er der Gejagte. Er reduziert seine öffentlichen Termine, er vermeidet – unerhört bei ihm –, vor eine Kamera zu laufen. Er darf keinen Fehler machen bis Montag, bis zur Fraktionsabstimmung. Dass es diese Abstimmung jetzt gibt, ist gut für ihn. Die Fraktion, sein Machtfundament, erzwingt eine Entscheidung.

Dem Vielleicht-Kandidaten Herrmann hilft nicht, dass seine Bewerbung öffentlich geworden ist. Viele in der CSU-Fraktion sagen, dass die Sache ihm sogar massiv schade, weil sie Söders Reihen noch fester schließe. Die Fraktion hat das Gefühl, dass Seehofer sie aushebeln will. Dem Ministerpräsidenten wird bedeutet: Wenn es eine Kampfabstimmung geben sollte und die Partei gespalten werde, dann falle das auf ihn zurück.

Nach außen hält Herrmann komplett still, er absolviert ungerührt seine Ministertermine. In der Autobahnmeisterei Nürnberg-Fischbach referiert er in aller Seelenruhe über Neuerungen im Winterdienst, über bestimmte Salze für bestimmte Fahrbahnbeläge: »Einfach rausfahren und streuen – das ist Schnee von gestern.« Die Journalisten im Raum interessieren sich für Wundersalze maximal ein bisschen, für Herrmanns Karrierepläne aber sehr. Wird er antreten gegen Söder? Herrmann antwortet, als ginge es immer noch um Streusalzpreise: Aus Respekt vor Ministerpräsident Horst Seehofer äußere er sich erst, wenn sich dieser zu seiner Zukunft erklärt habe. »Sonst noch Glatteisfragen?«

Nach innen, heißt es, sei Herrmann aber sehr wohl aktiv, er mache eine Inventur seiner Unterstützer. Einige sollen ihn regelrecht anfeuern, zu kandidieren. Aber er erkennt sehr bald, dass es nicht zum Sieg reicht und wahrscheinlich nicht mal zu einer knappen Niederlage.

Am Sonntag, dem 3. Dezember, treffen sich Seehofer und Söder in der Münchner Parteizentrale, später heißt es von allen Seiten, es sei das »erste Gespräch der beiden ohne jede Attitüde« gewesen. Danach ziehen sich Söder und Herrmann zu einem Vieraugengespräch zurück, später stößt auch Seehofer hinzu. Am Abend dann wird Söder in den Kreis der Vize-Parteichefs gebeten – dieser war ihm bis dahin versperrt geblieben. Ein Zeichen, dass er sich anschnallen darf für seine politische Himmelfahrt.

Doch Herrmann will immer noch nicht endgültig erklären, dass er auf eine Kandidatur verzichtet. Wenn die Sache in der Fraktion entschieden werde, werde er sich auch erst in der Fraktion dazu äußern. Er wolle noch einmal darüber schlafen. Seehofer und Söder sind mit dieser Auskunft beide unzufrieden, sie suchen getrennt voneinander noch einmal das Einzelgespräch mit Herrmann. Söder geht mit dem Wissen ins Bett, dass er Ministerpräsident werden wird. Und Seehofer weiß es auch.

Am Ziel

Am Montag, dem 4. Dezember, hat es Markus Söder geschafft. Er und Seehofer haben sich über Jahre bekriegt. Krieg, das Wort ist nicht zu martialisch für dieses ebenso erbitterte wie groteske Hörnerwetzen. Und jetzt ist die Entscheidungsschlacht einfach abgesagt. Seehofer hat die Waffen gestreckt, irgendwann im Lauf des Sonntags.

Was die CSU-Fraktion und später der Parteivorstand an diesem Montag im Dezember jeweils einstimmig beschließen, darf man einen politischen Wahnwitz nennen: die Doppelspitze Seehofer-Söder. Der Alte soll Parteichef bleiben und ein Ministeramt besetzen in Berlin. Der Junge soll Regierungschef werden in München. »Das Werk ist getan«, wird Seehofer nach der letzten Sitzung sagen. Und als Zuhörer fragt man sich: Wie viel Überwindung muss das hier diesen Mann kosten?

Nüchtern betrachtet hat Seehofer eine gütliche Regelung seiner Nachfolge nicht nur verpasst; er hat sie verbockt. Mit einem grotesken Mix aus Patronage und Demontage hat er dafür gesorgt, dass kein ihm genehmer Kandidat stark genug war, es mit dem einzigen Kandidaten aufzunehmen, der ihm nicht genehm war: Söder. Womöglich hatte Seehofer gedacht, die drängendste Personalfrage nach der Bundestagswahl würde sein, in welches Ministerium er seinen Joker Karl-Theodor zu Guttenberg steckt. Nun war sein Blatt so schwach, dass er den Joker nicht spielen konnte.

Aus Seehofers engstem Umfeld heißt es, dass er arg hadere mit seinen gescheiterten Kronprinzen und Aposteln, denen am Ende der Mut und der Wille zur Macht gefehlt habe, und all die Jahre schon die Zähigkeit in der Auseinandersetzung mit Söder. Seehofer, hört man, finde nicht, dass er mit seinen Spielchen zur Schwächung seiner Apostel beigetragen hat. So was müsse man schon aushalten, wenn man ganz nach oben wolle. Man könne nicht immer nur abwarten, man müsse auch mal zugreifen. Und sagen: Ich will es. Am Ende, das erkennt auch

Seehofer an, hat sich der durchgesetzt, der als Einziger »Ich will es« gesagt hat.

Nicht nur mit diesen Worten, sondern mit jeder Faser seines Körpers. So ist es immer gewesen, seit den Tagen bei der Jungen Union in Nürnberg: Er will die Macht mehr als seine Konkurrenten. Deshalb bekommt er sie auch. Um kurz vor neun an diesem Montagmorgen spricht Markus Söder im CSU-Fraktionssaal im Bayerischen Landtag die Ambition seines politischen Lebens zum ersten Mal offen aus: »Ich bin bereit.« Er will Ministerpräsident werden.

Die Sache ist dann durch, noch bevor Joachim Herrmann für seinen Verzicht das Wort ergreift, Söders letzter Konkurrent. Jetzt lässt Seehofer persönlich die Luft raus. Er wendet sich an Söder und sagt, er werde »alles unternehmen, Markus, dass wir gut zusammenarbeiten«. Söder sichert Seehofer seine Unterstützung für den Parteivorsitz zu, er lobt Herrmann und Wirtschaftsministerin Ilse Aigner, seine Kontrahenten, die zu schwach waren, ihn zu stoppen. Er bittet um einen Vertrauensvorschuss, man müsse nun gemeinsam kämpfen. Um Gemeinsamkeit zu garantieren, wird über den Spitzenkandidaten per Handzeichen abgestimmt. Zu groß ist die Gefahr, dass Söders Feinde ihn in geheimer Wahl abstrafen. Die CSU geht kein Risiko mehr ein, der neue Spitzenmann soll nicht beschädigt werden.

Nach der Sitzung marschiert Söder als designierter Ministerpräsident in den Presseraum des Landtags. Er ist um Versöhnlichkeit und Lockerheit bemüht, aber schon auch berührt von diesem Moment, vielleicht auch von sich selbst: »Wir müssen vor der Geschichte bestehen. Vor der Geschichte der CSU und vor der Geschichte dieses Landes.« Man kann über diesen Söder denken, was man will, aber bestanden hat er jedenfalls das irre Duell mit Seehofer. Nun soll das Duell vorbei sein, es soll die Zeit des Duos anbrechen. Aber wie soll das funktionieren, angesichts der vielen gegenseitigen Verletzungen? Harter Männerhandschlag und gut?

Wie fragil diese neue Doppelspitze der CSU ist, merkt man

auch daran, dass nicht nur begeisterte Abgeordnete aus dem Saal strömen. Einer behauptet, er habe seine Hand für Söder nicht gehoben, »aus Prinzip«. CSU-Vize Barbara Stamm antwortet auf die Frage, ob sie zufrieden sei, mit einem knappen »Ja« und einem sehr ausführlichen Stirnrunzeln. Söder singt derweil bei seiner Pressekonferenz ein Loblied auf Seehofer, als hätte seine Langspielplatte einen Sprung: großer Respekt, Würde und Anstand, großer Respekt, Mut und Demut. Man hört sich das an und fragt sich: Da hauen die beiden fast ein Jahrzehnt lang die Partei kurz und klein – für das hier? Hätten sie das nicht früher haben können und viel billiger? Genau wie Merkel und Seehofer den Friedensschluss im Flüchtlingsstreit. Seehofer könnte bald in Berlin neben Merkel sitzen und in München neben Söder. Welcher hinterfotzige Heiland sich das wohl ausgedacht hat im weiß-blauen Himmel?

Söder hatte sich ja schnell den ersten Platz in der bayerischen Erbfolge erarbeitet, und dennoch hatte Seehofer immer wieder verkündet, dass sich alle noch wundern würden: »Es wird entschieden anders laufen, als Sie alle glauben.« Söder wird es nicht, das war die Botschaft, er habe da einen Plan. Nun sind aller Streit und alle Strategie, alle Spielchen von beinahe zehn Jahren, an ihr Ende gekommen. Und die Realität ist ernüchternd für alle, die dem Spieler Seehofer geglaubt haben, er habe noch einen Trick auf Lager. Aber da ist nichts. Kein Trick, kein Plan, kein Kandidat.

Seehofers Leute sagen, es gehe nun um das Wohl der Partei. Aber was nutzt das der Partei: sich zu arrangieren, mit jemandem, bei dem man öffentlich »charakterliche Schwächen« festgestellt hat? Wenn Söder wirklich der Antichrist ist, als den ihn Seehofer oft beschimpft hat, ist es dann Parteiräson, sich ihm zu beugen?

Der Söder-skeptische Teil der CSU kapituliert, er ergibt sich schon vor einem möglichen letzten Gefecht. Söder hat den Widerstand gegen seine Person erdrückt. Mit seiner Kraft, mit seinem Netzwerk, das er schon als Chef der Jungen Union und als Generalsekretär in noch nie da gewesener Feinmaschigkeit geknüpft hat. Als Generalsekretär übertraf er die Anforderungen des Amtes mit so vielen kruden Ideen, dass man annehmen musste, dieser Mann spüre keinen Schmerz. In seinen Ministerämtern – Europa, Umwelt und Gesundheit, nun Finanzen und Heimat – gelang ihm zwar die weitgehende Resozialisierung, aber Söder weiß, dass er von landesväterlicher Anmutung noch so weit entfernt ist wie von den inneren Ringen des Saturn.

Doch er feilt schon längst an neuer Salonfähigkeit, er versucht, die Scharfmacher-Rolle aus der Flüchtlingsdebatte abzustreifen. Einen Rechtsruck benötige die CSU gewiss nicht, sagt er, schon das Wort gefalle ihm nicht. Klingt gut. Aber werden die Leute ihm das abnehmen? Söder sagt: »Ich werde auf die Leute zugehen, die skeptisch sind. Ich werde versuchen, im persönlichen Gespräch den einen oder anderen Eindruck zu verbessern.«

Der 100-Prozent-Söder wähnt sich nun am Ziel, sogar der alte Rivale Guttenberg hat ihm eine Gratulationsadresse aus Amerika geschickt. Aber geht es jetzt nicht erst los? Er hat seine ganze Karriere lang provoziert und polarisiert und soll nun die Partei einen. Er soll die absolute Mehrheit halten in einer zersplitterten Parteienlandschaft. Söder will sich diese Erwartung nicht aufladen: »Das Ziel ist, erfolgreich zu sein«, sagt er nur. Er verkneift sich jede Geste des Triumphs. Seine Leute werden später erzählen, er habe an seinem großen Tag nicht mal ein Glas Sekt getrunken.

Harmonie

Dass Horst Seehofer sich noch schwertut, sich an seinen Nachfolger zu gewöhnen, das ist Mitte Dezember bei der Weihnachtsfeier der CSU zu beobachten – jener Veranstaltung, auf der Wortschmied Seehofer der Welt fünf Jahre zuvor seine Kreation »Schmutzeleien« schenkte. Diesmal kommt das S-Wort nicht zum Einsatz, aber Seehofer kann seine Verletzung nicht ganz verbergen. Er spricht eine Viertelstunde lang über die Lage der CSU – und bringt es dabei fertig, Söder mit keinem Wort zu erwähnen. Söder hört sich alles mit eingefrorenem Lächeln an. Ein Seehofer-Mann sagt: »Der Horst hat nur eingelenkt, um die Spaltung der Partei zu verhindern. Wenn er zehn Jahre jünger gewesen wäre, hätte er richtig gekämpft.« Was niemand weiß: Seehofer ist kurz davor, alles hinzuschmeißen.

Am Freitag, dem 15. Dezember, beginnt in Nürnberg, ausgerechnet in Nürnberg, der CSU-Parteitag, Söders Krönungsmesse. Und glaubt man einem CSU-Mann, der nah dran ist am Geschehen, könnte der Parteitag mit einem Paukenschlag beginnen. Denn als Seehofer und Söder sich diskret in einem Konferenzzimmer der Nürnberger Messe zum Gespräch treffen, soll der Alte dem Jungen völlig überraschend auch den Parteivorsitz anbieten. Söder könnte die ganze Macht für sich allein haben – und soll ablehnen. Ihm ist wohl ganz recht, dass Seehofer ihm vorerst den Berliner Ärger vom Hals hält. Der Paukenschlag bleibt aus.

Und so gehen sie als Duo in den Parteitag. Es wird ganz großes Staatsschauspiel: Der Alte klopft dem Jungen auf die Schulter und übergibt ihm – eher so virtuell – den Herrscherstab der CSU, den vor ihnen schon Strauß und Stoiber getragen haben. Unter dem Jubel des Parteivolks legen Seehofer und Söder die Hände ineinander und recken sie unters Hallendach, begleitend ballt Söder eine Faust.

Im Fernsehen boomt ein Genre, das sich »Scripted Reality« nennt: Es gaukelt eine Wirklichkeit vor, die in Wahrheit einem Drehbuch folgt. Der Zuschauer weiß, dass das, was er da sieht, nicht echt ist. Aber er will es trotzdem glauben. Und so ähnlich müssen sich nun die Delegierten fühlen. Söder und Seehofer lieben sich auf einmal so innig, dass der neutrale Betrachter ihres Versöhnungstheaters froh ist, dass es wenigstens nicht zum Bruderkuss und zu weiterführenden Zärtlichkeiten kommt. Aber das zeichnet diese Nürnberger Theatertage aus: Die Regie weiß, was sie dem Publikum gerade noch zumuten kann.

Hinterher wird ein Söder-Getreuer berichten, dass er über

die Jahre immer wieder versucht habe, Seehofer beizubringen, an Söder führe kein Weg vorbei. Und dieser sei auch nicht die fränkische Inkarnation des Teufels. Seehofer habe ihn so oft abblitzen lassen, sagt der Mann, dass er nicht mehr an einen unblutigen Generationswechsel glaubte. Und jetzt sei er da.

Die CSU ist eine Partei mit Faible für das Kriegerische, doch am Wochenende von Nürnberg zeigt sie einen fanatischen Willen zum Frieden. Es ist ein Festival der Autosuggestion: Alle summen irgendwas von Harmonie und Liebe, Horst und Markus. Am Ende ist die CSU eine Partei unter Hypnose. Bleibt die Frage: Wann wacht sie auf? Und wie viel Liebe ist dann noch da?

Markus Söder ist noch nicht Landesvater, aber immerhin schon Finanzminister und Landessprechautomat. Sein Lieblingsbegriff in diesen Tagen ist »souveräne Entscheidung«. Eine solche hat nach Söders Darstellung Seehofer getroffen, als er aus gänzlich freien Stücken Söder den Weg in die Staatskanzlei öffnete. Keine Kamera kann in Nürnberg länger als 30 Sekunden laufen, ohne dass Söder davorspringt und Seehofers »souveräne Entscheidung« lobt. Söder ist ohne Zweifel der stimmkräftigste der Meistersinger von Nürnberg. Er würde sich auch neben ein rotes Auto stellen und vom wunderbaren Blau schwärmen.

Einen Begriff gibt es freilich, den Söder und die Seinen in Nürnberg strikt vermeiden, der aber dummerweise zum Grundwortschatz der CSU gehört: absolute Mehrheit. Auf keinen Fall will Söder sich den Ballast großer Erwartungen aufladen. »Über Prozente«, sagt er, könne man später reden.

In der ersten Reihe steht das Namensschild von Generalsekretär Scheuer zunächst zwischen jenen von Seehofer und Söder – Scheuer ist wohl als eine Art UN-Blauhelmtruppe vorgesehen. Dann werden die Schilder doch umgestellt. Nun also Seehofer direkt neben Söder, aus eineinhalb Metern Entfernung beobachtet von einem Dutzend Kameras. Die Herren schäkern sehr professionell miteinander, zwei Minuten, drei, vier. Die Kameras sind immer noch da. Beide holen ihr Handy raus und tippen sehr beflissen Nachrichten, die gewiss von eminenter Bedeutung sind. Irgendwann fängt Seehofer an zu telefonieren, bis die Kameraleute endlich verscheucht werden.

Söder räubert dann ständig durch die Gegend, krallt sich hier ein Mikrofon und dort ein paar Parteifreunde. Vielleicht hat er gewettet, dass er jedem Delegierten persönlich die Hand reicht – wenn sich einer im Keller versteckte, dieser Söder würde ihn finden. Sogar zu den Oberbayern wagt er sich, ins Feindesland, das es nun angeblich nicht mehr gibt. Söder reicht die Hand und preist vermutlich Horst Seehofers bewundernswert souveräne Entscheidung. Genauso hat er auch Karriere gemacht in der CSU, er ist über Jahre kreuz und quer herumgereist, hat hier ein Fass angestochen und dort einen Vortrag gehalten.

Einigkeit üben können Söder und Seehofer beim Besuch der Bundes- und Flüchtlingskanzlerin, die ja laut CSU-Analyse praktisch allein verantwortlich ist für das Wahldebakel. Angela Merkel bietet in ihrer Rede geradezu mädchenhaften Charme auf, dem die Schwesterpartei dann umgehend und kampflos erliegt. »Marmor, Stein und Eisen bricht«, sagt sie zu Horst Seehofer, »aber unsere Liebe nicht« – das sei doch irgendwie ihr Lied. Seehofer und Söder stecken unten ständig die Köpfe zusammen, tuscheln und lachen, als wäre das hier eine Fortsetzung von »Die Lümmel von der ersten Bank«.

Merkel sagt Söder dann noch ihre Unterstützung im Wahlkampf zu, »wo immer gewollt« – mit viel bösem Willen könnte man das für eine Spitze halten. Merkel hat Söder zwar gratuliert nach seiner Ausrufung in der Landtagsfraktion Anfang Dezember, sie kennen sich seit der Zeit, als er noch CSU-General war und sie noch nicht Kanzlerin. Zwei, drei Mal hat er über die Jahre auch eine halbstündige Audienz im Kanzleramt bekommen. Aber es ist nicht bekannt, dass die zwei eine besondere Chemie hätten oder gar ein Lied.

Samstagmorgen, auf CSU-Parteitagen heißt das: Andachtszeit. Während ein Geistlicher Besinnung spendet, schenkt sich Söder einen Energydrink ein. Noch mehr Energie, ist das eine gute Idee? Damit auch wirklich gar nichts anbrennt, haben sich die einzelnen Bezirksverbände in aller Früh zu Vorbesprechungen getroffen. Überall wirkte der Weihnachtsfrieden. Nur in der Oberbayern-Runde soll Aigner den Namen Söder kein einziges Mal erwähnt haben. Das sind die winzigen Gesten des Widerstands, die jetzt noch bleiben.

Um kurz vor 10 Uhr tritt Seehofer ans Rednerpult, er kommt sofort zur Sache: »Mit dem heutigen Tag leiten wir eine neue Ära in der Christlich-Sozialen Union ein.« Dann schlägt Seehofer Söder als neuen Ministerpräsidenten vor. In all seinen Ämtern habe Söder »vorzügliche, bravouröse Arbeit« abgeliefert. »Er kann es, und er packt es.« Und das Hauen und Stechen seit der Wahl? Der bittere Streit all die Jahre? Ach was, sagt Seehofer: »Wenn es da und dort mal Diskussionen gab, wenn man so lange in der Politik ist, wenn man das vergleichen kann, was in anderen Parteien stattfindet, was größere Politiker als wir, Markus, manchmal der Öffentlichkeit geboten haben, dann ist das, was wir da gelegentlich hatten, nichts anderes als der Effekt einer Knallerbse.« Seehofers Bemühen, die Feindschaft mit Söder zu bagatellisieren, nimmt mitunter Züge einer Satire an.

Söder, sagt Seehofer, könne sich auf seine Unterstützung »total verlassen im nächsten Jahr«. Aber worauf kann Söder sich verlassen, wenn die Landtagswahl schiefgeht? Mit der Liebe zu Verlierern hat sich die CSU schon immer schwergetan.

Es ist dann Söder, der auf die Bühne geht und Seehofer zur Wiederwahl als Parteichef vorschlägt, so wie Seehofer ihn als Ministerpräsidenten. Mit respektablen 87,3 Prozent wird Seehofer gewählt, Kompliment an die Regie. Bewegend und, natürlich, souverän sei die Rede Seehofers gewesen, sagt Söder. Und spannend die gemeinsame Zeit, in der er »oft geprüft« worden sei vom Horst. Ein Jahrzehnt Ausbildung zum Staatsmann, ein bisschen geholfen hat das schon.

Über den Spitzenkandidaten Söder wird dann per Hand abgestimmt, nur vier Delegierte stimmen gegen ihn. Als erste der vier hebt Christa Stewens die Hand, die frühere Sozialministerin und CSU-Fraktionschefin im Bayerischen Landtag. »Es ist einfach meine Überzeugung. Aus.« Sie glaube fest, alle anderen Stimmen seien »sicher auch ehrlich«, sagt Christa Stewens.

Der Parteitag kürt Söder mit überwältigender Mehrheit zum Spitzenkandidaten für die Landtagswahl 2018. So wie vor neun Jahren Horst Seehofer wird jetzt Markus Söder von der CSU gerufen, um ihr wieder Stärke und Stolz einzuhauchen.

Schluss

Was ein Vormittag in Passau über den Ministerpräsidenten Söder verrät

Es ist der 14. Februar 2018, Valentinstag, aber so richtig romantisch wird zumindest der Vormittag nicht werden beim Ehepaar Söder. Die beiden stehen am Hintereingang der Passauer Dreiländerhalle, gleich werden sie einmarschieren in den riesigen, schachtelförmigen Raum, in dem 5000 CSU-Anhänger warten. Gleich wird Markus Söder wissen, wie groß der Vertrauensvorschuss ist, den ihm die Parteibasis gewährt.

Ein Tunnel tut sich auf vor Söder, ein Tunnel aus klatschenden, johlenden Menschen. Vor dem Finanzminister liegt der Mittelgang, der die offensichtlich ziemlich begeisterungswilligen Zuschauer teilt, und an dessen Ende die Bühne mit dem Rednerpult. Dort oben wird Söder, zumindest gefühlt, ankommen in seinem neuen Amt. 35 Jahre, nachdem er Franz Josef Strauß am Nürnberger Hauptmarkt hat sprechen hören und in die CSU eingetreten ist. Anfang Januar ist Söder 51 Jahre alt geworden. Er wird der jüngste Ministerpräsident Bayerns in der Nachkriegsgeschichte sein – ein paar Monate jünger als sein Idol Edmund Stoiber bei dessen Amtsantritt im Mai 1993. Ein Rekord, von dem Söder, behaupten manche, durchaus geträumt habe.

Noch im ersten Quartal soll er Horst Seehofer als Ministerpräsident nachfolgen. Seehofer wird zur Seite treten, sobald die SPD bei ihrer Mitgliederbefragung der Großen Koalition zustimmt und die neue schwarz-rote Bundesregierung in Berlin ihre Arbeit aufnimmt. Dass Söder Regierungschef wird, das weiß man seit Dezember. Die CSU-Landtagsfraktion hat es beschlossen, der CSU-Parteitag hat es bestätigt.

Doch die CSU ist eine hochemotionale Partei und Markus Söder ein hochemotionaler Mensch. Für die CSU ist der Politische Aschermittwoch ein Ritual der Selbstvergewisserung; ihrem Anführer bietet er die höchste Kanzel im ganzen Jahreslauf. Das Ritual war ziemlich leer in manchen Jahren, aber das ist diesmal anders. An den Aschermittwoch 2018 wird man sich erinnern als den Moment, in dem die Macht in der CSU von Horst Seehofer überging auf Markus Söder.

Für Seehofer ist das insofern misslich, als er ja immer noch Vorsitzender der CSU ist und bald auch ein gut ausgestatteter Bundesminister mit Zuständigkeit für Inneres, Bau und Heimat. Er hat viel Lob bekommen für seine Verhandlungsführung bei den Gesprächen über eine Große Koalition. Aber was bringt ihm das noch? In Passau ist Seehofer wegen einer »fiesen Grippe« entschuldigt. CSU-Generalsekretär Andreas Scheuer wird ihm bei seiner Begrüßung ein paar warme Worte nach Ingolstadt schicken: »Lieber Horst, du schaust von zu Hause zu, wir machen das schon, du brauchst dir keine Gedanken zu machen.« Man darf annehmen, dass Seehofer – wenn er überhaupt den Fernseher eingeschaltet hat, was einige Vertraute bezweifeln – sich sehr wohl Gedanken macht. Durch seine Abwesenheit wird in Passau schon mal die Zukunft geprobt, eine CSU-Welt, in der es keinen Seehofer mehr gibt, sondern nur noch einen Söder. Wie gut das Parteivolk mit dieser Situation zurechtkommt, muss dem vormaligen Volkstribun Seehofer mehr Pein bereiten als jede Grippe.

Söder, dunkler Trachtenjanker, grüne Krawatte mit niedlichen Rehlein darauf, muss sich noch etwas gedulden vor dem Einzug in die Halle, und wer seine Mimik in dieser ewig langen Minute aus der Nähe beobachtet, sieht, dass er schnaubt wie ein Rennpferd in der Startbox. Nur dass ein Rennpferd im Gegensatz zu Söder nicht die Möglichkeit hat, Nervosität und Erwartung auch zu kanalisieren, indem es an Hemd und Trachtenjanker herumnestelt. Dann geht es los, die Passauer Stadtkapelle bläst den

»Bayerischen Defiliermarsch«, schon das ist eine vorauseilende Ehrerbietung, weil dieses Stück im Freistaat grundsätzlich dem Ministerpräsidenten vorbehalten ist. Der heißt Seehofer, aber eben nur noch auf dem Papier.

Hinter Söder und seiner Frau laufen andere CSU-Größen der Bühne entgegen, Generalsekretär Scheuer, Bundeslandwirtschaftsminister Christian Schmidt und der Landesgruppenchef im Bundestag, Alexander Dobrindt. Aber die Leute links und rechts haben nur Augen für Söder, nur ihm klopfen sie auf die Schulter. Niemand ruft »Andi« oder »Christian« oder »Alex«. Alle rufen: »Markus!« Vorn, am Fuß der Bühne, wo viele weitere Mitglieder der CSU-Spitze sitzen, sind auch Wirtschaftsministerin Ilse Aigner und Europapolitiker Manfred Weber aufgestanden. Beide hatten Söder als Ministerpräsidenten verhindern wollen, bis er nicht mehr zu verhindern war. Sie wussten vor diesem Aschermittwoch, dass sie verloren hatten. Jetzt können sie mit ansehen, wie hoch ihre Niederlage ausfällt.

Man muss noch mal ein Jahr zurückblicken, um zu verstehen, wie schnell sich Macht verschiebt. Im Februar 2017 hatte Seehofer, der unangefochtene Herrscher der CSU, den Aschermittwoch kurzerhand zu einer Castingshow umfunktioniert. Jeder, der etwas werden könnte, darf damals zumindest ein paar Worte sagen: Innenminister Joachim Herrmann, Weber, Dobrindt, Aigner, alle. Nur einer sitzt 2017 mittendrin und gehört doch nicht dazu: Markus Söder. Er hat von der Regie, die sehr werkgetreu Seehofers Drehbuch umsetzt, die Rolle des Claqueurs zugewiesen bekommen: Klappe halten und klatschen. Söders Leute haben sich diesen Tag gemerkt. Er selbst auch: »Letztes Jahr saß ich unten, heuer hier oben.« Nun nimmt er dauernickend den Beifall der Seehofer-Getreuen entgegen. Herrmann – der Letzte, der im Herbst zwischen Söder und der Macht stand – ist gar nicht zu sehen. Unweigerlich fragt man sich, ob Söders Gegner in der CSU wirklich kapituliert haben. Oder ob sie hier und jetzt schon an den Tag denken, an dem ihnen ein gütiger Gott im weiß-blauen Himmel ein Rückspiel beschert.

Die CSU ist, wenn es die Zeiten erlauben, eine anarchische

Partei; wenn die Zeiten es allerdings erfordern, ist sie auch zu fast erschreckender Disziplin fähig. Im Oktober wählen die Bayern einen neuen Landtag, und in gewisser Weise stimmen sie auch darüber ab, ob die CSU ihre Ausnahmestellung in der deutschen Parteienlandschaft behaupten kann. Die absolute Mehrheit ist die Grundlage ihres Selbstverständnisses als bayerische Staatspartei. Wie wird Söder nachher fast brüllen: »Bei Bayern denkt man an eine Partei, das ist die CSU. Und das soll auch so bleiben.«

In aktuellen Umfragen liegt die CSU allerdings nur bei etwa 40 Prozent – und das ist nach dem Debakel bei der Bundestagswahl schon eine gute Nachricht. Söder ist nun der Mann, der die CSU in diesen schicksalhaften Wahlkampf führen wird, was neben der Machtverschiebung auch zu manchem kuriosen Meinungswandel geführt hat. Christsoziale, die noch im Herbst mit enormer Inbrunst darlegten, warum dieser charakterlich defizitäre Mann niemals Regierungschef werden dürfe, erklären jetzt beflissen, dass das politische Naturtalent Markus selbstverständlich allemal eine Chance verdiene.

Die CSU ist wieder entschlossen, sich an sich selbst zu berauschen. Führungskräfte, die eben noch übereinander hergefallen sind, stimmen plötzlich wechselseitige Loblieder in einer Lautstärke an, die es dem Publikum schwer macht, Zwischentöne zu erkennen. Es lohnt sich aber, genau hinzuhören. Der Seehofer-Mann Scheuer ist der erste Redner in Passau. Söder, sagt Scheuer, kämpfe für »stabile Verhältnisse« in München, er brenne für Bayern, Kompliment. Wenn Scheuer über Seehofer redet, klingt das enthusiastischer: Der Horst sei »der Träger des schwarzen Gürtels der Koalitionsverhandlungen«, ein echter »Großmeister«, der sich jetzt erneut in den Dienst der Partei stellt: »Danke, Horst! Ich sage: Vergelt's Gott!«

Als Seehofer in München den Berliner Koalitionsvertrag vorstellte, holte er Scheuer und Dobrindt an seine Seite. Das war nicht nur Dankbarkeit, das war schon auch eine Botschaft an Söder: Wir drei halten zusammen. Doch in Passau ist dieses beinahe subtile Zeichen von Renitenz schnell vergessen. Hier entscheidet allein der Beifall der Basis, und da weiß man schon bei der Reaktion auf den Redner Scheuer, wohin es geht. Nur höflicher Applaus nach dem Dank an Seehofer, heftiger Jubel beim Lob für Söder.

Dass es der Aschermittwoch ist, an dem Söder sich zum ersten Mal als designierter Ministerpräsident so richtig beweisen muss, kommt ihm sehr entgegen. Wenn das Bierzelt sein politisches Wohnzimmer ist, wie er immer betont, was ist dann erst die Dreiländerhalle am Aschermittwoch? Passau, das erzählt er gern, ist für ihn mehr als jeder andere Ort mit Franz Josef Strauß verbunden, dem Ahnherren der CSU und seinem persönlichen Säulenheiligen. Strauß, Stoiber, Söder, die S-Klasse der bayerischen Politik – so will er das ja irgendwann als alter Herr daheim im Nürnberger Ohrensessel in den Geschichtsbüchern lesen, für Seehofer muss in der Reihe kein Platz sein.

Hinter dem Rednerpult stehen Tische aus versierter Schreinerhand, mit weiß-blauen Deckchen darauf und prall behängten Brezen-Ständern. Ausgewählte Mitglieder dürfen dort Platz nehmen als lebende Kulisse. Man fühlt sich, als hätte man sich ans Set des BR-Sonntagsstammtischs verirrt. An den Wänden hängen Banner mit Sprüchen, die CSU-Mitglieder im Vorfeld einschicken konnten. »CSU: What else?«, solche Sachen. Eine etwas stürmische Schöpfung hat schon im Vorfeld für Lacher in den sozialen Netzwerken gesorgt: »Strauß – Stoiber – Söder: Zwei Riesen und der Titan«, eingesandt von einem gewissen Thomas Zehmeister aus dem mittelfränkischen Großhabersdorf. Zehmeister ist CSU-Ortsvorsitzender dort, er war auch einer der ersten Lokalpolitiker, die nach der Bundestagswahl gegen Seehofer schossen. Nach den Maßstäben des Söder-Universums ist der Mann damit inzwischen ministrabel, und Großhabersdorf darf sich schon mal auf die Verlagerung einer Behörde einstellen, das Landesamt für Statistik womöglich oder zumindest ein staatliches Feuerwehrschülchen.

Die Verwandlung

Söder hat sich über die Jahre eine immense Expertise in Oberflächlichkeiten angeeignet, doch jetzt ist er plötzlich für die Inhalte zuständig. Dieser Aschermittwoch soll auch zeigen, welche Themen seinen Wahlkampf prägen werden und in welcher Tonlage er sie unters Volk bringen wird.

Das Erste, was man 2018 von ihm gehört hatte, war die Forderung gewesen, die Amtszeit des Ministerpräsidenten auf zwei Perioden zu beschränken, zehn Jahre. Söder, der maßlose Machtmensch, übt sich in Demut. Es ist ein PR-Coup sondergleichen, der erste Schritt bei der Neuerfindung als Landesvater. Und das mit einer Idee, die seine Intimfeindin Gabriele Pauli auf dem CSU-Parteitag 2006 zum ersten Mal geäußert hat – damals noch zum Entsetzen ihrer Parteifreunde.

Eine persönliche Bürgersprechstunde will Söder auch einführen. Offenbar hat er schon länger darüber nachgedacht, wie er sich als Ministerpräsident positionieren könnte. Er will den Fehler von Günther Beckstein aus dem Jahr 2008 vermeiden: Dieser hatte die Staatskanzlei von Stoiber übernommen, ohne vorher ein paar inhaltliche Leitplanken zu setzen.

Seit der Entscheidung des CSU-Machtkampfes im Dezember erlebt der Freistaat einen ungewohnt weichen Söder, eine Verwandlung, die nicht wirklich wundersam ist. Söder hat sich schon immer behände neuen Ämtern angepasst. Er war der bissige General, der große Europäer, der kleine Öko und der treue Kassenwart. Und als angehender Landesvater streift er nun noch ein wenig Härte ab.

Auf der Winterklausur der CSU-Landtagsfraktion in Kloster Banz nördlich von Bamberg durfte die Welt diesen neuen Söder erstmals näher betrachten. Mit seinem ersten groben Programmentwurf versucht er, ein riesenhaftes Zelt aufzustellen, unter dessen Dach alle Platz finden sollen: der Protestwähler und der Flüchtlingshelfer, der Kirchgänger und der Bioladenkunde. Dem Bürger daheim springen von Fernsehschirmen und Zeitungsseiten konsensfähige Schlagworte entgegen: Bürgerbeauftragter, Naturpaket, Flächensparen, Glyphosat-Exit-Strategie.

Demonstrativ schwört er der Seehofer-Formel »Bayern first« ab, obwohl seine politische Rhetorik genau dieses Motiv seit jeher bedient. Stattdessen gibt er zu erkennen, dass er wieder mal so ein vages Gefühl vieler Bürger früher als andere erfasst hat. Es ist das Gefühl, dass manche Bayern unter dem Erfolg ihres Freistaats leiden, weil sie sich die Teilhabe am weiß-blauen Paradies nicht mehr leisten können. Nicht die Wohnung in der Innenstadt, nicht die Vorsorge fürs Alter. Söder identifiziert wie schon oft in seiner Karriere die Themen der Zeit, eher praktisch als ideologisch.

Da ist das Wohnen: »Bayernheim« soll die neue staatliche Wohnungsbaugesellschaft heißen, die auch für mittlere Einkommen da ist. Obendrauf: Eigenheimzulage und Baukindergeld. Da ist die Sicherheit: 1000 neue Stellen soll die bayerische Polizei bekommen, außerdem soll eine eigene bayerische Grenzpolizei eingerichtet werden. Da ist die Pflege: Ein Landesamt für Pflege soll die Ausbildung von Pflegekräften verbessern, ein Landespflegegeld soll pflegende Angehörige unterstützen. Da sind also viele wohlklingende Projekte. Aber wird er sie verweben können zu einer Vision?

Das war die Spur, auf der Söder seit Dezember unterwegs war, die Mittelspur. In Passau wird deutlich, dass er im Wahlkampf zwei Spuren für sich beanspruchen wird, also auch die rechts der Mitte. Wenn Söder in Kloster Banz mit leidlich konkreten Ideen auf den Kopf der Menschen zielte, zielt er in Passau auf Bauch und Herz. Gleich mit Beginn seiner Rede befreit sich Söder, das Rennpferd, von allen Zügeln. »Ich bin wieder hier in meinem Revier«, ruft er. Und hier will er bleiben.

SPD und Grüne? Hätten nicht verstanden, dass die Flüchtlingskrise in Deutschland »alles verändert« hat. Er dagegen wolle »endlich die Seelenlage der Deutschen und der Bayern ernst nehmen«. Keinen politischen Gegner greift Söder schärfer an als die AfD. Diese sei »keine Ersatz-Union, nicht bürgerlich«. Ihre Funktionäre stünden der NPD teilweise näher als der Union. Söder will die AfD »endlich stellen« mit inhaltlichen Konzepten, etwa dem von ihm erdachten Landesamt für Asyl und Abschiebungen, dem »Bayern-Bamf«.

Auch die CDU bedenkt er mit mehr oder weniger freundlichen Ratschlägen. Beste Grüße an die Kanzlerin: Eine Amtszeitbegrenzung auf zehn Jahre, wie er sie in Bayern will – »das wäre auch ein Signal für Deutschland«. Er empfehle der Union, noch mal über ihre Verortung in der politischen Landschaft nachzudenken. Keinen »Wahlschlaf, sondern Wahlkampf« brauche es. Klare, konservative Kante: »Es war ein Fehler, die demokratische Rechte zu vernachlässigen.« Und wo, wenn nicht in Passau, ließe sich besser über die Lufthoheit in der nationalen Debatte räsonieren? »In Deutschland sitzen viel mehr Menschen an Stammtischen als in Matineen. Wir wollen Heimat sein für Patrioten.«

Söder bietet den Wähler rechts der Mitte einiges an: Die christlich-soziale Prägung soll Verfassungsrang bekommen, in Asylfragen müsse Recht wieder konsequent durchgesetzt werden. In staatlichen Gebäuden sollen Kreuze hängen, und Moscheen sollen ihre ausländischen Finanziers offenlegen müssen. Söder redet, als reite er gerade noch rechtzeitig zur Rettung des bayerischen Abendlands. All das bedeutet angeblich »keinen Rechtsruck, sondern eine Rückkehr zu alter Glaubwürdigkeit«. Söder sagt: »Wir helfen anderen wirklich gern, aber darüber dürfen wir die einheimische Bevölkerung nicht mehr vergessen.« Da jubelt die einheimische Bevölkerung besonders laut.

Markus Söder gibt der CSU ihren alten Stolz wieder, aber auch ihre alte Provinzialität.

Der Aschermittwoch überfordert viele Redner, weil ihnen die Lust an der Provokation fehlt, das unverkrampfte Verhältnis zur Derbheit und der Wille zur Vereinfachung. Um am Aschermittwoch zu bestehen, schadet auch ein bisschen Witz nicht, der die härtesten Stellen etwas weicher macht. Der Aschermittwoch darf für einen Redner keine lästige Pflicht sein oder gar eine Qual.

Söder bringt alles mit; diesmal verzichtet er sogar darauf, die

Grenzen des guten Geschmacks auszutesten. Er ist kein Rauschredner, berauscht sind viele Zuhörer freilich eh schon. Fünf Minuten klatschen die Leute. Auch Parteifreunde, die Söder kritisch sehen, preisen hinterher seine »starke Rede«.

Es gibt unter den deutschen Ministerpräsidenten eigentlich gerade einen Trend zu nüchternen und ausgleichenden Charakteren, zu Menschen mit Grundruhe statt Grundlautstärke. Der Trend geht über Parteigrenzen hinweg, von Armin Laschet (CDU) in Nordrhein-Westfalen und Daniel Günther (CDU) in Schleswig-Holstein über den wiedergewählten Stephan Weil (SPD) in Niedersachsen bis zum nachgerückten Tobias Hans (CDU) im Saarland. Wie anders hat sich da die CSU mit Söder entschieden.

Altlasten

Zum Schluss holt er den kompletten CSU-Vorstand auf die Bühne, als wolle er zeigen: Von wegen Egoist, ich bin Mannschaftsspieler. Einträchtig singen sie die Bayernhymne, als wären sie immer ein Team gewesen. Wie Söder da von der Bühne blickt, erleichtert, euphorisch fast, angekommen in der neuen Rolle, da fragt man sich wieder, was wohl Horst Seehofer gerade fühlt.

Eigentlich, hört man, schließe er langsam Frieden mit der Situation. Und doch gibt es Momente, in denen die Wunde aufbricht. Wenn eine Zeitung vor Aschermittwoch auf einmal nicht mehr ihn zum Interview bittet, sondern Söder. Wenn er merkt, dass die CSU-Landtagsfraktion es nicht mehr erwarten kann, bis er die Staatskanzlei räumt. Seehofer ist krank in diesen Tagen, das stimmt sicherlich. Aber hat die Aussicht, dem Parteivolk in Passau beim Bejubeln seines Rivalen zuzuschauen, seine Genesung wirklich beschleunigt?

Ein paar Wochen nach Passau wird Seehofer in einem Interview mit der »Süddeutschen Zeitung« sagen: »Ich bin ordentlich von Parteifreunden demontiert worden.« Er wird betonen, dass er nicht bitter sei, aber er wird bitter klingen: »Sie können eine Partei retten, Sie können sie nach oben führen, aber Sie werden nicht erleben, dass letzten Endes dafür Dankbarkeit herrscht.«

Im Söder-Lager raunen sie, dass Seehofer ja eh noch glimpflich davonkomme. In welcher Partei dürfe denn einer Chef bleiben, der für das schlechteste Ergebnis bei einer Bundestagswahl seit 1949 verantwortlich sei? Der die Wahlkampf-Strategie völlig allein bestimmt und dann seinem unscheinbaren Spitzenkandidaten Herrmann auch noch den Politik-Touristen Karl-Theodor zu Guttenberg vor die Nase gesetzt habe. Vom Zickzackkurs gegenüber Merkel gar nicht zu reden.

Für den Aschermittwoch war geplant, dass erst Seehofer redet, dann Söder. Seehofer hätte sich auf die Bundespolitik konzentrieren sollen, Söder eher aufs Land. Ganz natürlich werde sich da eine Aufteilung ergeben, hieß es vor Seehofers Grippeschub in der CSU-Zentrale. Als Rede-Duell werde das sicher niemand empfinden. Andererseits: Die Organisatoren hätten ja kaum unterbinden können, dass Journalisten die Länge des Beifalls nach den Reden mitstoppen.

Und vielleicht hätten ja doch auch Seehofer und Söder selbst zum Duell-Charakter dieses Passauer Vormittags beigetragen. Es gab vor Aschermittwoch keinen Kontakt zwischen den beiden, sie hatten ihre Reden nicht abgesprochen. Auch ihre Referenten hatten keine Entwürfe oder wenigstens ein paar Stichworte ausgetauscht. Seehofer hat Söder nicht mal persönlich Bescheid gesagt, dass er nicht teilnehmen kann. Auf dem Parteitag im Dezember in Nürnberg war vom »Weihnachtsfrieden« die Rede. Nun, Weihnachten ist vorbei.

Die CSU will daran glauben, dass Seehofer und Söder ihre Schlachten geschlagen und der Gewalt entsagt haben, zum Wohl der Partei. Aber wer die beiden besser kennt, hat da Restzweifel. »Der bayerische Ministerpräsident wird dem Bundesinnenminister das Mitregieren in Berlin ganz schön schwer machen«, sagt ein CSU-Mann. Wer möchte, kann erste Anstrengungen in diese Richtung schon in Söders Aschermittwochs-Rede entdecken. Bei Abschiebungen, sagt er, müsse man endlich konsequenter vorgehen: »Deutschland ist das einzige Land der Welt, in das man ohne Pass hinein-, aber nicht wieder hinauskommt.« So was dürfe es nicht geben in einem Rechtsstaat, man müsse sichere Herkunftsstaaten dann eben zwingen, Flüchtlinge ohne Bleiberecht wieder aufzunehmen. Söder schickt seinen Forderungskatalog eher allgemein nach Berlin, aber es braucht nicht viel Fantasie, um sich auszumalen, dass auch der neue Innenminister Seehofer ein wichtiger Adressat ist.

Auch andersrum könnte es ungemütlich werden: »Sollte der Kandidat Söder bei der Landtagswahl stolpern«, sagt der CSU-Mann, »wird ihm der Parteichef Seehofer sicher nicht aufhelfen.« Söder könne froh sein, dass Seehofer in Berlin als Innenminister eine tagfüllende Aufgabe haben wird. Die Erinnerungen in der CSU sind noch frisch an den Sturz von Edmund Stoiber. Der hatte nach seinem Ende als Ministerpräsident sehr viel Zeit, in der Partei herumzutelefonieren. Seine Nachfolger Günther Beckstein und Erwin Huber hätten sich gewünscht, dass er anderweitig ausgelastet gewesen wäre.

Natürlich ist Stoiber an diesem besonderen Valentinstag nach Passau gekommen. Der Ziehvater will seinen Ziehsohn beim Aschermittwochsdebüt als Hauptdarsteller sehen. Vor 39 Jahren hat Stoiber selbst zum ersten Mal am Aschermittwoch gesprochen, als Generalsekretär von Strauß. Jetzt drückt Stoiber Söder an seine Brust, als wolle er das mit dem Vater und dem Sohn noch mal unterstreichen. »Kantig und trotzdem verbindlich«, »klarer Standpunkt«, »exzellent«, schwärmt Stoiber von Söders Rede. Er habe nicht nur einfach populistisch geschimpft, sondern alles begründet: die Leitkultur, die Werte. Und dann kommt das größte Kompliment für Söder: »Wie ich früher.« Auch Stoiber hatte ja als scharfer Rechtsausleger gegolten, als er Ministerpräsident wurde, und dann eine Wandlung hingekriegt. Söder traut er das auch zu.

Pünktlich zum Aschermittwoch hat eine Umfrage des Hamburger Meinungsforschungsinstituts GMS Söders Hoffnung genährt, dass ihm der Imagewechsel gelingt. 61 Prozent der Befragten sagten, Söder mache in der Übergangsphase einen eher guten Eindruck. Nur 29 Prozent waren gegenteiliger Meinung, 10 Prozent waren unentschieden. Eine Überraschung? Nicht wirklich. Söder geht die Position des Ministerpräsidenten an wie alle seine Positionen zuvor: mit einem Plan, mit hübschen Etiketten. »Aufbruch und Stabilität«, »Anreize statt Verbote«, »Transparenz und Demut«. Es wirkt fast ein bisschen, als wolle er einen Lyrikpreis gewinnen und nicht die Landtagswahl.

Markus Söder ist schamlos, und er ist clever, er ist schamlos clever. Mag sein, dass er ein Bild von einem Landesvater sein wird. Die entscheidende Frage ist eine andere. Söder hat immer, mit jedem Atemzug, auf dieses eine Amt hingearbeitet: Ministerpräsident. Nun, wo er es hat: Für was arbeitet er jetzt?

Als die CSU-Granden wieder am Ehrentisch der Dreiländerhalle Platz genommen haben, direkt vor dem Rednerpult, reicht ein Mann in Tracht Generalsekretär Scheuer über das Absperrband ein Stück Papier. Scheuer nimmt es, holt einen Stift aus dem Sakko und will gerade sein Autogramm auf den Zettel setzen. Da faucht der Mann in Tracht dazwischen: »Weitergeben!«

Neben Scheuer sitzt Markus Söder.

Dank

Dieses Buch wäre nicht erschienen, hätten uns nicht zahlreiche Menschen zum Teil außerordentlich unterstützt. Wir haben im Lauf von zwei Jahren mit weit mehr als 100 Personen gesprochen, die mit Markus Söder zu tun hatten oder noch haben – von bekannten Politikern über Ministerialbeamte bis zu Jugendfreunden.

Manche waren einverstanden damit, dass wir sie in diesem Buch namentlich zitieren. Andere gaben Zitate und Informationen nur anonym frei. Allen sei gleichermaßen für ihr Vertrauen gedankt.

Einige ganz wichtige Unterstützer möchten wir besonders hervorheben. Mehr als jedem anderen gebührt unser Dank unserem »SZ«-Kollegen Wolfgang Wittl. Er war wesentlich an vielen Recherchen und Texten beteiligt, auf deren Grundlage dieses Buch entstanden ist. Es gibt keinen besseren landespolitischen Korrespondenten in München und keinen angenehmeren Weggefährten.

Unser Dank gilt auch weiteren »SZ«-Kollegen, die uns von ihrem großen Wissen über die CSU im Allgemeinen und Markus Söder im Besonderen haben profitieren lassen: Katja Auer, Sebastian Beck, Cerstin Gammelin, Alexander Gorkow, Anna Günther, Max Hägler, Jan Heidtmann, Claudia Henzler, Christian Krügel, Olaf Przybilla, Christiane Schlötzer, Jens Schneider, Lisa Schnell, Christian Sebald, Kassian Stroh.

Unseren Ressortleitern Marc Beise, Ulrich Schäfer und Tomas Avenarius sind wir dankbar für den Freiraum, den Sie uns für das Verfassen dieses Buches gewährt haben, und die Motivation.

Auch viele Kollegen anderer Medien haben uns geholfen; stellvertretend seien Rainer Büschel, Jan Engelhardt, Martin

Kessler, Christiane Krodel, Reinhold Michels, Manfred Otzelberger, Helmut Reister, Henning Sußebach und Klaus Weisenbach genannt.

Margit Ketterle und Stefan Ulrich Meyer danken wir für die höchst engagierte Begleitung des Projekts vom ersten Tag an und das umsichtige Lektorat. Für gute Zusammenarbeit danken wir auch dem Justiziar Ralf Reuther und dem Bildredakteur von Droemer Knaur Markus Röleke.

Markus Söder und seiner Mitarbeiterin Tanja Sterian danken wir für den stets professionellen Kontakt.

Zu guter Letzt danken wir Nina und Elisabeth für ihre Geduld.

Bildnachweis

Seite 1:	Privatarchiv Markus Söder
Seite 2 oben:	Privatarchiv Markus Söder
Seite 2 unten:	Privatarchiv Markus Söder
Seite 3 oben:	Privatarchiv Markus Söder
Seite 3 unten:	Privatarchiv Markus Söder
Seite 4 oben links:	Privatarchiv Markus Söder
Seite 4 oben rechts:	Privatarchiv Markus Söder
Seite 4 unten:	Privatarchiv Markus Söder
Seite 5 oben:	Privatarchiv Markus Söder
Seite 5 unten:	Privatarchiv Markus Söder
Seite 6 oben:	picture alliance / dpa / dpaweb
Seite 6 unten:	picture alliance / dpa
Seite 7 oben:	picture alliance / dpa
Seite 7 unten:	picture alliance / SZ Photo
Seite 8:	picture alliance / dpa
Seite 9 oben links:	picture alliance / Eventpress
Seite 9 oben rechts:	picture alliance / Karl-Josef Hildenbrand / dpa
Seite 9 unten links:	picture alliance / HMB Media / Heiko Becker
Seite 9 unten rechts:	picture alliance / Sven Simon
Seite 10 oben:	picture alliance / dpa
Seite 10 unten:	picture alliance / dpa
Seite 11 oben:	picture alliance / dpa
Seite 11 unten:	picture alliance / dpa
Seite 12 oben:	picture alliance / dpa
Seite 12 unten:	picture alliance / dpa
Seite 13 oben:	imago / Müller-Stauffenberg
Seite 13 unten:	picture alliance / Daniel Karmann / dpa
Seite 14 oben:	picture alliance / Sven Simon
Seite 14 unten:	picture alliance / dpa
Seite 15 oben:	picture alliance / dpa
Seite 15 unten:	picture alliance / Daniel Karmann / dpa
Seite 16:	picture alliance / Sven Hoppe / dpa

Register

Ein beispielloser Skandal –
der Präsident feuert seinen obersten Ermittler,
weil er unliebsame Nachforschungen nicht einstellt

James Comey

Größer als das Amt

Auf der Suche nach der Wahrheit – der Ex-FBI-Direktor klagt an

Gefeuert von Donald Trump wegen angeblicher Illoyalität, von Barack Obama zum FBI-Direktor ernannt, stellvertretender Justizminister unter George W. Bush: Der Weg des parteilosen New Yorker Vorzeigejuristen gleicht einer politischen Achterbahnfart. James Comeys brisante Erinnerungen an die vergangenen 20 Jahre im Zentrum der Macht lesen sich wie ein Kriminalroman der Extraklasse. Sie zeigen ihn als unbeugsamen Ermittler, der gegen die Mafia, gegen CIA-Folter und NSA-Überwachung und zuletzt im Wahlkampf 2016 gegen Hillary Clintons Umgang mit dienstlichen E-Mails und Donald Trumps Russland-Verbindungen vorgegangen ist. Ein eindrückliches Lehrstück über den aufrechten Gang in einer verantwortungslosen Regierung.

DROEMER

Wenn der Lobbyismus die Demokratie aushebelt

Markus Balser · Uwe Ritzer

Lobbykratie

Wie die Wirtschaft sich Einfluss, Mehrheiten, Gesetze kauft

Das Ziel von Lobbyisten ist nicht mehr nur die direkte Beeinflussung der Entscheider in der Politik selbst. Sie wollen vielmehr das gesellschaftspolitische Klima manipulieren.

Die investigativen Wirtschaftsjournalisten Markus Balser und Uwe Ritzer legen offen, wie raffiniert Lobbyisten Einfluss auf Schulen, Universitäten, wissenschaftliche Institute und Gesetze nehmen. Wie sie steuern, was wir der Umwelt oder unserer Gesundheit zumuten, was wir essen oder in der Zeitung lesen, kurz: wie wir leben.
Die Autoren zeigen auf, wie das Land in eine demokratische Schieflage geraten ist, in der ökologische und soziale Belange immer häufiger den Kürzeren ziehen.